崎嶇之路

從鐵門峽到希臘阿索斯山，橫跨歐洲的最終旅程

THE BROKEN ROAD

From The
Iron Gates to Mount
Athos

柯林・施伯龍 Colin Thubron 、阿特米斯・庫柏 Artemis Cooper
———編輯———

派翠克・弗莫
PATRICK LEIGH FERMOR

胡洲賢———譯

以此紀念瓊安（Joan）

目次

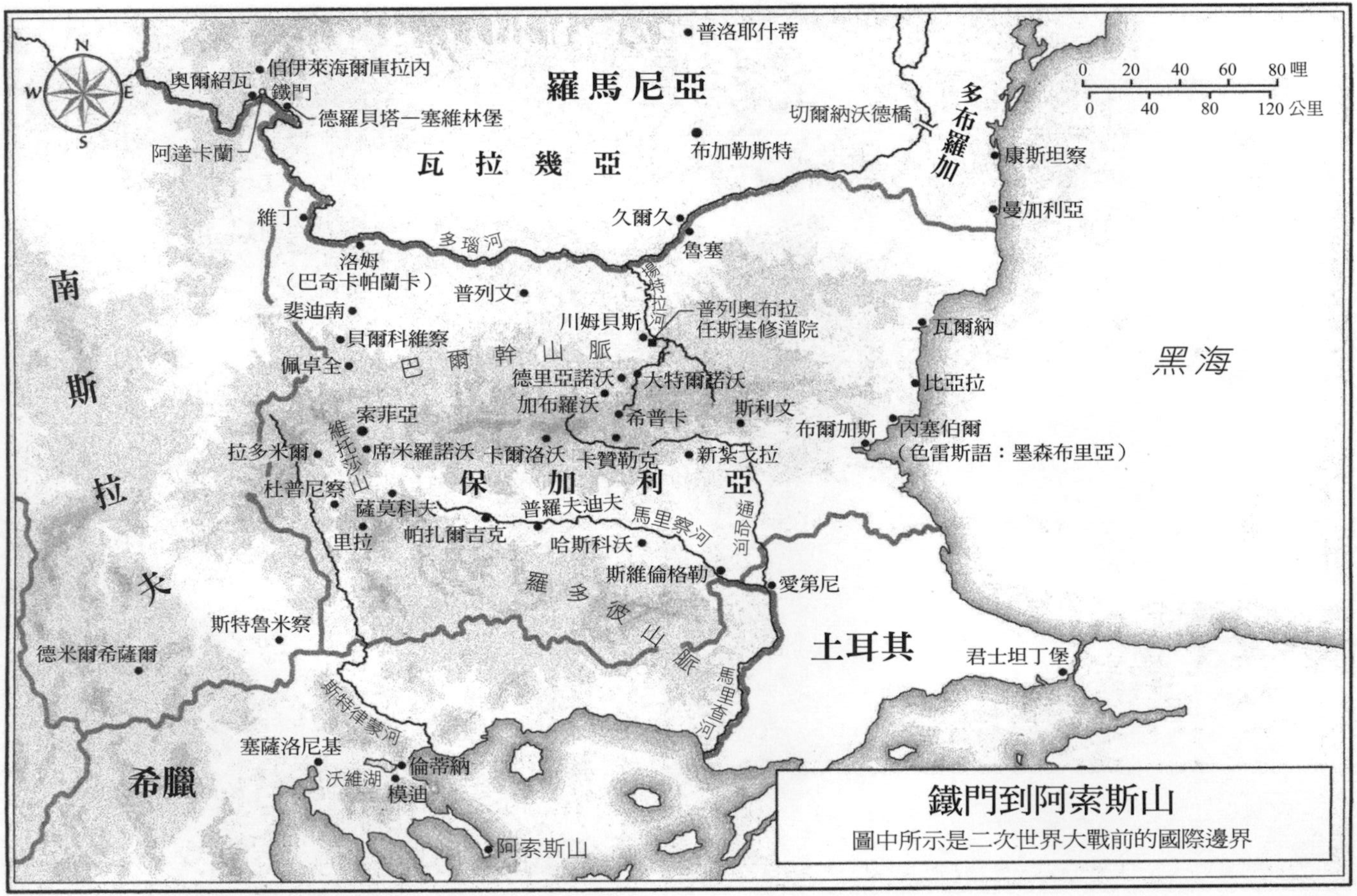

鐵門到阿索斯山

圖中所示是二次世界大戰前的國際邊界

第一章

從鐵門出發

在奧爾紹瓦再見多瑙河，眼前的河面寬約一點六公里，可是一往西即打起漩渦奔騰，穿過對面約一百五十公尺處「大汽鍋」喀山（Kazan）狹隘的狹窄山脈。打從我與它在布達佩斯分道揚鑣之後，這貪得無厭的河流便接二連三吞噬了薩瓦河、德拉瓦河、蒂薩河、穆列什河和摩拉瓦河，外加一些沒那麼有名的支流，藉此不斷的自我擴張。河中小島阿達卡蘭（Ada Kaleh），在奧爾紹瓦下游一點的地方將激流分隔開來。白楊和桑樹交織成青紫色背景，清真寺的淺圓頂和尖塔突然打斷了木頭屋頂的線條，身著土耳其服飾的奇妙人影漫步穿梭在小路巷弄間。由於阿達卡蘭在種族上依然屬於土耳其，使得這座小島成為土耳其這龐大帝國現行的國境，被拒以維也納的大門外，成為止步於中歐的唯一碎片。構成對岸的那片陡峭矮山丘，已經是南斯拉夫。

隔天一早，我發現有封來自布達佩斯的信等在存局候領處[1]。德瓦火車站一別後，我就不斷的寫信，連發丟進看來無助的郵箱裡。此時一收到信，我便立刻興奮的搭上多瑙河的汽船。我們在快速衝撞的顫動中出發，很快地，山脈在兩岸拔高成懸崖，彼此對衝而形成鐵門的蜿蜒峽谷，河流瞬間如抗議般的膨脹與沸騰。我們的汽笛沿著大堤道轟隆作響。數公里後，山嶺退位，多瑙河呈扇形散開，回到正常的寬度。德羅貝塔—塞維林堡大城，地名的意思是「塞維魯之塔」，乃昔日羅馬帝國帝王[2]征服夸迪和馬科曼尼這兩個民族的地方。羅馬尼亞河岸就在奧爾特尼亞平原這經常鑲著蘆葦邊、看起來活像是瘧疾橫行的可悲沼澤地，悄然褪去。搖曳在河岸右邊的塞爾維亞山嶺，是大巴爾幹山脈的起點。河水以大迴流之姿沿著塞爾維亞的岬角蜿蜒。突然間，山脈不再屬於南斯拉夫，而變成在保加利亞境內。我們偶爾要穿過由樹幹做成的巨大木筏，並超越一點六公里長黑壓壓的駁船隊。初臨奧爾紹瓦的我，先是一陣震驚，繼而欣喜地發現到自從護照在八月十四日被打印開始，我已經在外西凡尼亞閒混了三個多月。此刻，正適合第十次重讀早上收到的那封信。

南岸維丁堡壘要塞的城牆和高塔，打亂了我的思緒。上岸處聚集著販賣西瓜的喧嚷男孩，我先是挑了一顆，繼而想到口袋裡只有兩張英鎊和一把羅馬尼亞幣列依（lei），不得不沮喪地還了回去。幸賴同行旅客中一個身材高眺、留著一頭直髮的女孩（我馬上發現她是英國人）伸出援手，給了我一些她身上的保加利亞幣列弗（leva），我們才能一起切開那顆綠色足球，分享有著黑點點的血紅色西瓜片。

距離幾個月後再跟人講上英語，感覺既奇妙又興奮。名叫蕾秋・佛洛伊德（Rachel Floyd）的她，成為我珍貴的同伴。她正在去保加利亞首都索菲亞找英國領事太太相聚的途中，她們倆是牛津大學時期的老朋友。我們在看起來血腥但清涼無比的大口咀嚼中，交換著過往的生活經歷，結果在洛姆（巴奇卡帕蘭卡）（Lom〔Palanka〕）上岸時，我們已經安排好等我到了首都應該要去找她。她搭火車離開，我則開始在我的第一個保加利亞小鎮漫步閒逛。

1 原編註：派翠克・弗莫期待收到的是森雅・潔諾維奇（「安葛拉」）（Xenia Czernovits（'Angela'））的來信。這位匈牙利女子與他的關係，熱情地記載在《山與水之間》裡。

2 指的是塞普蒂米烏斯・塞維魯（Septimius Severus，一四五～二一一年），一九三至二一一年出任羅馬皇帝，以軍事戰功見長。

從白雪靄靄的萊茵河，穿過巴伐利亞和奧地利這古老的波希米亞與匈牙利帝國，包含綠意蔥蔥的外西凡尼亞封邑在內的整個中歐，消失已久的神聖羅馬帝國、查理曼大帝[3]和西方基督教的神祕氛圍，依然籠罩在空中。土耳其東方領域的霸權很久以前就結束了，遺跡甚微。但是在多瑙河的南岸這邊，群山卻受到不同政權的糾纏。近來土耳其這個枷鎖一去，保加利亞似乎就比較不再像是歐洲最東南的一個角落，而比較偏向是朝托魯斯山脈、阿拉伯沙漠和亞洲草原延伸的最西北邊界了。既是東方的、且近幾世紀以來在鄂圖曼土耳其帝國[4]統治下各方的豐厚線索無處不在，已經被土耳其的浪潮湮沒的堅實斯拉夫—拜占庭帝國[5]遺跡也一樣穩固。顯現這些數據的各項元素處處可見——在圓頂、尖塔和烤肉串香的煙霧瀰漫上，在突出的木房子和拜占庭忠誠的教會上，在神職人員圓錐形黑帽、飄動的袍服、長長的頭髮和鬍子上，以及在商店前面賦予一種短暫俄羅斯印象的黑色西里爾字母上。保加利亞人長得粗壯、鈍重而結實，顯示出在遙遠的過去，幾世紀前他們就是夾處在凶猛好鬥的亞洲游牧部落中。他們從窩瓦河再過去的棲息野地那裡遷移過來，定居於此。這些人粗魯且強悍地穿裹著和羅馬尼亞人一樣的母牛皮革鞋襪，如熊一般踩踏過塵土飛揚的鵝卵石。他們身裹厚厚的、會扎人的手織布料，有時是深藍色的，但更常見的是大地棕色，然後這一塊、那一塊地裝飾著黑色刺繡的呆板花樣：大而寬鬆的褲子、交叉的背心、短外套和寬約一吋的深紅色厚腰帶，有時還塞著把匕首，頭戴褐色和黑色羊皮製、類似哥薩克[6]樣式的氈帽。

我在廣場上的戶外棚架餐屋裡暫時安頓下來，享受了一頓相當好吃的燉菜，羊肉、馬鈴薯、番茄、紅辣椒、胡瓜和秋葵，從巨大的銅鍋裡被舀出來。我留意到隔壁桌的一、兩個年輕人，左手小拇指的指甲留得長長的，差不多就跟中國滿清官吏的指甲一樣長，顯示出他們已經不從事農業了。三個留著白鬍子、腳穿鹿皮軟鞋的長者，默默地吞吐著他們的琥珀水煙袋口，懶散地把玩著一串琥珀念珠，並任由那些珠子在麻痺般的喀噠聲中一顆顆滑過，猶如在掃描他們悠閒的沉思。一群官員身穿俄羅斯風格的白色長袍，鈕扣一路扣到了左耳下方，直挺的金色肩章上有著黑紅兩色橫條，戴著形似矮峰的俄羅斯帽，再搭配高馬刺的軟腿靴，或閒坐著抽菸聊天，或手握著出鞘的軍刀刀柄在樹下漫步。女人倒是一個也沒見到。幾隻狗兒在爭相搶奪羊顎骨。肉販商店外頭的架上吊掛著一排剝皮羊頭，悽慘地瞪視前方，肝臟、肺臟和無頭軀體滴著血，內臟如哀傷的

3 Charlemagne，又稱查理大帝（七四二～八一四年）。七六八至八一四年的法蘭克王國加洛林王朝國王，在世時幾乎統一了整個西歐，為後世的法國、德國及低地諸國的政治實體奠定了基石。

4 Ottoman Turkey，突厥人建立的帝國，創立者為鄂圖曼一世。曾是十五至十九世紀唯一能挑戰崛起的歐洲基督徒國家的伊斯蘭勢力，於十九世紀初趨於沒落，並於第一次世界大戰敗於協約國之手，因而分裂。之後凱末爾領導起義，擊退歐洲勢力，建立土耳其共和國，鄂圖曼帝國至此滅亡。

5 Slavo-Byzantine，即東羅馬帝國，五至十五世紀中期。十六世紀後，開始有學者稱之為拜占庭帝國，是古代和中世紀歐洲歷史上最悠久的君主制國家。

6 Cossack，一群生活在東歐大草原的游牧民族，在歷史上以驍勇善戰和精湛的騎術著稱。

裝飾品般一圈圈掛在鉤子上。無線電播放活潑的進行曲，並且穿插著東方小調風格動人的泣訴歌聲。空氣中散發著茉莉花香，蚊子嗡嗡作響。

這是個重大時刻，我了解所有的一切都已經改變。

道路朝南綿延過多瑙河畔起伏的山丘和平原。這兒、那兒，處處可見沼澤擴充成一片朦朧的綠色，道路被黑楊木染成一片青紫。且讓我們以七里格[7]長靴大步跨過這流域，踏上大巴爾幹山脈。這片無邊無際的大地，就是保加利亞語中稱為「老山」的巴爾幹山脈，從塞爾維亞到黑海，一路爬升、迴旋並俐落如蛙跳般橫越過保加利亞北邊，高大、圓形的凸面黃棕色界線，幾乎不見任何尖峰或裂縫：一覽無遺的高聳荒漠和圓形的壟丘越來越高，直達廣闊的盆狀山谷和凹地，其中可見白色的道路自顧自地朝前延伸好幾公里遠，接著在矮樹林和小丘之間盤繞，越過四散的羊群，直到最終消失在土黃色斜坡為止。我不時地會落入長長的驢子、騾子和一連串貨車的商隊中；倘若是朝東南方的哈斯科沃而去，這些驢子和騾子就會被駱駝取而代之。比較輕的貨物由馬兒負責，牠們雖肚子空空又精瘦，卻是強悍的小動物；比較重的像是運送圓木，則由負著沉重牛軛、踉蹌蹣跚的黑色水牛拉，牠們滾動著眼睛，狀如八字鬍、捲曲的頭角不斷跟隔壁的牛隻互相碰撞。吊掛在側鞍旁晃啊晃的是馬的木鞍和鹿皮軟鞋，看起來就跟大象背上的象轎一樣笨重。西瓜是主要的商品，還有裝在大籃子裡的馬鈴薯和胡瓜，以及聞名於整個巴爾幹地區的保加利亞農產品。每個村落都有一畦畦的菜園圍繞，每一滴水都節省地透過中空樹幹這個小型導水管來灌溉。「打哪裡來的？」頭戴毛帽、雙手粗硬的人問道：「Ot kadè? Ot Europa? Da, da.」從歐洲來的。「Nemski?」不，不是德國人：「Anglitchanin.」很多人似乎都不太知道英國在哪裡。還有我是做什麼的？voinik，軍人嗎？也許是學生，spion？我藉著表示疑惑的手勢、基本單字的幫助，回答這些質問：麵包、chlab，水、voda，酒、vino，馬、kon，貓、kotka，狗、kuche，羊乳酪、siriné，胡瓜、krastavitza，教堂、tzerkva……就這樣持續交談著，行過數公里路。

第一夜我住在穀倉，接下來兩晚則在斐迪南和貝爾科維察的小鎮度過；兩晚都飽受害蟲之苦。到了第四個晚上，我們越過最後也是最高的分水嶺，加入一列開往索菲亞的車隊。他們在懸鈴木下歇息，這棵懸鈴木庇護著一座古老的土耳其噴泉。泉水從石板噴進槽中，石板上雕刻著剝落的、如書法般的漩渦，那是現在已經沒有人能識讀的阿拉伯文字，聽他們說是用來紀念一位過世已久的帕夏[8]。一群牧羊人在火堆旁聚會，我們加入其中。當圓形木頭酒瓶從一隻手拋擲到另一隻手的同時，這群毛茸茸的男人當中，有一位吹奏起一種名叫kaval、長達九十公分的木笛，以及另一種名喚gaida的風笛。此種風笛有個鼓脹的羊皮加上木頭吹口，調旋律管是一支包裹著

7 league，歐洲和拉丁美洲一個古老的長度單位，在英語世界通常定義為三英里（約四點八公里），即約等同步行一小時的距離。七里格長靴意指步伐極大、極快。

8 pasha，昔日對於鄂圖曼帝國文武百官或者土耳其高級官員的尊稱，相當於英國的「勳爵」。

皮的牛角，音栓則以紅色的熱火叉燒製而成。他們最喜歡的一首歌曲是在頌揚出生於斯利文的哈迪貝爾巴托夫[9]，也就是在希普卡巴爾幹峽谷裡對抗土耳其人的游擊隊領導人。鞋襪外翻並盤腿而坐的人、五十頂羊皮帽下被火光照亮的寬骨臉龐、飾帶、挪動的動物、偶爾傳來的牛羊鈴叮噹聲，還有繁星，全都顯示出這是比歐洲還要東方的區域，彷彿我們的目的地可能是撒馬爾罕[10]、呼羅珊[11]、塔什干[12]或哈拉和林[13]。

～

我在隔天抵達索菲亞，走過一個用舊木板和汽油桶拼拼湊湊釘起來的吉普賽木屋區，接著穿過一個處處可見黃銅秤的市場，保加利亞西邊所有的牲畜似乎都聚集在此哀鳴和喧嘩。我自一個圓頂下走過，這間精緻的清真寺有著許多金屬穹頂和高聳尖塔，然後在電車軌道網絡的引導下，直達首都的心臟。

若永久旅居於此，或許會引發沮喪的呻吟，但這小小首都的外觀和氣氛卻是相當吸引人的。高原小鎮明亮通風的氛圍籠罩四周，高聳其上的是明亮且呈角錐狀的維托莎山，自許多面向投射回陽光，有著如富士山那令人無法忽視的高貴特色。繼之映入眼簾的是鮑里斯沙皇[14]的宮殿，旗桿上保加利亞的狂暴獅子隨風飄動；接著是Sobranie，即國會坐落之地，以及巨大的國家戲劇院、花園、樹木和一群保加利亞英雄小雕像；然後是凌駕在城市軸線上、位於廣闊的解放者沙皇林蔭大道上的沙皇本尊，即俄羅斯帝國亞歷山大二世帝王[15]的騎馬雕像；再過去，可以看到亞歷山大・涅夫斯基[16]大教堂的金色圓頂和灰泥色柱子。如此這般，當傍晚氣候涼爽之際，所有從午休中甦醒過來的城市居民，便會展開他們漫步的儀式浪潮，一如每個黃昏時分迴盪在布達佩斯東部或西班牙比斯開南部各個歐洲城鎮的模式。咖啡館裡的知識分子身懷琥珀念珠，就著小杯土耳其咖啡，討論《早安報》（Utro）上的頭條新聞。再過去，街道像射出的子彈，筆直地射進一片黃棕色的高原，點綴著雪匹人[17]的小村莊。據說他們是佩切涅格人[18]的後裔，從烏拉爾山脈翻越而來，是個令人膽寒的野蠻部落，幾個世紀以來沿著東羅馬帝國邊緣一路掠奪和屠殺，最後終於落腳於此，休養生息。

---

9 Hadji Dimitar（一八四〇～一八六八年），保加利亞著名作家，亦是此民謠詩的作者。

10 Samarkand，中亞地區的歷史名城，也是伊斯蘭學術中心，現在是烏茲別克的舊都兼第二大城市。

11 Khorassan，今天伊朗東部及北部一個曾經存在的省分。省名呼羅珊源於波斯語，意思是「太陽初升的地方」。

12 Tashkent，烏茲別克斯坦首都，是全國的政治、經濟、文化和科研中心。

13 Karakorum，又稱哈剌和林，簡稱和林，位於今蒙古國境內前杭愛省西北角，曾是蒙古首都。

14 原編註：Boris III，保加利亞沙皇（一八九四～一九四三年）。現代保加利亞的第二任沙皇，一九一八至一九四三年在位。

15 原編註：Czar Alexander II of Russia，一八七七至一八七八年與鄂圖曼帝國的戰爭，解放了保加利亞。

16 Alexander Nevsky，古代俄羅斯統帥和政治家，曾任諾夫哥羅德公國大公、基輔大公與弗拉基米爾大公。

17 Shopi，巴爾幹半島上一群自我歸類命名的居民。

18 Petchenegs，西突厥的一支，先是受到葛羅祿的驅逐而遷往鹹海附近，繼而因與烏古斯人衝突而西遷。十世紀時到達頓河和多瑙河下游，十一世紀與拜占庭帝國發生衝突，十一世紀末至十二世紀初的幾場戰爭中被東羅馬帝國所敗，後來在匈牙利定居下來，逐漸融入到本地居民中。

多虧了在多瑙河船上與我分享西瓜的女同胞蕾秋・佛洛伊德，英國領事鮑伊・托靈頓先生和他的夫人茱蒂絲隔天將我從市場邊安頓的小屋中救出來，慷慨地提供住處，讓我過了幾天奢華愉快的日子。重新身處英國人當中並用英語聊天，感覺很奇異，就跟在英國長住之後，驟然置身於陌生人當中一樣古怪，卻也同樣令人振奮。我從親切、稱職的英國拉格比市立學校校友暨主人那裡聽到有關保加利亞的一切，並且吃著早餐、手執格雷伯爵茶，俯瞰皇家衛隊沿著解放者沙皇大道走正步，多麼地暢快！盡情沐浴、乾淨的亞麻布、高壯的俄羅斯管家、陽台、圖書、城鎮的街景，和逼近而來的維托莎山側翼，這一切真是讓人驚嘆。最棒的是《大英百科全書》；我不禁像頭美洲豹般歡喜雀躍。在原始生活之後出現這樣的事情，簡直就是奇蹟！那年秋天，拜占庭研究大會正好選在索菲亞開會。聆聽有著詹姆士筆下波士頓（Jamesian Boston）[19]的精鍊本質、並重疊著聖索菲亞大教堂的馬賽克風格，既博學又壞脾氣的湯瑪士・惠特摩爾[20]聊天，真是愉快。另外還有足蹬優雅的麂皮鞋、穿著白色熱帶西服、戴著巴拿馬草帽，舉止無可挑剔、溫文儒雅的羅傑・辛克[21]和史蒂芬・朗希曼[22]。受限在規定、有所保留和有趣的區域偏見下，一個是那麼地親切，另一個則是讓人愉悅地聰慧敏捷。除了朗希曼的《保加利亞第一帝國》（*First Bulgarian Empire*）之外，我想他們大部分的書都還沒寫出來。之後多年，我們倒是經常碰面。最初的印象會如何地鏤刻在記憶當中，實在是十分奇妙。直到後來某個坐在咖啡館裡的奇異夜晚，透過一面玻璃，我才悄悄地想起這些細節。

在首都過了幾天爽日子後，我終於掙脫出來，走過維托沙東部的斜坡山麓和山谷，在席米羅諾沃的美國學校過夜：一棟乾淨通風的大型建築，有座精緻的圖書館，雖然正值放假期間，卻滿是友善的年輕人，個個都在忙著準備論文。第二天我越過小山丘，朝多尼帕莎瑞爾走，並在夜幕垂降時抵達該地。我在村裡某間簡陋的*kretchma*（即小酒館）與碰到的友善農民待在一塊兒，裡頭有一堆村民喝著*slivo*，那是一種粗釀的梅子白蘭地，味道像套索般濃烈，以至於喝完後，我倆搖搖晃晃地走到他家，他太太用荊棘生火，為我們煮了好多的藥草、馬鈴薯和胡瓜。他們夫妻、我及他們的孩子全都盤腿坐在鋪著毯子的地板上，大家環繞著一張矮圓桌，手拿湯匙從同一個盤子上輪流取食，配上好吃的不得了的厚片黑麵包和白羊乳酪。女主人長辮子的辮尾在三角形頭巾下綁在一起，她穿著一件繡飾五顏六色條紋的圍裙，紅藍色胸衣的弧狀領口開得低低的，就像是舊式的晚宴外套背心，上頭裝飾著許多寬版編織，袖長及肘，即便從寬編帶到突出幾吋的蕾絲褶

---

19 此指亨利．詹姆斯（Henry James，一八四三～一九一六年，英國及美國作家）筆下的波士頓風格。

20 原編註：Thomas Whittemore（一八七一～一九五〇年），美國考古學家和拜占庭學者。近來開啟了發掘伊斯坦堡聖索菲亞大教堂鑲嵌藝術的重要工作。惠特摩爾創立美國拜占庭學院，也因為與土耳其共和國的第一任總統凱末爾私交甚篤，所以土耳其政府應允自一九三一年開始，保存聖索菲亞大教堂的鑲嵌藝術。

21 原編註：Roger Hinks（一九〇三～一九六三年），歷史學家，後來以不可思議的清理出埃爾金大理石雕塑（Elgin Marbles，古希臘帕特農神廟的部分雕刻和建築殘件，迄今已有兩千五百多年歷史）而聞名。

22 原編註：Steven Runciman（一九〇三～二〇〇〇年），拜占庭和十字軍的知名學者。

邊都老舊磨損了，卻依舊漂亮獨特。紫色、黃色、深紅和綠色的刺繡小地毯沿著環牆而設的壁架擺放，我們五人就躺在上頭睡覺。除了我之外，他們可是皮帶、外套和鹿皮軟鞋都全穿得好好的。很快的我們互道*leka nosht*（晚安），除了角落賜福聖母和聖西蒙[23]畫像前的一盞如豆油燈微微閃映之外，黑暗中只聽得一片鼾聲。半夜，我起身往外走向院子時，不意被一個柔軟又巨大的東西絆倒，我連忙畫亮一根火柴，只見趴伏著的水牛露出控訴的眼神。

天亮前，驢子都還沒叫第一聲呢，我們就起床了。我們在土耳其咖啡裡加入一口灼熱的梅子白蘭地，攪拌後大口喝下，搭配麵包和白乳酪。對於我提出的付費意願，米力寇完全拒絕。他用整個巴爾幹和黎凡特[24]那種頭往後仰、舌頭彈得嘖嘖作響的奇特方式來回絕，於是我在友善的祝福下啟程。這種以慷慨和友善對待任何一個路人的行為，遍及整個巴爾幹，並在希臘達到高峰。類似這樣的夜晚也充滿我的整個巴爾幹旅程。當天晚上在薩莫科夫小鎮，我便迎來一個幾乎與前一晚完全相同的夜晚。我沿著河谷艱難地跋涉，山丘越來越陡峭，前方堅挺的里拉山脈已經隱約可見。

隔天，我深入山中。這可不是大巴爾幹山脈那種圓形的巨大山嶺，而是鋒利和陡峭的鋸齒狀山脈，呈之字形間隔以朦朧的山谷，因為上覆冷杉和松樹而顯得黑暗。經過一番艱苦的攀登，我從上面看到這些是索道的山崖支柱，徒增南向的混亂。它們在我東邊一、兩里格處高聳而光禿禿的慕薩拉山上，達到山脈的頂點；往西則是一座比較沒那麼高、名字好像叫魯比（Rupité）的山丘，只是我在我的地圖上遍尋不著。這山丘是羅多彼山脈[25]的西北曲線，沿著整個南部邊緣往東南部大搖大擺而去，分水嶺則形成了保加利亞和希臘的邊界，然後隱入歐洲的土耳其境內。

我來到最近的分水嶺上的高點，這裡與世隔絕，是個狼與熊的世界，還有展開雙翼、沉穩靜默的老鷹，從一個山谷漂移到另一個山谷。這裡、那裡，在各個岩石嶙峋、沒有陽光的荒野下風處，到處可見殘留的褪色雪塊。除此之外便是荒野上曬黑了的大圓石和乾涸的河床，到了冬天，想必變成奔騰的洪流。枯死的樹被陽光曬得慘白，看起來就像是史前野獸支解的骨頭。我的腳步聲驚動了一條長蛇，使得牠溜進了百里香的庇蔭下。整個下午，山谷就像在一座巨大的岩架樓梯中層層下降，小型山崩的聲音會在岩面和岩面間迴盪並震動個好幾秒，然後沿著深溝漸漸變小聲，直到沉寂至永恆的靜默。森林從針葉林變成廣闊的落葉林。在層層的流域中，上下兩個循環流動的冰斗湖反映出天空清澈的藍。羊群叮叮噹噹地走出我的視線外，一條羊腸小徑現身，加上伐木人的斧頭聲，讓我知道自己離人群聚居地不遠了。

23 St Simeon（三八八～四五九年），敘利亞禁慾主義聖人。

24 Levant，歷史上一個模糊的地理名稱，廣義上指的是中東托魯斯山脈以南、地中海東岸、阿拉伯沙漠以北和上美索不達米亞以西的一大片地區。

25 Rhodope Mountains，地處歐洲東南，其百分之八十三以上的面積都在保加利亞南部，其餘部分在希臘。最高峰大佩雷利克峰是保加利亞第七高峰。

在山谷中蜿蜒行走的我，經過林中空地，透過葉緣瞥見目的地已進入眼簾。這棟要塞式的建築，幾乎可說是小型的塔城，層層嵌進山毛櫸和松樹之中。向南的防禦城牆沒入峽谷裡，五面高牆和鋪瓦屋頂形成一個不對稱的五邊形，圍繞著庭院裡的深井。外環排列著許多層層上升的細長柱廊，撐起了半圓形拱門。庭院的中心是一座教堂，雄偉的金屬圓頂安置在開著狹長窗口的圓筒上，漂浮其上的是一個個如泡泡般膨脹的衛星淺碟穹頂，在西曬的陽光下閃閃發亮，投下輕柔的影子。光束在高點十字架的繁複上流轉燦爛，並將紅豆杉的陰影橫鋪過牆壁環束的石板上。當我從鷹一般的高度往下走時，牆內的金色斑塊逐漸萎縮褪色，陰影積聚在牆內的井裡。驀地，有個金屬節奏聲從圍場內敲出來，彷如鐵匠樂師在砧子上敲出固定模式，節奏逐漸變得活潑，速度也更加輕快。待我來到望樓那黑暗的拱門時，已在四壁間迴響的聲音驟然停止，只餘暮色中的嗡嗡鳴響。全身黑袍的僧侶把他的召喚錘子置於一個懸掛在修道院拱門的金屬板上，其他戴著加了黑面紗大禮帽的僧侶正走進教會，裡頭早已擠滿一群身穿馬其頓北部各式服裝的信徒，鏗鏘聲將他們從野營的樹下呼喚出來。這粗糙的鑼，或稱為響板——我想在保加利亞語中叫做 *klapka* ——有時也會用長木桿代替；它們在大多數東正教修道院中充當鐘聲，如眼前為里拉的聖約翰[26]舉辦的祭典。

在受尊敬的程度上，只有西里爾字母的發明者西里爾與美多德[27]，以及列名保加利亞聖徒傳中的聖西蒙，得以稍稍超越里拉的聖約翰。他在這孤絕山脈僻靜住處所建立的偉大修道院，從某個意義上而言，算是這王國最重要的宗教中心。在保加利亞紛亂的過去裡，這座教堂一次次被焚毀，並在上世紀重建完成。教堂內部的牆壁上，到處覆蓋著品質低劣的壁畫，聖像的黃銅光輝也因著燭光而減弱。一群黑衣、長髮、蓄鬍的僧人，全都或靠著或站在他們求主垂憐的禱告位子上，以斯拉夫語晚禱，聽起來奇妙極了。晚禱持續了好幾個小時。之後儘管修道院裡滿是就地睡在院子裡和樹下行李邊的村民們，但作為善待外國人的慷慨表示，他們給了我一間單人小房間。隔天來了更多人，整個空間幾乎都被虔誠的信眾占據。修道院院長和信徒旁有位大主教、幾個主教和牧師，身著如甲蟲翅膀般筆直閃亮的法衣主持儀式。更高階的神職人員則戴著如南瓜大小、上頭鑲嵌閃閃發光寶石的球狀黃金法冠，傾身倚著頂部飾以雙捲蛇的牧仗。他們在陽光對角穿過的馨香煙雲中，一邊吟唱，一邊走出來。一切結束之後，密密麻麻的信徒列隊縱排，圍繞著教會，親吻聖約翰的雕像和他那如今已經漆黑如荊棘根、收在鑲著寶石的聖骨箱內的神奇之手。

那天其餘的時間，修道院外面的林間空地星散著快樂的朝聖者。在他們的心中有個永不言倦的舞者，在吉普賽人以小提琴、魯特琴、齊特琴和單簧管演奏的出色歌曲中，翩翩跳起霍拉舞[28]。

26 保加利亞名為Sveti Ivan Rilski，即St John（八七六～九四六年），為保加利亞的第一個隱士，在世時就被尊敬為聖人。關於他最有名的傳說之一是動物會主動來到他身邊，鳥兒也會自動飛到他手上。

27 SS Cyril（八二六～八六九年）和Methodius（八一五～八八五年），兩位皆是東羅馬帝國著名的傳教士。在傳播基督教正教的同時，同為西里爾字母的發明做出了巨大貢獻，並且同時被天主教會和東正教會封為聖人，尊稱為「聖西里爾和聖美多德」。

28 hora，一種起源於巴爾幹地區的圓圈舞，流行於東歐國家，也是猶太人的傳統舞蹈之一。

有個吉普賽人還帶了他的熊來，那頭熊不悅地跳著號笛舞曲，拍著牠的雙掌，並且隨著主人的鼓聲拍打鈴鼓。一個巡迴遊歷的阿爾巴尼亞人拿黃銅杯子互碰，發出響板式的撞擊聲。他從一個安在配有流蘇、約一百二十公分高的銅器上的水龍頭裡，倒出一杯杯甜美、淡啤酒似的*boza*[29]。酒器的模樣狀似清真寺，如泰姬瑪哈陵的圓頂頂部還裝飾著一隻展翼的小黃銅鳥。臨時烹飪場裡燒烤著烤肉串和內臟，串在烤肉鐵叉上的肉，就像是伯勞鳥的食物櫃。梅子白蘭地和酒帶來高潮，步履蹣跚、戴著尖頂黑氈帽的村民，拿他們用木頭雕刻的圓形燒瓶招待每一個新來者。（在喀爾巴阡山到希臘北部班都斯山脈的巴爾幹山民的生活中，精美木製品占了極重要的一部分，達到荒野生活中精製工藝的最高峰。同樣的現象也適用於阿爾卑斯山：是嚴冬、長夜、軟木和鋒利刀鋒的結合。）樹下，一群身圍色彩鮮豔圍裙的婦人環繞著一位風笛手而坐，這個有著一頭亂髮的風笛手氣喘吁吁地吹著蘇格蘭風笛曲。

在這廣闊巴爾幹酒宴的邊緣，我碰到一群來自保加利亞第二大城普羅夫迪夫的學生，他們和我一樣步行爬山，並在野外露營。其中最顯眼的是一個個性活潑、長得很漂亮、金髮、喜歡皺眉的女孩納迪潔亞，她正在索菲亞大學攻讀法國文學，是一位靈巧的霍拉舞者，有著旺盛的精力。她到修道院來待三天，讀一點東西。由於她和我打算停留的天數正好相同，我們馬上成為朋友。除了阿索斯山有著嚴格的限制外，在大部分的東正教教會裡，女性和男性一樣都是受歡迎的客人。給予接待似乎就是整個修道院的功能，而這些修道院的氣氛與西方基督教堂修道院的沉默和記憶大異其趣。喧鬧的腳步聲、人流持續地來來去去、僧侶的快樂和豪爽，使得這裡的生活更像是中世紀的城堡。長廊和狹小通道的木板磨損嚴重，搖晃不穩，過於匆忙的腳步聲會讓整個建築物像蜘蛛網般晃動。修道院院長，即Otetz Igoumen神父，是一個留著奧林匹斯山神般白鬍子的好人，頭髮像個出外狩獵的女人一樣梳成圓髻，大部分時間都在接受儀式的召喚：就像多瑙河以南的所有地方，一直在批准這、認可那的，給一湯匙的果子露、或玫瑰花瓣果醬、或一小方塊沾粉*rahat loukoum*（土耳其軟糖），一口梅子白蘭地、一杯土耳其咖啡和一杯水，如此給予接待客人該有的親切和藹。

隔天，這地方變得比較安靜了。大批的朝聖者在跳過舞、繼而在一大片草地上睡了一夜鼾聲好眠後，重新裝備他們的牲畜，帶著宿醉緩緩走下山谷。

～

事實證明，納迪潔亞真的是位絕佳的同伴。每天早上我們會帶著書、畫具，去牆外的販賣部買乳酪、麵包、酒、紫綠兩色無花果和葡萄（是用大大的籃子從平原那邊運過來的），然後往樹林出發，途中會經過底下長眠著J．D．布萊爾[30]的厚板路面。（保加利亞人對這位前伊頓學院

29　原編註：用發酵穀物和糖釀製的保加利亞飲料。

30　原編註：James David Bourchier（一八五〇～一九二〇年）任《紐約時報》駐巴爾幹通信員多年，並且公開發表對保加利亞的國權聲明。

碩士和《紐約時報》記者的熱情，為他在這國家贏得了地位和記憶，類似較小程度的拜倫[31]之於希臘。）我們讀書、聊天，然後在蔭涼的岩架上野餐。納迪潔亞大部分的功課，似乎是把拉馬丁[32]的作品《湖》（*Le Lac*）牢記在心裡——「他住在普羅夫迪夫，」令我驚訝的是她這麼說：「找一天，我會告訴你他的房子在哪裡。」——外加很不適當的，西奧多．迪．龐維勒[33]的《如果你去樹林》（*Nous n'irons plus aux bois*）。我不得不一次又一次地聽她說，並加以糾正。然後她會回到書本，戴上金屬框眼鏡，配上她那張野丫頭的臉，還真是既有趣又不相稱。直到她覺得無聊為止，然後就會提議做點有趣的事情，像是爬樹。她很會爬，速度又快。或者在她離開前一天，在峽谷某處湖水中洗澡，或者只是躺在草地上聊天。我們開心地發現我倆竟可以投契到在一天之內就成了雙胞胎。

有這風趣又迷人的同伴，愉快的林中生活過得飛快。在她離開前一天的傍晚，從修道院傳來的響板聲中，我們下坡往回走。她跟我說那響板聲是用來紀念諾亞[34]拿鐵鎚敲打門楣，召喚動物進入方舟：「所以都是用木頭做的。」我問她是哪些動物，她想了一下，然後齜牙咧嘴、睜大了眼睛怒視著我說：「狼，」接著停頓一下，「年輕的。」然後我倆就呼嘯著往下衝過森林。

~

繼納迪潔亞之後，我也很快就下坡，沿著峽谷併入斯特魯馬河的河谷離開。這條古稱斯特馬的大河，流進皮林山脈與南斯拉夫邊界山脈中的馬其頓心臟區。（這些山嶺一路往西翻滾，穿過南斯拉夫馬其頓的廣闊之地，直到觸及阿爾巴尼亞和蒙特內哥羅[35]，並且衝進遙遠的亞得里亞海為止。）道路和河流曲折前進，南向穿過魯佩爾的險惡峽谷，在錫季羅卡斯特龍（Siderokastro）——土耳其時代稱為德米爾希薩爾——的城垛，即鐵堡下進入希臘。三個國家都宣稱擁有這高度爭議之地，以致從這兒到那兒的每段範圍皆滿懷恨意地怒視著彼此。這一圈圈如漩渦般的山脈一直是個充滿衝突的劇場，在鄂圖曼帝國末期幾十年至巴爾幹戰爭之間，保加利亞非正規軍——是從中世紀復甦的保加利亞督主教[36]反對派成員——以及與東正教教皇最相近的普世牧首區的希臘統領[37]兩派，曾在這裡展開過致命的交戰。當土耳其在歐洲的勢力瓦解之際，這些宗教元素就與

---

31 全名George Gordon Byron, 6th Baron Byron（一七八八～一八二四年），英國詩人、革命家，獨領風騷的浪漫主義文學代表人物。世襲男爵，人稱「拜倫勳爵」。一八一六年因其思想與英國政壇截然相反，受到政客和上流社會的攻擊和謾罵，甚至炒作他與妻子離婚的事情，因而被迫黯然離開故土。之後先遠走義大利，後至希臘，都熱情投入當地的政治及革命運動，最後為希臘獨立戰爭付出了生命。《唐璜》為其代表作品之一。

32 全名Alphonse Marie Louise Prat de Lamartine（一七九〇～一八六九年），法國著名浪漫主義詩人、作家和政治家。知名的作品《湖》是半自傳式詩歌，詩中以過世丈夫的視角去追憶與妻子之間熱烈的愛情。

33 Théodore de Banville（一八二三～一八九一年），法國詩人、作家。

34 Noah，《聖經．創世記》和《古蘭經》中的人物。

35 Montenegro的意思是「黑色的山」，是位於巴爾幹半島西南部、亞得里亞海東岸上的一個多山小國。

36 Bulgarian Exarchate，羅馬天主教的一部分，為拜占庭禮拜儀式傳統的一個分支，東儀天主教會的二十二個成員之一。該教會與羅馬天主教完全共融，直屬羅馬教廷。

37 Antartes，銀河系的一顆紅超巨星，傳統中文名為心宿二星，在此有引申為指標、統領的意思。

種族和語言一樣重要，支持領土聲明和邊界統治，並在第一次巴爾幹戰爭的短暫協約中，遭致巴爾幹王國大規模集結猛攻的永久性摧毀，而這份協約在第二次戰爭中，更成為爭權奪利的野蠻戰鬥。國界在接下來的紛爭裡一次次更改，這些戰鬥的每一步都標記著恐怖：伏擊、刺殺、焚燒村莊、滅絕和屠殺，並在其後留下恐懼、仇恨、民族統一論的詛咒，以及復仇的饑渴。

馬其頓的巴爾幹各民族在地理上雜亂地重疊和接榫；而族群上的塊狀集結和零星少數則分散在遠離原生群族之外的敵對地區。時至今日，這些古老的仇恨，激烈程度一如過往：只需聽聽保加利亞語中咆哮著說「Grtzki」（希臘），或者希臘語中咆哮著說「Voulgaros」（保加利亞）裡的狠毒，就可掌握到其強烈程度。這區域裡，許多咖啡館的牆上都掛著多鐸・亞歷山德羅夫[38]的彩照。這位保加利亞的馬其頓人，藉著宣傳活動和游擊戰，試圖劈砍出一個立都在佩特里奇（如今位於南斯拉夫）的馬其頓半獨立國家，同時自任為首領：照片中的他，毛皮帽下露出不悅之色，身上掛著子彈帶和雙筒望遠鏡，手抓著一把步槍，看起來是個令人畏懼的大鬍子男。就像許多傑出的保加利亞人——尤其是我心中湧現的斯塔姆博利伊斯基[39]，在索菲亞的大街上被土耳其彎刀剁成碎片——亞歷山德羅夫也在一九二四年遭到暗殺。但他的祕密社團 Vatreshan Makedonska Revolutzionerna Organizatzio，即「馬其頓內部革命組織」，依舊暗中低語，祕密地蓬勃發展。此外，許多牆壁上極為突顯的東西是地圖，上頭畫出保加利亞聲稱淪陷於鄰國的 *terra irridenta*（固有土地）：南斯拉夫那邊的零星地、羅馬尼亞的多布羅加，以及不合理的包括塞薩洛尼基在內的希臘馬其頓。

我斜倚在斯特魯馬橋上凝視著河流，對於稍後我在這些問題上會多麼強烈地感覺到希臘的存在，仍毫無頭緒。而要是我可以預見五個月後，自己會在一百六十公里下游處的歐萊寇，走過同一條河上的另一座橋，身旁是一列參與「韋尼澤洛斯革命」[40]、手執出鞘軍刀的希臘騎兵中隊，想必會更加驚訝。但眼下的我只是把一片藤葉丟入河中，心想著它是否可以一路漂到愛琴海。

～

回索菲亞的路線會穿過里拉山脈西部山麓的丘陵：延伸的灰褐色鄉間在日落時轉為紅色，其間點綴著拉動舊式木犁的水牛或公牛。曝曬在陽光下的菸葉環繞房舍裝飾村莊，大小、顏色和形狀有如燻鮭魚。第一晚我睡在乾草堆上，隔天走到一座小鎮杜普尼察，並在黃昏時抵達西部城市拉多米爾。當一輛上頭印著СОФИЯ、車頂上綑綁一大堆籃子和包裹的公車停在對面時，我正一人孤單地喝著梅子白蘭地，覺得有點累又有些沮喪。公車裡還真像是諾亞的方舟，在沒有占滿那些包著頭巾、戴著氈帽的同行遊伴之處，全部綁著雞鴨。有隻火雞和兩頭大隻的羊，不時地高聲

38 Todor Alexandrov（一八八一～一九二四年），馬其頓保加利亞自由戰士成員，入主馬其頓革命組織中央委員會。

39 原編註：全名Aleksander Stamboulisk（一八七九～一九二三年），保加利亞首相，一九二三年遭廢位，同年遭到軍方刑求及處死。

40 指埃萊夫塞里奧斯．韋尼澤洛斯（Eleftherios Venizelos，一八六四～一九三六年）的政治活動。埃萊夫塞里奧斯．韋尼澤洛斯是希臘現代歷史上最著名的政治家之一，曾七次出任希臘王國首相，有現代希臘之父之稱。

咩咩叫。我們噹啷搖晃地駛進黑夜中，身旁半打的旅客一路靜靜地唱著歌：悲傷顫動的小調，跟我最近聽到的粗野嘶吼大不相同。我聽得出神，特別反複地問其中一首〈Zashto mi se sirdish, liube?〉[41]，並決定稍後試唱看看，以求熟練。

短暫地從山中缺席之後，索菲亞的燈光如同巴黎、倫敦或維也納一樣明亮，看起來更如大都會般璀璨。頂著一頭又長又亂、因灰塵而糾結成團的頭髮，這頭亂髮又因褪色而變得毛茸茸的，一副蓬頭垢面的模樣，肯定使我看起來粗野不堪。我的臉被陽光曬傷而變成像核桃木櫥櫃的顏色；一身皺巴巴的衣服、一個背包和一根雕刻的匈牙利拐杖；還有，現在說來可就讓人臉紅了，說是修飾，但坦白說只是勉強繫一條在外西凡尼亞買的深紅和黃色交纏編織的皮帶，插著一把鋼柄匕首，戴上從貝爾科維察市集買的褐色氈帽。我甚至脫下沉重的釘靴，試穿一雙他們稱為*tzervuli*的母牛皮革軟鞋，結果才走不到兩公里，我就發現若沒有農夫們穿的那種包裹全腳的襪子，除了走在草地上外，穿這種鞋簡直是種折磨。這種混血的假巴爾幹裝束，在眼前覆蓋著一片妖靈般的白色沙塵，以及毫無疑問地，雖非觸手可及卻飄飛在周遭的泥土、汗水、洋蔥、蒜頭和梅子白蘭地的氣味中，更顯得是惡夢一場。

放下買來要送給主人的一籃無花果，以及在路邊撿到的一隻陸龜，在亞歷山大．涅夫斯基大教堂響起十一點鐘響時，我走進托靈頓家的公寓。柔和的燈光下，文明的低語在晚宴上流動，眼睛所見是坐在扶手椅上的襯衫前襟、閃閃發亮的訂製皮鞋、女士的長禮服，以及在白蘭地酒杯底部旋轉晃動的金黃色瓊漿。從高大的哥薩克男管家艾文手中的壺嘴倒入杯子的咖啡，到那些金黃色漩渦，都被我這恐怖的侵入幻影所吸引，而在白蘭地酒杯的旋轉軌道中途打住。一方面是驚愕，一方面是慌張，齊齊凍結，但很快地就被茱蒂絲．托靈頓親切的聲音融解：「噢，好極了，你來了，剛好趕上喝白蘭地。」迷咒破除。

41 原編註：「為什麼生我的氣，親愛的？」

第二章

懸掛的玻璃盒

我們必定像是圓規那樣，快速闊步如橫過一張圖表般從索菲亞向東行，並稍微南向，跨過保加利亞棕色的中央高原；沿著寬廣且緩慢下降的馬里察河流域，這是個極度炎熱的廣袤區域，直到北方的天際線被寒冷平滑的巴爾幹山峰所囿限，南方則有羅多彼山脈為邊界，是迄今歷史所載從歐洲到黎凡特的偉大航道——通往君士坦丁堡及亞洲大門之路。百支軍隊的足跡與從義大利拉古薩邁向黑海及安納托利亞半島那些令人驚嘆的沙漠商隊，如同他們龐大的商船船隊，在黑海、地中海及紅海下錨，當時在地中海的貿易中，大概只有威尼斯還能勉強勝過這座圍牆內的微小共和國。這裡的狀況也是如此，保加利亞居民在屈服於土耳其的過程中，已經呈現最無防備的狀態。鄂圖曼的 *beglerbeg*（長官），或稱巴爾幹半島的總督，軍階等同於三撮尾的帕夏[1]，在索菲亞擁有自己的法庭及警衛部隊；而在這裡和首都之間，保加利亞人毫無力量；即便是最輕微的人心激盪也會釋放出土耳其禁軍和法國騎軍隊旋風，並引發之後或許是更慘烈的鄂圖曼帝國士兵的入侵。他們在城鎮的大街小巷裝飾絞刑台，焚毀的村莊裡人頭堆疊成三角錐型，路邊則滿是釘在尖樁上的屍首。我想就如阿拉伯諺語所說的：「鄂圖曼馬蹄踐踏過之處，荒野寸草不生。」這套用在他們對巴爾幹的侵略上也確是實情，導致保加利亞在始於玫瑰戰爭[2]前、終止於普法戰爭[3]後的一片荒涼。所有的一切依舊貧瘠雜亂，歷史成為了凌亂的碎片。土耳其人是倒數第二個摧殘東歐的亞洲異族人。

薄暮時分，我一邊思索著這些事情，一邊沿著堆高的軌道旁行進，此時，後方傳來鐵道的隆隆聲與逐漸提高的碰撞聲，告知我有輛火車來了。震動的汽缸聲越來越大，很快地就從我頭頂上快速經過。所有的車廂窗戶狀似一條四方形巨蟒，全都亮著明燦燦的燈火。當火車車廂暴衝經過時，只見車身上漆著：巴黎—慕尼黑—維也納—札格瑞布—貝爾格勒—索菲亞—伊斯坦堡，以及國際臥鋪車公司（Compagnie Internationale des Wagons）。是東方特快車！粉紅色的燈罩在餐車車廂內散發出柔和的光芒，銅器隱隱發亮。身著棕色外套的服務生端著一盤開胃酒接近時，乘客就會放下他們的小說和填字遊戲。我揮了揮手，但暮色太深，沒能得到回應。不曉得這些旅客是誰。他們參與的這趟為期兩天、幾個小時後就會抵達君士坦丁堡的行程，我卻得花上九個多月的時間。閃閃發亮的項鍊隨著火車遠去而逐漸變小，車上載著私奔的情侶、表演歌舞的女孩、馬爾他騎士、蕩婦、雜技演員、走私者、教廷大使、私人偵探、講述小說未來的講師、百萬富翁、軍火製造商、灌溉專家及間諜，留給飢渴的魯米利亞[4]高原一片死寂的沉默。

---

1 帕夏細分為三個等級，以所持有的牛或馬尾區分三撮、兩撮或一撮，這是突厥及蒙古的傳統，有時也會用孔雀尾。只有蘇丹可持有四撮馬尾，象徵具有帝王身分的軍事指揮官。

2 Wars of the Roses，又稱薔薇戰爭，一四五五至一四八五年，英王愛德華三世的兩支後裔，即蘭開斯特家族和約克家族的支持者為了爭奪英格蘭王位而發生斷續的內戰。

3 Franco-Prussian War，普魯士為了統一德國並與法國爭奪歐洲大陸霸權而爆發的戰爭。戰爭雖是由法國在一八七〇年發動，最後卻以普魯士大獲全勝，建立德意志帝國告終。在德法兩國，此戰役稱為「法德戰爭」。

4 Rumeli，鄂圖曼帝國統治下的南巴爾幹地區的土耳其語名稱。目前大多數時候都以「色雷斯」來指這片區域，不過在提及歷史時仍然使用。

到達帕札爾吉克後，我住進一間老舊的土耳其式小客棧。巴爾幹許多城鎮都配備有這樣的旅店。這間小客棧是四周有木頭迴廊環繞的方院，類似修道院的迴廊。褪色的磁磚被鸛鳥巢穴弄得到處髒兮兮，巢穴裡都裝著四月孵出的一到兩隻幼鳥。與世隔絕的庭院像座農場般到處是家畜。旅行的家庭在他們的馬車旁與動物間露營及烹煮食物；有拴著的馬、水牛、騾子、驢子，咩咩叫的成群綿羊、山羊和一大群狗。男人煮咖啡、抽菸，女人則蹲坐著聚在一起，像是正在舉辦祕密會議。有些女人用輕便的木編搖籃把孩子隨意地揹在背上，竊竊私語或安靜地唱著歌，手中一邊忙碌轉著從她們後方的羊群身上剃下來、還沒有加工過的原始生羊毛。她們從插在銀釦腰帶裡的紡紗耙桿上拉出羊毛，在手指和拇指間纏繞成線，再讓線透過另一隻手轉動的手指及拇指，纏繞到上下來回轉動的沉重紡錘上。這個席地圍繞、擠坐在一起的群眾、動物、零散炭火所帶來的微光與輕顫的憂鬱歌曲，以稀奇且游牧的活動填滿了這個夜晚。

隔日整天的行程，我都是沿著馬里察河走。這條廣闊的深河是巴爾幹半島上僅次於多瑙河的最大河流，從西北方向東南方傾斜穿過保加利亞，接著行經東羅多彼山脈進入希臘，得以接觸到愛琴海，形成希臘和土耳其的邊境，並將其旅途上最後歸屬希臘的階段歸還給古老且神聖的希伯魯斯河。對保加利亞人而言，這條偉大的河川象徵他們國家。他們充滿警醒且好戰意味的國歌的第一句就是從 *Shumi Maritza*（流啊流，馬里察河）開始。每當保加利亞的三色旗升或降，我就會聽到旗桿附近隆隆地傳出他們的國歌，對現場的武力及手握軍刀的軍官表示致敬。中午時我在河岸旁的垂柳下睡了一個小時，並在傍晚前抵達普羅夫迪夫，心中充滿了期待。

～

跟我幾乎可算是雙胞胎的納迪潔亞，隔天早上重新出現在我面前，真是讓人開心。她遵守諾言，帶我去看拉馬丁的房子——一棟上層樓層突出、粉刷成白色的土耳其風格建築，十分討喜。更棒的是，她還邀請我住到她那跟這棟建築一模一樣的家去。有句古老的保加利亞諺語說：「不速之客比土耳其人還糟。」所以毫無疑問地，巴爾幹國家對他們的妻女是如何嚴苛、保守與東方化。在里拉山脈時，納迪潔亞的自由和獨立已然令我震驚，而要是此時我對這些國家的認識已經能夠如同我後來更加熟悉的那樣，這份毫不遲疑的友善邀請可能會讓我更加驚訝。我想這是源自於她天生獨立的個性，而經過證實也的確如此；此外還有其他理由。她告訴我，她的母親和她那來自史騰馬卡[5]、經濟富裕的農夫父親，還有大她一歲、跟她非常親近的哥哥，幾年前不幸死於一場地震中。

現在她獨自和孱弱臥病在床的外公住在一起。他是位上了年紀、蓄著白鬍子但頗富魅力的紳

5 Stenimaka，即今日的阿塞諾夫格勒（Asenovgrad）。史騰馬卡舊名沿用至一九三四年。

士，而且是希臘人。自從馬其頓的腓力二世[6]創建這座城鎮，他就是其中一個較早蓬勃發展的希臘社區居民。「那時，保加利亞人，」他很快就跟我說明：「可還是一群駐紮在窩瓦河邊的掠奪者！」他這一生大多在君士坦丁堡的塔克西姆區開藥房維生，法文說得非常流利，並且精通西方自由主義的原則。上了年紀的他嘴邊經常掛著伏爾泰[7]、盧梭[8]、安那托爾・佛朗士[9]、左拉[10]、龐加萊[11]、克里蒙梭[12]和韋尼澤洛斯等人的名字，而能夠聽到甘寧[13]、格萊斯頓[14]和勞合・喬治[15]，也讓我既開心又驚訝。不過，他從縫補過的睡衣裡伸出消瘦的手，招待我在他床邊吃下一匙傳統的*slatko*[16]時，以崇高的敬意所提到的英國人卻是拜倫。我想幾乎是多虧這個幸運的國籍巧合，我才能受到如此友善的歡迎。這是第一次、卻不會是最後一次，我了解到這種巨大氛圍、這種在希臘人中將詩人的名字奉為神聖的崇拜，並為之深深悸動。再者，對我而言更具重大意義的是，在隨後幾年發生的事情中，今日招待我的東道主將成為我所碰到的第一個希臘人。我從他那裡聽到在保加利亞人的統治下，希臘主義不幸的悲傷故事：關於壓制、迫害和大屠殺的悲慘描述，根本就像是即時對抗我反過來從保加利亞人那裡聽到、而且未來還會繼續聽到的許多完全相反的類似故事。在過去的二十年間，許多希臘人已經離開普羅夫迪夫前往希臘，並且還在持續中。他說自己太老又生著病，根也深到現在已經無法拔除。拜他的政治傾向所賜，相較於保加利亞知識分子所普遍學習的第二種語言德語，他的孫女正在學的是法語。她的獨立，部分肇因於外公具有大都會性的寬廣視野，一部分因為他的年邁體弱，還有部分則是因著一位包著黑頭巾老婆婆的幫助——這個家全歸她管。藉由一些豁免的怪異手法，她如波西米亞人般無所顧忌的瀟灑模式，不但受到允許，甚至獲得讚賞：成為在巴爾幹統領之下，令人窒息的氛圍中一個真實的現象。半希臘半保加利亞，她彷如宗族社會和督主教宗教衝突間的一個活動戰場：我真的得說，那是一個她還能夠輕鬆扛起的小小負擔。

---

6 Philip of Mocedonia（西元前三八二～三三六），馬其頓國王，即亞歷山大大帝的父親。

7 Voltaire，原名François-Marie Arouet（一六九四～一七七八年），法國啟蒙時代思想家、哲學家、文學家，被稱為「法蘭西思想之父」。

8 全名Jean-Jacques Rousseau（一七一二～一七七八年），啟蒙時代的瑞士裔法國思想家、哲學家、政治理論家和作曲家，與伏爾泰、孟德斯鳩合稱「法蘭西啟蒙運動三劍客」。

9 Anatole France（一八四四～一九二四年），法國小說家，一九二一年諾貝爾文學獎得主。

10 全名Émile Édouard Charles Antoine Zola（一八四〇～一九〇九年），十九世紀法國最重要的作家之一，亦是法國自由主義政治運動的重要角色。

11 全名Jules Henri Poincaré（一八五四～一九一二年），法國最偉大的數學家之一。

12 全名Georges Benjamin Clemenceau（一八四一～一九二九年），人稱「法蘭西之虎」，法國政治家和新聞工作者，曾二度出任法國總理。

13 全名George Canning（一七七〇～一八二七年），英國政治家和外相，曾短暫出任英國首相。

14 全名William Ewart Gladstone（一八〇九～一八九八年），英國自由黨政治家，曾四度出任首相，以善於理財著稱。

15 全名David Lloyd George（一八六三～一九四五年），第一代德威弗爾的勞合—喬治伯爵。英國自由黨政治家，於一八一六年至一九二二年間領導戰時內閣，其後任自由黨黨魁。

16 塞爾維亞和保加利亞的美食，由水果或玫瑰花瓣製成的果醬。幾乎任何一種水果，如野草莓、藍莓、李子和櫻桃都可用。傳統上，塞爾維亞家庭的待客之道是所有客人一入座，就會送上一勺slatko和一杯水。

雖然環境並不寬裕，但他們位在鎮上希臘區後巷的房子依然帶有過去榮景不再的痕跡。上方的樓層以土耳其式突出在巨大的橫樑上，我想究其根源是來自於拜占庭式的居家建築，就像清真寺從教會形式獲得靈感一樣。這間外部有樓梯的畫廊式房子離街道有段距離，圍繞著一處被葡萄藤架所遮蔽的庭院，藤架上如今盛載著多串葡萄，羅勒在有凹槽的瓶罐裡生長得枝繁葉茂，一棵石榴樹懸掛著它裝有赤褐色彈藥的庫房。紫岩燕的鳥巢緊挨著屋簷，室內剝落的阿拉伯式圖案灰泥摻雜著巴洛克式設計，環繞整個門楣和窗戶。占滿這個突出上方樓層空間的長房間裡，擺放著一張既低且寬的沙發床，踏過淺淺幾階即可抵達。木頭天花板裝飾著像馬車輪一樣大小且精心雕刻的玫瑰形狀飾品。沙發床上方的玻璃多過於牆壁；土耳其語中稱為*baremlik*，指的就是這樣的平開窗，會以棚架遮掩，這樣住在裡頭的人，便可以不被人看見地透過窗戶向下凝視鋪有大卵石的步道，明亮的廣場因而被分格成許多窗框，太陽在上方緩緩流淌著光線。這是個祕密、安靜且通風的世界，把西班牙大型帆船的多面向船尾景象召喚至我們心中。這邊越過波浪形的玫瑰色地磚、散發著光和熱的巷弄溝渠與煙囪、鳥巢、鐘樓、穹頂、擠進它們之間的陡峭花崗岩峭壁，直達巴爾幹山脈的山麓；後方則佇立著一座偉大的山脈。南邊庭院後方是馬里察河和金綠色如羽毛般的白楊木；在另一端河岸上，可以再見白楊木、垂柳，以及在早晨陽光下顯得既明亮又遙遠的羅多彼山的山脈線。色雷斯！兩隻翱翔的鸛鳥飛越樹木，在我們的注視下朝著馬里察河河岸飛落而下，併攏雙翅，降落後便呈幾何圖形地來回走動，越過了蘆葦，壓低嘴巴追逐那些呱呱聲落入我們耳際的青蛙；光憑漂浮的薄霧籠罩，根本瞞不過這些精明的屋頂常住客。「牠們今年來遲了，」納迪潔亞說：「很快就會離開。」

～

在這兒，我的床被安排在長沙發椅旁的一個角落，所以在這個懸掛的玻璃盒中甦醒，簡直就是在幸福中起床。躺在這裡，任由長長的清晨明亮光線照射，隨著漂浮的灰塵，從這扇窗戶到那扇窗戶，凝望著複雜精細如雪茄盒蓋的天花板，或是透過如水晶包裹住那玻璃般清晨的光線，望向飛滿小鳥的淺淡天空，是件多麼誘人的事情。但動物踩踏在鵝卵石上的蹄聲、馬車的車輪聲、小販的叫賣聲和秤叮噹作響的聲音，實在是太吸引人的誘惑了，於是我在庭院裡的銅製水龍頭下快速沖洗後，人就來到了街上。

我，或獨自探索這座城鎮，或由納迪潔亞作嚮導。日常的市中心充滿現代建築，有保加利亞和希臘式教堂各一，還有些整修過、看起來格外漂亮的花園。這個尋常的市中心很快就被雜亂且迷人的周邊環境給替代。整座城鎮建立在斜坡上，圍繞在三個可稱為石陣的陡峭花崗岩間，屋頂從側面下方延伸而出，房子就危險地蓋在邊緣，岩石則像刀刃和尖刺一樣突出：圍繞且穿越其間並上下起伏的，是一連串盤根錯結的鵝卵石步道。有些上頭架設遮雨棚以遮蔽岩石，因而形成了帳幕迴廊；金屬工、整理菸草和梳理羊毛的人，盤腿坐在他們前開式的店面工作。這些巷弄位於蔭涼的半陰影處，其上有彎皺扭曲如老虎斑紋的日光縱橫交錯。梳理羊毛的人蹲坐在一大片羊毛上，使用著不尋常的設備：巨大的彎弓在空中高揚約兩百七十公分，再用一條金屬線扯緊，類似

《聖經》插畫中大衛[17]拿來平息掃羅王[18]怒火的豎琴。鐵匠、銅匠、補鍋匠、皮革工匠、修槍匠、輓具製造者和馬鞍製造商，令人驚訝的是其中一位還是個黑人，刨製著他們偉大的象轎，或者拿羊毛塞滿圓鼓鼓的羊皮被褥馬鞍。綠色和黃色的哈密瓜像加農砲般排列，葡萄和無花果排在掛籃裡，紅綠辣椒、秋葵和櫛瓜往上排列成堆。肉販店公開展示他們日常的屠殺，神殿櫃檯上展示著血淋淋的頭顱——眼神木然的戰利品——前排牙齒猶如法國卡通中的英國旅客般突出，外面的鵝卵石成了蒼蠅出沒的網狀血色小溪。騾子馱負的巨大載籃左右搖晃，讓兩旁的攤販飽受威脅；這個巷道不時充斥著受到驚嚇、成群逃竄的羊群，咩咩叫地擠進店裡，緊接著又被牧羊人和狂吠的狗追趕出來。我曾在里拉山脈上看過，阿爾巴尼亞的*bozaji*（飲料小販）在他黃銅巨桶下佝僂著身子，同樣是藉由發出叮噹聲來越過人群。有時，房子聚攏著幾乎密蓋住我頂上的天空。這個極端混亂吵雜的地方出口通向安靜的庭院，讓我得以一窺裡頭的女人在織布機上喀嚓碰撞地織著布，葡萄藤架下可見到羊毛帽、寬大緋紅色腰帶與鹿皮軟鞋打扮的人群聚在咖啡桌和酒店的周圍。

山頂上佇立著一座清真寺，還有土耳其浴房蒸氣氤氳的屋頂輪廓線。突然間，我看到了土耳其人，這是繼在多瑙河偏遠地區阿達卡蘭小島上的鐵門旁之後，我再次得見。他們繫著像保加利亞人一樣的鮮紅腰帶，不同的是穿著寬鬆的黑褲子、拖鞋和緋紅色土耳其氈帽，帽子經常因汗水而褪色或變色，因而邊緣處變成了深紫紅色，活像是破舊的頭巾；有些人用條紋或圓點造型，並使用除了綠色以外的各種顏色鬆散地綁著（除非是某種特殊機緣，被推定為先知後代，才會動用到綠色）。他們盤腿坐著，手執琥珀色念珠，眼皮下垂，聽著水煙壺斷斷續續地汩汩沸騰聲。一群正在水槽旁餵驢子喝水的人其穿著雖然幾乎一樣，細看卻還是有些微的不同；其中某些人戴著灰色或白色的毛氈便帽，取代土耳其氈帽，簡單說就像是縮小的阿拉伯式圓頂，或是薩拉森人[19]卸去鎖子甲後的頭盔。納迪潔亞告訴我，他們是從靠近東南方的哈斯科沃羅多彼山脈溪谷而來的波馬克人[20]。他們有時候跟一小群駱駝商隊過來；但也不僅僅是那時，我還會看到更多駱駝慢慢地走過這些群眾，駝峰和牠們不停搖晃的高傲面具幾乎碰觸到遮篷。假如運氣好，我很可能也會看到庫圖佐夫人，他們是少數分散在馬其頓西南方、半游牧的阿魯曼牧羊人，低聲說著拉丁方言，摻雜著近似羅馬尼亞語的斯拉夫語，後來我在希臘，尤其是色薩利和班都斯山脈又碰到許多。波馬克人據說是在土耳其征服其國家後，轉信伊斯蘭教的保加利亞人；他們確實是穆斯林，說保加利亞語。他們橫越整個鄂圖曼帝國，是蘇丹的無情擁護者，幫助他們的霸主壓迫自己的同胞，利用改變信仰的皈依狂熱屠殺了數千人。（有些當權者把早期身為北方野蠻入侵者的他們帶

17 David（西元前約一〇一〇～九七〇），西元前十世紀以色列聯合王國的第二任國王。

18 Saul（西元前約一〇八二～一〇一〇），以色列聯合王國的第一代國王掃羅，是一位有為的君王，除了帶領人民打勝仗之外，對於不服從他的人也給予包容。惟後來多次違背神的旨意，使人民以耶和華對掃羅王棄絕為由，挑選新的繼承者大衛。

19 Saracen，源自阿拉伯文的「東方人」。西方的歷史文獻中，薩拉森最常用來籠統地泛稱伊斯蘭世界中的阿拉伯人。

20 Pomak，指居住在保加利亞、信仰伊斯蘭教的斯拉夫人。亦稱保加利亞裔穆斯林。

過來；部分希臘作家則因為有一些波馬克人的村莊坐落在羅多彼山脈的希臘斜坡上，圍繞著凱德羅斯和埃西諾斯，所以會在古老的阿格里安[21]色雷斯人種族中尋找他們的根源。）在同樣的山谷坑窪中，邊境的兩邊住著少數的奇茲爾巴什人[22]，這些「紅頭」是遵從阿里・本・阿比・塔利卜[23]的什葉派[24]穆斯林，和他們也許來自於波斯的分裂派[25]同胞一樣，在土耳其人正忙著與波斯人和威尼斯人交戰時[26]，散布於小亞細亞什葉派薩非王朝伊斯瑪儀沙赫[27]統治下的各個小區域，隨後流浪到色雷斯；對土耳其人和波馬克人來說，他們同樣令人厭惡，因為前兩者都是忠實的遜尼派[28]。我滿心敬畏地凝視著這些最後的暴怒叛教者。

在巷弄某個轉彎處，所有商店的名字會全部轉為希臘文，四周迴響著這個已被熟悉的鬼魂糾纏的語言，是我決心要在適當的時機掌握的現代版希臘文。題在商店上的是像沙爾基（Sarki）、哈伊克（Haik）、克里科爾（Krikor）、迪克倫（Dikran）或阿格普（Agop）這類的基督徒名字，所有的姓氏都用殷（yan）這個尾字音作結；咖啡館裡有亞美尼亞人正在閱讀用他們迷人的文字寫成的書，在不熟悉這種文字的人眼中，看起來就像是衣索匹亞的阿姆哈拉語（Amharic）；或者有著俊美鼻樑和銳利眼神的他們，會群聚在商店裡，猶如大擺龍門陣的巨嘴鳥。

在另一區，名字又變成了伊薩克（Isaak）、雅各布（Yakob）、阿夫拉姆（Avram）、哈伊姆（Khaim）或內厄姆（Nahum），而在裡頭掌管著繁複的商品、丈量棉布和緞布的，是塞法迪猶太人[29]。不像在巴納特[30]招待我的那一家主人，他們屬於阿什肯納茲猶太人，是從俄羅斯中心延伸到大西洋的猶太人北部分支，塞法迪猶太人則是這個大家庭的南部分支。他們來到這裡，在提圖

21 Agrianoi，一個集中在當今保加利亞西部的族群，曾是亞歷山大大帝的輕步兵菁英部隊。

22 Kizilbashi，突厥語的紅頭，指信仰伊斯蘭教什葉派的土庫曼人民兵。他們是薩非王朝三大支柱之一。

23 全名Ali ibn Abi Talib（約六〇一～六六一年），伊斯蘭教創始人穆罕默德的堂弟及女婿，在六五六至六六一年間統治阿拉伯帝國。

24 Shi'ite，是個縮寫字，原意為阿里的追隨者，與遜尼派並列為伊斯蘭教兩大主要教派之一。什葉派與遜尼派各門派中的主要不同不在於教義問題，而在於誰是穆罕默德「真正的接班人」。目前則專指認為穆罕默德的繼任者是穆罕默德堂弟及女婿阿里．本．阿比．塔利卜，遜尼派則認為穆罕默德的繼任者是他的岳父阿布．伯克爾。

25 Schism，指一個宗教中因為信徒之間理念有不能同意的地方而分裂出不同的教派，在基督教、伊斯蘭教和佛教等各大宗教裡，都有出現不同程度的分裂。

26 指史稱大土耳其戰爭或神聖聯盟戰爭中的系列戰役之一，鄂圖曼帝國與多個加入神聖聯盟的歐洲國家之間展開一系列衝突。時間始於一六八三年，結束於一六九九年。這場戰爭以鄂圖曼帝國的失敗告終，帝國失去大部分中歐地區的領土。

27 正式稱謂為Shah Ismail I（一四八七～一五二四年），伊朗薩非王朝的創立者，沙阿薩法維帝國是從一五〇一至一七三六年統治伊朗的王朝。這個王朝將什葉派正式定為伊朗國教，統一了伊朗的各個省分，由此重新激起了古代波斯帝國的遺產，是伊朗從中世紀向現代時期過渡的中間時期。「沙赫」是波斯語古代君主頭銜的中譯名。

28 遜尼派原意為遵循聖訓者，為伊斯蘭教中最大的派別，自稱「正統派」，與什葉派對立。

29 Sephardi Jew，十五世紀被驅逐前，祖籍伊比利半島，是遵守西班牙裔猶太人生活習慣的猶太人，為猶太教正統派的一支，約占猶太人總數的百分之二十。由於長期生活在阿拉伯化的伊比利半島上，故長期受伊斯蘭文化影響，生活習慣與其他分支頗為不同。

30 原編註：派翠克．弗莫在《山與水之間》中提到曾在巴特納碰見一家阿什肯納茲猶太人，巴特納是羅馬尼亞西部大半的多元族群生活之地。

斯[31]下令毀滅耶路撒冷神廟後，走過漫長路途；跟隨征服的摩爾人橫跨北非進入西班牙，繁榮興盛了好幾個世紀。在安達盧西亞開明王公的羽翼下，商人、科學家、醫生、哲學家和詩人都在麥莫尼德斯成就顛峰。一四九二年，即哥倫布[32]之年，也就是費迪南[33]和伊莎貝拉[34]再次征服格蘭納達後一年，宗教法庭再次驅逐了他們，其中有些四處分散，就像同病相憐的葡萄牙難民，到達勇於挑戰西班牙勢力的荷蘭；或在隨後的幾十年裡，遠至新發現的美洲或巴西的伯南布科，然後再到加勒比海。史賓諾沙（Spinoza）是源自於薩法迪（Sephardim）這個姓氏，在英國則是頂著洛佩斯（Lopez）、蒙特菲奧里（Montefiore，即拳擊手門多薩〔Mendoza〕之意）和迪斯雷利（Disraeli）之名的家庭。不過大多數人又再次向東遷移，回到了黎凡特；先遣代表隊定居在義大利托斯卡尼海岸的里沃納和格羅塞託，成為梅迪奇家族的賓客；其餘的人在鄂圖曼帝國領域內找到庇護，受到蘇丹的歡迎。他們定居在如君士坦丁堡、塞薩洛尼基、士麥納和羅得島等商站，傳說除了一卷卷的律法，以及他們在柯爾多瓦、格蘭納達和卡地斯老家大屋的巨大鑰匙串之外，什麼都沒帶就來到此地；不過儘管問過，但我卻從來沒看過能用這些鑰匙開啟的傳說中的珍寶。他們在巴耶塞特二世[35]、塞利姆一世[36]和蘇萊曼一世[37]統治期間，就較少遷徙到巴爾幹的城市。我聽他們還是講著稱為「Ladino」的十五世紀版本安達魯西亞西班牙語。我在櫃檯邊開心地聽著：

「怎麼樣啊，赫茲姆？嗯，不錯。我也很好。」

還有相當重要且稀罕的一群人，名為團結天主教社區。其罕見的重要性並非來自東正教這片大海——他們是忠於羅馬的小環礁——而是成就這份獨特性背後的理由。這種二元論信仰在基督

教早先幾個世紀發源於小亞細亞，歸因於諾斯底主義[38]信念和波斯瑣羅亞斯德教[39]，其宗旨大要

---

31 全稱 Titus Flavius Vespasianus（四一～八一年），羅馬帝國弗拉維王朝的第二任皇帝，在位雖然僅僅兩年，但以主將的身分，在七〇年攻破耶路撒冷，大體上終結了猶太戰役，在當時普遍受到人民愛戴。羅馬也在此期間發生三件嚴重災害：七九年的維蘇威火山爆發、八〇年的羅馬大火與瘟疫。

32 英文全名 Christopher Columbus（一四五〇～一五〇六年），探險家、殖民者和航海家。此處提到的一四九二年，哥倫布在第一次航行中，於巴哈馬群島的一個他稱為「聖薩爾瓦多」的地方登陸。

33 全稱謂 Fernando II de Aragón el Católico（一四五二～一五一六年），阿拉貢國王、卡斯蒂利亞國王、西西里國王和那不勒斯國王。通過與卡斯蒂利亞女王伊莎貝拉一世的婚姻，費迪南二世實際上是統一的西班牙的第一位國王。

34 全稱謂 Isabel I la Católica（一四五一～一五〇四年），卡斯蒂利亞的女王。她和丈夫費迪南二世完成了收復失地運動，為日後他們的外孫查理五世統一西班牙奠定了基礎。

35 Bayazid II（一四四七～一五一二年），一四八一至一五一二年鄂圖曼帝國的蘇丹。巴耶塞特二世和其父親一樣包容東西方文化。與許多蘇丹不同，巴耶塞特在確保內部政務的順利推行上著力甚多，所以被冠以「正義者」的稱號。

36 俗稱 Selim the Grim（嚴峻的）（一四七〇～一五二〇年），一五一二至一五二〇年鄂圖曼帝國的蘇丹，在位期間為帝國廣開國土，為得王位，不惜逼父退位，殺死兄弟及姪兒，清除可能覬覦王位的人。

37 Suleiman the Magnificent（一四九四～一五六六年），一五二〇至一五六六年在位，是鄂圖曼帝國第十位與在位時間最長的蘇丹，兼任伊斯蘭教最高精神領袖哈里發。由於蘇萊曼一世的文治武功，使他在西方被普遍譽為蘇萊曼大帝。在他的統治下，鄂圖曼帝國在政治、經濟、軍事和文化等諸多方面都進入極盛時期。

38 Gnosticism，或稱靈知派和靈智派。「諾斯底」一詞在希臘語中意為「知識」，是指在不同宗教運動和團體中的同一信念，此信念可能源自史前時代，卻於西元的首數個世紀活躍於地中海周圍並延伸至中亞地區。了解這個核心信念的鑰匙就是要透過擁有「靈知」。

39 Zoroastrianism，伊斯蘭教誕生之前，在中東和西亞最具影響力的宗教，為古代波斯帝國的國教。曾被伊斯蘭教徒貶稱

為「Ormuzd」和「Ahriman」，即光明與黑暗的力量、或善與惡的信念，皆同等地有尊嚴；在人類靈魂永無止境的決鬥中，都是平衡相配的。雖說其信徒經常是善良又單純的民眾，但可以理解的是，姑且不論其他，光說他們那些忽視聖母瑪利亞、抵制十字架、以及透過物質之惡和最終的人類滅絕來尋求救贖的奇怪教條，對於正統的基督徒而言，就似乎都是革命性的理念，也是種邪惡和褻瀆，自然會受到教會和國家無情的嚴苛對待。摩尼教[40]，也就是這異端宗教尋常的稱呼，隨著時間的推移，傳遍基督教世界的南部區域，在不同的名字下祕密地遍地開花。在當地名為保羅派[41]的所有摩尼教徒，於九世紀時遭到阿萊克修斯・科穆寧皇帝[42]從幼發拉底河連根拔起，流放到菲利波波利，即今日的普羅夫迪夫地區。這裡在以異教創始人之名為名的波哥米勒教派[43]影響之下，同樣的信仰已然開花結果，再從保加利亞繼續向西發展；穆斯林波士尼亞與赫塞哥維納，就是伊斯蘭教化的波哥米勒教徒。也許是受到當地吟遊詩人的唆使，東方商人又將這被禁的教條進一步往西傳播給它的信徒，即卡特里派[44]，或稱為阿爾比派[45]信徒，在普羅旺斯和朗格多克的城鎮及大教堂裡廣泛流傳。之後在阿爾比十字軍東征時，西蒙・狄・蒙特福特[46]曾予以嚴苛重擊，倖存者雖挺立於蒙特塞居堡壘做最後的對抗，卻仍在庇里牛斯山山腳下全數被活活燒死。最後的信徒以連貫性的團體形式持續下去，儘管說是異端，不過最初移植到菲利波波利的保羅教派，其實始終是在基督教的框架內，最終在十七世紀贏得耶穌會傳教士向羅馬提交歸順。他們建立在馬里察河邊的教堂，至今仍然矗立著。儘管起源於小亞細亞，但西方始終將異端與保加利亞畫上等號。就這樣，中世紀的法國人制定了他們自己的異教徒之詞「bougres（壞蛋）」；並因其從可疑的信仰延伸而出，所以反摩尼教的偏見便繼續經過再製，把它們誤導到性、教條和異端邪說，「雞姦」（bugger）這個詞於是首度出現，豐富了英語詞彙。

實在有太多東西可以揣想了。我在這個迷宮中消磨了好幾個小時，坐在外頭棚架下的咖啡店裡，儘管裡頭充斥著翻動紙牌的啪啪聲，以及骰子和西洋雙陸棋戲計數器的咯咯碰撞聲，我卻依

為「拜火教」，在中國稱為「祆教」或「白頭教」。

40 Manichaeism，三世紀中葉波斯先知摩尼所創立，是一種將瑣羅亞斯德教與基督教和佛教混合而成的哲學體系，屬於典型的波斯體系諾斯底二元論。

41 Paulicians，為西元六五〇年在東羅馬帝國亞美尼亞地區的基督徒團體，創導人是康士坦丁—西爾瓦努斯。其理念屬善惡二元論，與摩尼教觀念類似。

42 Alexis Commene（一〇四八～一一一八年），科穆寧王朝的東羅馬帝國皇帝，一〇八一至一一一八年在位。在拜占庭率兵廢黜尼基弗魯斯三世，恢復了科穆寧家族由於伊薩克一世被廢黜而中斷的統治。

43 教派名稱為Bogomilism，是基督教新諾斯底式或二元主義宗教政治學派，由保加利亞第一帝國的祭司波哥米勒在沙皇彼得一世統治時的十世紀創立。

44 Catharism，又稱純潔派，中世紀的基督教派別，受到摩尼教思想的影響，興盛於十二與十三世紀的西歐，主要分布在法國南部。

45 Albigenses，上述卡特里派在一一四五年傳入法國南部的阿爾比，因此又稱阿爾比派。

46 Simon de Montfort（一二〇八～一二六五年），第六代萊切斯特伯爵西蒙，法國裔英格蘭貴族。在第二次伯爵戰爭中，率領貴族反抗亨利三世的統治，成為英格蘭的實際統治者。統治期間，召開了第一次由直接選舉產生的議會，即英國下議院，因屬中世紀的歐洲第一次，所以被視為現代議會制的創始人之一。

然耳朵大張地聽著響在走廊蔭下的許多語言和方言。這團體現在又加入了兩個蹲在鵝卵石上的吉普賽女人喃喃的羅姆語聲，她們抽著夾在戴著鋼戒的細長手指間的裊裊香菸。在郊外移動的人群中有著無數的吉普賽人，為本來就已經色彩遍布的此地，再添上他們多層裙子和頭巾上的黃色、橙色、猩紅色、紫紅色和紫色的繽紛色調。穿著補丁的黑色僧袍、頭戴無邊大禮帽的僧人，雙臂各夾著一顆瓜，蹣跚走過；對面一個吉普賽鐵匠正努力把一個扁平的鋼片打造成驢的後蹄甲。我吸入一種複合香氣，像是整個巴爾幹半島的實質精華，混合了汗水、灰塵、燒著的角、血、水煙、糞便、粗釀梅子白蘭地、葡萄酒、烤羊肉、香料和咖啡，裝飾著一滴玫瑰油，以及一縷焚香，一邊想著不知道亞歷山大[47]小時候是否也見過這個城鎮，彼時他的父親正征討色雷斯人[48]部落，擴充王國東部，這王國後來又經圖拉真[49]、哈德良[50]和馬可·奧里略[51]而予以擴大。相當可悲的是，這裡也被認為是奧菲斯[52]打破了他答應冥王的誓言，從冥府返回人間的路上，因為忍不住回頭看，而永遠失去尤麗狄絲的地方。

想著現在聚集在這裡的所有族群，感覺真是非常奇妙。希臘人可能在它建立時就已經存在了，除非他們本身的波馬克人起源理論是正確的。保加利亞人仍在遠方的窩瓦河和烏拉山之間，而經由他們接續了國家和語言的斯拉夫人，猶在更北的維斯瓦河和聶斯特河之間，或許還在普里佩特河沼澤區；土耳其人一直在蒙古草原上；奇茲爾巴什人[53]在伊朗平原或山間徘徊；塞法迪人仍定居在猶大王國[54]和巴比倫[55]；弗拉赫人[56]在橫越過多瑙河的達基亞高地上；阿爾巴尼亞人在伊利里亞或阿克羅西勞尼亞山；亞美尼亞人在亞拉拉特山下或凡湖旁；前保羅派天主教徒在幼發拉

47 世人所熟知的全稱謂為Alexander the Great（西元前三五六～三二三年），世稱亞歷山大大帝，古希臘北部馬其頓國王。到十六歲為止一直由亞里斯多德任其導師。三十歲時，已經創立歷史上最大的帝國之一，疆域從愛奧尼亞海一直延伸到印度河流域。一生未嘗敗績，被認為是歷史上最成功的軍事統帥之一。其父親為腓力二世。

48 Thracians，古代色雷斯地區的居民，保加利亞早期居民，有的學者認為和現在羅馬尼亞人有血緣關係，語言已經滅絕，經歷高盧入侵、希臘化、羅馬化及斯拉夫化後，原有的文化也大多不復存在。

49 全稱謂為Trajan, Marcus Ulpius Nerva Traianus（五三～一一七年），羅馬帝國皇帝，為羅馬帝國史稱五賢帝之一。

50 全稱謂為Publius Aelius Traianus Hadrianus Augustus（七六～一三八年），羅馬帝國五賢帝之一，最為人所知的事蹟是興建哈德良長城，劃定了羅馬帝國在不列顛尼亞的北部國境線，還在羅馬城內重建了萬神廟，並新建了維納斯和羅馬神廟，倡導人文主義，提倡希臘文化。

51 Marcus Aurelius（一二一～一八〇年），羅馬帝國五賢帝時代最後一個皇帝，有「哲人王」的美譽。

52 希臘神話中，阿波羅與繆斯女神中的卡利俄珀所生的奧菲斯，音樂天賦超凡入化，其演奏能讓木石生悲、猛獸馴服。後與傾心於他的仙女尤麗狄絲結為伴侶，無奈婚宴中，尤麗狄絲被毒蛇噬足而亡，痴情的奧菲斯為愛入地獄，用琴聲打動了冥王黑帝斯，尤麗狄絲再獲生機。但冥王告誡少年，離開地獄前萬萬不可回首張望。冥途將盡，奧菲斯卻克制不住胸中愛念，轉身想確定妻子是否跟隨在後，此舉終令尤麗狄絲墮回冥界的無底深淵。悲痛欲絕的少年於是隱離塵世，在山野漂泊時遇到酒神狄俄倪索斯及酒醉痴狂的一幫色雷斯女人，不幸死在她們手中。他的頭顱被砍下並拋入河中，口裡仍舊呼喚著尤麗狄絲的名字。繆斯女神將他安葬後，七弦琴化成了蒼穹間的天琴座。

53 Kizilbashi，突厥語為「紅頭」之意，指信仰伊斯蘭教什葉派的土庫曼民兵，是薩非王朝三大支柱之一。

54 Judah，一個於前十至六世紀存在的中東國家，首都耶路撒冷，與首都在撒馬利亞的「北國以色列」同時從原來的以色列王國分裂出去，所以也被稱為「南國猶大」。

55 Babylon，原本是一個閃語族阿卡德人的城市，歷史可追溯到大約四千三百年前的阿卡德帝國。

56 Vlach，曾生活在中歐、東歐、東南歐的一個民族，也稱弗拉希人或瓦拉幾亞人，是現在羅馬尼亞人和阿羅蒙人等民族的祖先。曾自稱為羅馬人的一個民族，大多信仰東正教，也有一些人信仰天主教和新教，只有極少數人信仰伊斯蘭教。

底河旁；吉普賽人在俾路支斯邊境附近熾熱的德拉維達平原上；而在馬鞍上馳騁的黑人祖先們當時的居住地，究竟是努比亞山谷？還是尼羅河上游獅子出沒、枝葉茂盛的王國？還是衣索比亞呢？而且就此而言，我的祖先又是出於哪個愛爾蘭[57]沼澤、哪座德魯伊教徒[58]的森林、哪道陽光照射不到的峽灣？或者是從易北河口，還是陰暗的猶太海岸邊撒克遜部落裡毛髮濃密的人種繁衍而來的呢？

該再來一杯粗釀梅子白蘭地和幾個烤辣椒豆莢了。巷子遠遠那端的遮陽棚下出現一個影子，沿著帆布的每個長方形滑過我的桌子，往下沉陷，再次在邊緣上升，然後混亂地移到下個位置，再往上滑動。當這影子穿過兩個遮陽棚之間的長條陽光時，但見鸛的深紅色嘴喙在空隙上方幾吋處畫過空中；然後來了個長長的白色脖子、雪白胸脯上的羽毛膨脹、靜止伸展的六呎白色翅膀，還有在上升氣流中翻轉向上有如手指般各自分開的黑色翼尾羽。接著而來的是逐漸變細的白色肚子，然後拖曳過去，扇狀的尾巴和緋紅光亮的平行長腿，腳趾併攏呈流線型，但是當陽光交叉，那整個形狀又變得平坦，再度成為一個平面影子，大大地橫過整塊長方形布面，別具特色又幾乎靜止不動，飛得那樣無精打采，好像成了帆布上的標誌鳥；隨後滑行過去，沿著看不見的屋簷和煙囪間那幾乎停滯的空氣廊道，神奇地沿著蜿蜒的巷道傾斜，最後，慢慢旋空地翻轉，逐漸斜飛出視線外。這是一段像我們其他人一樣的飛鳥行程。

~

納迪潔亞的房子裡有《十九世紀拉魯斯》[59]和許多卷的《邁耶百科詞典》[60]，兩者都有很多東西可好好地查看一番；也有從君士坦丁堡買來的法文書籍，包括《奧德賽》[61]的破爛翻譯。我在她熨燙衣物時懶洋洋地癱在沙發床上，襯著上層房間的明媚陽光，大聲朗讀片段給納迪潔亞聽，然後聽她以法語再次覆誦。我也介紹波特萊爾[62]給她認識。我的法語比她略好一點，平衡了她比我大二十四小時的年齡。她承認她希望自己看起來像是索邦大學的女大學生，所以剪了個瀏海，穿白襯衫和黑色褶裙，而且一有機會就用極帥的角度戴起貝雷帽，成功達成她的野心。

我待在她家的第二天早晨，她拉開一個收滿大量傳統服飾的衣櫃，希臘和保加利亞都有，有些已經超過百年歷史；有著大片僵硬長方形刺繡的上衣，多采多姿的圍裙，深綠和紫紅色的天鵝絨裙子，縫滿金銀線扭辮、外加垂懸袖子的藍綠色絲質馬甲，其腹部掛滿叮噹作響的奧地利和土

---

57 Hibernian，愛爾蘭的感性詞稱。

58 druidical，古代高盧和英國的神職團體成員，以先知和巫師風貌出現在威爾斯和愛爾蘭傳說中。

59 *Larousse XIXème Siècle*，法國百科全書。

60 *Meyers Konversations-Lexikon*，德國學者暨出版商約瑟夫．邁耶出版的一部百科全書，由他本人創立的萊比錫文獻學研究所出版。

61 *Odyssey*，為盲眼詩人荷馬所作，是古希臘最重要的兩部史詩之一，西方文學的奠基之作，另一部是《伊利亞特》。《奧德賽》內容主要講述希臘英雄奧德修斯在攻陷特洛伊城後，花費十年才得以返鄉的故事。

62 全名Charles Pierre Baudelaire（一八二一～一八六七年），法國象徵派詩歌的先驅詩人，現代派奠基者，散文詩鼻祖，代表作包括詩集《惡之花》及散文詩集《巴黎的憂鬱》。

耳其金幣，兩大片的布像皮帶般夾扣住上腹部，形狀一如阿拉伯花紋式的波斯火焰；銀絲綢頭巾和搭配黑色綢緞長流蘇的淺猩紅色土耳其氈帽，以及漂亮的絲絨和紅色軟皮繡花拖鞋。有些衣服十分粗野，其他的則極度優雅和浪漫。我沒花多少力氣就說服她全部試穿看看，她也配合地擺出一系列壯觀的姿態上場，簌簌沙沙、叮叮噹噹得像個時裝模特兒，雙手叉腰而立，踮起一個腳尖旋轉，像個宮女般斜躺在沙發上，呈現出有著濃密秀髮的喬治亞人或切爾克斯人[63]那種懶洋洋的臥姿。

在這個寶藏箱底，我們發現了一些chibook——古老的土耳其菸斗，有著幾呎長的櫻桃木柄、小陶碗和琥珀吹口——和一小堆舊武器，跟那些衣服一樣都是傳家寶：有著雕花的明火銀長槍、牛角火藥筒、半圓短彎刀、象牙柄的馬刀，以及銘刻著土耳其、希臘和保加利亞波狀花紋或沿著刀鋒雕刻的匕首。我們把它們從銀鞘中抽出來，再看到我倆都一手馬刀、一手短彎刀，索性一致出手，展開激烈的模擬戰鬥，揮舞的刀鋒在我們頭頂上互相碰撞發出鏗鏘聲，以嘎嘎作響的鋼鐵短兵相接，直到刀柄在我們咆哮的臉蛋前互相扣合，從地板跳上沙發，再從沙發上跳下來，旋轉、呻吟，像老鷹展翅般裝死地癱倒，隨即大喊並伴隨著鏗鏘聲復活過來。就這樣一直玩到納迪潔亞的爺爺被吼叫、跺踏和刀劍碰撞聲給嚇到，從他房間發出顫音問我們到底在胡鬧些什麼為止。

納迪潔亞在我的筆記本後面寫滿了約三頁可能對我的旅行有用的保加利亞短句，它們不像一般常見的神祕糾纏寫法，而是用我現在已經可以解讀的整齊西里爾大寫字母。「先生，我是英國人，要從倫敦一路走到君士坦丁堡。」（Gospodine, az sum Anglitchanin i az hodya pesha ot London za Tzarigrad.)「Tzarigrad?」對，納迪潔亞說，保加利亞就是這麼稱呼君士坦丁堡的，意思是拜占庭皇帝，沙皇的城市：其實是凱撒鎮。*Kolko ban?* 多少錢？*Mnogo losho*，非常糟糕；*tchudesno*，棒極了；*Cherno Moré*，黑海；「那顆瓜多重？」「我的床上都是蟲，你這個騙子！」等等。我慢慢地讀出來，她則負責糾正發音[64]。用一些過度的讚美畫上句點。「你永遠不會知道這些話什麼時候會派上用場。」她又教我說：「妳的眼睛像星星般閃閃發亮！」「妳的頭髮和眼睛讓我雙膝發軟。」「妳是世上最美的女孩」以及「和我一起飛吧！」

~

納迪潔亞這位導遊知識豐富又精力充沛。我們在博物館看到古老的色雷斯物品：匾牌上有騎著馬的戰士、獵人、戴著怪異面具的婦女，年輕的色雷斯王子則極其精采地戴著銀色的死亡面具。戰後陸續出現錘薄的黃金寶藏，美得令人驚豔，之前我僅在圖片中看過——做成發光臉龐形狀的閃亮盤子、女人頭形的水壺、鹿角形狀的杯子、有著騰躍半人馬把手的雙耳細頸瓶，都還沒有對外公開。

63 Circassian，西北高加索一民族，阿迪格人的一個分支，主要分布在卡拉恰伊—切爾克斯共和國以及阿迪格共和國的四個村子，說卡巴爾達語切爾克斯方言，是高加索人與可薩人等突厥人的混血。

64 原編註：派翠克．弗莫總是對語言著迷。在這段旅程中傳遞他年輕的嘗試（偶爾會有熱情多過準確性的情況出現）。

我們到城鎮北部一座山上去參觀一小群聚的修道院。在這裡，相對於最近的模仿品，我首度看到堪稱真正的拜占庭古老教堂，涵蓋了整個東正教世界（重建的教堂和里拉的現代肖像畫是不算數的）。封閉在牆裡，周圍環繞著鋪設華麗的庭院或鵝卵石，植被樹木、柏樹聳立，這些或是灰褐兩色，或呈蜂巢狀的金黃磚面牆壁，加上圓筒狀窗口的建築；它們往下彎到下方頂點的穹頂褪色瓷磚上，披散著成熟後鼓脹掉落的松果，有的則是落在凹槽狀的鋼條、肋柱和鉛板中，成為我接下來幾十年將會探索的數百間教堂的先驅。裡頭但見凹陷的小圓頂，溫柔的金色光芒從高高的窗口灑進鼓狀建築內，經過戶外的蔚藍後，直覺得裡面幽暗；通過主殿厚牆的半圓形拱門進入前殿；袖廊、半圓壁龕、大幅的聖幛，所有這些都成為畫上一群重要人物的背景：超凡絕塵、白化的聖徒和天使、戴著皇冠的帝王和皇后，交織成一團團的光圈，最後的審判和殉教徒，在剝落的複雜精細拜占庭筆法中，畫出希臘記述傳說中每個張大眼睛的頭像。要是我知道就在那一個特定的下午，這些令人凜然的壁畫聖人將成為哨兵、孤獨的傳令官和先鋒，帶領日後的我從俄羅斯和波蘭邊境附近羅馬尼亞北部的布科維納到埃及，還有從西西里島到卡帕多奇亞數以百計的教堂裡，不斷追尋散落的大批軍團，心中的喜悅也不斷加深的話就好了。

那些有著決定性命運的繪畫細節，我現在已經不記得了。我那當時天真和未受訓練的眼睛沒能記錄下什麼，有的只是它們所釋放出延遲了許久才發揮作用的振波；或者，應該說唯一記得的是：施洗者約翰[65]把自己的頭放在一個盤子裡並奇異地展翅，也或許是因為他裝飾著伊萬．普列奧布拉任斯基修道院的牆壁，而我問起那名字的意思，所以才會記得它。納迪潔亞告訴我那是先行者聖約翰的意思，或在希臘語中稱為Ioannes Prodromos（施洗者約翰）。這些可抹除的特殊壁畫執行著它們引介和謹慎退場的安靜任務。就此而言，那些穹頂是砌磚，還是鋪設鋼鐵或鉛，或者就像我剛才大膽記下的那樣兩者都是？抑或在交錯的年代裡，任意地砌磚、加鉛或架上鐵條？疑慮頓生。這並不重要，奇妙的是，記憶會這樣迴避掉這幾場重要參觀的面孔和場景，卻又將無關緊要之物予以如此地清晰化：比如說外頭頂上攀藤的綠蔭，其下的平板路面，散布的星星和菱狀光芒；還有過一會兒，坐在一棵巨大懸鈴木樹下談論《惡之華》（*Les Fleurs du mal*）。這些過程開始時，人只有偶爾才會感受到警示，察覺到這關鍵的重要性：那些特定的詩、畫、音樂、書籍或想法將改變一切，或者那人會與我陷入愛河或成為一輩子的摯友；其實加長的扭辮會編在一起，構成一生。我們人應該要能夠察覺到那起跑開槍的悶聲。這段旅程標記著這些聽不見的聲音：黎明掩映並顯現在簡樸的衣服上。

在現代化市中心的公共花圃和大道，以及整齊的公共建築與銀行之間的花園裡，有個水泥圓

65 St John the Baptist，無論是在基督教或伊斯蘭教中，都是一個重要人物。根據這兩教的說法，聖約翰施洗者在約旦河中為人施洗禮，勸人悔改，因為公開抨擊當時的猶太王希律·安提帕斯而被捕入獄並遭處決。文中提到的故事是希律王的女兒莎樂美為他跳舞，希律王高興地答應，並向神發誓可以賞賜她任何物品。而在母親的慫恿下，莎樂美便要求要聖約翰施洗者的頭，希律王遂藉此機會派人殺死聖約翰施洗者，並將頭放到盤子上交給莎樂美。

形舞池和一排排掛著彩色燈泡、裝飾漂亮的樹，普羅夫迪夫的知識分子晚上就會聚集到這裡來。納迪潔亞和一群學生把我帶到那裡去，其中幾個我在里拉山脈見過，對於沒見過的，她則隨性地介紹我是：「我的雙胞胎。」這一天的時差感已被悄悄地抑制掉。樂隊演奏的樂曲甚至比外西凡尼亞的更過時。雖有幾首狐步舞，但中歐的老式華爾茲更普遍，最主要的是我幾乎沒有跳過的探戈。我穿上一雙在奧爾紹瓦買的糟糕透頂的褐色網球鞋試跳，起先不怎麼美妙，之後便漸入佳境，跟著擠滿舞池的菲利波波利人的熱情認真模仿。演奏台上的一個女歌手，氣勢雄壯地用德語傳誦著：「O Donna KLA - ra!」（「噢，璫娜，妳真漂亮！」）即便我們皺起眉頭，她還是繼續唱：「Ich hab Dich TANZen - geSEHN, O Donna KLA - RA - Du - bist - WUNDerschön!」（「我見過妳跳舞，噢，璫娜，妳真漂亮！」）[66]

幾個小時後，受到月光的挑動，我們這群人偷偷溜走，帶著瓶葡萄酒登上馬里察河上的一艘船，往廣闊的河外划出去，一邊唱歌，一邊共用一個玻璃杯輪流喝酒，最後停泊在樹叢下。這支溫和的雜牌軍，似乎有著保加利亞極度愛惡作劇的特性，在這群男孩中，有兩個女孩是其中兩個男孩的姊妹，而且第三個差點和一位年輕軍校見習生訂了婚。我們開始互相挑戰，快速灌下一杯地拚酒。女孩們畏縮不前，避開這考驗，裝腔作勢地啜飲酒沫後即歸還酒杯；我滿心讚嘆地觀察納迪潔亞以外的所有女子。她叫著：「za zdrave!」（「身體健康！」）憋著長長一口氣將整杯酒灌入喉嚨，然後像條狗般顫抖，在掌聲中甩動一頭漂亮濃密的頭髮。在諸如此類的場合總會出現的場景，也就是輪到陌生人唱一首他會的在地歌曲時，我感到有點退卻。我選了經由經驗和錯誤學到的《城裡的小酒館》（There is a Tavern in the Town）這首歌，那是我會強烈推薦給處於類似困境的人唱的，可以按照當前的心情用快板或柔板來唱，而且很快就可以唱完。不管是這首或《令人憐愛的青春魅力》（Those Endearing Young Charms）皆是。我迫切地想要回到他們本地的歌曲上。最後，我終於非常高興地聽到、也終於學會了那些歌詞，就是那些婦女們在拉多米爾的公車上所唱的有著奇怪顫音的歌曲。我藉著哼唱自己所能記住的曲調來讓那些學生表演：「Zashto mi se sirdish, liube?」（「你為什麼對我生氣，我的愛？你為什麼迴避我？是你沒有馬，還是你已經忘了路？」）

……*Sirdish, ne dohojdash?*
Dali konya namash, liubé
Ili drum ne znayesh?

以一種未完成的奇怪模式在半空中結束。他們用美妙的歌聲慢慢地唱著複雜的音調，再加上諸多變調，成了月光照耀的河面上，讓人既陶醉又憂鬱的聲音。不曉得現在他們都變成什麼模樣了？

66 一九三〇年代的一首德語流行曲《Oh, Donna Clara》。

隔天早上，我們又把衣櫥裡所有的戲服都找出來，讓納迪潔亞穿上，呈現出最華麗浪漫的模樣。一件寬大的深紅色天鵝絨裙子，搭配刺繡繁複的綠色緊身馬甲上衣，不但滾上金色蕾絲花邊，邊緣還全部縫上金色小鈕扣，岔口袖子從肘部像鬱金香花瓣一樣往下滑曳；然後扣上一條有著巨大銀釦的皮帶，搭配所有我們找得到的懸掛金幣和鏈子；最後是頂金紅色滾邊、飾以流蘇的土耳其扁平氈帽，斜戴在她梳得筆直的濃密頭髮上。之後我安排她擺出一個宮女的姿勢，一手斜拿著菸管，另一隻手隨意地搭著橫過沙發背。太陽從後面眾多的明亮窗格照射進來，其後則是隱退的樹梢、笨重的屋頂、圓頂和山脈：真是一幅醉人的混合視野，半是被俘虜的切爾克斯公主，半是拜占庭的女英雄：或是艾蔚絲（又稱海德）小姐[67]，或是拜倫的詩歌〈雅典少女〉（Maid of Athens）。當所有的一切準備就緒，即開始精心繪製大幅畫作。（這份愛好，我後來又間歇但固執的堅持了好幾年，透過緩慢而艱苦的過程，有時能達成心願，有時僅堪及格，更多時候是失敗。）這次我很走運，無論如何，我設法捕捉她渾身的燦爛和騙人的鎖眉。一個小時後，看起來結果似乎可堪見人。我所謂的「走運」，真的就是字面上的意思，因為成果若是不錯，我想把它當成送給納迪潔亞的臨別禮物，因為隔天我就要出發了。有一點傷心，她是個出奇有耐心的安靜保姆。當我擺弄著讓土耳其氈帽的流蘇落在她綠色的肩膀上並散開來，呈現出墨黑的絲綢瀑布，安置在這個迷人的明亮房間裡，閱讀、寫作並和納迪潔亞聊天，聽她背誦《如果你到森林裡去》

（Nous n'irons plus aux bois）時，我心想這一切是多麼奇妙啊！她是那麼漂亮、善良、有趣、聰明和美好。前一天讀過的一段荷馬翻譯浮現心頭，讓我不禁揣想：若能像奧德修斯[68]一樣待在卡呂普索[69]的洞穴裡，將是件多麼美好的事。

「如果，」納迪潔亞用抹去所有強勢痕跡的友善微笑，打破長長的沉默說：「你可以像奧德修斯待在卡呂普索的洞穴裡一樣，待在這裡，將是件多麼美好的事。」

「我也正這麼想。」

其實，我的計畫在昨天之後起了天翻地覆的變化。我原本打算繼續沿著馬里察河谷，穿過亞德里安堡的土耳其邊境，然後深入土耳其的色雷斯到君士坦丁堡。但是前一天晚上與納迪潔亞聊起普列奧布拉任斯基修道院的拜占庭式壁畫時，她說那跟遠遠朝北大巴爾幹另一邊的保加利亞中北部城市大特爾諾沃根本沒得比。尤有甚者，在土耳其征服之前，它是保加利亞境內眾王國之一的首都，在保加利亞歷史上與里拉一樣重要；甚至於更加重要的是，有鑑於馬里察河谷不但炎熱，而且通往土耳其的路途一片平坦，盡是稻田和煙草，充滿了蒼蠅和塵土。當我詢問大家時，學生們也都支持她的看法。所以我們把地圖攤開在沙發上，重新繪製了一條比較有魄力的路線：

67 全稱謂Mademoiselle Charlotte Aïissé, Haidée（一六九四～一七三三年），法國信件作家，是切爾克斯酋長的女兒。

68 Odysseus，希臘西部伊薩卡島之王，曾參加特洛伊戰爭。即荷馬史詩之一，與主角同名的《奧德賽》的主人翁。

69 Calypso，希臘神話的海之女神，將奧德修斯困在她的奧傑吉厄島上七年。據說她是被自己的父親阿特拉斯囚禁在島上，所受到的懲罰是她一定會愛上那些英雄，但那些英雄卻都不得不離開。

掃過山脈，穿過大特爾諾沃，然後往東深入，直達黑海，再沿著海岸南向走到拜占庭皇帝沙皇的城市。這將增加幾百公里的旅程，但聽起來非常值得，而且一想到看不到黑海，我就滿心排斥。畢竟我沒有匆忙趕路的必要，這計畫算是鼓舞人心的創新偏航。

我們大膽地視常規於無物，那晚自己跑去舞池跳舞，直到關場，然後從這小山丘到那小山丘地在這月光下的城鎮漫步，俯視閃爍的屋頂和空蕩的巷弄，有時則坐在別人家的門檻上聊天，直到深夜才返回家門。

隔天，我去跟納迪潔亞的祖父道別。即便天色還沒亮，他仍堅持我該親自過去道別（其實在三天的逗留期間，我經常跟他見面）。他送我一本皮革書，是佛利耶[70]舊舊的《希臘流行歌曲》（*Chants populaires de la Grèce*），並要求我到達雅典時，幫他去帕特農神廟打個招呼。他從來沒去過。「et maintenant je ne le verrai jamais...」[71]他用一種穆斯林談及麥加時的悲傷口吻說出了這些話。納迪潔亞和我把臂，一路陪著我走到城鎮北邊約五公里處的小樹林。在這裡，她給了我一小包麵包、哈瓦甜點、起士、水煮蛋、蘋果，和一瓶裝滿粗釀梅子白蘭地的長頸圓木瓶，作為分別的禮物，外加她一定是事先溜出去偷偷買好的六包英國香菸，包裝上的鬍鬚水手頭藏在黏著進口稅郵票的箍帶下；其實她跟我一樣，都是負擔不起這些的。她讓我深深地感動。我們都被情緒淹沒，一次又一次像雙胞胎一樣擁抱許久後才分開，慢慢地、非常不情願地，最後，我們終於還是轉向了各自相反的方向，頓感淒涼孤單，轉身揮手：希望，不論距離如何，這些用力揮舞的手臂看起來會比主人自身的感受開朗。

如此這般的道別是旅程中唯一教人悲傷的部分。整個旅程其實是一連串小小的告別，痛苦或多或少都有，很難無動於衷，鬆一口氣只是偶爾出現。與親切的人、而且幾乎每個都是如此的人告別，並心知肚明我們極有可能永遠都不會再見，本質上就是件很憂鬱的事，好像有人拍你肩膀提出警示，是種突如其來的尖銳感受，頓感世事飛逝。但是，透過那些注定只是暫時強加的日常障礙所培養出來的親和天性，即便是祕密的、如閃電般，只有閃爍一瞬的可能性，這些相遇還是會耙得更深，並快速種下散播友誼、感情、激情和愛的種子，以至於這些道別便成為破碎的連根拔除；他們在外西凡尼亞的遭遇是那樣，眼前的分離亦然。

於是在我最近經常聽到的話裡，就出現了：「Voici l'herbe qu'on fauche, et les lauriers qu'on coupe.」[72]

70 全名Claude Charles Fauriel（一七七二～一八四四年），法國歷史學家、語言學家和評論家。

71 原編註：「而如今，我是不可能親眼目睹了。」

72 原編註：「看，草全割平，月桂樹都被砍伐了。」

第三章

橫越大巴爾幹山脈

我加快速度北行，穿越一片熾熱的平原，四處錯落著噴水器，男男女女散置田間，正努力翻犁乾涸的農地。他們用木製犁具和扁斧在一塊塊農地和菸草田間刨刮、耕種和灌溉：呈現出一種讓人看了滿心苦悶的《農事詩》[1]勤勉景象。遠處零星可見若干詭異的綠色景物，不知道是沼澤、海市蜃樓或我所聽說過的農田？在酷熱的大地上辛勤工作，令人感染一種抑鬱之情：慶幸自己不是勞苦工作的一方，又對自己的慶幸感到愧疚。就視覺而言，大片平原只有完全屬於荒原，比如沙漠、凍原或只適合放牧的大草原，才看得下去；當然，麥田的翻浪也有其壯闊的一面。眼前這種瑣碎經營和辛苦打造的繁榮景象，只令旁觀者感到憐憫，讓當事者無力。此外，一無是處。

幸而橫亙北方天際的美麗山脈令人心神一振。我大步向前，奔往西為斯雷那山脈、東為卡拉賈山脈之間的山口。加快速度後，總算穿越平原，沿著一條小徑，往斯雷那山脈攀登而上。在解決納迪潔亞為我準備的大部分口糧後，我在一個牧人棄置、用樹枝搭建的斜棚下睡了一覺。這裡比我想像中還要高、也還要冷。醒來後，我欣賞著晨曦，奢侈地躺著抽了根珍貴的香菸。只見北面座落著一處寬約二十公里的綠色深谷，深谷的另一面是高聳的金褐色大巴爾幹山脈。根本就是個嶄新的世界！喝了一杯隨身飲料後，我從一個以挖空樹幹做成的破損水槽內，汲起導入的冰涼泉水略事梳洗。水槽點綴著鮮脆的綠草，周遭還有一堆幾乎石化的腐質糞便。啃著納迪潔亞給我的最後幾顆蘋果，我大步往下坡走去。雲朵的陰影沿著巴爾幹山脈移動，處處可見起伏的陡坡和溝壑。接近中午時分，我終於來到了山的另一側，穿過一條原本應該是小河、但如今因為乾旱已經縮減為蜿蜒的鵝卵石小徑，引導我來到卡爾洛沃鎮。

這個小鎮建築在河邊，徐緩而上的石階，逐層堆疊著木製屋頂和彩色牆垣，或白、或綠、或赭、或紅，中間夾雜著繁密的樹梢和屋脊的尖端，之後則是遍布樹木的山坡。小鎮裡鋪設著鵝卵石小徑，旁有垂楊遮蔭的小溪，包圍在樹木濃密的庭院間的，是外面聳立著高大木門的住家。經由小徑輾轉來到石階處，由於長久使用，石階中央竟已塌陷凹落。石梯兩側是沿階而上的商店：馬具商、鐵匠、銲鍋匠、木匠和古老的帽商，在陽光下用截短的木段曬製羊皮帽緣，固定成形。再過去則陳列著堆積成塔的白色鹿皮軟鞋，懸掛如花環般的土耳其式拖鞋，因為寬鬆，所以便於在祈禱或躺臥於長椅時脫除。再來，就是滿架的紅色土耳其氈帽了。

斜坡上的條條小路環繞著一個木筏狀的廣場，一邊有座大型的清真寺，周遭圍繞著尖塔建築。到處可見纏著頭巾或戴著氈帽的土耳其人，還有穿著長褲的女人，頭上、身上披著黑色圍巾，只剩一雙眼睛暴露於外；由於頭上頂著籃子或缽子，或肩上搖晃挑著銅質水罐，所以各個都呈現出頭重腳輕的樣貌。

這是我第一次在同一個地方看到七、八種這類神奇民族的人聚集在一起。隨著他們所屬帝國的逐步消失，在我行經的幾百公里路途中，各類人種聚集的密度也逐漸增加，令我看得滿心驚異。他們是中亞各個薩滿教部落[2]遷徙到最西方的殘餘族人，可謂其最後的傳人，與具備毀滅性

1 *Georgic*，古羅馬詩人維吉爾的代表性作品。《農事詩》長達四卷，維吉爾共花費七年才完成。

2 Shamanism（薩滿教）的教徒。薩滿教始於史前時代，信徒遍布世界，主要是分布於北亞的巫覡宗教，包括滿族、蒙古

的蒙古族是近親，蒙古族湧入西方後，轉信伊斯蘭教，建立魯姆蘇丹國[3]，然後征服東羅馬帝國，乃至占領君士坦丁堡，造成一千年前哥德人陷落羅馬以來，對歐洲最具毀滅性的災難。他們的帝國廣及亞洲和非洲，以及四分之三的地中海海岸。該帝國涵蓋赫丘力士之柱，往北達波蘭和俄羅斯，往西至維也納；在一次卓越的突襲行動中，更遠及距離慕尼黑僅一天行程的雷根斯堡。相較之下，西班牙的摩爾人在羅亞爾河的圖爾便已遭制止。有時回想起來，今日梵蒂岡聖彼得大教堂、巴黎聖母院、英國西敏寺教堂，沒有像君士坦丁堡的聖索菲亞大教堂一樣成為三座有名的清真寺，實屬僥倖。

君士坦丁堡是在一個星期二淪陷的，所以對東正教的信仰者而言，星期二至今仍被視為不吉利的日子：當天不適合旅行，也不適合開業。我經常納悶，歐洲普遍視為不祥的綠色，是否根源於土耳其征戰旗幟色彩的緣故？在亞洲則並非如此，而是當作先知降臨的象徵。有人為了紀念拯救基督教文明免於伊斯蘭教徒的摧毀，而將子孫取名為查理．馬特[4]或索別斯基[5]；那麼同樣地，人們也應該詛咒第四次十字軍東征所遺留的劣跡，譴責貪婪和基督徒的宗教偏執，導致君士坦丁堡的淪陷、拜占庭帝國[6]的摧毀，以及基督教國家東半部的慘遭覆亡。譴責土耳其人向西擴張，散播毀滅，就像把洪水所造成的災難歸咎於流體靜力學的原理一樣，是沒有意義的。

蒙古大軍馳騁於歐洲境內，那一定是令人驚恐的場面：安那托利亞步兵團、狂放不羈的亞洲馬隊、貝都因騎兵團、來自東方沙漠的騎兵弓箭手，以及阿爾巴尼亞、韃靼和撒刺克思的分遣部隊，加上來自非洲的黑人，配戴奇特的徽章，頭戴馬鬃式頭盔，還有耶尼切里軍團[7]。最後面這批人大部分都是小時候被綁走的基督徒，轉化為狂熱的伊斯蘭教徒，然後受徵召而成為殘忍的戰士：此一軍團的進行曲，搭配有敲擊大型湯鍋的邊緣，以及奇特融入的長型號角和鍋狀鼓的音響。軍團後面尾隨有半瘋狂的托缽僧、綿延不絕的駱駝和巨型龍頭大砲，隊伍上方飛舞著文武官員的旗幟，旗幟上的馬尾數量代表不同的官階，外加到處可見邪惡的綠色旗幟，上面裝飾角狀黃銅色新月。在早先幾世紀時，帶領這些部隊的是蘇丹本人，那殘忍無情或擁有高尚品德的勇士。

族、中亞、西伯利亞和北美洲等各薩滿教。

3 Sultanate of Rum，為安那托利亞塞爾柱帝國的延續政權，一〇七七至一三〇七年間統治安那托利亞。最強盛時，領土橫跨地中海安塔利亞及阿拉尼亞一線，直達黑海錫諾普地區的安那托利亞中部，東面則吸納其他的土耳其人國家，遠至凡湖，西端接近代尼茲利和愛琴海流域。

4 Charles Martel（六八六～七四一年），意譯為鐵錘查理斯，法蘭克王國宮相和軍事指導者，同時也是法蘭克王國政權的實際掌握者。

5 波蘭語全稱謂Jan III Sobieski（一六二九～一六九六年），從一六七四年起同時擔任波蘭國王和立陶宛大公，直到離世前在位的二十二年間，是聯邦最穩定的時期。特別是他曾於一六八三年維也納之戰戰勝意圖侵略歐洲的鄂圖曼帝國而廣受波蘭人民的敬愛，打開波蘭中興的一頁，成為基督世界的大英雄，甚至被教皇美譽為「基督教的救星」。

6 Byzantine Empire，較為人知的稱謂是東羅馬帝國，是歷史上知名的帝國。羅馬帝國自東西分治後，帝國東部相對於帝國西部的西羅馬帝國，羅馬政權的延續被一些人稱為東羅馬帝國，十六世紀以後，開始有學者稱之為拜占庭帝國。帝國位於歐洲東部，領土曾包括歐亞非三大洲的亞洲西部和非洲北部，是古代和中世紀歐洲歷史上最悠久的君主制國家。

7 Janissaries，鄂圖曼土耳其帝國的常備軍隊與蘇丹侍衛的統稱，是繼羅馬帝國滅亡後在該地區建立的第一支正式常備軍。

不過當雷霆王巴耶塞特[8]、征服者穆罕默德[9]、卓越的蘇萊曼（即蘇萊曼一世）和冷酷的塞利姆（即塞利姆一世）相繼退為神話人物後，出征軍團多由宰相大維齊爾[10]、總司令，或三撮馬尾的高官帕夏負責領導，而蘇丹本人直到退位為止，或許終生都活在牢籠中[11]，徜徉於後宮的涼亭或藤架之下，潛心對弈，和妻妾寵僕厮混，種植蘿蔔，用土耳其文、波斯文或阿拉伯文書寫四行詩，或者用一種專注的迷情，使其耽溺其間，疏於注意其他事務，而幾乎招來亡國之禍的蒐集龍涎香或貂皮。蘇丹不僅是一國之君，也是宗教之主哈里發[12]，當他遠在他方的追隨者進攻一座基督教堡壘時，其實也正獻身一場聖戰。如果一名戰士在戰鬥中倒下，他頂上的頭巾，也就是貝利尼[13]和畢薩內洛[14]畫筆下所描繪的那種編織而成的巨大纏頭巾鬆脫，未經修剪的頭髮就會隨之散落，贏得天國之手搓捻的食指，將他纏繞提升，安置於天堂冰涼的溪水，以及雙眸純真的眾女子之間。

廣場上，許多當年戰士的後代都長著一副狂野而粗魯的面容，並且和其保加利亞鄰人一樣，以放牧或耕種為業，身上穿著打有補丁的褶紋長褲，頭上纏著褪色的頭巾，戴著褪色的氈帽。與外貌相矛盾的是，他們之間瀰漫著一種天生的疲憊氣息，盤腿坐在陽光普照下，沿著清真寺牆垣搭建的涼廊安靜地談話，啜飲小杯咖啡，咕嚕嚕地抽著水菸，或者忙碌地進行儀式性洗禮。當有新人加入他們，在胸口、嘴唇和額頭上輕觸施禮，他們也會以同樣方式回應，然後將手掌按在胸前，頷首致意：這是種看似敷衍、卻具有無限優雅寧靜的招呼方式。當我上前向一名伊斯蘭教朝覲者請益，是否能進入清真寺參觀時，那朝覲者也以同樣方式回禮。他有著極淺的藍色眼睛，明亮澄澈，蓄著絡腮鬍，笑容溫暖，氈帽邊緣繫著一圈洗熨齊整的頭巾。我們赤腳步上鋪設地毯、刷白牆壁的陰影內側。只見內凹的圓頂下方處裝設了一座面向麥加的壁龕，還有一小段通往講道壇的台階；在適當場合中，這位朝覲者會在這裡大聲朗讀《可蘭經》經文。除此之外，寺內沒有他物，帶我看過這些設備後，他就讓我自行活動了。不久，朝覲者開始一連串緩慢的鞠躬儀式，跪地前傾，眉宇觸及地毯，接著縱身而起，盤腿而坐，沉浸於祈禱中。只見他不時往上托起雙手，在身側維持數秒鐘，彷彿是在呈現一樣輕巧無形的禮物；然後再度將手摺放於膝上，寬鬆的長褲摺紋在大紅色腰帶邊緣鋪出扇狀。我不再打擾他，並在他的允諾下爬上尖塔。

8 Bajazet the Thunderbolt，即巴耶塞特一世（一三六〇～一四〇二年），於父親穆拉德一世被暗殺之後登上蘇丹寶座，並立即將其弟弟處以絞刑，以防止他籌劃政變。

9 Mehmed the Conqueror，即穆罕默德二世（一四三二～一四八一年），經常被人們直接以外號「法提赫」（意為征服者）相稱。為日後鄂圖曼帝國百年霸業奠下穩固的基石，能流利使用八種語言，也是歷史上最以尚武好戰著稱的蘇丹。

10 Grand Vizier，是蘇丹以下最高級的大臣，相當於宰相的職務，擁有絕對的代理權，原則上只有蘇丹才能解除此權。

11 原編註：從十七世紀早期起的大約兩百年間，鄂圖曼帝國蘇丹的弟兄都圈禁在後宮或牢籠中，以確保其忠誠。如果蘇丹死時沒有後嗣，他的弟兄才可能解禁扶正，但多半已不具領導能力。

12 Caliph，為伊斯蘭教執掌政教大權的領袖稱號。

13 全名Giovanni Bellini（一四三〇～一五一六年），文藝復興時期歐洲藝術家。新穎的筆法和神韻的氣質是他後期畫作的特色，這些對於後來的藝術家也成為重要的作畫因素。

14 Pisanello（一三九五～約一四五五年），義大利文藝復興早期最傑出的畫家之一。

宣禮塔四周圍繞著矮牆，熾熱如鐵板，從陰涼的清真寺內走出來更覺亮得刺眼。身在矮牆上方，可以越過鎮上的木頭屋頂和樹端上方眺望，遙見遠方開展的斯雷那和卡拉賈兩山脈的層疊山谷與綿延起伏的山坡。當我再度從陰暗的螺旋式樓梯回到清真寺內時，那位朝覲者依然坐在原地，凝視著空中，托舉著雙手，於是我便躡手躡腳地走出清真寺。

在幾棵桑樹下睡了個午覺後，我走到一個瀑布沖刷石面形成的沁涼深潭，也就是蜿蜒流經小鎮、兩岸銀柳遮蔭的清涼小溪的源頭。折返時如我所料，已經距離日落不遠。只見那位朝覲的人高踞在尖塔矮牆後面，兩手平舉在臉側，身影清晰地烘襯在泛紅的天色中；不久後，叫拜聲以緩慢、有如嗚咽般的高亢阿拉伯語開始穿透傍晚的空氣，呼喚出第一段禱詞，隨即陷入沉寂。停頓良久後，又重複一次，再陷入沉默。然後第二段較長的禱詞緩緩充斥於空中，隨之又停止。

在沉默的中斷時刻，就像水塘中的漣漪不斷往外擴散；直待最後的顫動逐漸消失，空氣中回復平靜，下一段禱詞才再度響起，每一個字眼都宛如一顆石頭投入空間中，觸發新一波的迴響。叫拜的朝覲者沿著宣禮塔挪動到另一個方位，開始下一段祈禱；當祈禱聲傳達耳際，他的聲音已微微下沉到不同的調性。在完成旋轉的同時，他的最後一句禱詞也緩緩吐出，悄然中止，直到最終陷入沉寂。最後一輪祈禱詞不斷延伸，直達天際。眾所周知的祈禱文從空氣中與無信仰者的山脈間逐漸消逝和殞落。宣禮塔的矮牆往上高達尖塔的四分之三處，若往上望，會看到尖塔逐漸抽長變細，頂端有枚倒置的新月。此刻，宣禮塔上已空無一人，叫拜的朝覲者想必已下了螺旋梯。太陽垂落到有如舞台側翼湛藍的斯雷那和卡拉賈山脈之下。桑樹下，燕子拍翅飛撲，噪音充耳，有如置身理髮店內，環繞在耳邊剪刀窸窣的修剪聲。

～

第二天，我在同樣高亢的祈禱吟誦聲中醒來，所不同的是這次光線是由尖塔的另一側照射過來。出發時，我不禁納悶，土耳其人在歐洲帶來的只有災難，但遺留下來的卻以優美和富有魅力聞名，如房屋建築、雕花木製天花板、巴洛克式石灰裝飾、水井和噴泉、廊柱式涼亭。而最傑出的是，將最窮困村落的天際線，妝點成至為高貴的球頂建築和高雅聳立的尖塔。在一些大城市中，有時尖塔林立，彷如蘆筍田一般；還有無數土耳其蒸氣室的天花板上方，以及僧侶院和神學院建築群周遭矗立的低矮圓頂。他們的建築師懂得利用陰影和空間，操弄樹木和水，營造出悠閒寧靜、賞心悅目的效果。想起賽爾柱[15]和鄂圖曼土耳其人，在巴爾幹山脈到托魯斯山脈間的無數河川，以及急流河床上所搭建的那些纖細、幾近半圓形的橋樑時，我們實在無法不油然心生欣喜之情。那些凌駕於下方的懸鈴木、歐洲夾竹桃和來回穿梭的鶺鴒的橋樑，由峽谷的一側懸浮至另一側，宛如一座座彩虹，輕盈飄逸。

15 Seljuk，大塞爾柱帝國是中世紀時期的突厥—波斯、遜尼派伊斯蘭帝國，由烏古斯人的一支發展而來，從鹹海發跡，隨後挺進呼羅珊，再進入波斯地區，最終征服東安納托利亞，領土範圍東至興都庫什山脈，西至東部安納托利亞，北至中亞，南至波斯灣。

儘管如此，我們還是不能忽略一個事實：除了那些私下勾結的軍官地主外，土耳其人是保加利亞境內唯一擁有權利或資源的人，可以在這些附屬土地上建蓋任何稍具規模的建築，而其建築工法係採用他們新近征服的帝國的拜占庭風格。拜占庭的建築師和泥水匠確實設計出許多偉大的清真寺，不過不可諱言的，其中也存在著一種獨特的土耳其風格。再者，這些衣著破爛、滿身灰塵的倖存者相互招呼時所展現的平和儀式，也像那些建築、花園和噴泉一樣，大部分得歸功於他們早先鄰居的影響；因為當他們首度從大草原抵達，放慢腳步在小亞細亞落地生根時，這些希臘人、波斯人和阿拉伯人等鄰居們，是除了遙遠的中國以外，舉世最文明的民族。我們應該慶幸土耳其人有仿效這些楷模的智慧，日後在執行笞刑、絞刑和斬首之餘（或甚至要說遲至一八七六年，保加利亞的暴虐行徑仍令政治人物如格萊斯頓、乃至全世界感到震驚；無疑地，土耳其人對其他人的反應也頗感錯愕），仍不忘展現出一座座花園和噴泉，營建出怡人的圓頂建築，設計出與陰影互動的作品。鄂圖曼帝國在摧毀東羅馬帝國後便融合為一；但是在日後遺留的作品中，仍滲透著若干徘徊不去或巧經偽裝的獨特優雅和魅力。在這些蔭涼的花園裡或啜飲咖啡、或冥想、或欣賞弦樂演奏、或聆聽《四十家臣》（*Forty Vizirs*）的故事或《萊拉和瑪吉努》[16]的愛情，的確是個貼切而美好的經驗！

上述的遺跡之一，此刻正躺踞在城外：一個位於柏樹陰影下的土耳其墓園，裡面林立著雕有土耳其頭飾的人形巨石。只見墓園中有個人正用鐮刀尖挖除盛夏後仍冥頑生長的雜草，原來正是昨日那位朝覲者。他站起身，揮舞著手向我致意，一臉皺紋密布的笑容。我們在石林陣中沉默不語但滿心歡愉。那些大理石像有些只有三十公分高，上面雕飾土耳其氈帽；有些則有一個人高，全都呈上粗下細之姿。比較矮舊的石雕或裂開、或破損、或歪斜，以各種角度交疊倚靠，上端華麗地雕塑著頭飾。（土耳其氈帽是一八二〇年代由穆罕默德二世[17]頒布推廣，一九二〇年代遭凱末爾[18]禁止在土耳其境內使用，因此就官方而言，僅有一個世紀的壽命。）那些頭飾膨脹鼓起有如巨型南瓜或葫蘆，精緻地環繞一個圓錐體編褶，有時在摺疊的球體中會穿出頭盔一角；其他的則是有如層層包覆纏繞的石雕頭巾；還有些則突出笛狀圓柱，裝飾著破損的羽飾。是哪位帕夏、高官或文臣武將、哪個昂首闊步的軍官或蓄著官吏鬍鬚的校官，會佩戴這些令人驚嘆的帽飾呢？如果我懂土耳其文的話，或許就會知道了，因為在下方滿布青苔的石碑上以土耳其文鐫刻著

16 Leila and Majnoon，源自古代阿拉伯的短篇愛情故事，後由波斯詩人尼扎米改寫為稍長篇的故事並聞名於世，曾多次被拍成電影。

17 Mahmoud II（一七八五～一八三九年），鄂圖曼帝國第三十任蘇丹，因北方強鄰俄羅斯帝國屢次軍事威脅，所以統治期間致力於大規模的法制和軍事改革，因此被稱為鄂圖曼改革的始祖，有開明專制君主之稱。

18 全稱謂Mustafa Kemal Atatürk（一八八一～一九三八年），土耳其軍官、改革家、作家和領導人，土耳其共和國第一任總統、總理和國民議會議長，被譽為現代土耳其的肇建者。一九三四年，土耳其國會賜姓凱末爾「Atatürk」，土耳其語中，「Ata」是父親，「Atatürk」（阿塔圖克）就是「土耳其人之父」之意。最為人所知的是他在第一次世界大戰中傑出的軍事能力，同時伴隨著鄂圖曼帝國的崩解，帶領土耳其國民運動，並成功地在安卡拉建立獨立政府，打敗當時協約國所帶領的同盟軍隊，以傑出的優越能力解放了國家並建立了現今的土耳其共和國，進行一連串政治、經濟和文化上的變革。他帶領土耳其現代化的作為被稱為「凱末爾主義」，其中也包括減少伊斯蘭教對政治和教育的影響。

他們的生平，周遭則裝飾有上細下粗的巴洛克式螺旋紋雕花。朝覲者遲疑地念了幾個石碑上的人名給我聽：奧斯曼、塞利姆、穆罕默德、阿卜杜勒—阿齊茲（Abdul-Aziz）、杰姆（Djem）、穆斯塔法（Mustapha）、奧馬爾（Omar）、法里德（Feird）……每段碑文都以同樣悅耳的文字作結，每次念到那兩個文字時，他的聲音都會莊嚴地往下降。這是某種具有縈繞性質的聲音，幾乎像夏威夷語夾雜氣音的母音。要到多年後，我才知道那兩個字的意思：「讚美阿拉，宇宙之王。」這句禱詞經常使用，正如同樣出自《可蘭經》同一章節的押頭韻祈禱文。在伊斯蘭教中，沒有這段禱詞，幾乎凡事都無法起始，也無法終結：「Bismillah ar rahman ar raheem」——「以阿拉之名，最為憐憫，最為慈悲者，其哀矜之心，無垠無涯。」

～

下方的通哈河在寬廣的峽谷中蜿蜒東流。我沿著大巴爾幹山脈山腰前行，高踞主要道路和河流的上方，從乾燥的急湍河床走到懸崖絕壁，再往下進入下一處的河床與拱壁，上下穿梭起伏。左手邊是巴爾幹山脈邊緣，不時展現出垂直的山壁，然後又逐漸趨緩。牧羊人倚著彎曲的手杖，驅趕著晃動鈴聲的羊群穿越遍布荊棘的山腰。我好奇地守候著，探看他們頭上究竟是戴著羊皮高頂帽，還是頭巾和土耳其氈帽——因為兩者都裝飾有紅色寬邊飾帶，從遠處根本無法分辨——並用當地語「Dobro utro」（早安）或「Salaam aleikum!」（平安）大聲跟他們打招呼。在這裡，外地人有先打招呼的慣例。片刻後，他們也揚聲回應我的招呼。遠處下方處，但見幾個小村落環繞著一座清真寺高聳的尖塔群集。不遠的山腰處，有名土耳其牧羊人友善地和我打招呼後，突然大聲叫嚷起來。我還以為和平常一樣，他是在問我要去哪裡，於是高聲回答：「*za* Tzarigrad」（去坦札里格瑞德），然後是「伊斯坦堡」。他揮揮手，表示不是這個意思，然後又繼續大叫，一邊用手杖往西方山邊指了指，顯然是那裡發生了什麼不尋常的事。

我先是看到天際線上方出現一團模糊無法辨識的陰影：一團範圍寬廣、中心似乎很扎實的陰影。那陰影邊緣逐漸稀疏，成為無數不斷移動的黑點，彷彿一陣風掃過視線外某個巨型的沙堆、煤灰堆或羽毛堆。然後那團移動的黑影穿越山肩，不斷從天際線湧現，從我們所處山脈的陰影沉落而出，開始擴展，宣示其不單是塵煙、或煤灰、抑或是羽毛，而且明顯地越來越白。只見位居先鋒者持續往外擴張，逐步往下俯衝，身形逐漸增大，搖晃著、波動著，直接往我們駐足的廣闊山腰而來。原來那是一群緩然成形的空中飛禽，龐大壯觀，令人歎為觀止，由不計其數的飛鳥聚集而成；牠們逐漸朝我們翱翔而來，翅膀幾乎毫不拍動，領航者的模樣也逐漸足以辨識。終於，牠們的影像逐漸顯露於空中，清晰可辨。是白鸛！很快地，一群零散的鳥群便從我們上空展翅而過，各個身軀筆挺，從鳥喙尖端到兩腿末端猶如獨木舟的龍骨一般，有如船行駛過的浪痕，在幾乎一動不動的巨翅中維持著平衡；金色的陽光透過牠們半透明的羽翅，襯托出有如紡錘般的軀幹和向前延伸的脖子。不斷顫動的只有牠們伸展的羽毛，外緣有道黑色的寬邊，從翅膀尖端一直延伸到身側，像是古羅馬議員外袍的寬邊條紋。領航者很快便凌駕我們而去，幾隻獨飛的鸛鳥尾隨而過，然後很快地，一片不斷轉移的羽翅蓋頂似地籠罩在我們頭頂上，先似小型船隊，漸次濃密如大型艦隊，直到耳際充斥著沙沙疾馳的聲音，其中夾雜某隻鳥緩慢撲閃翅膀、調整方位，與奇特的群伍咯咯作響的聲音，彷彿無數纖細關節的細緻韌帶所發出的聲響，讓整個天空陷入黑暗，周遭山腰跟著籠罩在破碎的陰影中。有不少鸛鳥飛在主要鳥群的下方，跟著同伴的陰影航行，還有些或是落單、或是三兩成群地在一旁飛行，有如組織外的隨從人員。一隻低飛的鸛鳥翅膀傾斜呈V字狀，穿過不斷顫動的陰影往山腰處飛去，然後突然往地面墜落下來，笨拙的彎曲兩隻長腳踩踏了幾下，兩翅則仍像走鋼索人手中的長竿般筆直橫挺，甩動了幾下有著尖長鳥喙的頭，總算又往空中浮升，動作徐緩輕鬆地再度加入上方不斷往前滑行的羽翅亭蓬。往後望去的話，天際線依然遍布黑點，有如水流穩定的瀑布，往山腰微微垂落，然後馬上向外延伸，以有力而不斷的弧線凌駕於溪谷上方。那鳥群的領航者，以及其後幾支先發隊伍，此刻已經沉落到我們視線下方。隨著隊伍逐漸拉長，陽光閃爍地反射在尾隨鳥群的背部和翅膀上，牠們形成綿延不斷的不規則群體，隨著氣流的波動搖曳起伏，像一陣不停震動晃蕩的氣旋席捲過郊區，橫越希普卡山口六千呎高分水嶺間廣闊空曠的盆地，以及山勢較低的卡拉賈山脈飄然而去。不久後，領航的鸛鳥便逐漸遠去成為小黑點，鳥群也逐漸凝聚為黑色的一團，尾隨其後在下方約一點六公里處的，是牠們所投射出的不規則狀綿長陰影，有如海軍艦隊在海床上拖長的船影。隨著鸛鳥的出現逐漸減少，綿長的隊伍逐漸稀疏，鳥群的小組也逐漸鬆散，直到最後，除了幾支脫隊的後衛持續東飛之外，頂空已空無一物。過了幾分鐘，當最後那些落後的鸛鳥也飛越通哈河寬廣的河谷，一隻落單的白鸛才從我們頭頂徐徐拍翅而過。快點！看的人忍不住想吶喊。那群白鸛很快便成為一道徐緩的長條弧線，優游在空中無形的氣流間，逐漸模糊、逐漸朦朧，直到終於消失在我們瞠視的目光之外，順著巴爾幹走廊而去。

那名土耳其牧羊人聳聳肩，舉起雙臂，往外大大地比了一個姿勢，然後放下來，彷彿是在說：「牠們就這樣來，然後又這樣走了。」只是他並沒有揚聲說出來，儼然和我一樣，激動得無法言語。或許，他也跟我一樣深感遺憾，因為這些美麗吉祥的白鸛，共度春日和夏日的伴侶也拋棄歐洲而去了。

我揣想著這些白鸛是從哪裡飛來的。從牠們飛翔的方向來判斷，應該是外西凡尼亞和匈牙利，也或許是從波蘭飛來。夏季棲息於北方的牠們，最遠可飛至波羅的海。東歐、西俄羅斯和烏克蘭的白鸛通常群集於這群白鸛飛行航線的北方和東方，聚集在多布羅加，然後沿著黑海海岸前往君士坦丁堡，穿過博斯普魯斯海峽，順著黎凡特，抵達埃及，一路都看得到陸地。（這點和白鶴不同。白鶴並不恐懼大海，牠們會飛越希臘群島、克里特島和遼闊的利比亞海，直達沙漠。）當鸛鳥飛抵埃及時，有部分會朝東南飛，前往阿拉伯半島的綠洲。但大部分都是繼續南飛，前往赤道，還經常飛越過去；少數則會飛往西部，遠達查德湖和喀麥隆，這是因為隔年返回歐洲時，有些鸛鳥的身上會嵌著只有這些地區的部落才會使用的箭頭，因而推論證實。在這裡，牠們也一定會接觸到西歐親屬，亦即來自亞爾薩斯—洛林、西班牙和葡萄牙，從直布羅陀飛抵非洲，南向穿越摩洛哥和撒哈拉沙漠的東翼部隊。當歐洲所有鸛鳥沿著博斯普魯斯海峽或赫丘力士之柱這兩條窄小路徑遷徙時，這兩群鸛鳥也許可以簡易區分為拜占庭幫和赫丘力士幫吧！

我無法確切記得目睹那群鸛鳥遷徙的時間，但應該是在九月中旬。這時並沒有任何季節轉換的訊息：沒有任何跡象透露秋分即將到來。那片灼熱大地上的一切都還在訴說著夏季；也許，只有稍微從夏至酷熱中獲得喘息的片刻，以及察覺到日落時間似乎稍微提前的感受吧！每個人都在評論今年鸛鳥在歐洲逗留的時間特別長。牠們必然也被神奇的夏日所困惑，誤以為暖和的日子會永遠持續下去。是什麼潛在的提示，讓牠們意識到地球軸線轉移，是時候該移居了呢？是氣溫的下降、濕氣的變化、水氣的凝集？是遠處一片積雲預警性的形成，或某處不祥角落一陣微風的吹拂？眾官離開吧！要變天了！[19]

~

相當意外的是在經過漫長一天的跋涉後，我在卡贊勒克的一家小餐館遇到一個男孩，他堅持要帶我去我一位同胞的家，並且完全不理會我的抗拒，彷彿事先安排好似的。真的是英國人？我問那男孩。*Da, da Gospodin!*（對，真的！英國人！）結果他說的還真是真的。只見花園裡樹木下那位戴著眼鏡、蓄著濃密白髮、坐在餐桌首位的老先生，無疑正是我的同胞，巴納比・克蘭先生。對於貿然打攪他用餐，我表現出適度的慌張。「別傻了，孩子，」克蘭先生愉快地說：「坐下來一起吃晚餐吧！」我照他的話做了。克蘭先生是北國人，多年前來到保加利亞定居，成家立業，在此落地生根。而且扎根之深，在當晚和他聊天的過程中我便注意到了。他習慣悠閒地撥弄右手所持的一串裝飾著流蘇的琥珀念珠，不過在考慮某些用語時，便會停止撥弄動作，顯然保加利亞語對他反而更為流暢。他記憶中的英格蘭已經沉睡多年，在數十年旅居巴爾幹的生活後已經變得朦朧，甚至抹煞掉了。溫柔的故鄉情懷只瀰漫於若干沉澱的年輕歲月：曼徹斯特的馬車公車上滿是男士們的圓頂氈帽，星期天騎著腳踏車漫遊，天際線充斥著黑煙繚繞的工廠。他前來保加利亞開創紡織業，如今，理所當然已然成為卡贊勒克這裡受人愛戴與尊敬的人物。當我們道別時，我感覺到他絕對不會再返回蘭開夏了。巴爾幹山脈和卡拉賈山脈已經深植於他的心田。

滿山滿谷都是薔薇花叢，成千上萬，但在漫長的夏季後，已經被採收薔薇者掠奪殆盡；卡贊勒克是世界上生產薔薇香精的主要地區之一，這種薔薇油濃郁的提煉品，深受東方宮廷和後宮的歡迎，尤其是印度和波斯。中間為黃色、其他是深紅色花瓣的大馬士革薔薇，以甜美而濃郁的香味聞名，是提煉香精的首選。山谷中成群的男女戮力採擷花瓣，而且得從凌晨起便展開工作，以便趕在豔陽之前採集經過一整夜所凝聚的露水和香味。花瓣在卡贊勒克傾倒進巨大的桶子裡，壓榨取油，被剝奪掉色彩和香味的灰色花瓣殘渣則遭到遺棄。提取出的珍貴精華就像諾曼第秋季的蘋果白蘭地，再透過蒸餾器萃取，最後濃縮出的精髓，就比例而言，大約一千三百六十公斤以上的薔薇花瓣可以生產約四百五十公克的精油。這些貴重的精品盛裝在鍍金刻花的小巧玻璃瓶中，

19 出自莎士比亞《愛的徒勞》第五幕第二場。

每瓶只有微量精油，想當然耳可以販售到相當可觀的價格。薔薇香精的氣味誘人，讓人難以抗拒，也帶著點甜膩。或許正如阿拉伯的香水，儘管魅力無窮，卻無法去除馬克白夫人手中殘留的鄧肯國王[20]的血腥味。在採收薔薇最旺的季節，卡贊勒克到處瀰漫著薔薇的氣息。山谷中氣息醉人，薔薇花瓣不斷從來往山路的兩輪或四輪拖車上堆放的貨袋中掙脫而出，在灰塵飛揚的山徑上撒落出一片殷紅，猶如遭到重創的山妖，正步履蹣跚地徹回自己的洞穴。

希普卡山口座落在前頭的正北方向，我穿梭在胡桃樹、橡樹和山毛櫸密布的林間，沿途罕有人煙，只偶爾碰上個養豬人領著一群瘦削的黑毛小豬：不斷搜食足下嘎吱作響的山毛櫸核果和橡實。樹木逐漸稀疏，光禿嶙峋的山側陡然升起，前往山口的道路輾轉綿延，一圈又一圈，讓我決定抄捷徑直接攀爬而上，到了下午終於攀登到山間一處林木繁茂的突出巖台。不可置信的是，眼前竟出現一座莫斯科紅場聖瓦西里主教座堂的縮小版：一叢高聳、尖端細長的洋蔥頭圓頂，頂面閃爍著綠色和金色魚鱗式網狀設計。在旋轉而上的尖塔上端，閃閃發光地架設著一座俄羅斯傳統正教會的三橫槓十字架（其中最短和最高的橫槓象徵耶穌被釘上十字架時，加在其上的罪狀牌[21]，最低和斜置的橫槓則代表腳踏用橫木）。在這座奇特的修道院建築群中，零星點綴著形單影隻或三兩成群的身影，各個顯現出悲傷倦怠、貧窮潦倒與無所事事的神情。他們大部分已屆中年或老年；很多人拄著拐杖；五官長得和一般保加利亞人不一樣，偶爾可捕捉到片段的斯拉夫口音，也比當地語言的語調寬廣靈活。他們的衣著或嵌有補丁，或已然破舊，但都努力維持著整潔。這群世俗修行者之中唯一的一名僧人，是位個子高diao、脾氣和善的東正教教士，教袍上束著寬邊釦環皮帶，短髮上戴著高聳絨布錐形帽，額際裝飾著一個三槓十字架。

他們都是退休老兵或殘障人士，大約有兩百人之多。他們是布爾什維克革命後，俄羅斯皇家陸軍解體，幸獲從前敵人的少量津貼而得以寄居此地者。其中一名是曾經在高爾察克[22]麾下服役的前砲兵中尉，他帶我參觀建築，說這座教堂和修道院是俄國在一八七七年至一八七八年間、俄土戰爭中獲得勝利後所建的。我的嚮導說得一口流利的法文，帶著迷人的俄國口音，用地圖解釋那場戰役，彷彿曾親身經歷過似的，在形容俄軍穿越多瑙河進攻的情形時，用一根棍子描述史科貝洛夫（Skobeloff）和古爾可（Gourko）兩位將軍、莫斯基親王[23]和皇長子，亦即日後的亞歷山大三世[24]，以及蘇萊曼、奧斯曼、衛斯爾（Vessil）諸帕夏等的軍隊部署情況，還敘述了普列文遭到包圍與淪陷的情景。最重要的是在數個月致命的僵持後，於深冬時節所展開的恐怖屠殺，地點

20 以上兩人皆為莎士比亞名劇《馬克白》中的主角人物。

21 INRI，拉丁語 IESVS NAZARENVS REX IVDAEORVM 的字頭縮寫，意思為：「耶穌，拿撒勒人，猶太人的君王」，〈約翰福音〉第十九章第十九節中的一個短語。

22 原編註：Admiral Kolchak，全名 Alexander Vasilyevich Kolchak（一八七四～一九二〇年），一九一八年起擔任白俄羅斯軍隊最高統帥，一九二〇年遭紅軍布爾什維克處決。

23 全稱謂為 Prince Pyotr Dmitrievich Svyatopolk-Mirsky（一八五七～一九一四年），俄羅斯帝國政治家，曾任俄羅斯帝國內政大臣。

24 Alexander III（一八四五～一八九四年），俄羅斯帝國皇帝，亞歷山大二世次子。在其統治時期，國內無戰爭且和平穩定，是俄羅斯帝國後期最繁榮的時期，被譽為和平締造者。

就在我們正上方的希普卡山口。該行動之後，史科貝洛夫送出的那句話：「Na Shipke vseo spokoino」（「希普卡山口一片死寂」），日後在俄國人和保加利亞人之間傳頌不已，因為保加利亞自願軍在該項行動中表現英勇，而那句話也可視為整場戰爭的縮影。其後俄羅斯大軍便開抵君士坦丁堡城牆，簽署了《聖斯特凡諾條約》（Treatyof San Stefano），終於讓保加利亞人從土耳其人手中獲得自由。

在參觀過教堂相當新穎卻醜陋的內部，以及來自俄羅斯鑲有碎鑽的聖像後，我們走進一間灰色的長形房間，加入圍著俄式茶壺而坐的老兵。房間內裝飾著沙皇尼古拉二世[25]、高爾察克和鄧尼金[26]的照片，以及莫斯科、聖彼得堡與涅瓦大街的雪景，普列文和希普卡山口戰役，和別列津納河渡口等等。因為我的關係，我們對話中摻雜著各式各樣的法文，主題則環繞著他們原來所屬的軍團、過去的戰爭，特別是那些他們幾乎都參與過的絕望的白俄戰爭。聽得出來他們明顯認定目前的情況只是過渡時期，蘇維埃政權是短暫的瘋狂，充塞著自我瓦解的因子。下一輪將會是基里爾大公[27]的職掌皇權，讓雙頭老鷹再度翱翔於彼得霍夫宮、沙皇村和冬宮，讓他們衣錦榮歸，返回他們位於基輔、坦波夫、奧得薩和聶伯城的家鄉，安享退休生活。言談間不時夾雜著深深的嘆息，然後突然陷入一片沉寂，任那長形房間內瀰漫著秋日的愁緒。

在剩下的攀頂路程，除了幾輛馬車，我沒有再碰到任何人群。拖車的馬匹健壯結實，銜接兩側車轅的前端橫木呈奇特的彎曲狀，半月形的框架正好架設在馬匹肩胛骨的隆起處。我右腳的靴子有根鐵釘在作怪，開始讓我感覺到疼痛；待我抵達山口——說是山口，這裡根本不像，因為山脊幾乎沒有凹陷感——我已深受鐵釘困擾。我坐到戰爭紀念碑的巨大石獅下方，用石頭和摺疊小刀搜索並試圖弄平那根惱人的鐵釘，但此舉不但沒有成功，再度套上靴子時，那根看不見的釘子感覺起來甚至更長更利，走在上面已經是火辣辣的疼痛。

那場著名的戰役，曾肆虐這整座多風的鞍狀山脊。在這裡，一個技巧熟練的地理學家可以指著山脊的某一定點的某一塊尖銳的石塊，宣稱一旦一滴雨水墜落在石塊尖端一分為二，北方的那半滴將會匯入多瑙河，最終流向黑海；南方的那半滴則會順著山勢，抵達通哈河、馬里察河，最終穿過寬闊的希伯魯斯河口，成為愛琴海和地中海的一部分。

黃昏逼近，逐漸模糊了周遭山谷細微末節的線條，山口兩側閃爍的光澤也轉趨微弱。夜色的來臨和我右腳所處的窘境，開始讓我覺得有點緊張。在模糊的天色中蹣跚而行的我，豎起耳朵聆聽馬車的聲音。終於有輛空馬車朝我逼近，長椅上坐著兩個人。看到他們行駛的方向和我的不謀

25 Nicholas II（一八六八～一九一八年），俄羅斯帝國末代沙皇和芬蘭大公。
26 全名Anton Ivanovich Denikin（一八七二～一九四七年），俄羅斯帝國將領，俄國白軍領袖之一。
27 原編註：Grand Duke Cyril Vladimirovich（一八七六～一九三八年），沙皇亞歷山大二世之孫，自一九二四年起，直到去世為止，力排眾議，一意要奪回俄國皇權。

而合，我即滿心祈求的招手。車夫拉住轠繩停了下來。我問他們是否正要前往加布羅沃？他回答是。我解釋我的腳有問題，並跛行幾步以示證明：他能否載我一程？那個戴著土耳其高帽的鄉下人上下打量了我一眼，然後以當地話說了一句：「Kolko ban?」（「多少？」）雖然心知肚明他問的是：「多少錢？」我還是震驚地問他什麼？他又說了一次，咧嘴一笑還伸出了手，搓了搓大拇指和食指，彷彿正撥弄著一張夢想中的鈔票。我以為他在開玩笑，因此回了一句：「Edin million」（「一百萬」），然後愉快地準備爬上馬車。但是一隻持皮鞭的大手攔住了我，又重複問了我一次。我顯然誤會了他咧嘴而笑的意思。他提議以等同於十先令的代價載我到加布羅沃，但因為我身上只剩下一英鎊[28]，只能極力表示我很窮、跛著腳、對這裡又不熟悉。他不滿地咂咂舌頭，頭一揚，鞭子一揮，便嗒嗒地駛入夜色中。由於這種事情從來不會發生在整個歐洲大陸的道路上，因此我震驚得愣在當地好一會兒。這時我又聽到另一輛馬車駛近的聲音，顯然天無絕人之路！但是幾分鐘後，和另一個同樣不友善的馬車夫交涉的結果，又只剩下車輪逐漸遠去的聲音。（這種靠偶然機遇發財的熱情，比如用空馬車載人一程，我在保加利亞碰到過好幾次，但不管是之前或之後，歐洲其他地方就沒有這種現象。有人在義大利也聽到過這種案例。但這種行為若放在希臘，尤其對方是陌生人，更何況是一個不良於行、身處夜色的陌生人，是會成為終生恥辱的。）

在希普卡山口過夜是不可能的，因為當地已吹起陣陣猛烈噬人的強風，附近沒有屏障，也沒有掩蔽處，荒涼有如沙漠。走了幾公里路後，在逐漸籠罩的月色中，我驚喜地發現路邊有幢小屋。我的接近先是引來一條白色牧羊犬的狂吠，等來到前門，窗板下方透出的光線卻突然熄滅。

我敲敲門，再敲敲窗板，用和我右腳一樣蹩腳的保加利亞語解釋我的狀況：「我是個英國旅客，我的腳壞了。外面起了寒風（*gulemo studeno*），可以讓我進去嗎？」屋內原本的對話聲轉為竊竊私語，然後陷入沉寂，只有幾公尺外狀至駭人、垂涎不止的惡犬不斷發出吠叫咆哮的聲音。我沮喪地反覆乞憐，逐漸失去讓人信服的力量。當所有希望終於幻滅，我踉蹌地走在往北的下坡路上，一路詛咒、威嚇、亂吼亂叫，眼眶蒙上憤怒和挫折的淚水。納迪潔亞準備的所有片語句子似乎都足以應付情況。那番詛咒連連、揮舞拳頭的反應主要是出於恐懼，但更令我耿耿於懷的是困惑。這個恐怖的山脈裡究竟隱藏著何種仇外、掠奪或畏縮的激情？他們是否認為我是個土匪或謀殺犯，故意偽裝成漂泊的外籍學生，用蹩腳的保加利亞語掩飾真正的身分？或者是某個惡靈、妖魔、狼人或吸血鬼，穿著同樣奇特的裝束掠奪吞食？抑或是某種邪惡的超自然物種，出沒在巴爾幹的夜色中？

在風聲呼號的月色中艱辛跋涉一個鐘頭後，我發現道路左邊一處寬闊的凹地有火光傳來。繼續往前行之後，總算落在風道下方，擺脫了風的糾纏，來到一處滿布山毛櫸的安靜小山谷。山谷盡頭的雜樹林旁，高聳著幾堆暗色的悶燒柴堆，空氣中飄散著芳香的燃木氣息。一間小茅屋出現在眼前，門口綻放著火光。那是一間用樹枝編造的精巧小屋，有如枝葉塑造的洞穴，裡面點著一束油燈，襯托出三個狀似凶惡的人物，全都穿著一身灰濛濛的破爛黑衣，盤腿坐在由樹葉鋪製的

28　約等於二十先令。

地毯上，面前倒放著一個篩網充作桌面打牌。他們都是製作木炭的工人。這裡所表現出的歡迎和先前迥然不同，他們一起跳了起來，領著我加入，幫我脫掉鮮血淋漓的靴子，用梅子白蘭地幫我清洗傷口，再用乾淨的手帕包紮好，然後不斷慫恿我喝內服用的白蘭地，接著拿麵包和乳酪給我吃。最後，在對我的倒楣遭遇表示一番同情後，隨即用剛劈好的樹枝幫我鋪了一張樹葉床鋪，跟我道過晚安，接著倒頭便睡。只有一人吹掉油燈，步入月光，在剛遭砍除的樹幹殘樁間，負責看管他們所搭建的三個巨型悶燒窯堆，以維持溫度和濕度。

第二天早上，這三位好心人當中的一個找到在我靴子裡作怪的鐵釘，他有技巧地運用一支扁斧作為鐵砧和鞋楦，終於順利敲平突出的鐵釘。山谷間充斥著斧頭飛舞的聲音，中間不時夾雜著樹要倒了的警告呼喊。他們用鐮刀砍除枝葉，將肢解的樹幹排上窯堆，上面再堆放灰燼；只見邪惡的煙雲在柴堆中舔拭，宛如脆弱的火山表面，隨時可能從任何一處噴發。這些有恩於我、渾身漆黑的壯漢，手腳並用地爬上煙霧騰騰的柴堆，用耙子和棍棒不斷穿刺，真像是來自地獄的鍋爐工。和他們揮手道別後，我從林地攀登到山路，經過一整天輕鬆的下坡路程，終於抵達加布羅沃。

一整天筆直的下坡路程。這句話寫起來輕鬆且簡潔得恰到好處，其實是因為不像大巴爾幹山脈南側及從卡贊勒克攀爬的情況，當時的每個細節我都記得清清楚楚，但是關於這裡，我實在是想不起來。

連帶著就不得不提及發生於多年前的事情，正確地說，是二十九年前的種種一片片拼湊起來的原委，而我早就該說明一下這整件事了。

在這趟旅程中，我的筆記和素描本屢遭劫難。第一份旅行日誌和文件在慕尼黑被偷走之後，我馬上啟用德國的硬殼筆記本和素描本開始另一份新的旅行日誌，持續記錄，至少筆記部分一直進行到旅行結束，日後在希臘也繼續記錄。但坦白說，我那實在不怎麼樣的素描後來則越畫越少，也就自然停止了。隨後五年我一直帶著我的旅行日誌，直到戰爭爆發，在羅馬尼亞北部的上摩爾達維亞追上我為止。

之前的四年，那裡是我在東歐的據點，我一半時間住在那裡，一半時間在希臘群島，其中包括極其枯燥的一年。那年我返回英格蘭，搭乘火車從容地橫跨歐洲，分別在巴黎、法蘭西島大區、普羅旺斯等地短期逗留（由於分別前往維也納、匈牙利、以及外西凡尼亞拜訪老友，使得行程更加緩慢）。對於戰爭所可能帶來的障礙，我顯然沒有掌握到，更沒有洞燭未來的天分，因為一九三九年九月我返回英國參軍時，將所有的書本和文件都留在摩爾達維亞那間屋子裡，並且計畫戰爭結束後便返回當地。不料戰爭結束後，那間房子以及我筆下所記載的大部分地區都已經深陷鐵幕。那裡飽受火災、地震荼毒，居民四散，或鋃鐺入獄，或流離失所。唉，可惜的是，他們不是跨越羅馬尼亞邊境進入自由世界。

這段旅行所遺留的實際資料，只有兩張破爛的地圖，以及我用鉛筆在地圖上所畫的旅行路線，其中加註有十字記號，代表曾在當地過夜。這些雖然不是完全沒有幫助，但其實作用不大，因為在旅行途中我自己就會不斷地回溯各個不同的旅行階段，反覆回想旅程經過的地方名稱，所以早已牢記在心，即便到今天還是可以滔滔不絕地背誦出來。另一個僥倖留存的文件，是在慕尼黑遭竊後補發的護照，上面記錄著穿越每個邊界的確切日期。這些零散的日期，加上記憶中一些重要節日我是在哪裡度過的，比如聖誕節、復活節、廣為慶祝的當地著名聖人節慶，以及私人紀念日，如家人生日等等；另外還能增添記憶的，包括在得知某些重要的政治事件時，我人在哪裡，像是德國國會縱火案判決[29]、六月清算[30]、維也納二月革命[31]和陶爾斐斯的暗殺事件[32]等等。那年，我個人幾乎每天都會發生若干新事情，或地理上、或心理上、經常兩者都有，這些零碎的資料有助於填補記憶的空白。至於沒有日期的事件，通常可藉由刪除法確定，準確度一定落在一週之內，甚至更短。

想要銜接起這所有散落的資料，就像完成一幅拼圖般，雖然距離完成階段還很遠，不過藉由回想過去，專注在某一記憶缺口上凝神細想，便發現遺失的碎片經常會逐漸浮現上來並且吻合。也許因為我曾經將那段特殊的過去記錄在筆記本上，儘管筆記本已經遺失，但許多細節仍收藏在記憶深處。諸如說話的語氣、情緒、光線、景觀或衣著的細微部分，街道、城堡、山脈、贅瘤、睫毛、金牙、疤痕、氣味、房間的擺設、一句歌詞、首度嘗試的食物或飲料的味道，放在長椅上那本打開來的書的書名、報紙標題；或者更常見的，櫥窗內某項毫無關聯、也非我所喜愛或渴望的特價商品，燈柱下或酒吧間某張我從未見過、從未交談過、也毫無交談意願，只是偶然注意到的、戴著圓頂禮帽或呢帽的面孔；這些人物和我所渴望結識的如波特萊爾筆下眾多擦肩而過的陌生人何其不同，比如〈致擦身而過的紅顏〉[33]一文中的人物！剎那間，塵封於幽暗、布滿蜘蛛網間幾近三十年的往事，或泉湧而出，或悠然而至，或悄然浮現，但有些缺口無論多麼專注凝思也無法填滿：成了永遠消失的一片拼圖。

這些缺口並不少。加布羅沃便是其中之一。我記得那是一個紡織工業小鎮，是否有人稱其為「保加利亞的曼徹斯特」？但記憶中似乎沒見過任何一根工廠煙囪，雖然當地一定會有幾根；事實上，是我根本不記得任何與加布羅沃有關的事情，只除了一樣，而這點卻又是最奇特的：我怎麼會到那裡去呢？還有，是誰帶我去的？黃昏時分，我倚在半截矮門上，那有點像馬廄的門，上

29 原編註：Reichstag Fire Trial（一九三三年九月二十一日～二十三日）。一九三三年二月二十七日位於柏林的國會發生火災，後來高等法院僅判決一名可能患有精神病的嫌犯馬里努斯．范．德．盧貝（Marinus van der Lubbe）有罪，導致希特勒大怒。

30 原編註：June Purge（一九三四年六月三十日～七月二日），即所謂的「長刀之夜」（Night of the Long Knives），希特勒藉此剷除衝鋒隊（SA Brownshirts，或稱褐衫隊），亦即比較自由派的反對人士。

31 原編註：所謂奧地利的二月暴動（February Uprising in Austria），發生在一九三四年二月十二日至十五日，乃分裂之社會主義和保守主義民兵間的內戰，在維也納最為嚴重。

32 原編註：Engelbert Dollfuss（一八九二～一九三四年），一九三二年起出任奧地利極權派總理，一九三四年七月二十五日遭納粹暗殺。派翠克．弗莫早先在維也納遊行中瞥見過他：瘦瘦小小，穿著一件燕尾服，「努力跟著隊伍」。

33 A une passante，波特萊爾的詩集《惡之華》中第九十首作品。

半截是開著的。位於一條後街上，順街而下的是一條樹影倒射的河流，後方群山隆起，是我不久前才翻越過的山脈。我倚著門，和房間內的一位女士聊天。她蓋著一條拼布被，斜躺在房間角落的一張床上，身後墊著幾個枕頭，身上穿著一件長袖白棉寬領睡袍，纖長的手指撫弄著躺在她大腿上打瞌睡的虎斑貓。這位英國女士嫁給了保加利亞人，和巴納比．克蘭先生一樣是北方人，不過她的家鄉是約克郡，溫柔至極的聲音明顯流露出當地的口音。因為罹患了某種傳染病，所以她正在休養：這也是我被隔離在門口的原因。她得的是麻疹？還是猩紅熱？我記不得了，就像我完全不記得是誰帶我到那裡去的。她名叫貝蒂，才二十歲出頭；兩頰因為生病而凹陷，眼睛是最淺的那種藍，留著一頭淺色直順長髮，活像是水中精靈或羅塞蒂[34]畫筆下白皙的主人翁一樣蒼白。此情此景委實奇特，置身在巴爾幹深山裡，薄暮時分，聆聽著一連串帶有微弱約克郡口音的迷人細語。我們聊了好幾個鐘頭，還簡短交換了彼此的個人資料。她是一個農夫的女兒，來自約克郡谷地某個遙遠的村落，偏僻到天候不佳時會被大雪封住，一、兩個星期都無法對外聯絡。她似乎很渴望能跟我聊天。「有時候會有點寂寞，好幾個月都只能用保加利亞語溝通，而且我的保加利亞話說得還不好。」她的父親似乎是個很好的人，周遭幾公里內的人每個人都喜歡他：一名賽犬好手，會帶孩子徒步遠征文斯利代爾、斯韋爾代爾和噴泉修道院。我忘記她是如何結識她那位當時正好去索菲亞幾天所以不在家的丈夫。我想他可能是正好在她家鄉附近的城鎮研究紡織工業吧。她父親原先很反對他們的婚姻，後來還是妥協了；他們便定居於此。她很喜歡保加利亞人，雖然，她說，他們是很奇怪的民族：非常迷信，對找上門來的疾病有種動物性的恐懼，而且不限於會傳染的那種。

定居加布羅沃以來，她生過兩次病，兩次都有種遭到遺棄的感覺：大夥兒避諱她、害怕她，還不理會她。「他們是一群瘋子。」她大笑著說，笑聲從薄暮中傳來，雖微弱疲倦，卻非常迷人；她的談話，尤其談起她所來自的那個雨霧朦朧的世界，使得這間逐漸變得陰暗的房間突然籠罩在陣陣鄉愁之中。屋內陳設的細節逐一隱入幽暗：書架上的《黑美人》（*Black Beauty*）、《皮爾斯百科全書》（*Pears Encyclopaedia*）、《南非草原的喬克》（*Jock of the Bushveld*）、《話匣子》（*Chatterbox*）、《珍貴的禍根》（*Precious Bane*）、《天使街》（*Angel Pavement*）和魯伯特．布魯克[35]的詩集；以及直立式鋼琴、縫紉機、約克大教堂的鑲框照片、拼布棉被、熟睡的虎斑貓，直到陰影中只剩下她的睡袍、臉龐、頭髮和我們談話聲的蒼白。到了夜深時分，才有人前來帶我回到加布羅沃的亮光中。我只能勉強分辨出她揮手道別時白色長袖的飄逸，在不斷迴旋的蝙蝠底下返回鎮上，當時的情景也結束在遺忘的記憶中。

~

34 全名Dante Gabriel Rossetti（一八二八～一八八二年），英國畫家、詩人、插圖畫家和翻譯家，前拉斐爾派的創始人之一。

35 全名Rupert Chawner Brooke或Rupert Chaucer Brooke（一八八七～一九一五年），英國理想主義派詩人。一次大戰期間創作了大量優秀的詩歌，《士兵》為其代表作。愛爾蘭詩人葉慈曾讚譽他為「英國最英俊的男人」。

第二天的旅程，以及那名叫德里亞諾沃的小鎮，同樣遺失在記憶裡；幾近三十年前留在那張破爛地圖上的模糊鉛筆十字記號，顯示我一定曾在當地過了一夜。不過據推算，應該是隔天傍晚在一條陡峭的懸崖下方繞行一圈後的記憶，又突然變得鮮明起來。在群山起伏中急墜的山凹處，以及道路另一邊一個高大的巨石頂端間，圈住了一片彷彿從鑰匙孔中洞見的景觀：數公里外的小鎮大特爾諾沃。那個小鎮彷彿從山谷中散發出來，成排小屋陡峭地沿著崖壁邊緣而建，宛如棲息在湧起的浪濤上，隨著壁沿在空中呈四分之三的圓弧線翻飛折回。當小鎮逐漸上升，其下方的岩面也形成有如管風琴音栓般的深谷，陰影重重，直墜入彎曲的揚特拉河。只見有如展翼般層疊的瓦屋間，不時點綴著鐘樓和樹木，而在這一片有如露天劇場般的遠景中，遠離小鎮最遠、最高的岩層上，散落著幢幢教堂。這個空中小鎮的住家設計有東方式陽台，以交叉的支架搭建在河灣上方，只見無數窗玻璃反射著夕陽，呈現出層層疊疊的方形火紅亮片，彷彿裡面正熾燃著烈焰。

我當即領悟了納迪潔亞所擁有的熱情。當我攀爬在一條蜿蜒而上、似乎永無盡頭的主要街道，沿著漫長狹窄的階梯拾級而上，每一步都激起我的熱情，令我興奮難忍。葡萄纍纍的蔓藤蜷曲在住家門口突出的寬闊屋簷下方，蔓延在橫跨石板路與鵝卵石路的棚架上。一條支徑往右循山谷邊緣而行，兩旁木材和灰泥所搭建類似都鐸時期的樓層建築往外延伸，似乎有意和對街的陽台合而為一，形成有如石造的高空跳水板。街道兩旁的石階上堆滿鹿皮靴、紅色腰帶和羊皮帽，與上下石階的家禽、驢子和騾子交織在一起，宛如《聖經》中雅各的天梯[36]。一個留著滿面捲曲鬍鬚、體型龐大的教士，正艱辛地掌控他的馬匹；緊抓著雨傘和韁繩，馬匹在滑溜溜的石頭上不住打滑又立定，震歪了他的直筒高帽，打散了他的髮髻，捲捲長髮散落身後胡亂地飄蕩，差點弄翻了一旁乳品商頂在頭上的一盤酸奶。

行進途中，所有來往的人潮和動物都被酒店旁斜放的一輛長形馬車擋得嚴實，動彈不得。那輛馬車就像一個裝著輪子的粗糙木製飼料槽，槽裡的兩個男人將長褲拉到大腿，用力踩踏裡面堆放的軟爛葡萄。其他人或不斷地將新鮮葡萄倒入槽內，或用錫桶從木槽邊的龍頭接收碾出的葡萄汁，拿到屋內注入守候中的酒桶或酒罈。酒店過去一些但見幾個繫著血跡斑斑圍裙的男人，正忙著用小刀和菜刀處理豬的屠體；不久前，那隻瀕死豬隻的嚎叫聲勢必震耳欲聾。一個看起來相當邪惡的小男孩蹲在血紅的石頭路上，在貓群和蒼蠅環繞下一邊玩弄一邊處理一堆豬腸。他鼓著兩個腮幫子對著豬腸吹氣，每吹一口，一截彎曲的豬腸便鼓脹而起，直到整副豬腸挺直飄浮起來為止，就像古老鄉村唱詩班樂團裡的銅管樂器蛇形號。幾乎呈水平狀的夕陽穿越了周遭種種騷亂，綻射出蒼白的光澤。有時，諸如此刻，巴爾幹山脈中的山城就像西藏一樣遙遠而陌生。

雲層讓視線裡的所有細節都陷入模糊。我口袋裡只有相當於幾先令的保加利亞幣列弗，腳下的靴子雖然不像在希普卡山口時那般折騰人，但也已逐漸不堪使用。在普羅夫迪夫時，我曾寫信

36 典出《舊約聖經》〈創世紀〉第二十八章第十至二十二節。耶穌以《舊約》裡雅各夢到的天梯，來比喻自己將成為神與人之間的橋樑。

將大特爾諾沃設定為從英國轉帳過來的下一個地址，這次打算領個幾英鎊，因為從索菲亞之後，我便不曾再送出新收件地址。我寧願一次提領比較大筆的款項，所以一向是任這些按週寄來的英鎊逐週累積，省得必須按照事先擬定的行程選定寄達地點，然後再祈禱自己能順利抵達那些城鎮，提領到錢；現在我前往待領郵件窗口提領掛號郵件，將會有三、四張褐色英鎊鈔票等著我。在出發前，這似乎是郵寄小額匯款的最佳方式，事後也證明確實如此，在整個旅程中沒有發生任何謬誤。這些字體纖細、滿是皺褶的五英鎊紙鈔算是比較大額的鈔票，得整張兌換，並且儘快花完，因此最好的方式是儘量保留英鎊，不得已時再兌換為荷蘭貨幣基爾德、德國馬克、奧地利先令、匈牙利辨戈、羅馬尼亞列伊或保加利亞列弗，但不是在羅馬尼亞或保加利亞的銀行兌換，因為黑市的匯率幾乎是官方的兩倍，況且任何雜貨店、麵包店或街角的兌換商都可以兌換。這是我有一次在銀行換錢並幾乎造成巨大匯損時，一個好心的行員在櫃台前悄悄告訴我的祕密。像我這種節省型的旅行者——我雖喜歡抽菸，但沒有菸抽也不覺得痛苦（現在覺得這點似乎很重要），酒也一樣（如今也一樣喜歡、一樣不是非要不可、一樣覺得這點很重要）——幾乎沒有什麼生活開銷。由於接近秋季，能餐風露宿的時日不多了，也無法再瑟縮在樹下或橋下睡覺，不過我經常光顧的簡陋過夜地點索價都不高，而且因緣際會下，我好像經常得以借宿在某個友善的屋頂下，一文不花！在戰前，英鎊的幣值是現在的三倍，或許還更多。再者，當時巴爾幹半島的生活費用相當低廉，一般旅行者一天只需要三、四先令便可以過得很舒服，六便士可以享用一頓有好幾道菜的大餐。我的生活方式表面看來似乎和中古的朝聖者一樣可悲，事實上卻毫無悲憐之處。一週一英鎊在西方或中歐或許少得可憐，但是在這裡這麼一個奇特、對我而言相對富足的地方，卻是個古怪的豐饒之角。

不過此時此刻，正是我青黃不接之際。身上只剩大約兩先令，而索錢的信函才發出不久，加上保加利亞郵政的延宕，可能迫使我在等待期間更加困窘。但今晚讓我心情沉重的，不是財務危機或靴子的窘況，我心裡不斷想著普羅夫迪夫和納迪潔亞的仁慈有趣。克蘭先生移居國外的滿足中有著一絲哀愁。希普卡山口居民和馬車夫的吝嗇雖然微不足道，卻難免遺留下一抹陰鬱，修道院白俄人溫柔動人的聲音中，則難掩若干哀傷和消沉。在加布羅沃的薄暮時分與臥病的約克郡女子談天，因隱含的沮喪而令我心情沉重。鸛鳥的背離，更譜寫出一個季節的結束。儘管白天仍然明亮如夏日，但是在金色的光澤中已然摻雜著一抹秋季的蒼白。這種種細微末節所交織而成難以化解的愁緒，磨蝕了我在攀爬羅曼蒂克山徑階梯時所感受到的輕快。

我在麵包店買了半條溫熱的麵包，又去一家雜貨店買了片他們稱之為「西林」（siriné）的美味白色山羊乳酪，還有另一種名叫「卡希克佛」（kashkaval）的黃色乳酪。（我想，這種乳酪跟義大利的「卡奇卡瓦洛」（cacilcavallo）乳酪，即「馬背乳酪」其實是一樣的，只是這個保加利亞單字是義大利文的拉丁化，或者正好相反，那我就不知道了。我直覺認定是前者，不過這種認知也經常是錯誤的就是了。）我的計畫是把這些寶貝拿到某個安靜的角落，用匕首削些背包裡的洋蔥，再撒些由乾胡椒捏碎的紅胡椒粉，之後再去城外找塊可以遮風避雨的凹穴睡覺，在一處岩石避風港守候，直到我的船隻安全入港。鎮上住家的窗戶內開始閃爍著亮光，太陽已經下山，只是展望有如聖傑羅姆[37]式的隱居前景時，令我感到無限淒涼，尤其對比起雜貨店內透出的柔和光澤更是如此：只見裡面有成桶的鯷魚、懸掛的煙燻豬肋條、燈光折射的瓶瓶罐罐、竹籤穿著的乾燥無花果，以及來自德國和奧地利的圓酒桶、木板箱、玻璃瓶，外加堆積成山的器皿，以及鮮紅的培根切割器和閃爍的圓盤切刀、數目龐大的乳酪與呈方形堆放的哈爾瓦酥糖[38]。這裡簡直就是光芒四射的阿拉丁洞穴。

不過雜貨店裡空蕩蕩的，只有一個和我年紀差不多的男孩坐在門階上看書，看到我來才跟隨我進入店內。我是打哪裡來的？要去哪裡？在問這些問題時，語氣活潑，目光友善。當我們之間所會的語言逐漸耗盡（因為我的保加利亞語極其有限，所以很快便用罄了），我們又轉為德語。他的德語說得很好，帶有一種奇特的斯拉夫腔。不久，我們便倚著酒桶，互碰盛放著粗釀梅子白蘭地的酒杯，交換彼此的自傳。賈特喬是雜貨商的兒子，父親去參加某個前軍官的週年紀念會，和以前巴爾幹戰爭的老戰友聚會，因此由他來看店。個性相當直爽的他在瓦爾納的 Höhere Handelsschule（商業學院）讀書，正好回家鄉度假；他是先在大特爾諾沃普通高中完成學業後才前往就讀，準備日後到索菲亞他叔公擁有的一家生意興隆的進出口貿易公司工作，意即將來或許能夠到各處旅遊，看看這個世界，造訪保加利亞以外的任何地方：布達佩斯、維也納、慕尼黑或巴黎。我知道這些地方嗎？那科隆、杜塞道夫、鹿特丹呢？這正是我大展雄風的機會，當然火力全開，結果一個鐘頭不到，我的行李便堂而皇之地丟進他哥哥的房間（他正在貝爾科維察服役，*der arme Kerl!*[39]），然後再半個鐘頭，我就已經和賈特喬、他的兩個妹妹一起坐在雜貨店後方燈光明亮的房間裡，享用賈特喬高大和藹的母親所烹調的美味燉肉，討論保加利亞民族詩人霍斯托・波泰夫[40]和伊凡・瓦索夫（Ivan Vasoff）（「保加利亞的華茲華斯[41]」）的詩文。一切都改變了。我不需再煩惱守在寒冷山側的事。

感謝幸運之神眷顧，讓我踏進那家雜貨店。從那時起，我不但有床可睡，還經常能和賈特喬的家人一起用餐。另外，他有個叔叔是大特爾諾沃最好的鞋匠。賈特喬把我破破爛爛接近解體的靴子拿給他，第二天送回來的竟是一雙幾乎全新的靴子，而且分文不取！只見靴根安裝上迷你的馬蹄鐵，鞋底釘著牢靠實用的鞋釘，走在大特爾諾沃磨損的鵝卵石和石板路面上，甚至可以磨擦出火光。不過這種設計的靴子最好保留在跋涉公路或山路時使用：附近輾轉的小徑還是比較適合

37 St. Jerome（約三四〇～四二〇年），古代西方教會領導群倫的《聖經》學者，在羅馬接受教育，去萊茵河邊尋求仕途，並在皈依苦修理念後前往敘利亞的荒漠地區苦行，晚年時定居於耶穌的出生地伯利恆，過著苦修隱居的生活。

38 哈爾瓦酥糖是整個中東、南亞、中亞、西亞、北非、非洲之角、巴爾幹、東歐、馬爾他和猶太人社群中各種質地緻密的甜點泛稱。

39 原編註：可憐的傢伙。

40 Hristo Boteff（一八四八～一八七六年），保加利亞詩人和民族革命家，被同胞視為象徵性的歷史人物和真正的國家英雄。

41 全名William Wordsworth（一七七〇～一八五〇年），英國浪漫主義詩人，與雪萊、拜倫齊名，代表作有與柯勒律治合著的《抒情歌謠集》、長詩《序曲》和《漫遊》，是文藝復興以來最重要的英語詩人之一。

運動鞋。賈特喬哥哥小房間的角落，供奉著聖尼古拉[42]的聖像；這個房間對我有如天賜好禮，讓我得以天天躺在床上看書，一看就是幾個鐘頭，不然便是或趴或蹲踞在正好足以容身的迷你陽台上，撐著手肘，努力更新我的旅行日誌。

那些飽受蹂躪的硬殼筆記本有一吋厚，裡面是我一筆一畫精心努力的心血；在書寫本書的此時此刻，我是多麼希望仍然擁有那些筆記本，以便為這些記憶的字句加添當下最敏銳的紀錄。所幸許多片段的記憶仍然保留迄今：周遭山脈的崩退，下方河流的曲折，更近一點看，一邊是突然墜落堆疊的圍牆，另一邊是陡峭下降的屋頂，其下則是樓層險峻的木板屋。屋瓦上散置著許多枝葉堆砌的空鳥巢，宛如許多著名海岸的夏季別墅，留守靜待春天時屋主的歸來。（我記得當時我想的是，不知道那些候鳥是否找到了安身之處，或者在穿越赤道後仍努力南飛，俯視著森林和慵懶徜徉的大河，繞過茅屋點綴的林地，閃避呼呼作響的流矢，直到一處屋頂的配置，加上記憶中的森林、住家與河流一一浮現，經最後確認，並靠近檢視去年冬季的巢穴，告訴自己，牠們終於到家了？這些候鳥往返兩地多久了？涉及了幾代鸛鳥？人們在這座城市居住的歷史已經很久了。十二世紀時，這裡是保加利亞第二帝國的首府，而其實早在那之前，這座城市就已經很繁榮了。城外那面岩石上的騎士浮雕，或許更可遠溯至亞歷山大大帝時代吧？當時牠們必定就棲息在某些住家之上；如果垂直計算，就在大約一千兩百顆鳥蛋之前。單就歐洲而言，在這段期間，這些冷眼的候鳥便曾旁觀十幾種宗教彼此驅逐，二十餘個帝國興起與顛覆，一百場戰爭相互廝殺。這些候鳥的存在是多麼令人肅然起敬啊！對於賈特喬有關他家鄉的歷史教誨，我是很受教的。）

賈特喬是位及時出現的親切朋友。他的情緒起伏很大，一會兒歡欣鼓舞、興奮熱情，一會兒又沉默寡言、抑鬱寡歡，讓他的家人有點怕他；幸虧他和我在一起時不會如此。大特爾諾沃洋溢著輕鬆的度假氣氛。我第一天是被空桶滾動的聲音吵醒的。一堆空桶往下坡滾動，發出有如雷鳴的噪音，從窗台往下看的我，正好趕上看到一個空桶掙脫束縛，如脫韁的動物沿階翻騰而下，嚇壞驢子、撞翻水果攤，沿途行人及時閃避，最後發出如耶利哥城[43]陷落的砰然一聲。

此舉不啻暗示豐收與釀酒季節的到來，隨後我們騎單車到幾公里外、賈特喬另一個親戚家參觀釀酒過程。那是一個古老的土耳其*tchiflik*（封邑），亦即昔日某位bey（土侯）的住處，周圍有田地、葡萄園、巨大的懸鈴木，還有一排陰涼、傍水而生的白楊木。一團團枯萎荊棘所形成的絨球，在空中飄蕩，拂掠過溪面。只見大約有五十個人群集於此，中間圍繞著三個人，正如我昨晚所見，全都脫去軟皮鞋、涼鞋和襪子，光著雙腳在一個巨型淺桶中踩著葡萄，汁液到處飛濺。每個人輪流踩踏。那種葡萄在腳底板下爆漿與壓扁的感受非常神奇，是我每有機會都會去嘗試一下的感覺，日後在希臘和克里特島就踩過幾次。輾壓的葡萄圍繞在腳踝處，甚至高達膝蓋。這是一種節慶式的聚會。新踩出的葡萄汁開始裝罐，舊的葡萄汁則就著瓶口暢飲。烤肉籤上的烤肉串散

42 St. Nicholas（約二七〇～三四三年），基督教聖徒，今日土耳其境內米拉城的主教。人們認為他是為人悄悄贈送禮物的聖徒，後來成為聖誕老人的原型。

43 The Fall of Jericho，典出《舊約聖經》〈約書亞記〉。

發著陣陣煙霧，踩踏者勾肩搭背踩著此刻已呈泥狀、垂掛著果肉、飛濺著酒汁的葡萄渣，步履踉蹌地隨著一把小提琴和一把造型奇特的粗頸弦樂器跳著紫色小腿舞。那把由一塊木頭粗製而成的弦樂器呈橢圓狀，宛如新石器時代的古老小提琴，可以夾在下巴或豎立在演奏者身前演奏，並用一把如半月型短弓的琴弓拉奏。（他們稱之為 *tzigulka* 或 *gadulka*，據日後得悉，這種琴和蒙特內哥羅的 *gûzla* 很接近，與克里特的里拉琴也有關聯。）最後，大夥兒群聚在一棵枝幹低垂、搖曳生姿的巨大懸鈴木樹蔭下，坐在紅色和黃色地毯上，帶著客用木製酒瓶和背包，繼續吃吃喝喝、高歌作樂。每樣東西都散發著壓碎葡萄的氣味，摸起來黏答答的；蒼蠅、蜜蜂，以及體型嚇人的咖啡色與橘色大黃蜂四處飛舞，儘管盤旋不去，卻無法澆熄聚會的歡樂氣氛，或干擾隨之而來的沉沉入睡。只見大家一個個不勝酒力，從屈腿盤坐到萎靡歪倒，終至無力倒臥，鼾聲大作。

在盤結的樹根間初醒之際，我還有點不知身處何方。周遭景物全非，林間空地上陰影交錯。人們再度穿上鞋襪，只是仍然步履笨拙地在不遠處駕馭自己的坐騎，把一袋袋濕漉鼓脹、狀似山羊的酒袋安放其上；那些酒袋是經過整治後，內外翻轉過來的整張羊皮，緊束的腿椿僵挺膨脹。四周圍繞著許多飛蛾。賈特喬搖搖我的肩膀；如果再不返回大特爾諾沃，我們會錯過一場學生聚會的。找到單車後，我倆終於搖搖晃晃地穿過塵土飛揚、光線昏暗的葡萄園，回到了鎮上。

在這特殊的季節裡，似乎再度充斥著假期、派對和宗教聚會，讓我們往往三更半夜才能休息，第二天早上則飽受頭痛之苦。賈特喬找到一個判斷第二天是否有餐會的方式，可靠程度大約就像用茶葉預測當天是否會有不速之客吧！他會從我堆放在床上的財產中，找出我那頂羊皮土耳其氈帽；基於某種潛藏的荒謬意識，過去一、兩個星期我一直避免戴這頂帽子，也許跟納迪潔亞的某些嘲弄有關。賈特喬興奮地撲向那頂帽子，大叫道：「我們來預測明天有沒有*prazdnik*（盛宴）。」他先是把帽子高舉過頭，然後扔到地面上，發出沉悶的響聲。他苦惱地皺著眉頭，重複做了好幾次。根據他的解釋，如果帽子筆直打到地面，會像紙袋爆破一樣，發出較大的響聲。「好了，」他說：「一切圓滿，明天有大餐。」結果還真是如此。

在某個這種節慶的深夜時分，我們和半打大特爾諾沃的帥哥置身城郊一間茅屋吸食大麻。他們俐落地將乾燥成粉的大麻葉塞入香菸管套中，然後點起菸，慎重地輪流傳遞，直到四周都瀰漫在帶有蔬菜甜味的煙霧裡，讓我們輕微地暈眩，並不時難以克制地爆出大笑，常常一個字或一個手勢就足以讓我們上氣不接下氣地笑成一團，甚至笑出了眼淚。保加利亞儼然是世界上最富庶的天然大麻樂園之一。印度大麻恣意生長，茂盛繁密，幾乎不需要刻意栽培。至於吸食大麻，我的同伴們在吞雲吐霧間警告我，這是嚴格禁止的：「*Mnogo zabraneno.* 哈！哈！哈！」但是這項禁令的效力就像立法禁止栽種巴西利或蕁麻等野草一樣。其實此間很少人固定吸食大麻，只在偶爾嬉鬧時才會用以取樂。我很渴望有機會這麼說：「這次聚會真夠嗨的！」[44]雖然沒有機會，我還是忍不住說出來，對自己的睿智自嗨一下。

大特爾諾沃的逗留可謂多采多姿，而喜上加喜的是我的錢也匯到了。幾天後，存局候領處的

44「the party went with a bhang（大麻）」，取「went with a bang」（刺激而成功）的諧音。

櫃檯上躺著一封我期待已久、裝在藍色十字帆布方形封套裡的掛號信，上面印有倫敦荷蘭公園（Holland Park）的郵戳，彷彿來自另一個遙遠的時空和心情！躺在裡面的，是更令人興奮的幾張積存的英鎊，依然嶄新鮮脆。我得以償還部分賈特喬的殷勤招待，前往黑海的旅費也獲得了保障，另外還購置一件新襯衫、兩雙襪子、另一本筆記本、紙張、鉛筆、橡皮擦、香菸、菸草、一塊新肥皂（取代我即便節省使用也已經薄如脆餅的舊皂）、一把新牙刷、食物、葡萄酒、粗釀梅子白蘭地——簡直可稱為奢侈了，讓飄飄然的我安步當車地返回賈特喬父親的雜貨店。

拜此間所有慶典之賜，三天後，我計畫前往北方綿亙山區探訪教堂之旅仍不見啟動。好不容易，我們終於從賈特喬父親豐饒的櫃檯取得乳酪、香腸、沙丁魚等補給，在一個早上從容出發。我們從大特爾諾沃座落的山脊繼續往上爬行，直到房屋逐漸稀少，終至絕跡，然後繞過一個彎來到教堂群聚的山丘，這正是我在抵達大特爾諾沃之前的路途上所描繪的。附有城垛的城牆殘骸包圍著這處近乎神聖的山巖，一座土耳其橋樑可以通往山脊。從山風襲人的山頂平台望去，巖壁直插山谷，若干處筆直如窗簾。在崖壁邊緣的某處曾用來扔擲戰俘和罪犯，從此處還可以見到一座圓形的孤塔，乃法蘭德斯家族的鮑德溫[45]，即君士坦丁堡由西方統治期間的四位法蘭克家族君主之一，並在第四次十字軍東征時，拜占庭帝國淪陷後，遭保加利亞帝王拘禁成為俘虜後的長期囚禁之地，多年後才凋零過世。

保加利亞第二帝國的阿森家族諸帝王們（有一說是弗拉赫人後裔），凶猛暴烈，石砌紀念碑遍布這片嶙峋的山丘。這些長於模仿拜占庭王國卻又與之為敵的彼得（Peter）、伊凡（Ivan）、安德羅尼克（Andronik）、卡洛揚（Kaloyan）[46]等等歷任帝王雕像，是後人難以想像的栩栩如生。他們的事蹟甚少見諸記載，官方也只有他們的背叛、寬容、屠殺和征服等重大事蹟的正式紀錄而已，正如密布於此間教會和修道院牆壁上的壁畫人物，多半已遭摧毀，殘骸遍布周遭高地。今日只有一座修道院仍堪居住，住著一群修女。其中一位面容蒼白、長相美麗的修女，身穿黑色長袍，頭戴黑色圓盤帽，上束黑色頭巾並在下巴處打成一個結，神情畏怯地請在石灰牆壁會客室內的我們喝咖啡和吃一勺果醬。

我們從一間教堂逛到另一間教堂，但見其中某些每一吋可用的牆壁上，都繪製著一幅幅《聖經》或殉教的場景，也看到顏色褪去的蒼白國王和王子、蒼白的戰士，在陰暗的宮殿和不知名的戰爭中，一身絢麗戰袍和盔甲。然而在這些模糊的十二世紀帝王中，彼得·阿森二世的事蹟可謂遍及保加利亞的前線，從黑海往西橫跨巴爾幹半島，直達亞得里亞海，往南遠達愛琴海，在保加利亞留下一段動盪的傳奇、一個消失帝國的夢想，迄今仍在保加利亞人心中縈繞不去。這種民族統一論，隨同東正教的信仰，是古保加利亞流傳迄今的唯一倖存者，其他則在土耳其占領後，為全面毀滅性的僵化信條所毀損。一三九三年土耳其人的重擊，使得王冠和皇權紛紛潰散，帝王、

45 Baldwin of Flanders（一一七二～一二〇五年），君士坦丁堡拉丁帝國的第一個皇帝，第四次十字軍東征的傑出領導人。但在與保加利亞沙皇卡洛揚的最後一場戰鬥中落敗被俘，並被囚禁到離世。

46 以上皆為阿森王室歷任帝王貴族的名字。

公主和織錦輕裘的權貴，均慘烈散落於大特爾諾沃，而六十年後拜占庭淪陷，東歐基督教信仰的皇權和帝國遭到消滅更長達數世紀之久。保加利亞是第一個被土耳其人征服者，也幾乎是最後一個獲得解放者。

保加利亞人對拜占庭人恨之入骨，時至今日，他們的後人對希臘人也一樣——這種厭惡的情緒有席捲而來之勢！賈特喬在四十殉道人教堂裡，興味盎然地解釋紀念碑文所記載伊凡．阿森[47]征服拜占庭的統治者，俘虜了西奧多．康涅尼[48]的豐功偉績！雙方的仇恨在拜占庭另一位皇帝，即保加利亞人屠夫巴西爾[49]的暴行激化下更達到沸點。他將俘虜的一萬名保加利亞人全部弄瞎，然後每一百人由一名只剩單眼的俘虜領路遣返回國，交還給保加利亞帝王，由於情況過於殘酷，當俘虜抵達後，帝王在悲傷與震驚之餘竟一命歸陰。這段黑暗的中古暴行，至今仍舊是保加利亞對希臘懷抱強烈自尊、甚至尖銳仇恨心理的根源之一。從歷史演變看來，保加利亞此後也一直企圖扭轉局勢，取得平衡。總之，基於種種因素，保加利亞人對其鄰邦始終心懷不滿，儼然習於從仇恨中取暖。

我們在各個拱頂、彩繪內部漫遊，參觀瑰麗的壁畫，伸長脖子看那些拱頂、穹窿、圓頂中的繪圖。賈特喬指著其中一處一根阿森王朝的奠基者所嵌入的石柱，上面鐫刻著第九世紀時保加利亞統治者奧莫爾塔格汗[50]的碑文。當時鮑里斯王[51]尚未改信基督教，基督教也不是國教：那是一段彌足珍貴的年代，保加利亞人還是亞洲一群遠從窩瓦河遷徙而來的異教徒，薩滿教徒，是頭戴皮草帽、縱馬馳騁的蒙古人系民族，初次闖入這個國家，征服、統治，留下印記，然後被早兩、三個世紀前定居於此的溫和斯拉夫人所同化。他們原本比較粗糙的亞洲發音，也許和烏拉爾—阿爾泰語系的烏戈爾—芬蘭—圖蘭語族近似的語音，逐漸為周遭居民比較柔軟的斯拉夫民族語音所取代而終至消失。隨著保加利亞第一帝國克魯姆帝王[52]的掌權，雖然仍屬於東征西討的粗魯種族，統治階層也都是毛髮蓬亂、據地為王的權貴，但保加利亞民族終於躍登國際舞台，而在半個

47 全稱為Ivan Asen II（一二一八～一二四一年），文武兼備，不但取得阿爾巴尼亞、塞爾維亞、馬其頓和伊庇魯斯的大片土地，大幅擴充國家版圖，還將保加利亞教會從羅馬分裂出來。

48 全稱為Theodore Komnenos Doukas（一一八〇～一二五三年），一二一五年至一二三〇年間，伊庇魯斯和色薩利的統治者。

49 全稱為Basil II the Bulgar-Slayer（九五八～一〇二五年），馬其頓王朝東羅馬帝國，即拜占庭皇帝。在他統治時期，中世紀的拜占庭帝國達到極盛狀態。

50 Khan Omurtag，生年不詳，卒於八三一年。八一四年至八三一年間任保加利亞汗。在其父克魯姆汗陣亡於與拜占庭帝國的戰役後，開始在色雷斯邊界修築土牆，以阻擋拜占庭人。八二一年，奧莫爾塔格汗在大普列斯拉夫建立保加利亞的新都城。

51 全稱謂為Boris I，又名Boris-Mikhail，生年不詳，卒於九〇七年。為中世紀保加利亞的重要君主，政績展現在宗教、外交、文化與內部政策上，基督教在其支持下成為國內主要宗教，西里爾字母起源的其中一種說法格拉哥里字母亦在其任內開創。

52 Czar Krum，生年不詳，卒於八三一年。鞏固了國人與斯拉夫人的聯合，並頒布一部旨在確立封建制度的法典，在位期間大大擴展了保加利亞的版圖。與拜占庭帝國交戰互有輸贏，曾殲滅尼基弗魯斯一世，但最終也在米山布里亞戰役中被拜占庭皇帝利奧五世擊敗，同時死於這場戰役中。

世紀後，鮑里斯帝王更受洗為基督徒，西美昂一世[53]進而擴張與穩固王國勢力，和拜占庭王朝展開永無止盡的衝突。

相對於透過西方天主教接收基督教訊息、以拉丁語為禮拜儀式語言的波蘭、波希米亞、摩拉維亞、斯洛維尼亞和克羅埃西亞，保加利亞人宗教信仰的轉變，對東部基督教王國和所有斯拉夫世界留下長遠的影響。西里爾與美多德將基督教信仰帶到保加利亞，兄弟倆修改希臘字母以適應比較低沉含糊的斯拉夫母音（如希臘語言中沒有j、sh、sht等發音），進而產生了西里爾字母，日後成為保加利亞、塞爾維亞和俄羅斯的拼音系統，直到上一世紀才再度修正，連拉丁語系屬於東正教的羅馬尼亞亦使用這套系統。更接近保加利亞語、而非其他支派斯拉夫語者的古斯拉夫語，因而被嚴格用於禮拜儀式，成為所有斯拉夫東正教在宗教上的共通語言（直到民族主義興起，才改以各地方言為主），正如拉丁語是西方基督教世界的共通語言一樣。

這套美麗文字的範例，此刻以模糊、破碎的字體，伴隨石柱與牆壁上的帝王與聖人畫像，描畫在隨身卷軸上的，是藉由修行者與苦行僧的巧手傳遞主要訊息，扮演類似連環漫畫對話框的角色。在賈特喬急迫的德語中，我們在先知、武士、隱士、神聖的壯士和劊子手成千上萬雙眼睛的瞠目注視下，努力拆解其義。這處破損的小空間係在英法百年戰爭克雷西戰役[54]前幾年開始塑造。當時這裡還是嶄新的，內部仍然細密地搭著鷹架和梯子，光線穿梭其間，僧侶們像蜘蛛一樣垂掛在泰半空白的弧形和半圓的空間中，敲打朱砂以描繪火光瀲灩的熔爐或所多瑪城的毀滅[55]；調製蛋白，描繪眾模特兒聖者一隻隻細如蜘蛛的纖手，全都高舉著或潛心祈禱、或警告、或譴責。下方剛從採石場採集來的石板上散置著蛋殼，彷彿無數小雞剛破殼而出即逃竄出去。

光環相扣的拱形世界裡暗淡的光線越來越陰暗了。明明還是下午，這光線說來也實在過於黑暗。當我們來到最後一座教堂的盡頭時，拱門所框出的天空已經轉變為一種奇特的色彩，等走出教堂，更赫然發現，沿著天際全都籠罩在一片極其強烈的藍綠色澤中。陰影處晦暗不明，空氣凝重無風，但是沿著此刻望去，幾乎和我們所置身的山頭優越位置處於同一水平的下方山谷，堅實的雲層卻正如千軍萬馬，以脅迫之姿乘風朝我們逼近，先是如同一大片紫色的拳擊手套，接著不斷膨脹為層疊的風笛、酒囊，進而宛如暴衝的牛群、象群和鯨魚群，直到鋪天蓋地而來，既龐然又鬆垂，彷如隨時可能崩塌、陰沉晦暗、支柱林立的大帳篷。

在我們下方，原本沿著蜿蜒的揚特拉河一動也不動的樹木，開始像搖晃的拖把般不斷旋轉，洶湧而至的灰塵膨鬆鼓脹，往上騰飛至榆樹頂端，遠處下方的渺小人物四散尋求遮蔽，然後突然一陣風聲呼嘯，猛烈衝擊而來，似乎試圖將躲避在教堂門廊的我們席捲到背後的壁畫，連同古老

---

53 Simeon I（約八六四～九二七年），是鮑里斯一世的三子，後繼承兄長弗拉基米爾的皇位。在位時期是保加利亞第一帝國國勢最強盛的時期，故也被稱為「西美昂大帝」。

54 戰役全名為Battle of Crécy，是英法百年戰爭中的一場關鍵戰役，發生於一三四六年八月二十六日，英軍以英格蘭長弓大破法軍重騎兵與弩兵。

55 Sodom，索多瑪和蛾摩拉是《聖經》裡的兩個城市，首次出現在《希伯來聖經》中。因為城裡的居民不遵守上帝戒律，充斥著罪惡，被上帝毀滅，後來成為「罪惡之城」的代名詞。

的教堂一起撕裂成碎片。接著又是一聲嘶吼，周圍滿布灰塵和殘垣斷壁的山丘驟然灑下豹點大小的黑色雨滴，旋即幻化為滿眼晃動的閃光，聚集成百來個舞動的水坑，以及土黃色的湍流。不久，雨滴轉為冰雹：黑醋栗和鵝莓大小的球狀顆粒在石塊間不斷彈飛及跳躍，喧囂地灑落在我們頂端的斯拉夫—拜占庭牆磚，像機關槍掃射般噠噠作響。最後，冰雹消失，垂直落下的穩定雨幕將我們圍繞於水中世界。「Regen.」（「雨」）當第一陣雨滴落下時，賈特喬以敬畏的語氣感嘆；換成冰雹降下時，「Hagel!」（「冰雹」）他驚叫道。想當然耳，當第一道閃電呈樹杈狀掠過充塞水氣的空中，同時雷聲霹靂沿著山谷轟然作響，並在我們身後的教堂內迴盪不絕時，又是一句：「Donner und blitzen!」（「打雷和閃電！」）

我想那年夏秋兩季應該下過一、兩場雨吧，但是我不記得了，記憶中全是永無止盡的乾燥氣候和灼熱陽光，幾乎處於乾旱狀態，因此那場有如末日般的暴風雨便堪稱獨一無二。在震耳欲聾的雷聲中，我們坐在十二世紀教堂的門廊觀看灰色的滂沱大雨，聆聽雨水颯颯落下，以及四處汩汩水流與碎石撞擊的聲音。每當閃電劈射下來，白光乍現，我們便看得見小鎮、山谷和群山的顫動影像，猶如奇特對焦的特寫鏡頭，扭曲了景物的實際空間和大小。身處這山頂的殘垣斷壁之中，帶給我一種遺世孤立的放逐感，似乎這裡以外的世界皆已遭到淹沒，於是我們決定把野餐吃光，並輪流就著酒瓶暢飲，點起香菸，觀看這場大雨造就的暮色，彷彿坐在深海潛水器裡（或者該說是穹頂和拱頂組合成的潛水鐘？），探索沒入水中的教堂或是位於海床頂端的珊瑚洞穴，頭頂上則是勒班陀、特拉法加、納瓦里諾或日德蘭各海戰中的艦隊，進行著近距離的轟擊，企圖將對方炸個粉碎。我們想像著緩緩滑過身邊、墜入深淵的那道模糊陰影是一艘旗艦，正挾帶大砲、寶藏和溺水的船員慢慢沉沒；換成更早期的話，划槳手可能還被鐵鍊鎖在長椅上，旁邊則是橫七豎八的划槳，迴旋下沉時，甚至攪動起雙螺旋狀的銀色水泡及泡沫，點綴著旗艦周遭。

或者，這座山是（諾亞方舟最後所停駐的）亞拉拉特山，就像教堂前廳許多壁畫所繪的大洪水，世界的其他地方已經都在第二次大洪水中毀滅，只剩這處神聖的山丘和兩位倖免於難的居民——洪水線就停留在城垛底部？很好，但是日後人類該如何繁殖？我們苦惱地思索片刻，然後轉向彼此，同時以遺憾的口吻指責：「Schade, dass du nicht ein Mädel bist.」[56]因為我們當中沒有一個是女的，所以人類只有走向絕種一途。和人魚交配怎麼樣？賈特喬建議，砰一聲又打開第二瓶酒的軟木塞。我們想像在某個美麗的淺水灘上，出現一群滑溜溜的美人魚，演奏著豎琴，猶如水中後宮佳麗環繞著我們。啊，但是要如何擒獲她們，襲擊她們披覆著魚鱗、從未被褻瀆過的身軀呢？她們之間總有些是尾部開岔、像褲裙一樣吧？她們是胎生還是卵生呢？我們產下的後代會如何？到膝蓋處都是人形，從小腿以下呈薄片狀？然後我們的孫女，到腳踝處是人形？不過只要生命綿延不絕，透過我想應該不會被剝奪的不斷努力的能力，我們還是有希望的吧！也許某些曾孫女可以在我們臨終前小心翼翼地踩著鰭狀腳，將懷中尖叫的小鬼抱給我們兩雙昏花的老眼看，驕傲地展示孩子終於擁有我們期待已久的腳趾。男孩是賈特喬的，女孩是我的，相反亦可。而在嘸

56 原編註：「可惜，如果你是女的就好了。」

下最後一口氣時，我們將慶幸得知總算讓人類又能腳踏實地的傲視天下：新的兩棲人種，除了金髮中有若干細微卻別富情趣的綠色光澤外，外表並無任何水生動物的特徵；他們將是天生的攀岩高手、垂釣手和豎琴手；而由於方舟沒有拯救世界其他動物或棲息於樹上的鳥類，所以都是以海鳥的蛋，以及深海中其他遠親的魚類為主食的健康飲食維生。

風暴先是毫無預警的到來，接著又毫無預警的停止。有如瀑布般沖刷而降的雨水歸於安靜，水幕悄然升起。雲朵恢復乏味空洞，逐漸化為碎片，在清洗過的平和藍天飄散而去。眼前的景象全然改變，尖銳雕琢的山脈似乎朝前方跨越過來一大步，下方市鎮的屋頂和牆面反射著斜照的陽光，窗面一片火紅，透明的鐘樓往上延伸。經過大雨長時間沖刷過後，上百道清晰的水流往山下奔馳，匯入波濤翻湧的揚特拉河。色彩單調的夏日妝點著有如花環般的水氣，盤旋的蒸氣圍繞著樹叢，乍看之下，有如中生代的雜樹林。原本暗褐色的耕地，此刻呈現出一片深巧克力色，葡萄園是生猛的翠綠，雨水沖刷過的岩石和鬆脫的石塊則有如多彩的金塊、多面體、或說是金字塔狀的閃爍礦石。樹叢、花朵和藥草擺脫了長久昏睡的狀態：早從春季便被一連數個月的乾燥所壓抑的種種香氣，如今飄散在空氣中。樹木如金屬雕塑般，閃爍的樹葉間纏繞著銀絲；橫跨整個山谷的彩虹，則有如西班牙摩爾藝術幾近全圓的拱門，扎實明亮的色澤，就連最大膽狂放的畫家恐怕也自嘆弗如。

不知是否出於幻覺，總之，我覺得經過大雨的肆虐，連迴盪於山谷間的回音也為之改變了，變得更為尖銳。無論是懸掛於山羊脖子上或鐘樓間鈴鐺的聲音，或是驢叫及牧羊人的高呼，每種聲音都比之前顯得更加清亮。歸程中，空氣裡出現了折光特性，宛如百萬滴懸掛針尖的水珠，將雨後景物添上一種透明的魔幻影像：燦爛的山坡上滿是鑽石般的驢子和水晶雕塑般的山羊，而在通往清晰明亮市鎮的小徑上，玻璃做的小狗不斷騷動打轉，宛如被各種氣味醺得陶醉飄然。

~

和普羅夫迪夫的情況一樣，大特爾諾沃的社交中心是間附有舞池的露天餐廳兼酒館，中間一塊環狀水泥地，四周擺放著餐桌，突出的懸崖處有幾株懶洋洋的金合歡樹；從懸崖邊扶欄處，可以透過不斷來回穿梭的紅隼、褐雨燕和鴿子等，俯視下方的世界。不過，和比較都市化的普羅夫迪夫不同的是，這裡甚少見到女孩子。店內有些商家老闆和前來市場採購的鄉下人，但主要顧客還是鎮上的俊男、較年長的高中學生，以及成群的年輕軍官，身穿白色俄國襯衫，頭戴紅框軍帽，腳踏馬刺靴，邊梳理著軍刀上的流蘇和螺旋紋刀柄，邊啜飲小杯咖啡或粗釀梅子白蘭地，還邊聆聽改編的軍樂版探戈和狐步舞曲。我習慣在接近傍晚時刻來這裡寫日記或看看書，有時則嘗試閱讀瓦西爾·列夫斯基或伊凡·瓦索夫[57]的作品。賈特喬會幫我大聲朗誦他們創作的詩文，我

57 原編註：Vasil Levsky（一八三七～一八七三年）和 Ivan Vasoff（一八五〇～一九二一年）皆是對抗鄂圖曼土耳其人統治的著名革命家。

則向他詮釋我對英國文學的粗淺看法。他所聽過的作家，大體就是那些透過陶赫尼次出版社[58]以德文譯本在中歐獲得獨特名聲者：狄更斯[59]、王爾德[60]、H．G．威爾斯[61]，還有年輕一代的高爾斯華綏[62]、薩默塞特．毛姆[63]、查理．摩根[64]，以及令我頗為驚異的羅莎蒙德．萊曼[65]；而因受到〈英雄們〉（Arms and the Man）一文的影響，他們最討厭的作家竟是蕭伯納[66]。

某個晚上，店內溫和迷濛的談話聲突然被門口一聲大叫所干擾，但見身旁最近幾桌的客人都聞之起身，興奮地圍著一個正狂喜地拚命派出商品的報販。樂隊停了下來，每個人都上前去加入那群人。我認識的一名學生大聲讀出報紙巨型標題下的內容，語氣激動，充滿了喜悅。他周圍的人們一臉熱切，笑逐顏開，不時打斷他的朗讀，發出一陣歡呼或難以置信、充滿崇拜的大笑聲，直到其他人發出噓聲要他們安靜下來，讓閱報人繼續往下讀。只見大夥兒張大嘴巴，睜大眼睛，隨著每一音節熱切的揭露，神情也逐漸變得燦爛。到底發生了什麼事？我只能偶爾聽懂一、兩個字，諸如一再出現的字眼：塞爾維亞國王（Serbski Kral）、暗殺（attentat）、馬賽（Marseilles）、法蘭祖斯基（Frantzuski）、特里亞農（Trianon）、馬爾可協定（Malko Entente）和馬其頓（Makedonski）等。整篇報導一念完，大家齊聲歡呼，每個人都興奮地談笑、跺腳，甚至和旁邊的人擁抱親吻，互相搭拍肩膀。這下我才總算逮到機會問賈特喬發生什麼事，結果他滿臉喜悅，咧著嘴笑道：「他們把塞爾維亞國王給宰了！今天，在法國！是一個保加利亞人下的手！」

在喧鬧中，我從他時斷時續的言詞，終於得知南斯拉夫國王亞歷山大[67]當天早上抵達馬賽，展開正式訪問法國的行程。當時的法國外交部長路易．巴爾都（Louis Barthou），以小協約國

（Little Entente）[68]、《特里阿農條約》（Treaty of Trianon）和《納伊條約》（Treaty of Neuilly）的

---

58 Tauchnitz，以家族姓氏為名的德國出版商，在英國以外的歐洲大陸發表英文文學作品。

59 全名Charles John Huffam Dickens（一八一二～一八七〇年），維多利亞時代英國最偉大的作家，以反映現實生活見長，作品在其有生之年就享有空前的名聲，至二十世紀仍受到評論家和學者廣泛認可。

60 全名Oscar Wilde（一八五四～一九〇〇年），愛爾蘭作家、詩人和劇作家，英國唯美主義藝術運動的倡導者。於十九世紀八〇年代創作了多種形式的作品，其後成為了十九世紀九〇年代早期倫敦最受歡迎的劇作家之一。

61 完整全名Herbert George Wells，通稱H. G. Wells（一八六六～一九四六年），英國著名小說家、新聞記者、政治家、社會學家和歷史學家。他創作的科幻小說對該領域影響深遠，成為二十世紀科幻小說中的主流議題。

62 全名John Galsworthy（一八六七～一九三三年），英國小說家和劇作家，憑作品《福爾賽世家》三部曲（《騎虎》、《出租》與《有產業的人》）榮獲諾貝爾文學獎。

63 全名William Somerset Maugham（一八七四～一九六五年），英國現代小說家和劇作家。

64 全名Charles Langbridge Morgan（一八九四～一九五八年），英國出生具一半威爾斯血統的劇作家和小說家。

65 全名Rosamond Nina Lehmann（一九〇一～一九九〇年），英國小說家。

66 全名George Bernard Shaw（一八五六～一九五〇年），愛爾蘭劇作家和倫敦政治經濟學院的聯合創始人。早年靠寫作音樂和文學評論謀生，後來因為寫作戲劇而出名。

67 原編註：南斯拉夫國王亞歷山大一世（King Alexander I）是被一個名叫弗拉多・切爾諾澤姆斯基（Vlado Chernozemski）的保加利亞革命分子所射殺；切爾諾澤姆斯基當場又被一名警員的佩劍所傷，然後遭群眾毆斃。法國外長巴爾都數小時後亦因傷重不治而身亡。

68 原編註：小協約國於一九二一年至一九二二年簽訂，為捷克斯洛伐克、羅馬尼亞和來日南斯拉夫之間的同盟，受到法國支持，作為抵制匈牙利或德國潛在侵略的反制力量。一九一九年簽訂的《納伊條約》急遽削減了保加利亞邊界，而由希臘、塞爾維亞和羅馬尼亞蒙受其利。

同盟身分負責接待他，該條約削減了保加利亞戰後的領土。歡迎儀式從碼頭展開，突然從群眾中跳出一名刺客，衝入敞篷車內，射光手槍中的子彈，擊斃車內兩名乘客。好消息還不僅止於此，刺客竟然是保加利亞人——馬其頓人；雖然他也當場被警方擊斃，但這義行真是了得！（後來報紙報導一則傳聞，說那名刺客根本不是保加利亞人，而是克羅埃西亞親西方和天主教的分離主義組織烏斯塔沙的成員，強烈反對克羅埃西亞一省被強行併入巴爾幹新成立且比他們更為落後的南斯拉夫帝國。這項傳聞使得保加利亞人的情緒轉為憤怒；他們其中一人氣憤填膺地告訴我，那名刺客的手臂上明明刺有「svoboda ili smert」（不自由，毋寧死）的刺青，那正是馬其頓革命委員會的古老格言。刺客名叫弗拉多·切爾諾澤姆斯基，來自斯特魯米察，絕對是貨真價實的克羅埃西亞人！）賈特喬努力解釋的聲音，被周遭高唱《奔騰的馬里查河》（Shumi Maritza），即保加利亞雄壯國歌的聲音所淹沒。他們放聲高歌，直到眉梢青筋暴突：「Marsh! Marsh! S'generala nash! V boi da letim, vrag da pobedim - dim - dim – dim. Marsh.」[69]繼續的*da capo*（初始重複）。

圓形水泥舞池旁的餐桌不時爆出歡樂的笑聲和激動的交談聲，外加再來一杯梅子白蘭地的呼喊聲。莫非貝爾格勒的氣氛一向如此？我滿心納悶，當年卡拉喬治維奇家族的黨羽暗殺亞歷山大·奧布雷諾維奇[70]和 德拉加王后，把他們的屍體拋出窗戶時；或者當普林西普[72]在塞拉耶佛射殺法蘭茲·斐迪南大公[73]和霍恩貝格女公爵時，氣氛也是如此嗎？就在此刻，一只梅子白蘭地酒杯砸上了舞池，引起一陣歡呼。很快地，一只只酒杯紛紛飛馳而過，先後砸進舞池裡，接著換平底酒杯和高腳葡萄酒杯出籠，直到一瓶滿載的盛酒容器也乘勢而起，砰地一聲砸碎在舞池中央，深色酒液像繁星點點般四濺，終於激起了高亢的情緒，大夥推擠著離座而起，在舞池中勾肩搭背，圍成一個跳霍拉舞的大圈，在樂手搭配的節拍中旋轉熱舞。軍官圍坐的角落此時也棄置一空，只剩七橫八豎的軍刀，軍官們則交錯著馬刺靴，和其他人一起用力踐踏，在舞姿旋轉中將玻璃碎片踩至粉碎。餐桌一片空蕩，只有一名老教士含笑拈著鬍鬚，友善地觀看眼前的景象，用雨傘打著節拍；還有暗自臭著一張臉的我，不搭調地瞪視著酒吧。有人用大寫字母在牆壁上書寫，因為粉筆橫握，使得字母更顯粗大：「塞爾維亞國王死了！」

後來，我看到賈特喬在餐桌間和其他十幾個學生勾肩踉蹌而行；他們將桌巾抽離桌面，任由倖存的杯子或餐具灑落一地，把餐巾圍繞頭部充當頭巾，口中高唱當年保加利亞青年最熱中的一

69 原編註：「前進！和我們的統帥一起前進！飛向戰場，粉碎敵人！」

70 原編註：塞爾維亞國王亞歷山大一世．奧布雷諾維奇[71]和其不孚人望的皇后，一九〇三年在一次軍隊派系之爭中遭到暗殺。繼位者彼得王子是卡拉喬治維奇王室家族之首，與奧布雷諾維奇王朝為世仇。

71 全稱謂為King Alexander I Obrenovitch（一八七六～一九〇二年），一八八九年至一九〇二年的塞爾維亞國王，後與妻子在德拉古廷．迪米特里傑維奇上校策畫發動的暗殺行動中喪生。德拉古廷．迪米特里傑維奇（Dragutin Dimitrjevi，一九七六～一九一七年），塞爾維亞上校，是推翻塞爾維亞政府的軍事集團的領導成員，後又領導「黑手」組織，負責策動一九一四年六月暗殺奧地利大公斐迪南的行動，並且引發了七月危機，導致第一次世界大戰爆發。

72 全名Gavrilo Princip（一八九四～一九一八年），波士尼亞人，塞爾維亞民族主義者。

73 全稱謂Franz Ferdinand von Österreich-Este（一八六三～一九一四年），奧匈帝國皇儲。

首歌。「讓我們喝吧！唱吧！抽吧！」他們高歌：「直到酒瓶一滴不剩！這就是我們年輕人的王道！」酒店經理對他們的破壞頗為關切，匆匆趕過來，但有更危急的事件迫使他改道而行。有一群農人中的一員在陽台邊發現到一張擺滿東西的餐桌，隨即抓住兩隻桌腳高高舉起。經理拚命往前衝去，但還是遲了一步。在一聲巨吼和群眾鼓掌歡呼聲中，餐桌翻滾而下，刀叉、湯匙、水罐、玻璃杯、調味瓶、切片香腸、鯷魚和麵包四散直往下墜，終於撞擊到下方石面，支解地彈落山谷。

~

幾天後，我往北穿越大特爾諾沃和多瑙河之間綿延起伏、秋意漸濃的山丘，而沒有按照原定計畫往東前往黑海。在大特爾諾沃，我與賈特喬在地圖上策畫東行的路線時，我忍不住豔羨地審視徜徉北方的多瑙河，感受到河對岸布加勒斯特大城對我的召喚。這趟繞行將再次偏離原訂行程幾百公里之遙，對終極目標君士坦丁堡而言，可謂反其道而行。但有何不可呢？賈特喬表示反對。再過一個星期左右，他就要返回瓦爾納；為何不跟他一起過去，可以先住在他那裡，再往南到土耳其？但我還是可以這樣做啊，我爭辯，我先去布加勒斯特，再南行穿越多布羅加地區就可以了。其實真正的理由是，賈特喬很痛恨保加利亞北方的鄰國。羅馬尼亞人是很糟糕的一群，他說：騙子、強盜、小偷、惡棍，傷風敗俗。我說他們不可能壞到那種程度吧。「他們偷走了多布羅加，」他皺著眉說：「整個多瑙河三角洲和黑海地區，全是保加利亞人。」我說我只是想看看那裡的人在自己領土上的模樣，而不是在外西凡尼亞透過匈牙利人的眼睛去看他們。「他們把那裡也偷走了！」他嚷道。我不是政治觀察家。我繼續解釋，我所觀察的是種族、語言和人民的情況：諸如教堂、歌曲、書籍，還有他們的穿著、食物和長相。不過，他自己對外國文學和各類藝術都有興趣，而且和我一樣，也很想看看外面的世界，難道不能了解嗎？修道院、寺院、繪畫，我繼續描述，山岳、藝術、歷史。「這就是歷史！」他激動地打斷我的話，直擊要害。

我們沉默地坐著，我必須收復失土。「如果羅馬尼亞的國王被謀殺，」我問道：「你會像昨天晚上聽到南斯拉夫的亞歷山大一世被殺一樣，高聲歡呼，大跳其舞嗎？」賈特喬大笑著回答：「當然會。而且我還會去教堂敲鐘。」我逐漸建立立論基礎。「那麼，」我說，帶著設置陷阱者狡詐的平靜。「希臘國王呢？」賈特喬笑不可遏。「沒有希臘國王。至少現在沒有。你應該知道的。不過如果有，我當然會。」我的陷阱垮了。「我知道你為什麼會問我這些問題。英國是法國的同盟，所以你站在法國、站在小協約國那邊。」我激烈抗議。我愛法國，如果我們不想成為野蠻人，我們都需要法國，但是我對法國在巴爾幹半島的政策完全沒興趣，對英國的政策也一樣；我們肯定不需要替自己的國家政策背書吧？「喔，當然要。」賈特喬卻這麼回應：「你們英國也許不需要，你們是一個大帝國，你們從來沒有被侵犯或被征服過。你該謝天謝地你們是個島國。」「當然有！」「哦？什麼時候？」我有點心虛地出示時間點。「九個世紀以前！你看吧？」「其實，」我說：「你痛恨你們所有的鄰國，至少痛恨希臘、羅馬尼亞、南斯拉夫。我很好奇土耳其如何？」他們是最糟糕的一群，他說，他們是最先摧毀保加利亞的，幾乎占領了六個世紀。想想看，這麼悠久的時間，遠從喬叟[74]到狄更斯的世代，從保加利亞立國以來幾乎霸占該國一半的歷史，真可謂不堪回首。「不過我們打敗過他們一次，在第一次巴爾幹戰爭中。」「靠羅馬尼亞、塞爾維亞和希臘人的幫忙。」我插嘴說。他不以為意地略去那些以前的盟友，「我們還可以再擊敗他們。我們差點就攻入君士坦丁堡！」沉思片刻後，我問他有沒有任何外國是他喜歡的？他長長思考後回答：「俄國。」

對於即便他極其厭惡共產主義，卻將俄國排除在厭惡名單之外，我並不覺得驚訝，畢竟對主張收復保加利亞舊有國土者而言，這個問題是無解的。事實上，儘管對德國當前政權不以為然，賈特喬有時仍不免以思索的口氣，用他所謂的現實政治探究保加利亞是否應該尋求德國的協助，以矯正目前的局勢。（當然，幾年後，保加利亞還真的採取了這項行動；在隨後短暫的一、兩年內，保加利亞國土大為擴張，從鄰國併吞了不少領土。）不過，除了政治取向，神祕難解的保加利亞對俄國始終懷抱著一種深植的、本能的、近乎喜愛的心態。因過去同為斯拉夫東正教盟友，所以俄國一直發揮一種抗衡的力量，對抗土耳其統治期間，希臘教會在君士坦丁堡所擁有的優越地位。當年，是俄國的亞歷山大二世協助他們擺脫長期的奴役，創建了現代的保加利亞；而兩國人民使用共同的斯拉夫語言，也讓他們有種最親近的親屬關係。現代蘇聯政權對過去的沙俄充滿敵意，以往的所有福祉也隨之瓦解，但奇特的是，那卻無法抹滅保加利亞對俄國那種根深柢固的好感。除了不容許模糊存在的共產黨人外，政治上的反感和民族間的吸引力，是可以屏除所有日常邏輯而共存的；大斯拉夫情懷使得保加利亞人有所呼應而偏離正軌，正如羅盤碰上磁石必須有所妥協。這是「le coeur a ses raisons」（心自有其理由）的案例。不過這種本能的偏見無法限制保加利亞在第一次世界大戰所選的立場，結果在短視機會主義的推動下，選擇了對抗舊有的贊助者，為國家帶來災難。（因為同樣的理由，保加利亞在第二次世界大戰時又選錯立場，結果更為慘烈；儘管不管隸屬哪一陣營，保加利亞都無法擺脫最終的結局，可悲的是，其他東歐國家也是一樣。）保加利亞人有選錯邊、打錯戰的詭異天分。如果他們肯聽從自己的心意而不靠腦袋算計——雖說這兩者似乎常同樣缺乏邏輯和精準性——或許他們會有比較快樂的歷史。

這些我都沒有說——當然，我指的是當時是有可能說出來的——因為我倆之間陷入一種緊張的沉默氣氛，宛如天使在我們上空翱翔。賈特喬在咖啡廳裡斜倚著身體，兩手插在口袋裡，固執而英挺的臉龐眉頭深鎖，兩眼緊盯著餐桌，黑髮垂落在額頭。後來那天他都這樣神情尷尬地迴避我的視線，不過到了晚上，神情總算軟化。我問他我是不是說了或做了什麼，讓他情緒低落？不是的，他回答，絕對不是，這只是他家人也為之卻步的一次情緒低潮而已。他向我道歉，表露出真心的沮喪。隨後我們談論起過去幾天一起共餐的同伴，以及和賈特喬同年的友人。「你認為瓦希爾那個人如何？」他問到最後一個人。「我不太喜歡他。」我承認。「我也是。」賈特喬說：「他也不喜歡你。」「為什麼？」「他認為你是間諜。」

74　全名Geoffrey Chaucer（一三四三～一四〇〇年），英國中世紀作家，被譽為英國中世紀最傑出的詩人，也是第一位葬在西敏寺詩人角的詩人。

我第一個反應是不可置信地放聲大笑，賈特喬也跟著我笑起來。「他一定是看你老是在研究地圖，才會那樣想的。」他指了指敞開在我們面前桌上的弗萊塔克旅行地圖。「不過我絕對不像間諜吧！」我抗議。「啊！」賈特喬回應：「沒有一個間諜看起來像間諜的。」我納悶瓦希爾的觀點是否開始引起賈特喬的懷疑，也想起最近這一、兩天賈特喬若干退縮的態度，比原先多了一抹冷淡。「我當然不會這樣想，」賈特喬堅稱：「其他人也沒有這樣想。」停頓片刻後，他又不由自主地加了一句：「其實，你就算是間諜又怎樣？」他看我神情逐漸轉為憤怒、沮喪以及困惑的拒絕承認，便拍拍我的肩膀，大聲要他們再送一輪酒。這回換我陷入受創的悶悶不樂之中，並再度回到原來的主題，只不過在接下來的那一夜，在一首首的歌曲間，那情緒仍然縈繞不去，甚至益發惡化。

這是在捷克斯洛伐克邊境遭遇的事件以來，首次面對這種煩躁之事。其實，我三不五時總會碰到這種危機，而且總是在身處麻煩時碰上，在巴爾幹地區帶給遊客莫大困擾，希臘也不遑多讓。有時無端遭到指責時所感受的怒火，會因為無法辯解而感到更加無望。幸好，這種隨興而來的指責，就像隨口所做的無心猜測，很快就隨風消逝了。我花了一段時間，才大事化小、小事化無，將外表疲憊的嘆息和憐憫的微笑做到天衣無縫。不過在初次碰到時，甚至掩旗息鼓後，總還是會留下一抹不愉快的裂痕，就像拔出刺物後留下來的搔癢。因為我表現得那麼明顯，所以事後賈特喬真的感到很沮喪。當我第二天出發時，他要我一再保證，在我南行時，一定要去瓦爾納和他小住一陣。

第四章

前進多瑙河

我所行經的地區，表面上看來似乎沒有什麼改變，但是某種潛伏的力量已開始蠢蠢運作。所有夏日的迷濛從空中消散，強烈的光澤也趨於和緩，呈現出淡淡的清澄檸檬色，並帶著微弱的陰影。遙遠的南方有巴爾幹山脈綿延，在溪谷的雕琢下，山勢往北延伸，然後轉向我所行經山路的東側，清晰可辨，宛如小型岩石。高原上，不時可見一片紅色火焰和裊裊煙霧，顯示出牧人燃燒低矮樹叢的痕跡，意在清理大地，以便於來年牧草的生長。空中經常徘徊著浮雲：像飄浮的花椰菜，在山谷間拖曳著歪扭、彎曲的陰影，有時像船錨橫越過鯨魚形狀的山丘，有時像鴕鳥的羽毛勾留在高聳的山口處；或像芒草般延伸於天際，任由落日餘暉將其轉化為黃金獵犬的尾巴。每當山路傾斜幾近與視線平行時，便可見到雨水所滋潤出綠絨般的鮮嫩小草。青翠的葉片從深色土壤中竄升而出，其中夾雜有仙客來和秋水仙。但是樹幹上的葉子仍然青綠，繁茂依舊；只是葉脈上淡淡的金影透露出季節的訊息（以往樹葉上點綴著藍礬的色澤，而此刻整個山側都遍撒著銅綠）。此外，胡桃木開始顯露出鋼鐵般的灰色枝幹，河床邊的白楊樹則從根部開始卸除綠金色樹葉，直到整棵宛如挺立的幽靈，只剩金黃的樹梢狀似火焰的頂端。

許多樹藤上仍殘留著沒有採收的葡萄。當我往下步入一處山谷，雖然還看不見煙囪、屋瓦或茅草屋頂，但縷縷炊煙已經顯示前方有村落。我大啖葡萄，以及可口的蘋果和梨子。女人們的圍裙上兜滿果實，用以製造果醬。她們會用小湯匙盛舀果醬招待客人。這裡有很多野生蘋果和梨子，小而堅硬，味道濃烈，會在口齒間遺留淡淡的刺痛感。村落裡滿是胡桃，我用湯匙舀著蜂蜜搭配食用，順便裝滿口袋，一路剝殼咬嚼。在某個村落外緣，我還經過一座特殊的蜜蜂園，高大的圓錐形黏土狀蜂窩，很像非洲喀麥隆若干村落的茅屋。鄰近村落的荊棘樹叢上及入口處，有時會鋪曬著毛毯，於是廣達一畝全都妝點著條狀或曲折狀的奇妙色彩。寧靜的景色中偶爾會出現某些人影，或劈砍、修剪、收集、燃燒著什麼，或幫牛套上牛軛，或驅策著驢子，或召喚著羊群和飼犬。

不知不覺間，我已經跨越旅途的第二個晝夜平分點[1]，往北穿梭在我原先未曾計畫過要瀏覽的國度。經過第一場雨水的洗滌後，我伴隨著叮噹作響的羊群，宛如徜徉在一條漫長、寧靜而平和的緩衝之境，但這份靜謐隨即被天空中的吵雜聲所干擾。燕子仍未離開，到處迴旋，在村落裡來回低飛；在山中，則有無數喜鵲或在空中盤旋、或佇立色澤陰暗的車轍間。此外，還有烏鴉、白嘴鴉，偶爾還可見到老鷹，在剩餘的旅程中，我不時可以看到或聽到這些鳥。當懶散的我或坐或躺在樹下時，經常會突然被一陣喧嘩聲所驚嚇，原來是隻眼睛晶亮、觸鬚顫動的巨型蚱蜢跳到我的膝蓋上。如今夜晚來得比較早——這些雖然是持續而緩慢進行中的變化，突然間竟搖身一變而成為常態，就像「一二三木頭人」遊戲中突然轉身的那一剎那——但在接近傍晚、黃昏及薄暮時分之際，拜金黃、灰錫、朱赤和深紅雲集的金線雲朵所賜，大自然的舞台會展現出比較綿延而精緻的儀式：大巴爾幹山脈連亙往西到普列文，呈現出或似沙洲、潟湖、智天使[2]狂熱的飛舞，

1 照時間推算，此時應該是秋分。

2 cherubim，超自然的生命個體，經常出現在《舊約》和《新約》〈啟示錄〉中，被描述成有翅膀、服從上帝的天使。

燃燒的艦隊，乃至所多瑪城毀滅的慢鏡頭。

為了避免北上主要幹道的單調，我多半沿著幹道東麓的山路行進，或是穿越廣闊的田野。第二天晚上，當我趁著黃昏在傾斜的山路小徑上下攀爬時，旁邊出現了一隻友善的黑狗，這在我的旅途中屢見不鮮。這時即使想要趕牠回家也沒有用，因為缺乏同伴，牠們有時會黏著路人，跟著走上幾個鐘頭。絢麗的日落秀退場，四周逐漸昏暗下來。正當光線轉為完全黑暗前，我們順著山徑轉了個彎，眼前突然出現一輪明月。陡峭的山邊乍然冒出一輪銀白，如果我有四隻腳，肯定也會像我旁邊那條黑狗一樣發出驚訝的長嗥。只見那條狗往前奔去，然後停下來吠叫，似乎想將那輪明月趕走。不過幾分鐘後，隨著山徑往下沉落，月亮沉入山間，那隻狗亦安靜下來；只是當山勢下墜，再度裸露出月亮時，牠又衝向前，身後尾隨著自己龐大的陰影，將月亮嚇到天際線下方，斜坡也作出相對回應，再度阻擋住月亮。那條狗搖著尾巴衝回我身邊，討賞地注視著我。就這樣連續半個鐘頭，月亮在轉折多變的山勢中上下起伏了十幾次，每一次都對狗兒造成同樣的影響。當月亮終於自由自在地升至空中，我的黑狗同伴又狂亂地吠了半天，才轉為不以為然的低吼。這時，小徑已往下來到一片林木茂盛的寬敞河谷，一條閃閃發光的溪流蜿蜒其間。我們沿著溪水，輾轉穿梭在漫天葉片閃爍的世界。又走了兩、三公里，抵達一處遍植椴樹的林地，一側有座荒廢的小型清真寺，周遭環繞著黑莓樹叢，樂得我恣意摘食了約半個鐘頭，其間不時穿插著一聲對月的嗥叫聲。

這座清真寺顯然已經廢置多年。圓頂和牆壁雖然幾近完好如初，但牆壁灰泥泰半已脫落，尖塔在靠近底部處橫切斷裂，月光下裸露出環繞中心樑柱的旋轉樓梯，有如一枚碎裂鸚鵡螺化石的螺旋形內腔。清真寺座落於遠離村落的此地，頗為古怪，以前或許是座墳墓，或是幾世紀前某位托缽僧的隱居之處吧！再度見到牆上鑲嵌著一塊迷人的大理石板，雕刻著一行行阿拉伯文。地面有塊鏽蝕的馬蹄鐵、幾束乾草、一只老舊的錫盤和一堆柴捆，牆壁上殘留著燻黑的痕跡，在在顯示這裡曾留宿過旅人。其實，這裡是掩護巴爾幹俠盜的最佳藏身處，那些羅賓漢型的人物在土耳其人統治巴爾幹期間曾輝煌一時。五、六塊布滿青苔的巨石上端雕塑成頭巾狀，其中一個斷裂成兩段，編織頭巾紋的頂端俯臥地面，幾乎淹沒在遍地的歐洲蕨、雜草和黑莓的刺藤中，還有一大塊平面石板倒插在波光粼粼的小溪裡。

這美妙的地點距離最近的村落有數公里之遙，當晚我便借宿於此，在清真寺裡利用現成的柴捆升起火堆，又在壁龕中找到幾根燃燒過的原木，接著和那條狗分享了一條匈牙利臘腸及半條土司。那傢伙先是昂然而行，傲然而坐，然後躺下在火堆旁歇息，彷彿這裡就是牠居住一輩子的家；我則把剩餘的梨子和胡桃吃光光，隨後外出到溪邊一塊大石頭上抽菸。半路上我們還差點踩到一隻悄然佇立在草地上的貓頭鷹，牠於是悄無聲息地飛到樹上。來到溪邊，我一根接著一根抽，遲遲不去睡覺，任由月亮循著軌道運行在雲層稀少的空中。這裡的氣氛神聖迷人，只有偶爾會被那條黑狗所製造的細碎噪音所干擾。此刻，牠已經適應頭頂上方的自然現象，只是樹叢間不時傳來夜間的細微騷動，自然就會讓牠的頸毛如衣服刷子般豎起，快速展開搜尋，然後氣喘吁吁地回來，張著嘴巴、垂著舌頭，一副笑咪咪的模樣，接著趴在河岸邊傻傻地望著我，似乎在尋求我的建議或認可；即使我安撫地拍拍牠的頸背，牠猶嫌不足，彎曲的尾巴宛如一個烏黑的大問號。我們坐在泛著銀光的樹葉下聆聽溪水潺潺，直到月亮完成大半行程，才返回清真寺。在柴捆燃燒的劈啪聲中，我熟悉地枕著背袋，那條狗橫躺在我腳邊，沉沉入睡，並未受到昔日陰魂的干擾。我體會到這種旅行一再帶給我的極致喜悅：全世界沒有人知道我在哪裡，此刻我也不確定自己身處何方。我把手伸到柴火上方，在圓頂的凹陷處打上一個龐然手影。圓頂內側層疊著同心圓雕紋，像油甕的溝紋直達圓頂中心，附近樹上傳來貓頭鷹嗚嗚的叫聲。

當我醒來時那條狗已不見蹤影。這樣也好，如果再跟著我走下去，牠或許就找不到回家的路了；不過我還是略感遺憾。這時，牠或許已經奔馳在返鄉之路了。清真寺外，燦爛的晨曦盪漾在山谷中，像希波呂忒[3]的獵犬般，將朝露一掃而空。對岸的草原上，一群羊正徜徉嚙食，樹叢圍繞的古蹟在朝陽的襯托下，展現出光明鮮豔的一面，迥異於幾個鐘頭前的陰森幽暗和隱隱銀光。幾乎橫照的日光在潮濕的草地上鋪灑出長長的陰影，顯露昨晚隱藏在幽暗夜色中的身影：灑落在清真寺周遭及後方田野間有如五彩碎紙的成群蘑菇。我用紅色印花大手帕包了滿滿一包蘑菇後，才再度上路。

~

這兒出現了讓我困惑的現象。根據地圖判斷，從大特爾諾沃到魯塞，步行應該不到一個星期便可輕鬆抵達。事實上，我的地圖上也只有五個鉛筆十字記號，顯示了過夜的地點。也許我遺漏了幾次紀錄，但是根據我所能掌握的幾個有限的確定期程，其中有兩個日期，即亞歷山大國王遭到暗殺和保加利亞邊境的出境章，確切地顯示出我這段旅行足足走了十三天。這並沒有任何特殊之處；在不趕時間的情況下，我在外西凡尼亞便曾用過更長的時間走更短的路程。但話說回來，外西凡尼亞有太多值得流連的理由：有趣的伴侶、圖書館、馬匹、朋友、感情牽扯，有著家具、書本和窗外景致的每個房間，加上每張臉孔、每個名字，包括那些鄰居、僕役、馬匹和家犬的名字，我都記得清清楚楚，彷彿三分鐘前我才見過他們。但這裡卻沒有，可我為什麼還走得這麼慢？也許發生了某些大事，讓我在路途上耽擱良久，看來非要等日後交稿、無法挽回之際，可能才會靈光乍現、泉湧而出吧！此時此刻，儘管絞盡腦汁，一切依然朦朦朧朧，只能從記憶的角落挖掘出少許清晰的片段。不過那些僅有的殘留記憶，正如我前幾頁所詳述的，每一個細節就像將火把舉至洞穴牆面的浮雕，雕紋馬上勾顯出來一般，我依然可以品嚐到那些黑莓的滋味，可以捕捉到貓頭鷹鳴聲的音符，可以感覺到那隻黑狗毛皮的質地。事實上，直到現在我仍會不斷回想那段沒有什麼特殊事件的時光，有時是因為其他事件而聯想起來，有時是在吃飯或等車時突然想起，其間甚至耽誤了不少正事，而相對於那段短短的時光，所費心思還真像是濃縮的盛宴，不成比例。

3 Hippolyta，希臘神話中亞馬遜人的女王，戰神阿瑞斯的女兒，擁有一條神奇的腰帶。因其身分，所以圖像旁總會出現獵犬為伴。

那幾天的記憶模糊，或許也與當地的地形景觀有關。巴爾幹山脈的南側山勢陡峭，但保加利亞北部的巴爾幹山脈是連串起伏的台地，層疊延續到多瑙河河床，而且每一台地的坡度也逐漸和緩，直到最低的台地終於和低地融合為一；而隨著每一步往下，分水嶺的山脈線也逐漸南去：沒有突出的鑽石峰足以震撼心靈，山丘的起伏和記憶的刻痕隨之逐漸滯鈍，直至兩者終於化為平原的 *tabula rasa*（乾淨紀錄）。

神話故事裡，月光的廢墟或許帶有某種重大意義，而另一遠古幽靈也不遑多讓，即我此行所目睹的最後一座神奇的鄂圖曼橋樑，飛跨水域——說不定也飛跨更遠下游處運轉著水車的相同水流——呈現出高聳的半圓弧形與蛛網放射狀的灰泥橋身。神話的氛圍瀰漫在我現今模糊的記憶裡。每每接近一個村落之際，經常會遇見個步履蹣跚、滿口缺牙的老嫗，撿拾柴火，背負著沉重的柴枝佝僂而行。要是按照童話的鋪排，我會是第三個善良的兒子，一旦上前去幫她分擔重擔，或許就可以獲得三個願望，一夕致富。只可惜我們的交流僅限於：「dobro vetcher, gospoja.」[4]我說，或者她們的一句「dobro den」（「早安」）。

另一個片段是：路旁一家商店壁龕玻璃後面供奉著聖伊琳娜[5]聖像，有隻鳥在上方拍翅盤旋，然後用鳥喙喀喀地猛啄玻璃，似乎下定決心非啄碎玻璃闖入其間不可。我當時並不知道，不過事後回想，那隻鳥應該是隻麥鶲，因為每當牠抬起頭時，都會顯露出一般都遮掩在樸素鳥翅之下那雪白燦亮的鳥尾和身體。壁龕內快要燃盡的蠟燭看在鳥兒眼裡，想必很像一塊麵包或一條蛞蝓吧！直到十分鐘後，這場啄啃和撲翅的包圍攻擊才告一段落，進攻者鎩羽而歸。另一段突然滑入記憶槽內貼合上的，是某個村落的乳品店，我在那裡享受了一小陶碟的優格，那是我最喜愛的保加利亞食物。（回想起來，我當時似乎以優格為主食，在凝結成點狀的硬膜上撒點糖，然後用湯匙舀食；我還沒有學會一些聰明的雅典人吃法，就是先在上面擠點檸檬汁，待糖滲入其中後再食用。後來我的技術更加精進，學會了克里特人更加美味的調製方式：拿湯匙在優格上淋上一圈蜂蜜，再將去殼核桃碎片灑在這個金色和象牙白的優格螺紋上。那滋味啊，真是奇妙無比。）保加利亞人被推崇為巴爾幹半島最棒的優格製造者；事實上，他們的酪農技術可謂無與倫比，唯一凌駕其上的，只有他們更為精湛的園藝農業。奇特的是，保加利亞人從來不使用「優格」一詞，他們的用詞是「kissolo mleko」（酸奶）。

隔壁座位來了六個人，都是身穿簡樸手織品的鄉下人，足踏生皮皮鞋，腰繫寬邊腰帶，兩人戴著柳條編織的寬邊帽，其他則戴著鴨舌布帽。行止比一般保加利亞農民高雅，壓低聲音說話，眼神洋溢著不同卻友善的坦率之情，笑容真摯，眼角和嘴角邊帶著愉悅的細紋，渾身散發出一種難以描繪的魅力，讓他們周圍的人都感受到寧靜和快樂。從他們一望便知的裝備，而不是言談間

4 原編註：「晚安，老婆婆。」

5 St Irene，也有一稱為雅典的伊琳妮（七五二～八〇三年），東羅馬帝國敘利亞王朝皇帝利奧四世的皇后，皇帝君士坦丁六世的生母，是東羅馬帝國和歐洲歷史上第一位女皇，也是伊蘇里亞王朝末代皇帝。單獨執政後，成為帝國唯一的君主。她自稱「皇帝」、而非「女皇」，是東羅馬歷史上唯一使用陽性稱謂的「皇帝」。死後被東正教教會封為聖人，故稱「聖伊琳娜」。

所吐露的陌生字眼，我推測他們應該是一群來回本地區的巡迴養蜂人，正在整理蜂窩準備過冬。我揣想著不知道他們是如何處理那些我沿途所見到的奇特圓錐狀泥團，因為眼前的他們看起來實在不像養蜂人。他們職業的甘露所散發出的風采，像花粉般輕柔，溫柔觸動了我的心，和這個火爆的國度相比可謂大相逕庭。在這裡，套句希臘詩人卡佩塔納基斯[6]的話：「和談總是導致殺戮」，而這些人所持不過一把煙霧槍，縱橫農業園地；所應付者不過是蜜蜂，卻能提供雕塑家、鞋匠、蠟燭商所需的蠟料，供應每個人所食用的蜂蜜。他們是一群遊走於各村落間，一身穆斯林打扮，慈眉善目，精於整頓蜂巢、應付群蜂的匠人。

～

我通常是凌晨即起，不久後便上路——除非能幸運地寄宿在某個人家中，或者身在特別舒適的環境裡；不過那種機會不多。偶爾，我會躺在骯髒的草褥上看書，直到中午；有一次則整整看了一整天書，直到晚餐時間才起來。不過我對波利查小鎮的寄宿之處沒有任何怨言：在一家車輪行的閣樓過夜。從距離床邊不遠處的活板門和下方梯子往下看，可以看到車輪師傅光禿的頭頂，也看得到他坐在深達腳踝的刨花中，周遭雜亂地放著藥草、輪輻、輪圈和衡軛；他忙著敲打、刨平或裁鋸木板，使用的鋸子狀甚古老，鋸齒刀片用皮條束縛在一個方形木框中。有時則可見到師傅用另一面是榔頭的扁斧，在砧木上削削切切，或用力敲打一把大頭錘，所有的工具都帶有拿撒勒人的古老意味。陽光灑落在散置各處的器物間，空中飛舞著木屑，新鮮鋸木的味道沿著梯子飄浮而上，那樣的氣息大概僅次於麵包店剛從烤箱中鏟出麵包的香味。窗外下方傳來蹄子和車輪行駛在鵝卵石路面的踢踏聲與嘎吱聲，再往外就是青蛙的嘓嘓叫聲了。

這些印象僅偶爾浮現在我的意識中：只因我正忙於閱讀前一天晚上開始看的《卡拉馬助夫兄弟們》（*The Brothers Karamazov*），連續看了一整夜。那是我與杜斯妥也夫斯基[7]的第一次接觸，看的還是普羅佐爾伯爵（Le Comte Prozor）翻譯的黃皮法文譯本[8]，但就是深陷其中，儘管外面秋日晨光璀璨，我仍然將起床時間挪後半個鐘頭，又半個鐘頭。大約到了十一點半，書頁上的光線暗淡了下來。雲層堆積，很快地，天空便開始溶解，降下了滂沱大雨。此舉不啻我的救贖，我興奮地想著，調整一個更舒適的姿勢，繼續浸淫於阿列克塞[9]的所作所為中。直到下午兩點才爬下梯子，對自己的懶散不免有些汗顏。整個下午又繼續泡在一間餐館裡看書，不時揮開在書頁上慵懶閒逛的秋日蒼蠅，僅模糊地意識到雨似乎仍下個不停，餐館老闆也似乎會間歇性地表示友善而困惑的打擾，他在另一扇窗前揮趕著在眼前飛舞的蒼蠅。「你書看得真多，」他每個鐘頭都觀

6 全名Demetrios Kapetanakis（一九一二～一九四四年），希臘詩人，不過生命中的最後五年定居於英國，有些詩也直接以英語寫就。

7 全名Fyodor Michaylovitsch Dostoyevsky（一八二一～一八八一年），俄國作家，重要作品有《罪與罰》、《白癡》和《卡拉馬助夫兄弟們》等，其文學風格對二十世紀的世界文壇產生了深遠的影響。

8 yellow-back，廉價小說，十九世紀下半葉在英國出版，偶爾也因書皮顏色被稱為「芥末膏」小說。

9 Alyosha，《卡拉馬助夫兄弟們》書中人物。

察我一次，「mnogo」（「很多」）。「Da」（「是啊！」）我用無可挑剔的保加利亞語回答。在兩餐中間，只有兩個警察在隔壁餐桌沉默地坐了一個鐘頭，皺著眉頭，長槍夾放在兩腿間，不時審視著我，令我坐立難安。我的心逐漸下沉。最後，一名警察站起身，朝我敬個禮，然後有禮貌地問我能否給他兩支我抽的英國菸，一支給他，一支給他同伴。我鬆了口氣，連忙奉上幾支菸。（我在大特爾諾沃一時衝動，買了兩包普雷爾海軍切製牌香菸。）我還擔心這兩名警察或許是收到了大特爾諾沃的訊息，諸如輾轉得知瓦希爾懷疑我是「spion」（間諜）的事，因而特意前來跟蹤我。那本書陪伴我度過整個晚餐，直到餐館關門，然後我又秉燭夜讀，直到晨間三點半才終於看完，筋疲力盡又興奮不已。

從那時起，甚至只要提及杜斯妥也夫斯基的名字，便令我回想起霪雨霏霏和鋸木的氣味。

～

接下來幾天依然陰雨綿綿，低窪地區和逐漸增加的村莊聚落均泡在水中。我沿著主要幹道前進，偶爾可見擦身而過的車輛，還有更吸引我的，前方貼著「PYCCE」招牌的公車，亦即「Russe」，保加利亞魯塞（Rustchuk）的俄文名稱。除此之外，則只見馬車、牛車，前方都裝設有半圓形的衡軛；還有不可避免的吉普賽人，女子身穿層層荷葉邊的洋裝，濕答答地撲打在腳踝間，長髮黏答答地貼在兩頰。他們都赤著腳，篷車後方有幾個小嬰孩，全身赤裸地安置在瓶瓶罐罐、編織到一半的籃子及帳篷的支架間。有段期間，我跋涉在某支大規模調動的陸軍部隊間：一排排士兵冒雨艱難行進，頭頂大片的纏結牛皮，身上捆縛著寢具。在平直的道路上，馬車拖著大砲嘰嘎而過；還有段期間，一隊騎兵隨著車輪聲、小跑步聲以及疾馳聲穿越馬路，馳騁在原野上，刀鞘抵在體型壯碩、皮毛蓬亂的坐騎身側，上下跳動。那群士兵令人印象深刻，讓我想起《倫敦新聞畫報》（*Illustrated London News*）合訂本中有關巴爾幹戰爭的全篇畫作。士兵們已然身穿冬天制服。我也已經換成摺疊型馬褲和綁腿，甚至穿上大衣，這些衣物原本已經好幾個月都派不上用場，只在夜間蓋在身上充當薄被。

在雨中跋涉途中，我偶然遇到一個同樣北行的徒步旅人，那是從帕扎爾吉克來的年輕理髮師，名叫伊凡喬，衣著破舊，具有都會氣息，長著一張兔子般的臉孔。我是哪裡人？*Anglitchanin*（英國人）？*Tchudesno*（好極了）！在簡短交談後，他便打開話匣子，展開一連串無須對答的談話，講話速度之快，我幾乎一個字都聽不懂，而且語氣熱切、充滿信任、聲音刺耳，中間幾乎沒有停頓，還加上頻繁的手勢，凝固的笑容，兩隻兔子般的眼睛外凸滾動，彷彿鬆脫在眼眶中。他講了一哩接一哩，直到我的頭開始暈眩疼痛為止。我試圖想要置身事外，專注在自己的思維上，只在停頓時嘟噥一句是或不是，但是我的答案不是經常正確，而那位仁兄便再說一遍，還抓著我的手肘，更為急切地用食指戳我，並且步履輕盈地像螃蟹一樣橫行，把我擠過路面，使我幾乎跌入田野。我快步繞到另一邊，回到路中央，結果又被另一番高談闊論擠到路的另一邊去；而他仍然笑容滿面地急切詮釋，兩眼有如催眠似地凝視著我，逼得我幾乎無法移開。有時候他會在我前面倒退前進，沿著道路背向舞動著，嘴上笑意不減，急促含糊的字眼喋喋不休地泉湧而出。有一次，我故意轉了一圈，他也腳步輕快地跟著我舞動了更大一圈，說話速度越來越快。我企圖反制，堅定地高唱起《暴雨天氣》（Stormy Weather），但是這首歌太慢了，他仍可在每個音節間不斷插話，因此我又轉為《林肯郡偷獵者》（Lincolnshire Poacher）、《利利布勒羅》（Lilliburlero）、《選個週五早晨啟航》（On a Friday Morn when we set Sail），以及莫里斯．舍瓦利耶10的《情人節》（Valentine），唱了又唱。每當他企圖插嘴或我必須停下來喘息時，我就更加喧鬧地大步行進，誇張地宣示我的決心，兩眼往前直視，越走越快。當我在一段極為誇耀的漸強樂段後，我安靜下來，探測是否已贏過他。只聽得一陣鼓掌與高頻率的大笑聲，接著又是一波滔滔不絕的講話。我真是被打敗了。又經過一個鐘頭，我終於停下腳步，雙手無助地舉向天空，大聲哀號：「拜託！拜託！伊凡喬！我求你好不好！」甚至一度抓著他的肩膀猛然晃動。可惜，我所獲得的反應只是朗聲大笑，以及絮絮叨叨的百萬音節。至此，我已是蹣跚前行，腦袋沉重，幾乎睜不開眼睛，有如一個夢遊者或遭到詛咒的人，但是那刺耳的聲浪卻仍不受阻擋地衝擊而來。我的腦袋就快要爆炸，嘆息著祈求能墜入墓穴般死寂的永恆。人們經常嘲謔我有廢話太多的傾向，小酌後更是如此。他們真該見見我今日遭到的報應啊！

眼下只有一個希望，那就是伊凡喬給我看過一張翻爛折角的卡片，上面黏貼著一張快照，所以我知道他是某種泛保加利亞的理髮師互助會會員。在我們行經的兩個鄰近村落，我也曾見過他進入一家理髮店，出示卡片，然後拿到一筆錢。於是在來到下一個村落時，我便悄悄趁機逃跑，沿著道路全速狂奔，但往後看時，卻赫然發現他的身影出現，一瞥見我逐漸消失的身影，便拔腿朝我追來，只是我領先他太多，我們之間的距離總算逐漸拉大，我的心情也逐漸輕鬆，像頭雄鹿般飛快地奔馳，直到後方道路逐漸不見人煙，我才終於能夠放緩腳步，慶幸自己重獲自由。不料才過幾分鐘，一輛北行的車輛放緩速度，只見伊凡喬搖晃著食指，玩笑地譴責我，然後從車旁的腳踏板一躍而下。

我簡直無計可施了。整個傍晚、整個晚餐時間，他繼續聒噪折騰，直到我有氣無力地爬上床，卻毫無睡意。幸虧因為缺乏房間，我們得以分睡在不同的屋簷下。在飽受噩夢摧殘了幾個鐘頭後，我摸黑起床，付了房錢，趕在早餐前便離開旅店，踏上旅程。但是才走了不遠，一道人影便從一旁樹影中跳了出來，用精神飽滿、輕鬆愉悅的聲音向我道早安，一隻手還友善地拍拍我的肩膀。晨曦緩緩突破了黑暗。

我備受驚嚇與衝擊，幸而當天下午我又找到了一個機會。為了躲雨，我們在一個較大村落的*kretchma*（餐館）啜飲俄國茶，茶裡加了約一吋厚的糖粉。那類村落餐館的記憶仍然烙印在我腦海中：角落用木柵圍築一個隔間，裡面的架上擺滿瓶子、錫製餐桌和搖晃的座椅，或許角落還會有隻拴住兩腳的公羊，以及幾隻腳繫在一起的活家禽，帶有鼾意的清嗓聲、唾液的飛揚、一種斯拉夫情調的喧鬧，還有踐踏水坑而行的聲音，馬車夫手持馬鞭大啖美酒，粗釀梅子白蘭地、咖啡和甜茶的氣味，菸草的臭味，潮濕手工織品的味道，汗臭、煤炭味、家犬、馬廄和牛棚的味道。

10　全名Maurice Auguste Chevalier（一八八八～一九七二年），法國演員、歌舞表演藝人。

我其實滿喜歡這些的！總是有許多事值得一窺。一輛破爛的公車在外面停下來，身兼車掌的司機和幾位好朋友在另一張餐桌喝酒。我藉口小解離開座位，來到室外，然後透過一扇門上方的玻璃，向那名車掌比了個乞求的手勢。他走了過來，我吞吞吐吐地向他解釋我的難處。他顯然聽到也見到了我那桌熱鬧的情況；也或許，他只是從我眼中看出我置身煉獄的苦楚。

回到餐館大廳後，我狡猾地向伊凡喬建議直接搭公車到魯塞，不要再淋雨了：我負責車錢。我把車錢交給他，麻煩他去買票，因為我的保加利亞語實在很糟糕，他熱切而叨絮地表示同意。公車門有個遙控的扣栓：他堅持要我先上車。我倆糾纏著，惹得司機不耐煩地大吼一聲，我也總算把他推入車內，司機將控制桿一拉，車門砰地關上，車子隨即駛離。我可以見到伊凡喬比手畫腳的拚命叫嚣，只是徒勞無功。他有如兔子般的眼睛向我抛出受傷的一瞥，我則揮揮手，目送他們消失在雨中。幾分鐘後，我沿著一條小徑穿過濕漉的向日葵田。為了保險起見，我還特意避開幹道，繞了一大彎，以免再度撞上伊凡喬。伊凡喬譴責的眼光所帶給我的愧疚感，只是幾乎但還不至於完全抵銷掉我如釋重負、重獲自由的快感，即使嚴酷的東風彷如快車般持續撲面而來，也不至於消弭我內心的暢快。

在旅途中，我偶爾會受到陰鬱和質疑情緒的干擾，降低了旅行的熱誠和興奮——那晚就是如此，我飽受負面情緒的襲擊。部分原因是我為了逃避伊凡喬永無止盡的折騰而暗使陰招的自責，持續不斷的大雨則再添致命的一擊。這種無情的東北風，可能直接來自西伯利亞，前仆後繼，無從遏止（畢竟巴爾幹山脈的屏障已經遠遠落在南方，而在烏拉山的這一側又沒有防風林可以阻擋其氣勢），終使我陷入一種非人性的惡毒憤怒，夾帶著忿然雨勢的強風，使得我在泥濘中舉步維艱，即令夜色已濃，也毫無頹勢。

還有，懷疑我是間諜是什麼意思？在沮喪情緒的衝擊下，使我對保加利亞人整體和每一「vacuo」（個別）都轉為不滿，包括他們所有明顯的特質：他們的勇氣、一絲不苟的誠實、簡約、執著、勤奮，以及對學識的熱衷（我一再聽說保加利亞人是所有巴爾幹國家裡，文盲比例最低的國家），皆完全遭到我的遺忘或漠視，更遑論他們的好客，他們奇特而美麗的歌謠，他們音樂的天賦，以及經常可以窺見的某種迷人而憂鬱的嚴肅氣質。其中，我真正喜歡的賈特喬，我崇拜的納迪潔亞（我甚至自我辯解地想：反正，她其實是半個希臘人），算是例外。其次還有許多是我喜歡過，或令我覺得有趣或和善，或兩者兼具者。除此之外，保加利亞人全是肥胖、粗野、嗜血的，並且保加利亞所有的鄰國也普遍具有嗜血的特性（雖然說來有些不應該，但就我對巴爾幹半島的浪漫情懷來說，倒是不會介意這最後一項特性。在歐洲政壇扮演壞蛋的角色，其實具有某種陰暗的魅力）。誠然，他們的野蠻占領，造成了當地停滯五百年的壓抑性損害，取代中古封建主義後，卻缺乏其本身的遺俗和傳統，不值得讚譽；他們自外於文藝復興和十八世紀的發展，即使免於包圍巴士底監獄或工業革命的重擔，也不值得慶幸。但我譴責的是他們雖然文盲率低，卻沒有光、沒有熱：如同沒有發酵的麵包，沒有小丑的撲克牌。也許我的評論並不公正，但對我而言，在層層陰暗的藩籬中，這卻是唯一具有若干實質意義的感受。

這些出於氣憤、沉鬱的思緒，無異於雪上加霜，不得不歸罪於我熱衷追求挑戰的被虐待狂；

這樣的熱情至今仍然沒有完全絕跡。回到主要幹道後，我就像亡命之徒尋求庇護一樣，直奔第一個村落邊界窗戶透有火光之處。（那裡或許掛有「Dolni Pasarel」（上村）的路標吧，我還記得這個名字。而隔壁就是「Gorni Pasarel」，即下村的意思。但這兒到底是哪一個，我也不敢斷言。）我穿過遍置豬舍、滿地泥濘的院落，要求付錢寄宿一晚。或許因為渾身濕透又疲憊的關係，我的語氣相當粗魯；對方在接受的時候也有點不客氣，或許因為他們並沒有索價的意圖吧！我隨即踏入迄今所見最原始的一戶住家。在雨中，這裡的住家都奇特地呈現出蹲伏的模樣，彷彿沉入地面，上面覆蓋著一束束又濕又髒、狀似茅草的蓬亂屋頂。住家約三分之一都探入地面，因此必須走下幾個台階才能進入屋內；屋內則是一個半洞穴式的無窗房間，有著潮濕的泥土地面和一圈壁架。金合歡枝條所搭建的牆壁外面塗有白色石灰，裸露出內部所摻雜的泥塊、乾草和柳條。矮矮的屋頂以竹條架設，穿梭過粗條樑木，上面布滿了蜘蛛網，以及數十年煤煙所累積的黑垢油汙。到處不見煙囪，所以一旦起身，便一頭鑽入飄浮的煙霧中，蹲下則兩眼發紅，嗆咳不已：這種情況迫使屋內七名居民彎腰駝背地行動，有如蹣跚的大熊。（置身東歐鄉間住家，每每讓我感受到隱私的缺乏。沒有人能夠獨處，無論是行房、生育或死亡；所有夜間黑暗中的動靜、古老的助產過程、臨終的騷動和死亡，全都發生在耳朵可聞的距離之內。）我們分享一頓少得可憐的晚餐，只有水煮菠菜、硬得像水泥的乳酪和水，席間處於半沉默狀態。這沉默很可能是因為我陰鬱的情緒所造成，事後我又為此自責不已；然後休息。

躺在壁架平台上，置身幽暗的房間裡，室外的風雨聲和室內此起彼落的鼾聲相互應和，這種合奏經常因為轉調或七位熟睡者之一突然噤聲而千變萬化，我只能藉助聖像的曖昧光源和逐漸微弱的柴火，勉強辨識屋內景物——我放置在柴火前的靴子、大衣和垂掛的綁腿正散發著水蒸氣，床架和地板上顯現出若干零落的影像：或是一根突出的鬍鬚、或是一張張開的嘴巴、一支倒放在牛皮邊的軟皮鞋鞋尖、一隻穿著襪帶開敞的大腿。從奧莫爾塔格[11]統治以來，這裡似乎沒什麼改變，是葛爾茲和汪巴[12]的世界，是宵禁下的撒克遜養豬戶小屋。現在還不到十點，而我卻在這裡忙著摸索潮濕襯衫下一、兩隻跳蚤的行蹤，睡意距離我，就像任何我所熟悉的地理或心理地標距離我一樣，遙不可及。（我在敘述中很少提及跳蚤之類的小害蟲，因為旅遊巴爾幹的人已經對這個話題描述得淋漓盡致。這些小害蟲的確破壞太多個夜晚了。）但是麻煩並不在這兒，或是在其他諸如我已經好幾個星期沒洗澡的相關問題上，只能偶爾在池塘邊或小溪旁潑潑水；或惱人的天氣，或路上發生的一些煩瑣事，或房間悶熱無比，或幽閉恐懼症等等。

也不是因為我目前棲息之處，跟舍農索城堡或查茨沃斯莊園[13]毫不相似，或在某些特定季節

---

11 Omurtag，生年不詳，卒於八三一年。史稱奧莫爾塔格汗，又為保加利亞大公。他在父親克魯姆大公陣亡於與拜占庭帝國的戰役後，開始在色雷斯邊界修築土牆，以阻擋拜占庭人。八二一年，奧莫爾塔格在大普列斯拉夫建立保加利亞的新都城，因而被認定為保加利亞的創建者。

12 Gurth和Wamba，都是蘇格蘭作家華特．司各特爵士結合架空的主人公和真實歷史事件寫成，並於一八二〇年發表的長篇歷史小說《撒克遜英雄傳》中的人物。

13 Chenonceaux是法國知名城堡，Chatsworth是英國知名莊園。

置身埃及的盧克索廢墟、北非的亞特拉斯山山口、或希臘的帕特農神廟斜坡上所會感受到的極度痛苦；那種痛苦驟然襲來，會擊潰比我更老練的旅者，讓人無法喘息，甚至會兩眼噙淚，眼神恍惚：想念初夏鮮嫩的豌豆和馬鈴薯，覆盆子和鮮奶油，或者在每年這個時候的松雞，因為必須趁這段短促的期間捕獵；又或者是沒有那麼急迫的牡蠣，因為牠們有七個月採收期，比較不會讓人驚覺時光的飛逝。

不是的！我的沮喪並非來自於上述特定的情事，但就某方面而言也不無關聯。我的煩惱是受到兩件事情的引發。其中之一很容易解釋。是這樣的：打從有記憶以來，會讓我覺得無聊的門檻便奇高無比，可謂幾乎沒有。除了極少數身體與心理狀態、周圍環境、景觀、氣氛和言談的條理外，我是從來都不會覺得無聊的，簡直就像是一艘永不沉沒的戰艦。我似乎不具備某種儲存機制，亦即自外於周遭那些會在心智上給予刺激、娛樂或回饋的零星情況，而只專注於某些事情上的機制。我的問題是，似乎每件事，不僅是那些最離奇、矛盾或相互排斥的人或事，甚至連其他許多人會覺得反感、痛苦、毫無益處，乃至瑣碎的事，我都同樣感到神奇無比。我想，就是這種凡事不經篩檢、諸事同時並行與狂放不羈的熱情，才會讓我經常惹上麻煩，而這些事情一旦滿溢而出，便會帶來災難。（畢竟我跟許多年輕人一樣，不時犯上過度自信的毛病，事後再花很長的時間來消除想不通自己為何會那樣的失敗情緒。所謂的過度自信，就是深信自己如果有時間、有意願的話，絕對可以駁倒哲學家、率領軍隊、統治國家、製作歌劇，比米開朗基羅創作出更好的繪畫和雕刻，並打破攀登埃佛勒斯峰[14]的紀錄，在兩個星期內寫出十四行詩，讓專家們重新評估莎士比亞的地位，然後找出治癒癌症的方法，贏得英國越野障礙賽馬後，鑽研詩的格律和思維，奠定日後幾個世代詩文的格式。）

自這趟旅程起，我這種注定帶來災難的反無聊心態便處於極為活躍的狀態。橫越英倫海峽後，這種心態更是開始奔騰，並出乎意料地，至少到目前為止沒有帶來災難。我無法描述那種每分每秒都感到極度興奮和喜悅的感受，就像海豚面對扔擲而來的鯡魚一樣，迫不及待地張口以待。五官所接受到的訊息，無一不是敏銳且千變萬化的，而且，奇特的是並不因為熟悉和重複而降低喜悅的強度。儘管在鄉間寄宿過無數次，儘管如同今晚住在一個半埋入地下且藏汙納垢的巢穴，對我卻依然有如阿拉丁的洞穴，充滿驚嘆。就我遊走數千公里，對各種現象的反應看來，我就像一個毒癮嚴重的癮君子。由於時日已久，這種狂喜的心態原本理應像其他瑣事，根本不會出現在這段敘述裡。但這種狂喜的心態卻加深了味覺的強度，改變了嗅覺的感受，為每張面孔和每樣景物添上夢幻的光澤和雕琢面，使得聲音中添加了額外的回聲，也使得各個外表、形狀、質地和濃度都產生複雜的變化，其所導致的強烈震撼，簡直可以鬆脫一枚螺絲釘了。

繼狂喜之後，便是同樣誇張而強烈地有如置身煉獄般的消沉，且一樣是來得毫無預警。幸虧這種情況不多，過去幾個月更是罕見。然而，這種情緒低潮卻在今晚悄然來襲，我在黑暗中躺著搔癢，厭惡周遭的一切。這真是個天譴的地方。即使我的保加利亞話很流暢，即使可以滔滔不絕

14 Everest，即聖母峰。

地閒聊，但是和這群塞滿整個令人窒息的鬼洞穴、鼾聲震天、陷於冬眠狀態的鄉巴佬，有什麼好聊的？農作物？戰爭？養豬？瓠瓜？狼人？吸血鬼？過去幾個月我已經聽了太多這類閒聊。陰影中開始浮現種種光怪陸離的影像，有些出於非傳統的幻象，有些則出於非常傳統的影像，每個都顯現出不斷晃動的形狀，隱隱發光，而且像肥皂泡沫般轉瞬即逝：此刻許多同學和好友聚集在康橋或牛津，在希臘文、拉丁文、歷史和文學領域中彼此較量著，恰似《邪惡的街道》（*Sinister Street*）[15]一書中所描繪的美好時光。或在德國海德堡大學城待上一、兩個學期，周遭環繞著彩色玻璃窗、附有杯蓋的馬克杯、針葉樹，還有傷痕累累、名字聽來就像遠方炮火聲的容克[16]們？或許更誘人的，置身索邦大學，和帥氣聰慧的同伴聊到三更半夜，討論如何出版詩集，以及那些經常流連於樹下咖啡桌或在畫室擔任模特兒的美麗女學生？天花板會突然浮現出追逐狩獵的場景，隨即又如泡沫般無聲地爆裂。

我發現自己將上述種種情景編造為一個神奇的綜合體，而那些飛閃而逝、荒謬串聯故事的主角人物，是一個比我大上十或十幾歲、類似超我的人物，具備莫斯兄弟[17]廣告模特兒的寰宇氣概（一個休假中的年輕海軍准將？），但也具有歐洲都會的風采：悠閒自在，身旁是一堆堆燙金書籍，閃爍著微光。他剛剛沐浴出來，慵懶地坐在爐火旁的扶手椅上，手持一只厚重的刻花玻璃杯，啜飲著威士忌和蘇打水。他再度出現——我所處的現實是晚上十點半的陰暗小屋——坐在餐桌首座，香菸煙雲繚繞，在蠟燭架的火光和白蘭地酒杯螢光的襯托下，他看來既有點年紀，又似乎很年輕，神情敏銳機智、似乎無所不知（這真是泡沫中的泡沫了）。在步下樓梯前往遍置蠟燭架的舞廳時，他停下腳步，身旁出現一個藏身陰影中的冰山美人；樓梯下方無數渴望的目光一齊投射在那女子身上，然後像擊中盾牌的流矢，紛紛彈飛到明亮的空中。他倆垂著眼眸，安靜、熟練而淡定地開始旋轉，彷彿飄浮其間而非跳舞；周遭渴慕的目光纏繞著他們，宛如徐緩轉動的紡錘上牽連的無數絲線，直到最後，他們以反時鐘方向迴旋到法式落地窗前，滑出視線，消失在樹叢中，纏繞的絲線才隨之鬆脫散落。這時，那算半個陌生人的主角已然變得風采翩翩，跟他的半個主人和創造者毫無相似之處，我有種被捨棄的感覺，而玻璃窗上也貼有若干忌妒的臉孔。當他們消失時，我意外發現，他其實比我還高上三十公分，頭髮是黑色的，蓄著短髭，左邊太陽穴上有一顆痣。我用毀滅他的方式報復我自己。

我對這些夢幻中無緣得見的女人花了不少心思，在像對巴爾幹半島的粗俗產生反感之際的現在，我所屬意的抽象人物，一如早先失控前那個美化的自我，都是具有都會風情、精緻有教養、行進間衣裙會沙沙作響的女子，美麗而浪漫；她可以是狂野的，至少對文學或繪畫或某種藝術有興趣，跟我懂得一樣多——這不是很難的事——或者更理想的，比我懂得少一點點；也或者其他

15 蘇格蘭作家康普頓．麥肯齊（Compton Mackenzie）所寫的成長小說。

16 德語 Junker，指以普魯士為代表的德意志東部地區的貴族地主。在德國從封建社會向資本主義社會過渡時期，容克地主長期壟斷軍政要職，是德國軍國主義政策的主要支持者，其特點就是在名字中會有一個 VON（等同於英語中的「of」），即本句中所指聽起來像是砲聲的字眼。

17 Moss Bros，男裝品牌。

條件一樣，只是懂得很多，比我冷靜，具有多方面的智慧，或許比我年長個幾歲，此刻正處於人生巔峰，但由於志趣相同，所不同者也只是幾年的差距，彼此還是可以分享會心的微笑。

當夜色漸濃，諸如此類的思緒取代最初的陰鬱，只是此番與某個我素未謀面的人純屬幻想的關係，令我越想越興奮，甚至開始感到焦慮，因為這已無法在黑暗中一笑置之，讓我安然入睡了；這種種資料的彙集，已經將整個情況從假設的前提中脫身而出，安放在某個非常接近事實的層面了。（結果誠然如我所願，就在六個月後，亦即本書旅程結束後許久，我的夢想居然奇蹟般實現了。）

夢想的自行幻滅來得迅速而沒有痛苦。當凌晨逐漸接近，西歐邊疆重新歸位，過去幾個鐘頭糾結不去的思鄉情懷，以及因它導致的種種熟悉思緒和地理背景也逐漸淡化，各大都會隨之遠去，地方市鎮再度浮現，橋樑和堤岸在流水中閃閃發光。河對岸的大部分地區仍然只是守候在黑夜中的未知，顯得遙不可及。此刻仍挾帶著雨水撞擊在籬笆牆上的強風，在橫掃斯基泰地區[18]，穿越平原、山脈和散置其間的成千溪流之際，勢必也讓西邊所有的風標都為之轉動不已吧？

早先，那些執著於西方的思緒還勾引出另一個更重要、也更加令我困擾的問題，一個只有在我感到沮喪、心防降低的情況下才會衝擊到我的問題，就是：我此行到底有什麼打算？這是個尷尬的問題，也是我會努力在本書完成前找到答案的問題。不過此刻所有情勢都已改觀，沮喪的感覺也消失了；茅屋內一片漆黑，只有角落閃爍著火光，氣氛和諧肅穆。房門四周是否透著帶有水光的晨曦？熟睡的人開始微微騷動，再過不久，便是重新踏上前往魯塞之路的時刻了。

第二天傍晚抵達魯塞。我發現魯塞似乎是個相當讓人興奮的城鎮，有著明亮的商店和電燈，餐館林立，出租馬車開敞著車篷來往其間，甚至還有一、兩輛出租汽車。燈光照耀的街道底端便是多瑙河，還有沿岸的碼頭、倉庫、吊車和停泊的船隻，包括三艘保加利亞海軍骨幹的砲艇。

透過我不知厭倦的雙眼，這一切正展現出一幅儼然具有都會色彩的河港景觀。我從其他旅人口中得知，這裡是一個沒有魅力的醜陋地方，缺乏土耳其統治前的思古幽情，甚至十九世紀之前的歷史風情也極為罕見。不過我並不認為如此。我覺得這裡有些地方帶有一種崩壞的維多莉亞時期風采；更好的是，由於其賴以建立的大河，使她在豐饒的巴爾幹色彩中，增添了雖輕微卻明顯而迷人的中歐風情。這裡甚至還有一家書店和報紙經銷商，裡面販售有外國報紙，主要是德國和奧地利的報紙：《新自由報》（Neue Freie Presse）、《法蘭克福報》（Frankfurter Zeitung）、《漢諾威報》（Hannoverscher Anzeiger）、《柏林日報》（Berliner Tageblatt），甚至，啊，對我而言沒有任何好處的《諍報》（Pesti Hirlap），還有《法國每日新聞》（Le Matin），對了，以及《泰晤士報》（The Times）、《大陸報》（The Continental）和《每日郵報》（Daily Mail）。我納悶這些報紙

18 Scythian，斯基泰人，古希臘時代在歐洲東北部、東歐大草原至中亞一帶居住與活動的游牧民族，他們的領土被稱為斯基泰，是史載最早的游牧民族。

真正或可能的讀者究竟是些什麼人。不過最棒的是那裡有賣過期報刊，於是我買了一堆過期的報紙，在灌入大量維也納咖啡後，閱覽了占據版面兩週之久的前亞歷山大國王和巴爾都遭暗殺的戲劇性事件。似乎沒有人挑戰保加利亞的說辭，賈特喬一定很開心吧！雨水雖逐漸瀰漫餐桌下方我靴子的四周，但我舒服地靠著椅背，快樂而不時嗆咳地抽著一支近乎全黑的奧地利雪茄，享受著燈光、乾燥、水與混合著熱鬧和悠閒的愉悅感，感覺自己就像薩基[19]故事和小說中，漫遊巴爾幹、中歐或俄國的老練旅者。我凝視著店外明亮的街道，因飽含水氣致使畫面碎裂，宛如一幅點彩畫派的畫作，透過雨滴折射的光澤，潑灑和流淌在窗面上。我欣賞著店內寬大厚重的大理石桌面，發現這種桌面很適合悄悄用鉛筆在上面畫畫，或者更理想的用鋼筆畫；以及擺在店門附近展售、用緞帶精緻綁繫包裝的巧克力，這種包裝盒上經常莫名所以地裝置著一個合成樹脂嬰兒，或身著綢緞裙撐、粉妝玉琢的貴婦，畢竟這裡是一個崇尚歐風的場所，不太願意販售土耳其咖啡；如果有人提議抽水煙，鐵定會有人昏倒。我很快便被這裡的一切所吸引，經常在格架搭建、較為低調的咖啡館裡花幾個小時啜飲咖啡，默念著《魯拜集》（*Rubaiyat of Omar Khayyam*）[20]中的四行詩（感謝我母親寄給我一本口袋版本，我幾乎全部都背下來了）。不過這間咖啡館除了展售精製的多層西方蛋糕，和鬆軟閃亮、有著奶油內餡、灑上罌粟籽和葛縷子的新月形牛角麵包，以及《披頭散髮的彼得》（*Struwwelpeter*）[21]中那種椒鹽脆餅外，也展售有雖然不夠歐化卻不容小覷的東方甜點。其中比較引人注目的是甜食「kadaif」（庫納芙），形狀像撕碎的小麥，還有更好吃的「baklava」（果仁蜜餅）。我曾在凌晨時分多次探訪溫暖的穹窿狀烘焙室，觀看那些烘焙師傅盤腿圍坐在一個灑滿麵粉的大型木製平台四周，將麵團擀成圓周達數呎之寬、近乎透明的麵皮，然後一層一層折疊，中間不時塗抹上蜂蜜或糖漿，再撒上壓碎的杏仁或核桃，最後放入如特洛伊盾牌大小的平底鍋，再巧妙地用刀子修整為圓形，接著以長棍推入如噴火巨龍般的烤箱，待從烤箱取出時，已成為酥脆的棕色圓盤，再用鏟子切塊，成為美味可口、糖液滴垂的甜點，軟硬類似千層派，但味道可迥然不同。這種色香味俱全的美食遍及所有巴爾幹和黎凡特地區，雖然以土耳其美食聞名，但就像許多鄂圖曼土耳其人所承襲的東西一樣，其起源可能都是來自拜占庭。我覺得在土耳其高官們享用這道美食之前，東羅馬帝國的達官貴人可能早就已經品嚐過了。果仁蜜餅在交叉切分之餘，難免呈現出菱形；而其實在希臘鄉間木工所使用的通俗語言中，「果仁蜜餅」早已成為一個專有名詞，用以形容各種形式的格子結構。當一名巴爾幹生意人在早上十點以後溜出辦公室，很可能就是去找塊果仁蜜餅吃，而不是去小酌。

我懶洋洋地審視著咖啡館牆壁上到處點綴或散置各處的圓形電燈插座，像鬍髭般從灰泥中冒

---

19 Saki，本名赫克托．休．芒羅（Hector Hugh Munro，一四七五一～一五六四年），薩基是其筆名，英國小說家。著名作品有《雷金納德》、《克洛維斯記事》、《方蛋》等。

20 十一世紀波斯詩人歐瑪爾．海亞姆（Omar Khayyam）的四行詩集。四行詩的特徵是每首四行，一、二、四行押韻，第三行通常不押韻，和中國古代的絕句比較相似。

21 一八四五年出版的德國兒童讀物，作者為海因里希．奧夫曼（Heinrich Hoffmann）。書中共有十則關於孩子的押韻故事，每一則都有一個明確的道德主題，以誇張的方式表明了不當行為的災難性後果，被認為是現代繪本的前身。

出的插頭和垂落的電線：在整個巴爾幹半島，這些可是驕傲的象徵，代表已經跨越使用燃油和蠟燭的古老落後年代。（每個裝設管線的屋子房間內，都可見到裸露的管線，以及管線出入所留下的坑疤，即使斐迪南國王統治以來便已逐漸鏽蝕，但依舊訴說著現代化潮流的趨勢。）此刻我所置身之處，頭頂上也懸掛著不透明的白色球形燈罩。換做是在比較時髦的咖啡館裡，則會使用三條金屬鍊垂掛的黑斑大理石碗型燈罩，底端陰暗模糊，躺滿十餘年沒有清除的蟲屍。過去幾個月，我在這些避難所度過無數快樂的時光，浸淫於閱讀和寫作，因此對這類擺設的細節和位階了然於心。我搜尋另一項不可少的附屬物：開店者維多利亞風格的放大照片。果不其然，眼前便是一幅，奇特的高領造型，打亮的帝王式翹鬍鬚。另外則是約安娜皇后[22]和神情悲憫、蓄著嚴肅的鬍髭、身穿白色軍裝、兩手端放在劍柄上的鮑里斯國王[23]肖像。（我常常在領悟到保加利亞皇室家族薩克森—科堡—哥達[24]的男性族系，其實和英國是一樣時，難掩心中訝異。鮑里斯國王在本地深得民心，就其所作所為也算實至名歸。）

咖啡館內正熱鬧地進行兩場紙牌遊戲，每張紙牌在扔出時，都像進行著一場交叉射擊：骨牌洗牌嘩啦作響，骰子不住滾動，紙牌刷刷扔擲而下，必要時還會以齊聲拍手的方式召喚服務生。這裡顯然是魯塞咖啡館生活的重心，是商人、精明的零售商、醫生、律師、藥劑師和軍官等的聚會所。有一桌坐滿了年輕的海軍軍官，身上繫著鑲金短劍。還有一個手持銀頂權杖，胸前掛著金飾的 *vladika*（東正教教士），黑袍飄逸，正在對據我所知是市長和鎮上的執事布道；只見他一臉絡腮鬍，白色鬚髯從眼睛、鼻孔、兩頰及幾乎是從他眼睛中冒出來，目光炯炯，上面是一道靈動灰白的眉毛。當他不時用肥大靈活的食指強調滔滔不絕的辯詞時，我幾乎可以見到他口中吐出一連串經文，正如祈禱書的羊皮紙面所撰述的西里爾文。對於這位教士的出奇高大，我內心充滿敬畏，正如我認為索菲亞和里亞地區的高階教士，個子也都很高一樣。後來在希臘，我又有個想法：東正教的主教也許是依照身高晉升的；大都市的人都很高，大主教更高，最高主教更是人高馬大。一個友人對此曾發表過高見，他認為身體的高度是其次，在精神領域上，權位就像望遠鏡一樣，更足以突顯其高度。他們的長髮和美髯似乎代表著力量，就像參孫[25]，使其成為上帝的虬髯大力士。相反地，修道院的卑微，早在西方偏愛的光潔下巴和短硬頭髮中顯示出警兆。我想就是基於這項原則，因此，阿爾巴尼亞北部的米爾迪塔天主教徒全都蓄著鬍鬚。因為在希臘東正教世界，鬍鬚暗示占有多數的一方和精神的優越，就像土耳其博茲賈島上烘托宙斯的雲靄。

報架上許多報紙都是德文的，閱報者間的對話全部帶著奧地利腔。亞美尼亞人會用亞美尼亞

---

22 Queen Joanna（一九〇七～二〇〇〇年），義大利國王維托里奧．埃曼努埃萊三世與妻子黑山公主艾萊娜的三女。由於保加利亞的國教為東正教，兩人即是在索菲亞的亞歷山大．涅夫斯基大教堂舉行了東正教婚禮。

23 原編註：Boris III，鮑里斯三世迎娶義大利國王維托里奧．埃曼努埃萊三世的女兒為妻，一九一八年繼承保加利亞王位，一九四三年去世。有一說是或因不願支持軸心國參戰，而遭希特勒下毒謀殺身亡。

24 Saxe-Coburg-Gotha，血緣上是韋廷家族在圖林根的兩個邦國組成的共主邦聯，一八二六年由薩克森—科堡—薩爾費爾德和薩克森—哥達—阿爾滕堡整合產生。因為後嗣聯姻關係，所以英國和保加利亞的王室都屬這一王朝後裔。

25 Samson，《聖經》〈士師記〉中的猶太人士師，生於前十一世紀的以色列，曾藉著上帝所賜極大的力氣，徒手擊殺雄獅，並隻身與以色列的外敵非利士人爭戰周旋而著名。而其力氣的來源，即為頭髮。

語辯論，塞法迪猶太人則以猶太西班牙語溝通。所有經銷商或當地代理商之間，似乎都有著某種牽連，我想，應該都跟多瑙河貿易有關吧！在這種地方經常會讓我陷入一種恍神狀態。我似乎無法將自己抽離，彷彿受到催眠而不由自主地流連在這種緩步發展、綿延不絕的情境中，試圖加以重組或一片片剝離，在這儼然平靜無波的表層下，猜測其間蘊藏的生命故事與相互關係。有一、兩次我優游於自己的思緒，時間竟持續達半天之久，比賀拉斯[26]筆下那倚著橋樑、凝視河水的鄉巴佬[27]，情況還要嚴重。不過，我得找家旅館了。終於痛下了這個決心。

~

「You look like a drowned rat!」（「你簡直像隻淹死的老鼠！」）

原本就全身濕答答的我，趁雨勢稍歇之際，沒穿大衣便衝出咖啡館，又碰上一場豪雨。這句德語充滿友善的關切。在一條毛巾拿過來的片刻後，我的頭在毛巾中快速擦拭，還不時伴隨著同情與半帶譴責的咂舌聲。

我決定今晚寄宿在一間比平常光顧的邋遢旅店豪華的地方，至少可以洗個澡，而這間是我踏入的第一間旅館。斐迪南國王？霍斯托．波泰夫？保加利亞人？巴爾幹地區？我找到的那間小旅館距離多瑙河不遠，但是旅館名稱卻怎麼也想不起來。一個面貌姣好的女人，身上繫著條乾淨漿燙過的圍裙，坐在充作工作室的小房間的一張藤椅上縫衣服，牆壁上貼著奧圖大公[28]的風景明信片。她換用德語發出一連串的詢問，我是從哪裡來的？今天下了一整天雨，我現在需要的是洗個熱水澡。她馬上幫我房間的熱水管點火。「你看看你這樣子！」

這種情況極少發生；房客要求洗澡通常會引起一陣騷動，有時實在是划不來。這真是太好了。因為我是把背包留在咖啡館出來找旅館的，所以她說等我把背包拿來，熱水也應該燒滾了。興奮的我隨即穿過濕漉漉的街道而去，但笑容瞬間不見。我的背包竟然不翼而飛，明明放在門邊帽架旁的。雖然有人注意到我背著濕答答的背包踏進咖啡館，卻沒有人看到背包怎麼不見了。所有查詢都徒勞無功，最後老闆堅持陪同我去報警。我詳細敘述事情經過，留下住址，只是大夥兒都不表樂觀，回到旅館的我自然心情大壞。

這真是最糟糕的情況。我的護照和錢還在，衣服丟了也只是麻煩，素描本的紀錄已經逐漸減少，所以跟幾個月前就丟掉並沒有什麼兩樣，最主要的是我長達十個月的筆記。可惡！我為什麼沒有早點寄回英國呢？那些筆記又不算重。我為什麼沒有把背包託付給咖啡館的服務生？我為什

26 全名Quintus Horatius Flaccus（西元前六五～八年），羅馬帝國奧古斯都統治時期著名的詩人、批評家、翻譯家，代表作有《詩藝》等。他是古羅馬文學「黃金時代」的代表人物之一。

27 詩中描寫這個鄉巴佬一直等在河邊，想要等待河水流盡才渡河。

28 Archduke Otto，英文為Otto Franz of Austria（一八六五～一九〇六年），奧地利霍布斯堡王朝皇室成員，皇儲法蘭茲·斐迪南大公之弟。因法蘭茲·斐迪南大公和妻子霍恩貝格女公爵蘇菲為貴庶通婚，子女失去繼承權，所以奧圖·法蘭茲大公遂成為繼承兄長王位之人。但因生性浪蕩荒淫，行為不端而聲名狼藉，遂放棄繼承權，讓位於其長子卡爾。卡爾於一九一六年即位為帝，成為奧匈帝國末代皇帝。

麼……無數的可能選擇讓我更覺得懊惱和消沉。就某方面而言，我整個生命似乎都圍繞著那幾本硬殼筆記本在轉；保持紀錄的更新需要一種隱密信仰的魅力和神祕，每日鄭重地記錄，有時一天要記錄好幾次，而那些筆記本身又成為膜拜的信物，包含每日旅程中的詳細紀錄、華麗的描繪、對話、簡略摘要、精闢的論文、詩句、「思想」、地址、服裝細節、建築、工具、武器、馬具、花樣、簡要地圖、計畫、詞彙表、初階的德語、匈牙利語、羅馬尼亞語和保加利亞語、零碎吉普賽語和猶太意第緒語、許多歌的歌詞、嘗試翻譯的法文和拉丁文詩文、五行打油詩、自製拼圖和字謎遊戲（那可是我為了雨天精心設計，包括所有提示和暫時無法運用的資料，但後來幾乎沒用到就是了），還有種種在獨處、悠閒和紙筆結合時所信手拈來的副產品。我經常自傲地把所有筆記本鋪放在床上，分別用手衡量每本重量，撫摸色彩斑駁的封面。在慕尼黑所遺失的那個背包，在當時似乎無法取代，而那時還不過只是抽空累積的一個月紀錄而已，其後我對替代筆記本的保護可謂無微不至！再度遺失，對我而言簡直痛如截肢。

再度出現在旅館的我，樣子一定比早先更為悲慘。那位束著白色圍裙的女子立即察覺我發生大事了，並且很快掌握了現況。「沒關係，你一定可以找回來的。」她堅稱正處於自憐情緒的我在發抖，我馴服地接受她的安慰。她拿出一瓶奧地利的杜松子酒，讓我喝了兩杯，我則依然沉浸在失去書本的極度絕望中而唉聲嘆氣。要不是時機不對，我會多麼享受備妥的沐浴啊！旅館用水是從中歐手工敲製的高聳銅管中流出，每位沐浴者都有獨立的火源。當我包裹著浴巾、手持衣服走進房間時，更是幾乎不敢相信自己的眼睛：床邊居然有盞檯燈！一般旅館房間都只在屋頂中央安裝一只光禿的燈泡而已。房間內還有個閃爍著光澤的壯觀紅木衣櫃、一張很棒的畢德麥雅風格[29]的床，以及在我平常寄宿的低廉旅店和客棧中，絕對看不到的乾淨床單，而且乾淨到幾乎發亮，上面一條採中歐流行方式以扣飾附加一床紅色鴨絨被。牆上懸掛著油畫式的版畫，一幅是晨光中的阿爾卑斯山，下面是伯約明群島圍繞的馬焦雷湖，激起了我兒時的回憶；還有一幅選自義大利史詩《瘋狂奧蘭多》（*Orlando Furioso*）[30]中某個彈奏魯特琴的浪漫場景。鴨絨被上甚至鋪放著一件老式的白色襯衫式睡衣。我穿上睡衣，滑入被中，結果腳底碰觸到一個巨型陶質熱水瓶，實在是難以置信！所有激情盡已褪去，木然躺著的我只覺得所有財產被剝奪一空，整個人飄浮在一種憂鬱的寧靜。我就像一個企圖橫渡漫長沼澤逃亡卻仍然被逮回監獄、躺在醫務室裡的犯人，有點如釋重負，卻有更深的無能為力。不過這種感覺只有少許，其餘的感覺則歸屬於《一千零一夜》。

托盤的輕壓把我從呆滯狀態喚回：「坐起來，趁熱喝掉。」旅館女子說完便離開了。托盤上置放美味的湯、一壺酒，包在餐巾裡的熱麵包、牛油、胡椒和鹽。五分鐘不到，那好心的女子又折回，捧來一盤牛油炒蛋和一顆梨子。她坐下來，兩手放在膝蓋上。「剛剛你洗澡的時候，我去

---

29 Biedermeier，指德意志邦聯諸國在一八一五年（《維也納公約》簽訂）至一八四八年（資產階級革命開始）的歷史時期，現則多指文化史上的中產階級藝術時期。

30 又譯為《瘋狂的羅蘭》，義大利詩人和劇作家亞力奧斯托的史詩巨著，被喻為文藝復興時期最具影響力的一首詩。最早的版本出現在一五一六年，卻直到一五三二年才完整出版。

了一趟警察局，」她說：「我告訴他們你是個有名的英國作家，雖然年紀很輕；像約翰．高爾斯華綏一樣舉世聞名，只是比較年輕。他們說他們會盡最大的努力。」

對我慨然相助的她，名叫蘿莎，是這家旅館的領班，不過目前旅館也就只有她一位服務生而已，所以她同時負責實際的營運。這間旅館曾風光一時，但老闆對此毫無興趣，只由她勉力維持著。旅館經常像此刻一樣，除了我以外空無一人，所以她可以把我安置在最好的房間，否則也只是一個回音繚繞的可悲之處。只見一條條光禿的走道！沒有地毯！有待修繕之處豈止一二！「唉！」她嘆息著，拉了拉放在膝上正在縫製的衣物。「如果他們肯讓我整修就好了！你等著瞧吧！」

蘿莎是魯塞人，十七歲時以女僕的身分跟隨一個菸草代理商全家前往維也納，後來那家人返國，她則繼續留在當地，在一些奧地利家庭從事各種不同的工作，最後擔任一個維也納銀行家妻子的女侍多年。她嫁給了一個奧地利人，先生有酗酒的毛病，後來死了，只是——根據我的推測，而不是她的陳述——也耗盡了所有家產。因為雇主在美國去世了，而她原本打算跟去美國服侍的，所以她一年前才返回保加利亞。她和女雇主周遊了所有的中歐國家，甚至去過米蘭和巴黎。難怪她能擁有如此從容的儀態、品味，以及沉著整潔的打理手法。蘿莎年約四十，體型福泰，腦後梳著髮髻，長相不錯，神情在沉靜中帶點嚴肅，不過言談間坦率大方，整張臉散發著歡喜和興致。

她是說故事的天生好手，不知不覺間，兩個鐘頭過去了，我也知曉了她雇主和他們所有兒女和友人的名字，他們座落於奧地利環城大道和史泰利亞邦鄉間別墅的確實氛圍，乃至僕役廳房裡的各個人物，還有兩大領域間充斥爭執、戀愛、挑逗與危機的網絡細節。蘿莎是個充滿自信和愛心的人，我可以永不厭倦地注視著她一面熟練地編織，一面講述著神奇故事。許多故事極為有趣，我甚至聽得到旅館裡迴響著我的大笑聲。她在敘述時，口氣間總夾帶著適度的諷刺與模仿，顯然很喜歡口中的那些人，尤其是她的女雇主，在她口中，那位女士個性愉悅可愛；但她在介紹這些人物時所流露的荒謬意味，也使得他們有如漫畫中的人物。一個多鐘頭過去了，她捲起手中工作，把床單拉平，以舍監般的幹練手法把我塞進被窩裡。我乞求她繼續講故事。「明天吧，」她說：「現在該睡覺了。別忘記關燈。」她捧著堆滿的托盤，熟練地用一隻腳在身後半勾半彈的將門關上，肩膀還技巧地擋住門，不讓門發出碰撞聲。我仍然沉浸在漢斯、馬克斯、弗里德里希、康拉德、泰瑞莎和莉澤洛特的冒險和苦惱中，納悶續集會有什麼發展，直到快睡著時才想到我這天所遭遇的災難。她給了我厚厚一本《馬克斯和莫里茨》（*Max und Moritz*）[31]的合訂本。太完美了。

～

我從夢中醒來，赫然發現床邊站著一個高頭大馬的警察。我的背包！他們找到了！一個小偷

31 德國畫家、詩人以及雕刻家威廉·布希在一八六五年所發表，是以馬克斯和莫里茨兩位惡作劇少年為主角的插圖故事。

拿著我的背包奔行於多布羅加路時被逮。那名警察並不知道詳細情形，只說等我起床後，麻煩去警察局簽署一些文件和製作筆錄。「現在不行，他還不舒服。」蘿莎在他背後回答：「你瞧，找到了吧！」她一副勝利的口吻。那名警察走了出去，然後用力拖著我已經背負好幾個月的熟悉重擔走了進來。我必須檢查背袋的內容。最後一刻的惶恐很快就消散無蹤：我所有的筆記本都還在，並被塞到旁邊以減少體積。不管那個小偷是誰，想必一定太過匆忙，所以還來不及拋棄。我興奮地取出筆記本，如釋重負。那名警察敬個禮後，隨即離開。當我狂喜地審視我重新取回的寶藏時，蘿莎也忙著審視背包中的其他物品，扔出一件又一件皺到不行的骯髒紀念品，口中不斷發出恐怖的咋舌聲。每當用食指和大拇指拎出一件汙穢的襯衫或惡臭的破襪時，更總是忍不住驚呼「噗！」和「Ich frage Sie!」（「拜託你啊！」）那些從背袋底端傾瀉而出的東西，連我都已經好幾個星期沒見過了，包括核桃殼、半腐爛的蘋果、泡茶用的乾燥藥草、一顆一邊沾著鹽巴一邊塗著紅辣椒的硬邦邦的蛋、支解的大蒜瓣（從來沒有用過）、鉛筆頭、橡皮擦、灰塵、碎屑、折斷的香菸和菸草葉；其中還挖出一項寶物，即一包納迪潔亞的香菸，雖然被折彎了，但是還可以抽。蘿莎終於整理乾淨，抱走了一堆衣物。

在緩慢丟棄和增添的過程中，我背包裡的內容總是不斷微調。我想此刻的內容應該大致如下：一件睡衣、兩件灰色法蘭絨襯衫、兩件藍色短袖襯衫、兩件必要時可打上領帶的白色棉襯衫、兩條灰色帆布褲（其中一條可在盛裝場合中穿）、幾雙襪子、一條深藍色領帶和一條紅色領帶（多半被我用來當帶子使用）、一件厚實輕軟的套頭高領毛衣，外加一堆花色鮮豔、樣式不同的手帕，包括挖土工人那種用來包裝餐點的紅底白點手帕。在這許多衣物當中，最珍貴的服裝是一件剪裁優美的輕薄灰色花呢上裝，是外西凡尼亞一位好心的匈牙利女士從衣櫃裡挑出來送給我的，她孫子在阿根廷住了十年（「他太有錢，絕對不會在意的。」），出自布達佩斯一位很有名的裁縫之手。我一穿上它，便可感覺到不同，有著人要衣裝的駕馭感；若搭配那條我最好的燙得筆挺的長褲，我可算是人模人樣了。不過我仍希望擁有一件輕薄的藍西裝，讓我可以坦然躋身都市時尚圈，因為我偶爾還是有機會遇到那種場合的。可惜所有這些一旦配上我在羅馬尼亞奧爾紹瓦買的帆布鞋，便立即降到最低水準；但除了這雙鞋和一雙球鞋外，唯一能派上用場的，也只有我那雙厚重的靴子了。

上述衣物，加上我身上這些應付惡劣天候時的穿著，便是我所有的服裝了。我身上的穿著包括：棕色皮夾克，已經穿到顏色褪得正好看，而且質地非常柔軟；舒適的馬褲也穿到鬆緊正好，我在一年前出發時，繫帶的顏色比較淺，現在則和褲身的顏色沒有區別；還有一條相當帥氣的寬邊皮帶，上面搭配我非常喜歡的銅質皮帶扣。至於那雙安裝鞋釘的皮靴，更是此行的英雄，重新更換鞋底和修補鞋身後，我覺得可以永遠陪著我走下去。綁腿看起來雖有點愚蠢，狀似軍用綁腿的仿製品，但在目前這種天氣裡卻最為實用，給人一種永不懈怠的堅實感。至於此刻掛在門上那件一般士兵用大外套，更是足以抵擋一切。我一直想拿去染色，只是該染成什麼顏色好呢？最後一件，便是此刻靠放在角落，沉重、平衡度很好的匈牙利手杖，是在匈牙利大平原時有人送我的，杖身刻滿橡樹葉圖案的花紋，有點浮誇，卻好過我出發時在倫敦斯隆廣場買的那根包鋁的閃亮亮楞樹手杖，後來丟掉了；那些饒富象徵意義的金屬牌，在德國和奧地利所有的文具店都有得賣，專門供應漫遊的旅客。如果那根手杖還在的話，此刻必然成為金光閃閃、令人尷尬的魔杖了。我雖然敬謝不敏，但是在情感上必定難以割捨，所以對拿走我手杖之人獨到的眼光深感敬佩。另外，我穿戴在身上的唯一其他物品，便是一枚質地很軟的古老銀色紀念章，大小有如一枚便士，是納迪潔亞在櫃子底端找到的，後來找了條皮質鞋帶穿上，掛到我胸前。那紀念章的一面是一艘帆船，翻騰在暴風雨中，另一面則是個騎著馬的聖人，正將手中長叉刺入一條巨龍體內：不知道是聖喬治[32]還是聖德米特里[33]。（從紀念章上無從區分，因為在拜占庭肖像中，他們只是坐騎的顏色不同，一匹是灰色，另一匹則是花色的。）

桌上還散置著蘿莎從我背包中挖出來的其他寶藏：一頂宗教節慶用尖頂氈帽，一條來自以色列阿拉德的紅色圖案編織皮帶，一支外西凡尼亞的牧羊笛（我並不會吹，只能勉強吹出兩個模糊可疑的音調），一根破裂的奧地利菸斗，上面雕有一隻棲息中的羚羊；還有一根保加利亞菸斗，斗缽為質薄的陶瓷，斗柄為竹製品，就像短柄的印地安儀式用菸斗，我還頗不自在地吹吐過一、兩個星期；一枚上面附有瑪麗亞．特蕾莎[34]雕像的塔勒硬幣[35]、一個用以飲用梅子白蘭地的木雕圓酒杯、兩把削鉛筆刀、一把收在刀鞘內的保加利亞匕首、一個小型羅盤、幾本素描簿、若干書寫用品（從筆色最淺的HH到最深的BB鉛筆）、兩張弗萊塔克[36]維也納子公司出版的精美東歐地圖（其中一張已經破破爛爛，此刻正攤在我面前，也是這堆收藏品中唯一的倖存者；我當時沒有注意，那些地圖應該是戰前出版的，因為在地圖上，波士尼亞與赫塞哥維納仍歸奧地利所有，保加利亞的疆域也呈現出史上少有的寬闊局面）。此外，除了筆記本，還有一、兩本口袋字典，以及幾張我在使用過後便會丟掉的地圖。而放在最上面的是小說《罪與罰》（*Crime et Châtiment*）。這便是我所有的財產了。這些東西相當占空間，不過我所使用的巴伐利亞產製的旅行背包，不但可以盛裝很多東西，而且在周圍護墊和寬條繫帶的幫襯下，重量感覺也比較輕，不需要背得彎腰駝背。總之，這類旅行的報酬之一便是身體強壯，讓我從內到外都有飽受汗流和日曬的感覺，而且體態輕盈，肌肉結實，精力充沛且能量滿滿，似乎無所不能，連大量抽菸和缺少睡眠也無以撼動。

既然如此，我為自己還賴在床上向蘿莎告罪。有何不可？她回答，外面還在下雨，而且難得讓她有點事做，這樣對她也好。因此，在她忙著洗洗弄弄的時候，我便盡情享受失而復得的喜

---

32 St. George（西元前二七五或二八一～三〇三年），著名的基督教殉道聖人，英格蘭的守護聖者，經常以屠龍英雄的形象出現在西方文學、雕塑、繪畫等領域。

33 St. Dimitri，四世紀早期聖德米特里的基督教殉道聖人。

34 Maria Theresa（一七一七～一七八〇年），霍布斯堡君主國史上唯一一位女性統治者，亦為霍布斯堡王朝末代君主，統治範圍覆蓋奧地利、匈牙利王國、克羅埃西亞、波希米亞、特蘭西瓦尼亞、曼托瓦、米蘭、加利西亞和洛多梅里亞、奧屬尼德蘭及帕爾馬。通過婚姻，其亦為洛林公爵夫人、托斯卡納大公夫人及神聖羅馬皇后。

35 thaler，一種曾在幾乎整個歐洲使用了四百多年的銀幣名稱和貨幣單位。

36 Freytag，由德國小說家和劇作家古斯塔夫．弗萊塔克繪製的地圖，他也是一名著名的製圖師。

悅，繼續在筆記本上塗塗寫寫。忙到一個段落，蘿莎拿了件她正在裁製的洋裝進來，在桌上展開工作，並在大剪刀喀嚓裁剪之際，繼續講述更多神奇的故事。我猜困在這個被遺棄的建築裡的她，其實也滿喜歡有個伴的。我沉醉在幼年被寵溺的時光中，享受她的談話和仁慈所帶來的愉悅，就像一個遇難的旅者意外置身於一片綠洲一樣。午餐後，她外出辦事，我則在連綿的雨聲和多瑙河上偶爾傳來的船笛聲中，開始閱讀《罪與罰》。把身體打直的話，我便可看到雨中的多瑙河一片灰暗，毫無悅人之處；不過河面依然壯闊，飄浮著成排的駁船和隨波而下的木筏。與宛如一世紀之前我在洛姆（巴奇卡帕蘭卡）撞見時相比，此刻的多瑙河似乎更為寬闊。其實自洛姆以降，只有羅馬尼亞境內的日烏和奧爾特兩條大河注入多瑙河。在河水遠遠的另一頭，座落著羅馬尼亞城鎮久爾久，以及林木點綴的大平原。從烏姆的多瑙河還是一條小河開始，我便屢屢得見此河，堪稱夠本了。

因為覺得焦躁不安，我索性起床，散步到倉庫林立的碼頭，再閒逛到鎮上。鎮上很多商店的名字都是亞美尼亞名，我不禁深感好奇，這不只是因為我一向喜愛亞美尼亞，也因為一個特別的理由——麥克．阿倫[37]便是出生於魯塞，他的原名是狄克蘭．庫猶姆堅（Dikran Kouyoumjian）。我問亞美尼亞一家船具商是否聽說過他？「是啊—是啊—是啊—讓我想想，」老商家嘟囔著：「庫猶姆堅……對了！以前是有幾個人叫這個名字！但已經是好幾年、好幾年前了……」對，他是聽說有個叫庫猶姆堅的，是歐洲一個偉大的作家，對，是啊……

塞法迪猶太人是另一群生活在魯塞的少數民族，在鄂圖曼土耳其時期曾經繁盛一時。據我推測，當時土耳其人多半透過他們做生意，因為他們比叛逆性強的保加利亞人更加可靠。而就像普羅夫迪夫的猶太人一樣，他們是說西班牙語的，而且對土耳其人心存感激，原因是一四九二年遭斐迪南二世[38]和伊莎貝拉女王[39]驅逐出西班牙時，鄂圖曼帝國和托斯卡尼是唯一歡迎他們落腳的地方。這一小群聚落中，最傑出的人便是《群眾與權力》（*Crowds and Power*）和《信仰審判》（*Auto-da-fé*）兩書的作者埃利亞斯．卡內蒂[40]。不過和蘿莎一樣，他六歲時就受到吸引而前往維也納，成為維也納人了。（我在書寫這段際遇之前兩個月曾經見過他，並和他同時寄住在希臘尤比亞島一家友善的人家中，也是我此刻居住之處。我們聊起了魯塞，不過想當然耳，我的記憶比他鮮明多了。）

散步時，一張繪製得極為粗糙的電影海報吸引了我的注意：海報上一個金髮女子，身穿男士

---

37 原編註：Michael Arlen（一八九五～一九五六年），著有《綠帽子》（*The Green Hat*）與其他羅曼史，一九二〇年代在其所居住的倫敦紅極一時。作者學生時代很喜歡他的小說。（亞美尼亞籍的麥克．阿倫的寫作範圍甚廣，包括散文、短篇故事、小說、劇作和編劇。雖說最出名的是諷刺英國社會的愛情故事，其實他還寫了歌德派和心理恐怖小說。）

38 全稱謂 Fernando II de Aragón el Católico（一四五二～一五一六年），除了是亞拉岡和卡斯蒂利亞國王之外，也是西西里國王和那不勒斯國王。透過與卡斯蒂利亞女王伊莎貝拉一世的婚姻，斐迪南二世實際上是統一的西班牙的第一位國王。

39 全稱謂 Isabel I la Católica（一四五一～一五〇四年），卡斯蒂利亞女王，她與夫婿斐迪南二世完成了收復失地運動，為日後他們的外孫查理五世統一西班牙奠定了基礎。

40 Elias Canetti（一九〇五～一九九四年），保加利亞出生的塞法迪猶太人小說家、評論家、社會學家和劇作家，一九八一年諾貝爾文學獎得主，以德語寫作。

燕尾服，手持一根香菸，頭戴高頂帽，姿態撩人。海報下，以粗體字寫著《藍天使》（THE BLUE ANGEL）三個大字，瑪琳．黛德麗[41]和埃米爾．傑寧斯[42]主演，今晚首度在此上映，而且一個小時後即將開始播映。我連忙衝回旅館，推翻了蘿莎所有的反對意見：沒有時間可以浪費了。我對自己專斷的語氣頗為自傲。蘿莎對我的提議則興奮到漲紅了臉，以最快速度烹調了一個煎蛋捲，然後去換衣服。我穿上熨燙得筆挺的外套，隨即一起出發。那部電影已經上映好多年，我也已經熟悉電影中所有的歌曲及情節，但奇怪的是，我仍然很想看那部片子；我很喜歡那位女主角，認為演藝圈唯一足以和她匹敵的，只有葛麗泰．嘉寶[43]。蘿莎在一次前往美茵河畔法蘭克福旅途中曾經看過那部電影，當時是首次上映，她也很想再看一次。我們正好趕上電影開演。

返回旅館途中，我們仍然沉浸在電影所帶來的洶湧情緒裡，一半是沮喪，一半是興奮。途經我遺失背包的咖啡館，我說：「來，我們進去喝一杯！」她回答：「不、不、不要。拜託！絕對不行！這裡不是維也納。那裡是魯塞*Hochbürgertum*（有錢人）聚會的地方。」但是我依然堅持。我第一次見到蘿莎不像以往那麼鎮定自持。她坐得非常端正，兩手插在大衣口袋裡，依我看來，她的妝扮比所有人都高雅端莊。我們喝了三杯白蘭地，並且是最後離開咖啡館的，然後一路唱著電影插曲走回旅館。我決定向她展現我倒著唱歌的荒謬技巧，而電影主題曲《再次墜入情網》（Falling in Love Again）正是我最喜愛的備用曲；我從來沒有用德語倒著唱過。我趁蘿莎在講話的時候在腦中排練了一下，然後說：「其實這樣唱更好聽。你聽著：

腳到頭從愛的我
意全心全
界世的我是便你為因！」[44]

蘿莎聽得一頭霧水。我們停下腳步，站在一盞路燈下。英語、法語或俄語：她聽得出這些語言。我問她：覺得是瑞典話？芬蘭話？拉脫維亞話？「再唱一次，唱得很慢很慢，拜託。」她說。我又唱了一遍，她很認真地聽。當我再度唱到「sthcin」（是不都，正確的是nichts），曲調慵懶，她爆出大笑，並憐憫地瞥了我一眼，用食指敲敲太陽穴，故意以誇張的奧地利口音說：「Leider, ganz deppert.」（「我看你完全瘋了。」）「再唱一次，這次用正常速度……」

~

41 全名Marie Magdalene “Marlene” Dietrich（一九〇一～一九九二年），德國演員兼歌手，擁有德國與美國雙重國籍，成名作《藍天使》幾乎和她畫上等號。

42 Emil Jannings（一八八四～一九五〇年），瑞士出生的德國／奧地利演員，首位奧斯卡金像獎最佳男主角獎得主。

43 Greta Garbo（一九〇五～一九九〇年），瑞典國寶級電影女演員。

44 歌詞的正確順序為：Ihc bin von Kopf bis Fuss. Auf Liebe Eingestellt. Denn das ist meine Welt. Und sonst gar nichts.（我的愛從頭到腳／全心全意／因為你便是我的世界／其他都不是）

我在警察局長辦公室坐下來，接過一支菸和一杯土耳其咖啡，開始簽收有關背包和內含物品的文件。我很想知道事情經過。他對保加利亞居然發生這種事感到極為尷尬，一再表示歉意。世界上到處都有壞人……這整件事是一個錯誤……他的雙手在空中揮舞著。從他胡亂表達的敬意，可見蘿莎強調我是作家的說法收到了效果。在窘困的解釋中，辦公室外傳來有人經過的聲音，局長中斷解釋，要他們把門關上。外間的辦公室突然出現一張我絕不會弄錯的熟悉面孔，那雙兔子般的眼睛和一頭紅髮，絕對錯不了！我一直對自己在前來魯塞途中所使出的狡詐伎倆耿耿於懷，於是朝他揮揮手，熱誠卻虛假地向他打招呼：「你還好吧，伊凡喬？」

「你認識他嗎？」局長困惑地問我。我告訴他我們是老朋友，然後起身去招呼伊凡喬。現在彌補還來得及。我見到他戴著手銬，整件事開始明朗起來。

我的思緒快速轉動想像，他一定發現我踏入那間咖啡館，或透過咖啡館窗戶看到我，也看到了我放置背包的地點，等我一離開，便溜進咖啡館拿走了背包。難怪此刻他不像以往那樣絮絮叨叨講個不停了。

他的樣子很糟糕，臉色蒼白泛青，嘴角還有個大傷口，一隻眼睛瘀青變黑。我曾聽說過警方慣用的粗暴手法，而且不僅是保加利亞，鄰近幾乎所有國家都是如此。他的外貌慘不忍睹，沉默不語中也有著若干邪惡意味。其實我老早便得到結論，這傢伙腦袋有問題。如今我已經安全找回我的背包，也度過一段極其美好的時光。我想起自己經常惹上麻煩，而此刻他也同樣深陷困局，結果現在我躋身威權階級，實在不無諷刺意味；尤其這個威權階級又有虐待犯人之嫌。就在這一秒間，我赫然發覺自己站到伊凡喬的一方。

於是我佯裝自己的保加利亞語能力比真正實力還要差，順著局長的說明，認定這整件事的確是一起 *strashni*（烏龍事件）。這件事錯得太離譜了！我困惑地指著伊凡喬的手銬，憤怒地環視周遭的臉孔。局長和另外兩名警員也同樣困惑不解。我一直努力說明，他一定是找錯旅館，忘記了旅館的名字，並刻意朝伊凡喬皺皺眉頭，希望他能了解我的提示。然後我一臉愧疚地表示自己的保加利亞語實在不行，並請他們等我一下，讓我去找一個能把這種情況解釋得更清楚的人過來。離開時，我還友善而誇張地拍了拍伊凡喬的肩膀。

蘿莎剛剛燙完衣服，我所有的東西都清爽地擺放一旁。她認真聆聽我所述說的離奇故事，馬上穿上大衣，雖認為我出面干涉這種事很傻，畢竟那傢伙偷走了我的背包，不過既然我這麼熱切……她認識警察局長，可以先去跟局長打聲招呼，再回來接我。我在兩條街外的咖啡館坐了下來。她一個鐘頭後才回來。「好啦，」她笑著說：「沒事了。我說你只會一點德語，保加利亞語很差，還有伊凡喬是你的朋友，你請他幫你去拿背包，結果他拿了背包卻搞錯旅館了。我覺得自己有點像傻瓜，前天晚上才十萬火急的要他們去找你的背包。你的朋友知道你的意思，和我搭配得很好，就是話太多了。我假裝跟他們一樣，對整件事迷迷糊糊的。我不確定警方到底相不相信我的話，但是他們絕對搞糊塗了。我也再度告訴他們你有多出名，總算說服他們樂於把整件事拋到腦後。」

「你想他們會放他走嗎？」

「啊！他已經放出來了。我說我會帶他來旅館。」看我一臉驚恐，她放聲大笑。「放心，我把他遣走了。我告訴他你已經離開了。他出發回帕扎爾吉克了。」蘿莎停頓片刻。「你說得不錯，他真的瘋了。當我告訴他我知道這件事的真相時，他非常震驚地瞪著我。他相信我說的是真的，所以我也沒怎麼逼他，他開心得很。」我倆哈哈大笑。她實在是個令人讚嘆的女子。

我當晚即將搭船橫渡多瑙河。天氣已經放晴，我將所有失而復得的物品塞進背包後便前去結帳。蘿莎體諒我的處境，收費低廉得令人汗顏。我們搭乘一輛夏洛克．福爾摩斯搭的那種馬車，先到一家位於多瑙河旁一處低矮懸崖上的酒館，周遭環繞著一片樹葉凋零的白楊木和西洋栗。酒館外面有個小型水泥地面的舞池，此刻布滿了落葉的泥濘。因為季節的關係，這裡本來已經關閉，但是馬車夫特地從附近一幢小屋中把酒館主人請了過來。進餐間，我們不時俯視著多瑙河和河岸對面平坦綿延的瓦拉幾亞平原。秋風掠過雲朵，使得穿透雲層而出的陽光和雲朵的陰影，追逐在美麗而憂傷的河流和林木間，像極了一幅變化多端的圖畫。陣陣勁風吹拂著迴旋飛揚的落葉，在空蕩酒店的窗面外飄舞而過。由於那天早上的種種情緒波折，以及即將到來的離別，我倆一開始的聊天經常嘎然而止。不過沒關係，我覺得和蘿莎認識已久。一旦兩杯梅子白蘭地下肚，蘿莎舉杯大口吞飲，眉頭緊皺，彷彿在吞什麼苦藥似的；沒等之後幾壺大部分是我喝的葡萄酒的助威，我們便已談笑風生，我更是笑得開心。之後，我們蒐集了許多栗子，因為在雨水浸透的草地上，到處可見已從軟毛密布的刺狀外殼中爆裂而出的栗子。其後，我們坐在一條圓木上，遙望多瑙河上流之處，好奇多瑙河在流經奧地利境內的帕紹、林茲、克雷姆斯、維也納和布拉提斯拉瓦時花了幾天時間；還有，從其源頭的黑森林，又花了多久時間。

時間不早了，我們大聲喚來馬車夫。他從小屋裡踉蹌地趕來，跳上駕駛座，馬鞭一揮即全速前進。我們在路途中大唱奧地利歌曲，馬車夫從口袋裡掏出一瓶酒，朝後方的我們晃了一下。「幸好你要離開了，」蘿莎說：「否則我會被關進戒酒之家。」我們高歌《維也納》（Wien），接著是《再見，我的小禁衛軍》（Adieu mein kleiner Gardeoffizier）、《在一間小咖啡館》（In einer kleinen Konditorei）、《當你離開時，溫柔的說再見》（Sag beim Abschied leise Servus）、《皇家狩獵進行曲》（Kaiserjägermarsch）、《我隸屬皇家步兵團》（Ich bin von K.u. K. Infanterieregiment）、《晚安，維也納》（Gute Nacht, Wien）和《忠誠的霍費爾在曼切華慷慨赴義》（Zu Mantua in Banden der treue Hofer war）。「你再倒著唱Ich bin von Kopf bis Fuss[45]。」當馬車噠噠噠地進入魯塞，蘿莎提議說。那艘渡輪似乎已經在移動了，馬車加快速度，我也趕緊付錢，並趁機道別。天空已經接近全黑。

我們終於及時趕到碼頭。他們等了一下，抱怨連連，我急忙攀上登船板，馬車夫從逐漸拉開的岸邊把我的行李拋上甲板。「別再弄丟了！」蘿莎笑不可遏地大嚷道。她站著朝我揮手，滿面笑容，一隻手插在藍色大衣的寬口袋裡。我也揮著手，直到小船行駛到河流間，我們再也看不見彼此揮手的身影為止。當小船在羅馬尼亞河岸下錨時，上游處的天空已泛著綠色光澤。

45 原編註：「我從頭到腳……」

第五章

瓦拉幾亞平原

一開始被稱為*domnule*（先生）而不是*gospodin*（先生），再回頭從初階的保加利亞語轉換到初階的羅馬尼亞語，感覺很奇怪；還有，取代一小杯粗釀梅子白蘭地放在桌上的，是盛裝在有著圓柱形頸部的小三角瓶子裡的*tzuika*（梅子酒）；報紙和廣告上取代西里爾字母的，是有著盤旋符號的拉丁文字，一個抑揚符號和顛倒的新月形的鼻音或悶聲母音，下面是吊掛在C字母下的符號，把s變成sh，t轉成tz。為了跟緊必須的轉換——因為若沒有這些洩露實情的索引，氣氛的差異是沒有辦法立即辨別出來的——出現在牆上的是在適切的霍亨索倫[1]頭盔（有時頂上有鷹，有時有白色馬毛垂懸而下）下，卡羅爾二世[2]那相當自傲的聰慧臉龐，其下是面閃閃發亮的護胸甲，肩膀上有著米哈伊勳章[3]。而他旁邊無可避免地總是一張王子（即前國王米哈伊一世[4]）的照片。這人因為父親突然流亡回來，從王位上被替換下來（其父在位十年左右，他的王位再度被恢復）：眼神溫柔的漂亮小男孩，身穿運動衫或敞開的襯衫，濃密的頭髮梳得美美的。

儘管機會不大——因為大家總是被告知，國王和他的母親之間的冷淡——但有時瑪麗女王那五官相當圓潤的精緻臉龐也會出現，大而有光澤的眼睛是如此不協調地搭配著她像修女般的白色頭巾，以及在下巴下框著她的臉的頭巾帶。但其實不需要這些標誌，不需要海關小屋上的三色，不需要雄獅躍立的列弗（如今已取代了我口袋裡列伊上的老鷹），來強調轉換。有些東西早已更快、更犀利、更敏感、也更口頭化，說不定還更能言善道地顯現在周遭所有人們的身上，與我剛剛離開的那些人的粗野、緩慢堅實，大異其趣。這是從斯拉夫轉換到拉丁世界。外頭多瑙河的黑暗延伸，與另一頭魯塞閃爍的環鍊（蘿莎正正做什麼呢？吃晚餐？閱讀？擦拭？縫紉？），加上到河中間那邊界的虛線，是一個比實際地理跨度更廣泛的海灣。

在對岸幾十公里上游處，跟我們吃午餐的魯塞同一邊，就在最後一道天光消失之處，便是一三九六年尼科波利斯戰役[5]的現場，後來成為神聖羅馬帝國皇帝的匈牙利西吉斯蒙德[6]，以及菲利普二世（即大膽勃艮第公爵[7]）的兒子「無畏的約翰」所領導的強大法國騎士團，向東征戰抵

1 Hohenzollern，霍亨索倫家族為歐洲的三大王朝之一，為布蘭登堡—普魯士（一四一五～一九一八年）和德意志帝國（一八七一～一九一八年）的主要統治家族。卡羅爾一系屬支系霍亨索倫—士瓦本，十六世紀時在德意志西南部聲勢頗盛。

2 原編註：King Carol II（一八九三～一九五三年），一九三〇年至一九四〇年醜聞纏身的羅馬尼亞統治者。在身為繼承人時代，由於非法私通問題而放棄王位繼承權，交由兒子米哈伊一世即位，卻又在五年後逼迫米哈伊一世退位，自己登基。一九四〇年，揚．安東內斯庫將軍（Ion Antonescu）強迫卡羅爾退位，並由米哈伊一世重返王位。

3 Order of Michael the Brave，羅馬尼亞最高軍人勳章。

4 Michael I（一九二一年～），羅馬尼亞王國最後一任國王，於一九二七年至一九三〇年和一九四〇年至一九四七年期間，兩度在位。

5 Battle of Nicopolis，一三九六年九月二十五日在多瑙河岸上的尼科波利斯要塞爆發的戰役，交戰雙方分別是鄂圖曼帝國，與匈牙利王國、法蘭西王國、醫院騎士團、威尼斯共和國及歐洲各地的其他軍團和個體組成的聯軍。因尼科波利斯位於今保加利亞境內，所以此役又稱尼科波利斯十字軍東征，是中世紀時期最後一次發動的大規模十字軍東征。

6 全稱 Sigismund von Luxemburg（一三六八～一四三七年），盧森堡王朝的神聖羅馬帝國皇帝，同時也是匈牙利和克羅埃西亞國王及波希米亞國王。受過高等教育、會講多國語言的他，致力於終結教會大分裂。

7 Philippe II le Hardi of Burgundy（一三四二～一四〇四年），瓦盧瓦王朝的第一位勃艮第公爵，Hardi（大膽）為其外號。

禦鄂圖曼帝國的威脅，結果不但挫敗，還遭到雷霆巴耶塞特一世擄獲，將其囚禁在土耳其，直到付出贖金獲釋為止。（六年後，換巴耶塞特本人在安卡拉被帖木耳[8]打敗，關進籠子裡；十三年後，許多相同的法國騎士仍參與了亞琴哥特戰役[9]。）闖越西方世界，進入延伸在多瑙河中段的拜占庭東羅馬帝國和神聖羅馬帝國的邊界之間、奇怪而曖昧未明的東正教諸侯國和斯拉夫帝國的無人之境的人不多。但是往南幾百公里，打從三世紀以前，他們就因十字軍而變得夠熟悉。十字軍最早是取北愛琴海路線穿越馬其頓到小亞細亞，展開了第一次出征。這奇怪的行程開始了一個西方的遷移，最終在黎凡特上散布了修道院、騎士比武場、鐘樓、隼眼城垛和迴廊環繞的宴會廳，慢慢地把西西里島的諾曼人聖騎士變成了茉莉花中的總督：纏著頭巾的錦衣人士，手腕上佇立著鷹，更適合放在波斯小型畫，而不是法國西北部城市巴約的繡帷上。

～

撇開瓦拉幾亞在羅馬尼亞的名稱為蒙特尼亞，亦即「山區國家」之意的名稱不論，整體而言，它就是塊平原大地。蜿蜒而過的山脈再往北走，終於高高地隱入外西凡尼亞阿爾卑斯山那陡峭、高聳而廣大的山脈，成為喀爾巴阡山往西延展的最南端，外西凡尼亞就在另一邊，那年稍早我就在那裡待了很長一段時間。但多瑙河南部的沼澤區不同於保加利亞那一方，那邊的土地如樓梯般緩慢地往河邊下降，到了岸邊則中斷成懸崖。平原從河流終止處開展，在這片極度平坦的大地中間經常有模糊的沼澤地，水鳥在此忙碌地生活。拿牠們作為地圖上此處的常見標誌，果然名副其實。

我走的大道完全不見分岔，筆直得像是從地平線這頭直射到那頭。龐大的羊群放牧其間。農民和牧人腳踏熟悉的生皮皮鞋——羅馬尼亞稱 *opinci*，保加利亞叫做 *tzervuli* ——其他的就如同在外西凡尼亞一樣，都以白色為主調，綁著皮帶的白色長袍像是沒有塞進褲子裡的襯衫般，幾乎長到膝蓋。還有，他們都穿著 *cojocs* 那種羊皮夾克，內側毛茸茸的，花樣和接縫的拼圖外側光滑平坦；他們戴的 *caciulas*，也是黑色和褐色羊皮傾向一邊的錐體，而不是保加利亞人那種輕騎兵式的扁平羊皮帽。每隔幾公里就有刷白的房子和蘆葦草屋組合而成殘破不堪的村莊，馬或水牛拉的車的集散地，然後就只有平原了。羅馬尼亞的「左」和「右」是 *stinga* 和 *dreapta*。我想就是在這條路上，我第一次注意到羅馬尼亞農民用來指揮水牛或牛的語言又有所不同。「Hooisss!」他們拉長低沉的聲音說，牲畜就慢慢地往左；「tchala!」牠們就往右轉。比起多瑙河另一邊，吉普賽大篷車在這裡出現得更加頻繁，路旁有許多人紮營。我多次與游牧民族結伴而行，但通常在兩、三公里後就狼狽逃離，因為我總是跟不上。想起其他巴爾幹的旅行者好像總能夠邊走還邊輕鬆交

---

8 Tamburlane（一三三六～一四〇五年），出身於蒙古巴魯剌思氏部落，打敗了西亞、南亞和中亞的其他國家，是帖木兒帝國的奠基人。

9 史稱全名 Battle of Agincourt，發生於一四一五年，是英法百年戰爭中著名的以少勝多的戰役。在亨利五世的率領下，英軍以由步兵弓箭手為主力的軍隊，於此擊潰了法國由大批貴族組成的精銳部隊。

談，就更覺得羞辱。一、兩年後，在摩爾達維亞我是真的漸漸和幾個羅馬尼亞吉普賽人成了熟識，但那些都是說羅姆語[10]的固定社區。打從上世紀中葉廢除了大型莊園封建農奴制，他們就住在已經生活了好幾代的村莊。面對游牧民族，我似乎總是無法突破他們引以為榮且認為必須維持的乞討障礙。

繼續朝東邊前進，這片平原在巴拉干轉為真正的陡峭。它位於多瑙河的北向大灣，並且橫渡過河，進入多布羅加另一邊：徹底的貧瘠和荒蕪，儘管凶險，卻顯得格外美麗。除了薊草，那裡什麼都不長，並且枯萎得吹過大草原表面，與它物結合，直到形成巨大的圓球，猶如巨大的薊草種子冠毛般移動。我跟這些薊草種子巨人錯身過一次。時值仲夏，我在車裡，只見風吹得這些圓球奔跑，而隨著風力的增強，不但召集了它們，還加上周圍的灰塵、棍棒和從經過的車上掉下來的垃圾，以及爛掉的木板碎片。它們扭曲成破碎的螺旋狀，以驚人的速度攀爬和旋轉，變成幾百呎高可怕的厚塵土，鼓起的垃圾黑漆漆，不斷變化聚長如不規則的麥芽糖般旋轉，直到磨損出一個巨大的高度。這些東西被收集到這個環流中並衝進上升的漩渦碎片之後，又隨風散落。有三個同時彈起，一起發出巨大的聲響，旋轉地拖曳犁過整片曠野，往同一個方向傾斜，好像用它們磨損和擴大的鬆散邊緣瘋狂地比手畫腳。平原上的海市蜃樓依然活躍；這四個柱狀物穿飛過日落，懸空的塵埃金屬被折射成一個黃橙、琥珀、血紅和豔紫的巨大悲劇，滾到遠處後化為碎片。傳說這些扭曲的惡魔曾連同羊和水牛，把整個車隊都捲了進去。農民聊起落單的牧羊人會被它們在平原上追著逃，甚至被旋上天空，被發現時已經如同被砸碎的破爛稻草人。難怪這些東西會成為傳說；如果真的只是傳說的話……

我穿過的平原不是這樣的；但是兩側在單調、荒涼卻相當美麗的遼闊上都潛伏著一股荒蕪。深刻的黑暗和絕望感突顯了這些平原，在河流和山脈之間的大片土地上，能夠吸引人的大概只有水井了。平坦的表面上看不見突出的岩石骨架，也不見活化外西凡尼亞那陡峭綠葉世界的多樣化品種。比較好的時節可能是可妝點上連綿麥田和玉米田的夏天，但即便是夏天，憂鬱依然盤桓著。村莊以一種海市蜃樓的不確定性矗立在地表上，居民的聲音和表情裡有種溫順、被動的馴服，就好像歷史已經把他們的內在磨損殆盡。在是暴虐和需索無度的東正教王子的統治下，加上自己同胞地主的剝削，除了偶爾發育不全的農業暴動，就算對外國征服者反抗的刺激，成為希臘、保加利亞、塞爾維亞、蒙特內哥羅，以及波士尼亞、赫塞哥維納和阿爾巴尼亞基督教那部分人口的激勵和撫慰，他們一直以來還是飽受被剝奪之苦；巴爾幹半島的基督徒雖然也被鄂圖曼人奴役，但終究是在同一艘船上，得以倖免於統治多瑙河以北的國內農奴制，而且在十九世紀自由主義逐漸盛行期間，地主本身也表決出他們的實權。這裡有浪漫的羅賓漢[11]式人物，大多盤踞在山上，且更像是輕步兵和在地小集團，不只當綠林強盜與國內的不公不義對抗（而不像是希臘山

10 Romany，Roman，羅姆人，經常被訛稱或已經被混稱為吉普賽人，為起源於印度北部、散居全世界的流浪民族。

11 Robin Hood，英國民間傳說中的人物，武藝出眾、機智勇敢，仇視官吏和教士，是一位劫富濟貧、行俠仗義的綠林英雄。傳說他住在諾丁罕雪伍德森林。

賊[12]的所作所為，或者更南部的反叛成員[13]那樣），而是直接和戴著頭巾、手握實權的敵人對抗。鄂圖曼的直接統治止於河邊。幾世紀以來，瓦拉幾亞和摩爾達維亞[14]兩個公國（十九世紀中葉才在羅馬尼亞的結合名下統一）始終是土耳其的諸侯，坐在古老寶座上的卓越王子「勇敢的米哈伊」[15]和斯蒂芬大帝[16]的主要任務之一，是每年搜刮鉅款給蘇丹，同時自肥，算是自派的任務。很難確定這退一步歸從於土耳其人的貪婪，與更直接傷害人的鄂圖曼帝國施予巴爾幹農夫脖子上之軛比較起來，加諸在一般大眾對於公國臣服之上的種種，是比較繁瑣還是比較不繁瑣。

兩個公國在十九世紀中葉統一，他們的共同王子亞歷山大．庫扎[17]在短期統治後，即被「霍亨索倫的查爾斯」，也就是後來的卡羅爾一世[18]所接替——相對於大戰後的《特里阿農條約》[19]授予羅馬尼亞所有省分組合而成的現今這個國家——舊王國稱為Regat（皇區）：最偉大的羅馬尼亞。新的省分突然以人道主義為基礎，納進這個古老的核心，其中許多地方已經分離了幾個世紀，像是在三角洲南部，保加利亞聲稱為他們屬地的多布羅扎；歸俄羅斯所有已經一百多年的比薩拉比亞[20]；在遙遠的北方的布科維納屬奧地利帝國遙遠的翼尖；西南方的外西凡尼亞和巴納特以前則是匈牙利的一部分——如此極端地擴張，雖增加了財富，卻也激怒鄰國，尤其是匈牙利和保加利亞。

想要說清楚幾世紀以來究竟有多少的陰鬱——或者陰鬱根本貫穿了歷史？——因而促成了我總是在羅馬尼亞農民身上、特別是平原上所察覺到的這些宿命憂鬱，或者導致了多少的土地改革、大型地產的破裂和重組，又或者有緩和了情況的零星貢獻，幾乎是不可能的。撇開其苦難的

12 Klepht，源自希臘語中的「賊」，最初的意思只是強盜，後來成為十五世紀專指避免鄂圖曼帝國統治而退入山區的希臘山民，一直活躍到十九世紀。

13 comitadji，原是土耳其語「委員會成員」的意思，指鄂圖曼帝國統治巴爾幹最後期間的反叛成員，進行反土耳其政府戰鬥，尤受鄰國保加利亞的支持。

14 Moldavia，羅馬尼亞歷史上形成於十四世紀的一個公國，一八五九年與瓦拉幾亞公國合併，成為現代羅馬尼亞的前身。

15 Michael the Brave（一五五八～一六〇一年），歷史上首次將瓦拉幾亞、外西凡尼亞和摩爾達維亞三個小國統一在一起的君主。即便統一僅持續了六個月，但是已經奠定了今日羅馬尼亞疆域的基礎，因此他被認為是羅馬尼亞最偉大的民族英雄之一。

16 Stephen the Great（一四三三～一五〇四年），摩爾達維亞大公，為穆沙特王朝最傑出的君主。

17 全名Alexandru Ioan Cuza（一八二〇～一八七三年），摩爾達維亞親王和瓦拉幾亞親王，一八六二年成為統一的羅馬尼亞首位大公，任內發起了全國鄉村改革和農民解放等一系列的改革，是羅馬尼亞社會現代化和國家機構的設計師。

18 全稱謂Karl Eitel Friedrich Zephyrinus Ludwig von ohenzollern-Sigmaringen，又稱Charlesof Hohenzollern，英文通稱為Carol I（一八三九～一九一四年），在推翻亞歷山大·庫扎後，於一八六六年被推選為羅馬尼亞親王，並於一八八一年宣布成為羅馬尼亞國王，是羅馬尼亞霍亨索倫—西格馬林根王朝的第一位國王。

19 一九二〇年制定匈牙利邊界的條約。第一次世界大戰結束前，奧匈帝國滅亡，奧地利帝國的夥伴匈牙利王國宣布獨立。由於奧匈帝國包含數個不同種族，故此需要重新劃定匈牙利、奧地利及其他剛剛獨立之新國家的邊界。條約在六月四日於法國凡爾賽的大特里亞農宮由數個國家簽署，分別是戰勝國美國、英國、法國與義大利，以及剛獨立的羅馬尼亞、塞爾維亞、克羅埃西亞和斯洛維尼亞王國與捷克斯洛伐克；戰敗國則是代表奧匈帝國的匈牙利。

20 Bessarabia，指聶斯特河、普魯特河—多瑙河和黑海形成的三角洲。在第七次俄土戰爭後，鄂圖曼帝國讓予俄羅斯帝國。沙俄在一八一二年建州，一八七三年改置省。一九一八年與羅馬尼亞合併。二次大戰期間被蘇聯占領，大部分土地改為摩爾達維亞蘇維埃社會主義共和國，小部分劃歸烏克蘭。摩爾達維亞後於一九九一年脫離蘇聯獨立成為摩爾多瓦。

緣由不提，羅馬尼亞的歷史讀來簡直就像是一部災難目錄：《聖經》上的昆蟲攻擊、莊稼的毀滅、傳染病、可怕的瘟疫，一次又一次毀滅人口，軍隊的路線、戰爭掠奪、火燒和強奪豪取。最重要的是，在第一個僧侶撰寫他們的編年史之前那長遠和不可知的世紀，以及最後的羅馬軍團（原住民達基亞人和他們傳承了羅馬尼亞人的直屬後裔）被召回羅馬後，這些廣闊的平原成了暫停和紮營的地方，所有從亞洲西掃過來，穿過黑海北部斯基泰[21]曠野的野蠻人，包括哥德人、匈奴人、阿瓦爾人、馬扎爾人、保加爾人、庫曼人和彼得森人，在向南和西南衝越過多瑙河，加速羅馬的死亡之前勒緊韁繩，然後攻打拜占庭的城牆。有的在巴爾幹扎根，有的向西走，直穿過斯拉夫溫和多變的群眾、挑戰西方基督教國家、威脅巴黎、征服和殖民西班牙；或者像馬扎爾人，扎根在潘諾尼亞平原。

但無論歷史如何地不幸和變動，都很難相信這片看似無生命的無垠平原，搭配上塵土飛揚的炎熱夏天，天空浩瀚、廣被冰雪的冬天，以及每天都展現毀滅之美的日落，有可能成為激發樂觀、高昂精神或彈性的氛圍。在羅馬尼亞語言中，倒是有豐富的詞彙表達陰暗和悲傷；拉長的單音詞「dor」意味著模糊、焦慮、漫無目標的不快樂和渴望（雖然也可用於表達愛中的悲傷渴望），確切地掌握：「mi e dor」（我想念），「我有dor」（我有個希望），「我渴望，我盼望……」，沒有確定的對象或原因，經常出現在農民口中。另一個字總是打動我，成為我所聽過用以形容無法挽回的陰暗最好的詞彙：「zbucium」（鬥爭），發音是*zboochoum*，有著徹底沮喪的絕望。這些摩爾達維亞和瓦拉幾亞公國[22]的憂鬱啊！「Mi e zbucium...」（雖然這兩個詞之間除了聽在耳裡類似外，沒有任何關聯，但是這個詞總是召喚來另一個羅馬尼亞詞彙——*bucium*，是一種三、四公尺長的「金屬號角」，架在盡責的肩膀上，末端往上彎，看起來非常類似藏傳佛教儀式中喇嘛所使用的法器；在高高的喀爾巴阡山上，牧羊人和牧牛人會吹來召喚他們的畜群，發出盛載著「鬥爭」災難的陰險長聲，往下迴盪到奧爾特和比斯特里察的河谷。）

這是一片危險大地。從許多豐富多彩的旅行記述中，我們知道了所有乾涸草原的憂鬱和平原的悲傷：對空曠地方的渴望和*Sehnsucht*（懷念），農村的靈魂在音樂和許多樂聲豐潤的事件當中找到了表達方式，記錄著帶領羊群往日落走去的牧人輪廓；已經快被我給翻爛了，真希望這份紀錄還堪閱讀，因為套用在這裡不但精確，且幾乎是唯一適用。我所愛的大部分羅馬尼亞音樂和歌曲，體現了以上所有事物，特別是一種叫做「doina」的歌。這與吉普賽人堪稱是專家的那種如體操變化般從懶散到極度快速的節奏，或者更加東方式的悲切，或者巴爾幹的不同音階，或者瑪尼深城（Deep Mani）聲調拔尖的顫抖輓歌皆全然無關，而是從村莊、田野和平原散發出來無限

21 Scythian，又稱為斯基提亞，是古希臘人對其北方草原游牧地帶的稱呼。這個區域為歐洲東北部至黑海北岸，經中亞草原一直延伸到他們不知道的領土之外，被古希臘人稱為斯基提亞，包括了東歐大草原、中亞與東歐等。斯基泰人由西元前十一世紀開始居住在此地，一直到西元二世紀前後為止。

22 Moldowallachian，即羅馬尼亞聯合公國，羅馬尼亞歷史上的一個時期，存續時間為一八五九年至一八八一年。一八五九年至一八六二年間稱作聯合公國，一八六二年至一八六六年間稱作羅馬尼亞聯合王國，一八六六年後改稱作羅馬尼亞，一八八一年成為羅馬尼亞王國。

緩慢、兼以長時間停頓和無從捉摸的曲調，美到極點，是一個人從火車的車窗外、從收割機已經收割到最後一塊田，或是如此刻的我，在夜幕低垂時徒步來到村莊邊，停下來聆聽，並且理解到這些輓歌所強加的秩序和誦讀韻律，其實是讓一個徘徊的心靈可承受的唯一方式，訴說著這裡所有撕裂心靈的事物，以及萬事的徒勞。

~

停留在第一個籠罩於*doina*歌曲中的村莊那晚，唯一可睡之處是間猶太雜貨店，同時也是一家客棧。店主人是個忙碌的紅髮男子，與普羅夫迪夫和魯塞的塞法迪猶太人大不相同：他是阿什肯納茲猶太人。村民稱為大衛先生（Domnul David）的他，以意第緒語和家人交談，和我則用古雅有趣的鼻音德語溝通，德國裔猶太人。唉，不像巴納特的老拉比，他對經文所知不多。我很想問他《妥拉》（*Torah*）[23]和《塔木德》（*Talmud*）[24]之間的確實差異，那是我一直深感困惑的，還有魔像[25]和哈西迪[26]的相關資料。這裡只有極少數孤立的社區，他說。該去的地方是遠在北部的高摩爾達維亞，在像博托沙尼和大衛先生家鄉的多羅霍伊，居民就幾乎都是猶太人。（大約一年後，我真的就去那裡了。）

拜猶太人的敏銳，或是羅馬尼亞人一般不適任商業行為，也可能兩者都有所賜，幾乎所有的村莊雜貨店都是猶太人開的，城裡的貿易也是。唯一的例外是多瑙河的三角洲地帶，特別是在康斯坦察、加拉茨和布勒伊拉，這裡的商業活動以希臘人最為活躍，尤其是在希臘龐大財富集中所在的多瑙河的駁船貿易，房地產代理商和管理員幾乎向來都是希臘人。或許是出於這原因，這裡的猶太人並不總是討人喜歡。但是，相較於與羅馬尼亞人對生活在國內一百萬左右的猶太人根深柢固、且幾乎普遍性的反猶太主義，這還算是溫和的小缺點而已。其偏見甚至比對匈牙利還深。不僅所有的惡習都歸咎於村莊客棧主人、雜貨商和貿易商，情緒甚至強到幾近神祕的程度。農民這個層級對於儀式謀殺的傳說依然深信不疑。但在更世故複雜的階層，匈牙利人似乎仍然比羅馬尼亞人更執迷於這些問題。我深讀法國作家吉恩．薩洛和杰羅姆．薩洛所寫的《霍布斯堡之翼》（*La Fin des Habsbourg*）、《當以色列不再稱王》（*Quand Israël n'est plus roi*）等書，因而得以正確地了解猶太人在貝拉．庫恩[27]革命中所扮演的角色。聽到人們談論長期以來都以陰謀論呈現的控

---

23 為猶太教核心，意義廣泛，可以指《塔納赫》二十四部經中的前五部，也就是一般常稱的《摩西五經》。它也可以被用來指由創世紀開始，一直到《塔納赫》結尾的所有內容，甚至可以將拉比註釋的書包括在內。妥拉的字義為指引，即指導猶太教徒的生活方式，因此所有的猶太教律法與教導通通都可以被涵蓋到《妥拉》中。

24 猶太教中認為地位僅次於《塔納赫》的宗教文獻，記錄了猶太教的律法、條例和傳統。其內容分為三部分，分別是《密西拿》、《革馬拉》和《米德拉什》。

25 Golem，傳說中用巫術灌注黏土而產生的具有自由行動能力的人偶。

26 Hasidim，猶太教正統派的一支，受到猶太神祕主義的影響，由十八世紀東歐拉比巴爾．謝姆．托夫創立，以反對當時過於強調守法主義的猶太教。

27 Kun Béla（一八八六～一九三九年），猶太裔，匈牙利共產主義革命家，匈牙利蘇維埃共和國的主要創建者和領導者。

制世界計畫，包含《錫安長老會紀要》（*The Protocols of the Elders of Zion*）[28]，完全沒有違和之處。（這是根據一位具有族譜意識的匈牙利鄉紳的說法，這種策略以法國領頭，英格蘭緊追在後，猶太人藉由和西歐貴族階層的聯姻，代代實施滲透。為了強調觀點到位，他向我展示了一卷經常被提及、但卻少有人親眼得見的罕見之卷，叫做《半哥德》（*Semi-Gotha*）。這本四方厚實的手冊，肯定是由一個和M．蓋爾捷．博西爾[29]一樣，只為單一目的的人所編輯。與出版哥德的三本參考資料有著相同的格式和一致性，似乎成了一些幾乎不懂其他知識分支的鄉紳唯一的閱讀選項：皇家、間接屬國和王侯家庭的紅皮《皇家年鑑》（*Hofkalender*）、藍皮的《伯爵年鑑》（*Gräfliche*）和綠皮的《男爵年鑑》（*Freiherrliches*）平裝本。私人印製的第四卷是黃皮的，而且不像其他合宜的皇冠和冠冕，其封面上的金色浮雕是大衛之星。為了說明猶太人舉世的散布和它潛伏得不怎麼樣的偽裝，鄉紳用戴著家徽的纖瘦小指和一種憂鬱的勝利表情，指過一個接一個的名字給我看。「溫斯頓．邱吉爾」[30]是他說的第一個，羅瑟米爾子爵[31]是第二個：相當可悲的是，當時的羅瑟米爾被視為匈牙利修正主義的白色希望。難怪他會說：「所以你永遠也說不準。」當我質疑他最喜歡的書的重要性和準確性時，他感到既困惑又受傷。）[32]

這些敵對的感覺在北部根深柢固。那裡的猶太人口在一百三十年間，從大約兩千個家庭增加到近一百萬個家庭，大多數是從波蘭和俄羅斯惡劣的居住環境逃出來的，直達幾個摩爾達維亞公國的大城市，包括摩爾多瓦首都雅希。現在他們已經超過了羅馬尼亞居民人口數，壟斷了該省的商業。這種難以消化的人口爆炸，難怪會引起居民間的恐慌、憤恨和敵意；這裡難以與鄂圖曼世界的塞法迪猶太人那精練和人數少很多、早已擁有的和諧和定位相比，無怪乎得不到完整公民權的猶太人，面對幾乎每個晉升或榮譽的途徑都遭受否定下，最後會在唯一不受偏見阻礙的領域內擴張和超越。在他們人口突然開始暴增的偏遠公國裡沒有中產階級；農村社會對地主的中世紀封建主義（也就是大大小小的特權貴族，其中有許多人根本甚少踏上他們世代累積的土地）和被無情剝削的廣大農民，一無所知。那裡也沒有所謂的城市中產階級，在摩爾多瓦尤其如此，於是隨著國家的擴大，猶太人口成了掮客和零售商的半外邦資產階級。

這裡人人都不太情願地承認：猶太人在他們的交易中無論多麼地無情，但至少都是誠實的，

28 一九〇三年在俄國沙皇時代首度出版的一本以反猶太為主題的書，原始語言為俄語，作者不詳，內容主要描述所謂「猶太人征服世界」陰謀的具體計畫。

29 全名Jean Galtier-Boissière（一八九一～一九六六年），法國巴黎的作家、辯論家和記者，創立了《小炮報》，專為小人物發聲，立場包括反納粹。

30 全稱謂Sir Winston Leonard Spencer Churchill（一八七四～一九六五年），英國政治家、演說家、軍事家和作家，曾於一九四〇年至一九四五年出任英國首相，任期內領導英國在第二次世界大戰中聯合美國等國家對抗德國，且取得最終勝利，並自一九五一年至一九五五年再度出任英國首相。

31 原編註：Harold Harmsworth，第一任羅瑟米爾子爵（一八六八～一九四〇年），《每日鏡報》（*Daily Mirror*）創辦人，亦是匈牙利要求修改一九二〇年《特里阿農條約》，並重新調整國家邊界的支持者。布達佩斯有他的雕像。

32 原編註：相反於派翠克．弗莫輕視地描述，《半哥德》其實是對那些有猶太血統祖先的歐洲貴族成員一個公正的調查。之後納粹還用它來辨識。

也忠實於他們的協議。我也注意到，幾乎每個人，一般而言無論是如何地不懷好意，都有一個「不像其他人那樣的」猶太朋友，算是一定得加入一個宏觀總和中的例外裝飾。只有在後來旅行到摩爾達維亞和布科維納後，我才漸漸在非猶太人占大多數社區中，和不顯孤立的猶太人認識、交談，甚至交上朋友。由於完全不需要適應外族的生活方式，讓他們得以完整無缺地保有自己原本的方式：黑色長袍、寬邊黑色天鵝絨帽、無邊便帽，黑色、紅色和亞麻色鬍鬚、螺旋鬢髯（就像我在巴納特樹林裡碰到的主人和他兒子），和未受羅馬尼亞語參雜的意第緒語，但嵌入了波蘭語和俄語用字，以及拉比和神學學生讀的希伯來語。在這裡，人們也會聽到鼻音腔調，並觀察到最純粹的身體往前弓、移動雙手、掌心向上抬的東方手勢。許多猶太人正是在這些地區，特別是到在第一次世界大戰結束前都在霍布斯堡王朝[33]統治下的布科維納首府切爾諾維茨展現才華，而在移居美國後，開始在舞台、螢光幕、音樂和藝術上壓倒性地盛放開來，妝點著在其他種族身上找不到的幽默，產生了天才，為世界提供所有有趣的猶太故事。

自從在巴納特和一位拉比相處開始，我竭盡所能地學習猶太人歷史，用我所能理解的任何語言徹底搜索索菲亞的百科全書和參考書。我去過布拉提斯拉瓦一間阿什肯納茲猶太會堂，但是待的時間實在太短，由一位猶太朋友引領透過對陌生人而言必然是困擾的習俗來學習。在普羅夫迪夫時，我也曾在亞美尼亞教會裡聽過迷人的聖徒之日彌撒，在一間猶太會堂外盤桓了很長一段時間，但因為沒有朋友，終究不敢入內。（直到二十年後，因為迷戀東正教頌歌和格儒略聖歌[34]，以及可能是沿自它們，特別是詩篇中所載門徒時代的安提阿和耶路撒冷那些偉大寺廟的宗教儀式的激發，我終於在倫敦市砲兵道一間英國查理一、二世時代、精緻的葡萄牙—荷蘭猶太會堂內，聽到了塞法迪猶太人的歌聲。）我因此學到了很多：為什麼北部猶太人說德語方言；有著德語起源的名字，像是舒瓦茲（Schwartz）、衛斯（Weiss）、阿本斯坦（Abendstern）、宛恩塔普（Weintraub）、布魯門普拉特（Blumenblatt）、格爾德保（Goldberg）；或以斯拉夫式的字尾為姓名，像莫斯基（Moisky）、拉比諾維奇（Rabinovitch），而不是以他們古老的希伯來語命名。在眾人睡覺之後，我和大衛先生坐在他的客棧內雜貨鋪聊天，談到關於馬加比家族[35]、巴比倫流亡[36]、聖殿的墮落、古代猶太人大流散和可薩人[37]的話題上，大衛先生並沒有給予太多幫助；這給我的

33 Habsburg，歐洲歷史上最為顯赫、統治地域最廣的王室之一。其家族成員曾出任羅馬人民的國王、神聖羅馬帝國皇帝、奧地利公爵、大公、皇帝、匈牙利國王、波希米亞國王、西班牙國王、葡萄牙國王、墨西哥皇帝和今法國、義大利、荷蘭、比利時境內及南部斯拉夫地區若干王國、公國的國王、大公與公爵等。

34 Gregorian plainsong，西方基督教單聲聖歌的主要傳統，是一種單聲部、無伴奏的羅馬天主教宗教音樂，主要是在第八和第九世紀時，法蘭克人到達西歐和中歐期間發展起來，後來繼續有所增加和編寫。咸認是由教宗格儒略一世發明了額我略聖歌，但也有學者認為是在後來的加洛林王朝時期，綜合了羅馬聖詠和高盧聖詠而形成。

35 Maccabees，猶太教世襲祭司長的家族。

36 Babylonian exile，指古猶太人被擄往巴比倫的歷史事件。西元前五九七年至五八六年，猶大王國兩度被新巴比倫王國國王尼布甲尼撒二世征服，大批猶太富人、工匠、祭司、王室成員和平民，共計上萬人被擄往巴比倫，並囚禁於巴比倫城，直至西元前五三八年，波斯國王居魯士滅了巴比倫後，被囚擄的猶太人才獲准返回家園。猶太人自稱這段歷史為受難時代，被囚時渴望耶和華派一個救世主來復興國家。猶太教就是從此萌芽的，對基督教的影響也很大。

37 Khaznrs，常指一西突厥的屬部落，他們的汗國是中世紀初期最大的汗國。

感想是，英國的雜貨店家對丹麥進貢[38]和賢人會議[39]同樣所知不多，但我的興趣可把他逗樂了。

而在拉下百葉窗之前，他說的一些話倒是在我心中留了下來。我們比較了猶太教和基督教。「我來跟你說說我們的宗教遠大過於你們的優勢：沒有人可以在確實地實踐基督教教義的同時，還過著一般的生活——除非是聖徒。你們基督徒總是達不到所謂『理應如何』的標準；結果一秒鐘也做不到，總是有罪、總是悲慘、總是在羞恥中盡你所能地努力。反觀猶太教就是為人類而設的，只有幾個我們不能打破的簡單規則，全部就這樣。我們可以正確地實踐我們的宗教，卻仍然像普通人一樣生活。成為一個好的猶太人很容易，成為一個好的基督徒則是件不可能的事。但基督徒並沒有比猶太人更善良。有嗎？差不多？那麼差異在哪裡？結果呢？我們在我們的宗教中快樂過日，而你們卻悲慘度日，就是這樣。我們有很多其他的煩惱，但宗教絕非其中之一。*Gott sei dank*（感恩）。它不會從後頭攻擊我們，就像對 *Goim*（外邦人）所做的那樣。」

～

接下來需要來個大括弧的解說了。而在加拉茨穀物商人雅各．貝爾科維奇的蒼蠅窩，和撕完的日曆下，把朱蒂絲畫在赫諾芬尼[40]前面的鐵皮床上，正是適合畫上這簡短休止符的地方。

在最後的十幾頁裡，有一些參考資料顯示了我與羅馬尼亞的相處，比單純和匈牙利人，或持續在這短距離的跨多瑙河區間的夏季月份還要長，這件事是可供認證的。因為，在這次旅行結束、戰爭爆發之前的五年裡，我多次回到迄今為止我已經橫越過的所有國家，獨缺保加利亞。在這一年的年底之後，我從來沒有再次訪問保國乃純屬偶然。但是在這所有的國家裡，（儘管不在這批紀錄當中，卻一直交織在字裡行間）希臘，還有羅馬尼亞，是我最常走訪並居住的兩個國家。在羅馬尼亞，有兩次我大約都停留了一年。（要不是戰爭嗚響突然爆發，就像結束了一個美好的暑假，把我拖回到看起來宛如在尖刺圍欄內禁衛軍站立的廣場上，度過喇叭、重踩和吼叫不斷的漫長寒冬學期，我可能還會停留更長的時間。）在高摩爾多瓦的山谷安定下來後，我遊歷羅國各地，到三角洲、布科維納、回到外西凡尼亞、多布羅加和比薩拉比亞，並多次遠征到布加勒斯特。因此，我的第一次記憶被後來更多的遊歷所覆蓋，而在寫這些首度的相遇時，就變得很難把之後經歷的足跡排除在外：企圖勉強自己非這樣做不可，只不過類似於假裝一個虛偽的天真。要把後來的經驗排除在稍早就走過的舊皇區領域之外，真的很難。我幾乎抗拒不了誘惑地想要從後面的一些日期中拿出一、兩個對話框，放進前面的頁面中。這是個冒險的過程，但如果我看到了適當的時機，像是一個可能的段落結束，或這本書粗糙和完備細工間的缺口，那我就會任其撕裂，不過，不會沒有事先警告讀者。畢竟，我不太可能在書稿付梓之時，以這樣的方式過關。還

38 Danegeld，泛指獻給維京人的土地稅，以防他們入侵蹂躪。

39 Witenagemot，盎格魯撒克遜時期，英格蘭的一個重要政治機構，由國王主持召開、會期不定、人數不等的高層會議，與會者主要有被稱為「賢者」或「智者」的高級教士和世俗貴族，包括國王的近臣、王族寵幸和地方長官等。

40 Holofernes與Judith皆出於《舊約聖經》的〈朱蒂絲傳〉，描寫年輕的寡婦朱蒂絲，誘惑了入侵家園的以色列人首領赫諾芬尼，並且加以斬首。

有，我也想要努力及重新捕捉自己對這非凡國家往後的印象；我會看看之後的發展，隨機應變。

根據以上這可疑的段落，我要說的是，在彙編這份私人考古學非常古怪又愉悅的任務中，會碰上兩個倍感困擾的問題。第一個是突如其來的模糊，當確切的記憶突然失靈，延展的行程上隱隱浮現空白，而地圖上又沒有任何鉛筆標記可以助我一臂之力。這種情形發生過許多次，而且毫無疑問地還會再發生。起初這些突然斷電給我帶來了痛苦，我會在分分秒秒的流逝中，隨著不斷增長的痛苦而從紙頁凝視到地圖，卻什麼都沒有浮現上來。現在不會了。我把這種空白解釋為一個指示，顯示因我個人之私，那裡確實沒有什麼難忘的記憶。沒有反映在景觀、村莊、城鎮、或甚至是它們的居民上。由於個人的一些不足，我經常就只是晃過或者錯過，或完全沒記住十分重要的建築物（那部分我現在可能會投入莫大心血去看）、充滿歷史和自然奇蹟的整個山脈、政治趨勢和重大事件。最後的這個思量引起了一個突發之想，就是即便延遲了這麼長的時間，想必這是有史以來得見天日最不獨家的旅行紀錄之一。我在此做的私人披露是想要說，這份書稿不是文化手冊、指南，也不是政治或軍事報告（繼續執著於這些缺點也不明智）。讓人開心的是，反過來說，這些缺陷倒讓我們不至於淹沒在那種無差別式的總回溯洪流中。

第二個問題與這一切剛好完全相反：在把沉睡了二十年、甚至更久的那些沒有受到干擾的碎片一股腦兒地接合起來時，所有的細節都將一如瑪德蓮蛋糕的味道般，強而有力地浮上表面，於是普魯斯特[41]式的童年便整個攤開來，導致大量不相干的細節、連鎖思考、聯想列車，以及回聲的回聲，產生了壓倒性的迴響和迴旋。結果，因為想要取得一些對稱和平衡的修復陰影，大量這種毫無關聯的搜索所得，再度遭到丟棄，游回始終潛伏在一旁的黑暗水池。這，對於一個身為自己最糟糕的助理編輯的作家來說，實在是個痛苦的任務。在這種時候，感覺上左邊收納盒裡那成堆的空白大裁樣紙，都是我用隱形墨水去寫的，而且一直遭到遺忘，直到這一瞬間，每張紙都在我面前浮現出黑色字樣，如同一個個細節連接而出，就好像我筆尖沾的是顯影的化學物，而不是墨水；並且一等放進右邊完成的手稿堆中時，添加進文本的事後補充框已經大到足以讓暴增的紙張，一路堆疊抵到我頭頂上這希臘島嶼粉刷的天花板上，而若要取得平衡或和諧的話，許多或大多數對話框都該被刺穿或放氣。

第三個問題來了：如何呈現一個國家真實的印象。關於這一點，我說的並非任何絕對標準下的真實畫面（最好真的有此等好事啦）；而是真實的總體印象，在最終離開時，無數的經驗片段已經凝聚：高度的個人化綜合，只對假使已經充分考慮到作家的盲目、偏見和一知半解之下，仍願搜索一種假設性斷定的人才派得上用場。但我還是覺得如果我把這些篇幅侷限在第一次造訪的經驗，結果會錯得離譜，於是就產生了添加一、兩個事後補充楔子的誘惑。但此刻這都不需要我們擔心。無論有什麼猶豫的強制力可能潛伏在我對羅馬尼亞回憶的不同階層中，我抵達布加勒斯特的細節已在眼前清晰地規劃出來了。所以，來吧，我們出發向前行。

41 引申自全名為Marcel Proust的法國意識流作家（一八七一～一九二二年），其代表作為著名的《追憶逝水年華》。

第六章

布加勒斯特

布加勒斯特於傍晚時刻懸浮在地平線上，有如一團不規則的塊狀物，在夜色的籠罩下，原本的形狀和天際線很快便不見了，宛如再度消失於無形。遠處一、兩幢摩天大樓和零星高大煙囪的模糊陰影，在郊區逐漸黯淡的天色中一點點沉落，綿綿細雨中，朦朧的形影顯得更加縹緲。對一個跋涉其中的旅行者而言，鄉間和城市其實沒有界線，一直都只是逐漸轉變的過程，而此間則更為模糊。昏暗的住宅區隱然浮現，公路的泥濘悄悄轉變為碎裂不整，兩旁粗糙的柏油路面上如星辰般布滿大大小小的水坑。這一片由水坑和剝落的柏油路面所組成的迷宮，在雨中反射著燈火、火焰和窗戶的破碎倒影。然後，突然間，周遭陷入一片黑暗，好一陣子之後，在一片合歡樹林間，成排燈光浮現，一幢小型的高樓建築闖入視線。再往前走，又出現一間工廠的窗戶，隱隱傳出發電機在明亮空洞的廊道轟轟作響的聲音。磚造建築裸露出屋椽，灰泥散落，樹枝透過牆壁和窗戶裂縫恣意生長，展現出廢墟的景象。前方出現一些搖晃的小屋，是拿煤油桶敲擊組合而成，裡頭透出的微弱火光來自挖空蘿蔔充當的燈具。路旁可見半完成的現代住家，光禿的天際線不時冒出如鬍鬚般的鏽蝕金屬條，含有鐵質的水泥也已龜裂，爬滿赤褐色的紋漬。再往前走，只見茅屋和帳篷錯落，更形紊亂。翻覆熔鐵爐的喀嚓聲，清楚顯示出吉普賽人行經的蹤跡。

這是流動的一區；沒有一樣東西是停滯的，每件事物不是已退化為殘骸，便是剛萌芽而尚未成形。偶見整潔的商店街在黑暗中綻射出一道耀眼的光芒，然光芒盡頭處，依舊隱約可見墓園、垃圾堆或森林。

一隻貌似黑豹的貓咪將頭探入一只錫罐中舔拭罐底，狀似力圖戴上一頂歪斜的頭盔。一處磚廠建築裡的磚窯內部火光熾燃；六匹馬繫在樹下，雨水不斷地從葉片上滴落；接著，我努力穿梭在成百輛汽車殘骸、成千個輪胎和無數個腳踏車車輪之間。明亮的住宅區突然一變又成為廣闊的獨立廣場，道路蜿蜒其間，廣場邊緣閃爍著商店和酒館的光澤，形成一條反射著雨水的寬闊光環。從幽暗的廣場中央看去，這環水圈宛如環繞著一座潟湖，廣場道路上穿梭著卡車、汽車（其中包括一、兩輛極不相稱的時髦汽車）及長型鄉村馬車，在坑洞間顛簸而行，有如一艘艘在波浪洶湧的大海上飄搖的三桅帆船。

在都市燦爛光澤的襯托下，遠處更接近河濱處，竄升起一群摩天大樓，其間點綴著耀眼的燈光標誌。道路正中央閃爍著光點，待我走近，才發覺是一堆營火，在逐漸變小的細雨中綻放著火花；營火四周有一群人盤膝而坐，每個人身上都披著破爛的三角形羊皮披肩，頭上戴著球莖狀的皮毛高帽，若干牧者安靜地啜飲著飲料，奇特的身影投射在彈坑般的柏油路、泥濘水坑和一旁打盹的水牛身上。在跋涉而過時，一輛帕卡德[1]高級轎車狂按喇叭。頭戴閃光大盤帽的駕駛，詛咒連連地調轉方向盤，車燈搖晃、踉蹌滑行在路旁軟泥間，尖聲問候路中的人和「mama Dracului[2]」

1　公司全名為Packard Motor Car Company，原為美國豪華汽車生產商，一八九九年成立。後汽車模具被批准賣給蘇聯，從俄羅斯產生自己的帕卡德名車給高官使用。最終於一九五八年倒閉。一九九五年名稱又被人買下，用於生產限量的大型豪華車。

2　典出《德古拉》（*Dracula*）這部小說，以十五世紀時羅馬尼亞南部公國瓦拉幾亞的領主弗拉德三世為原型創作，也就是今日大眾所熟悉的吸血鬼原型。

（魔鬼老娘）私通！火光中一張張面孔依然故我地嚼食，就像他們所飼養的水牛一樣默默反芻，彷彿置身在帕米爾高原或戈壁沙漠上，我決定在此過夜。這些從首都南部所延伸的地區，儼然是一片混合著撒馬爾罕和底特律特色的地區。

我像一隻飛蛾，撲向大都會召喚的火光，而且一定是迷失了方向，因為雖然街道比較光亮，但中間縱橫交錯的迷宮卻仍然幽暗凌亂。我可以聽到電車穿越平交道的叮噹鈴聲，但它卻始終不曾出現在我附近。我探頭進附近雜貨店或酒館問路，怎麼到市中心？卻似乎總是迷失了方向，反而更加陷入殘破的荒野之中。最後，我經過一座橋樑，跨越的應該是登博維察河，來到一條忙碌的長街上，景觀同樣破敗。（那裡難道是摩西勒街？）當地商店的名稱除了羅馬尼亞文外，有很多是希伯來文，也有若干亞美尼亞文。電車叮噹聲響起，然後突然湧現一堆人。天色漸暗，由於長途跋涉，飢腸轆轆的我便挑選了一家炊煙迷濛、香氣誘人的小吃店，店名為「La Pisica Vesela」（快樂小貓）。店內的煙霧主要來自火爐上的平板鐵鍋，一個外貌和藹的廚師正嫻熟地使用一雙巨掌揉製出紡錘型的肉捲，放入鍋中煎炸。

我喝了點 *tzuika*（羅馬尼亞傳統的李子酒），大啖 *mititei*（米提提肉捲）和許多葡萄酒。米提提美味可口，讓人無法抗拒；其實，葡萄酒亦復如此。我後來得知布加勒斯特有一處肉捲格外好吃，傳說是由一名吉普賽女廚師在大腿上揉製而成。店內最神祕的人物，是兩個體型高大、正在飲茶的男子。他們的魁梧主要來自穿著：身穿襯墊厚實的土耳其長袍，以黑和深藍兩色的波浪紋絨布料裁製，腰繫帶子，下襬寬鬆，層疊褶皺，直達地面，衣襬下方突出一雙長筒巨靴；金屬鈕扣從長袍的領部一路扣到衣襬，嚴密扎實，有如身穿法衣的修道院院長。他們一人頭戴毛皮高帽，一人戴著黑色尖頂鴨舌帽。只見皮鞭倚牆靠放，令人聯想到守候在外面的泥漿地，車篷環繞、座位挑高寬敞的兩輛馬車。但是他們之所以令人矚目，主要並不是因為衣著。他倆都有雙細小的藍眼睛，一張柔和平滑、布滿細紋的寬臉，彼此交談的語言古怪高亢，起先聽起來很像保加利亞語，但從不斷轉換的母音和流音顯示應該是俄語。當他們步出小店，平穩地駕車離開後，我以眼神探詢廚師。他笑了笑，說了句：「俄國佬。」隨即又被吱吱的油炸聲和煙霧所吞沒。

之後我趕往市中心的腳步已失去原先的動力。經過蔓延約一、兩弗隆[3]的荒廢地區，又來到比較明亮的街道，隨即從照明光亮的門廊、流連門口的人影、腳步遲疑的居民和軍人，以及傾斜歪倒在圍籬上一扇扇的門扉，通往一座座明朗的院落，裡頭男男女女倚在樹下窗台邊上——我發覺自己身在一處單純低調的紅燈區。不過低調歸低調，空氣中依然瀰漫著濃濃的曖昧氣息。泥濘的街道、圍籬破舊的木板，與燈光明亮的房間形成奇特的對比。房間內光禿的燈泡照在一件件光澤閃爍、色彩甜蜜的洋裝上，同時也照在經過漂染而逐漸褪為深色的頭髮上。一家院落的樹枝上纏繞著成串的彩色燈泡。行經此間的人們，多半心不在焉地徘徊在燈光和召喚的人物間，有如水族箱裡猶豫不決的小魚，悶悶不樂地向一個蹲在合歡樹下守著炭盆的盲眼小販購買核桃。對於基層生活始終懷抱熱情的我，很渴望摻入其間盤桓一番，可惜此刻的我扛著背包、拄著手杖又身穿

3 furlong，古老的英制長度單位，一弗隆約兩百公尺。

大衣，明顯是個陌生人，很難扮演旁觀者的角色，卻反而更像個演員。我一直渴望能成為隱藏在黑暗中的觀察者，如文學裡的齊格菲[4]或珀修斯[5]，擁有隱身平凡眾生中的能力。總之，夜色漸深，我該拋下所有行李，前往這座新城市的中心了。

往前走了一會兒，就見到一家小旅館。儘管名稱赫赫有點嚇人，但應該正適合我的水準。旅館名叫薩沃依—麗池（Savoy-Ritz）：懸掛在大門口壁燈下方的一塊木板上刻畫著這幾個大字。一名鷹勾鼻的年長女子領我到房間。在這種寒酸地區，這房間意外地愉悅舒適，還有冷熱水供應的*confort moderne*（現代化享受）！更令我震驚的是這女子竟說得一口法語，並帶著我逐漸能辨認出的俄國腔。我問她是哪裡人：奇西瑙。她告訴我是比薩拉比亞省的省會，昔日屬於摩爾達維亞公國，但一百多年前已經割讓給俄國。「什麼！」我不禁搬出在索菲亞的一本參考書上所獲得的資訊：「普希金[6]被放逐的城市？」「不錯！」那女子回答，露出一副佩服的神情。我以最快速度梳洗，突然迫不及待想要奔向市中心燈火輝煌之處。「夫人，Un merveilleux poète!」（「他是個很優秀的詩人！」）我溫柔地說，但其實我並沒有看過任何普希金的文章。「On le dit.」（「應該是吧。」）那女子回答，「Je l'ai très peulu...」（「我識字不多……」）我問她前往布加勒斯特市中心最佳的方式。她一副受傷的模樣：「這麼快就去？」接著邀請我留下來聊聊天。「On s'amuse bien ici!」（「我們這裡也有好玩的地方！」）我一定也想要有人講講話吧？「不，不，有人在等我。」我謊稱道。她看起來頗為困惑，又饒有興味，不過仍送我離開了。穿過幾條街後，我招到一輛極為時髦的計程車。計程車司機是光顧「快樂小貓」的一名俄國佬。

當終於徜徉在市中心的勝利大道時，我大為驚豔。驚豔、興奮，甚至相當不知所措。放眼望去，但見居民的亮麗和轎車的氣派，計程車輛輛時髦，閃閃發光的黑色車身漆著一圈黃黑方格紋標誌，商店門面上裝潢著帥氣的現代化字體，其中一間顯得格外時尚：一瓶隱隱發光的香水瓶，放置在散發著柔和光澤、堆高的銀灰色絨布上，後方襯托著花邊褶紋的檸檬黃絲綢布幔。此外，鋼筋水泥的門面上五光十色的燈光招牌，醒目的售貨亭販售著各種語言的期刊；低矮的階梯鋪放著柔軟的地毯，通往飯店的旋轉式水晶門和極盡輝煌的大廳；大型豪華咖啡廳裡，有著在耀眼燈光下的人群；一處十字路口喇叭齊鳴，我以一種難以分析的傷感，冷眼旁觀一輛載著身穿晚宴服的外交官的勞斯萊斯駛過，擋泥板金屬桿上飄揚著老鷹和獨角獸標誌的英國旗幟。這所有的車燈、商店門面、咖啡館門窗和燈光招牌所散發的光線，投射在柏油碎石和石材鋪製的地面上，反射出水彩般的色澤；這種種流線型的設計，閃耀的光彩和其間的無懈可擊，以及奧林匹克般高規格的安全設備，在在令我有難以承受之感。我已經淡忘這一切，索菲亞小到微不足道；而歷經高

4 Siegfried，中世紀中古高地德語史詩《尼伯龍根之歌》的英雄，也是華格納著名歌劇《尼伯龍根的指環》主角，以屠龍聞名。

5 Perseus，希臘神話中宙斯和達那厄的兒子，最著名的故事是割下蛇髮女妖美杜莎的頭顱，獻給雅典娜。

6 全名 Aleksandr Sergeyevich Pushkin（一七九九～一八三七年），俄國詩人、劇作家、小說家、文學批評家和理論家、歷史學家及政論家。他是俄國浪漫主義的傑出代表，俄國現實主義文學的奠基人，被尊稱為「俄國詩歌的太陽」、「俄國文學之父」，更是現代標準俄語的創始人。

聳的高山、低矮的建築，以及道路盡頭不時可以瞥見的原野之後，旅行的人大都覺得自己會來到一處鄉間城鎮，而非首都重鎮。再者，我上一次見到的大城市是布達佩斯，那時是四月，而現在已是十月的最後一個星期。七個月和一千多公里路間——更別提在心理上似乎更為遙遠——我都置身在林木和山岳之間，大部分時間露天而眠，或停留在農家：一種迥然不同的生活步調——除了偶爾脾氣不好時會怨聲載道，比如在前往魯塞途中突然陷入情緒低潮外——那正是我一向所熱愛的。而此刻突然置身於都會中心，我只覺得扞格、脫節，內心充滿茫然的惶惑、粗俗與孤寂，正如一個鄉下佬進城時所遭受到的衝擊。

其實，當我漫步街道，便發現這座城市遠非摩天大樓雲集的現代化都市，而且每棟大樓也都不是初見時的壯觀雄偉。這些新竄升的怪獸是個囊括多種不同型態的都市，包含：一九〇〇年代的水泥和石灰建築，有如東歐版本的巴黎[7]；維多利亞中期、第二帝國時期、華麗的摩爾多瓦—瓦拉幾亞與新拜占庭風格；不時可以瞥見迷人的古老住宅；還有一旦離開核心街道後，便出現的那些具有娛樂性質，融合了各種型態的誇飾風格、充滿活力、粗製濫造的混合式建築。在不引人注目的巷道裡，隨處可見挑逗揚眉和呢喃邀請的身影，亦處處可見車篷覆蓋、高懸車燈的出租馬車，與身穿土耳其長袍、頭戴毛皮帽的馬車夫，或停駐在廣場上及樹蔭下，或噠噠地奔馳在柏油路和石頭路上，揮舞馬鞭，尖聲呼喝。

我不由自主地又回到勝利大道。身著藍色緊身短上衣、頭戴黑色毛皮高帽的衛兵，正駐守在皇宮大門外。再往下走（或是在通往右側的一條叉道上？），迎面而來的龐大水泥宮殿，令我瞠目結舌地瞪視著。宮殿到處妝點著火光熒熒的燈架，一扇華麗大門兩側盤踞著兩隻巨型獅像，在半空中目光如炬，炯炯有神。我心想這應該是政府的哪個部門吧，後來才知道是某位康塔屈澤納家族[8]的王子所建造的。那位王子家財萬貫，儼如一位去了遠方發跡的富豪，曾擔任多年作風保守的首相。而在他那優秀出眾的一朝裡，有多位成員始終不諒解他這豪奢之舉。我倒是相當喜歡這棟建築。

咖啡館櫛比鱗次。我以朝聖都會之姿走進其中一家，到處看看，然後離開，就像用溫度計輪流測試每一個病人，然後選定最金碧輝煌的一家。咖啡館裡人滿為患，觸目所及一片流金燦爛，連顧客都遠比我從書報攤買的報紙還好看。這裡給人一種置身神奇噩夢的衝擊感。第一件令我深感震撼的是此間女子的絕美——那一雙雙大眼睛啊！——還有衣著打扮繁複精緻。我想，巴黎以東再沒有一處有如此間展現出更多花樣的帽子、更高的鞋跟，以及更為目眩神迷的衣飾皺褶、剪裁與精巧的細節了吧？另外，每個人臉上都塗著厚厚的泰爾紫色系[9]彩妝，空氣中交織著各種令

7 十九世紀時，布加勒斯特曾吹起古典建築風潮，並延聘法國的建築師整頓市容，因此不論住宅或公共建築都充滿浪漫風情，市區還建了一座凱旋門，因此有「小巴黎」之稱。

8 Cantacuzino，羅馬尼亞的貴族世家之一，產生了幾個摩爾多瓦—瓦拉幾亞時代的王子。源自拜占庭約翰六世家族的一個分支，在俄羅斯與鄂圖曼帝國戰爭之後，其中一個分支定居俄羅斯，接受了王子的地位。一九四四年後的大家長定居瑞典，後裔未再排入羅馬尼亞貴族族譜圖中。

9 Tyrian，古羅馬占領希臘時從當地帶回很多染料，其中一種就是骨螺紫。骨螺的鰓下線所分泌的物質在光照下會變成紫色，這種顏色在古代也成為流行與權貴的象徵。

人暈眩的濃郁香氣……這些人確實是荒謬地過度裝扮了？或這只是我個人鄉巴佬的偏見而已？我沾滿泥濘的靴子在腳下感覺陌生的地毯上不安地蠕動著。從我偏執的觀點看來，男子的打扮更糟糕：又厚又高的墊肩、又寬又大的翻領、金光閃閃的戒指和領帶夾、僵硬如頭盔的藍黑色頭髮反射著漆皮似的光澤、一張張有如丑角般蒼白的面孔；一幅幅貪婪掠奪的表情，每雙眼睛都綻放出有如賭檯管理員挖苦的目光，似乎宣示每樣東西、每個人都有其價格，包括擁有者本身。那些比較有年紀的面孔，彷彿都戴著反映七宗罪[10]的面具。這些都會式的滑石粉般的蒼白和軟柔，那一雙雙bistred[11]的眼睛，是否代表某種室內的、虛偽的自得意滿，使得數個月來一貫目睹飽經風霜、鄉土質樸臉孔的我，覺得特別侷促難安？儘管兩頰蒼白僵硬，這些人依然光彩四射，洋溢著濃厚的商業氣息。在我腦中的幻象裡，這閃閃發亮、過度奢華的巴比倫罪惡之都中的言談，俱是輕蔑與嘲弄。當然不是針對我。（只除了，我想，那位把我的杯子砰地放在圓形銅桌上，一襲白色上裝、金飾閃閃的侍者吧！或者那也只是出於我的幻覺？）在座者，似乎每個人都在進行一場嘲諷的馬拉松賽：斜倚著肩膀、揚起一邊眉毛、彎咧著嘴角且揮舞著手掌，口中發出「嘿！嘿！嘿！」的聒噪刺耳聲。真是討厭！這樣大驚小怪、吵吵鬧鬧的，究竟在搞什麼鬼？我宛如置身恐怖幻境之中。難道在探索之間，我不知不覺喝醉了嗎？即使當時，當我皺著眉頭一人獨處時，我也意識到自己對周遭環境的反應未免過於誇大執拗。如果當時我知道自己日後會如何偏愛羅馬尼亞（當然不是這一面的羅馬尼亞），我該會覺得多麼意外、多麼難以置信啊！

鄰桌一位架著角框眼鏡、個兒矮小的鬍鬚男，打斷了我灰暗的心情。他正匆匆嚼著三明治。

能不能借我報紙看看？瀏覽了內容後，他先是用英語和我交談，接著又改用非常快速的法語，是個手勢很多、個性冒失但友善的人。他在《晨報》（Dimineața）擔任記者，曾遊歷過許多國家：土耳其、埃及、波斯、印度和錫蘭。在錫蘭時，曾有人送他一個幸運符，是一隻死掉大象的象牙，後來他一直掛在頸間。你看！他解開紫黃色絲質襯衫。果真有個約十公分長的象牙，毛茸茸地彎曲成一團，鑲在金項鍊上。你是做什麼的？啊！全球走透透！*Magnifique*（太棒了）！你喜歡歌劇嗎？我說喜歡。（這輩子到現在一共看過四場歌劇。）好，好，明天有場《波希米亞人》（La Bohème）的首演，結束後會為演員舉辦一場宴會。我們屆時在那裡見個面？他必須趕到報社去了。他友善地和我道別後，戴上一頂窄邊呢帽，莽莽撞撞地便衝了出去。

稍後我回到街上，發現自己完全忘記了遙遠歸處的街道名字了；不過幸運之神再度降臨，因為我又碰到同一個計程車司機，那可是當天晚上的第三次了。他把我送到我原先搭車的地點，不過由於旅店招牌的燈光已經熄滅，我竟然來回繞了三次才終於找到薩沃依—麗池旅店。那名鷹勾鼻的女子拉開門縫，說了句「Ah, c'est vous monsieur!」（「喔，是你啊！」），便讓我進去。旅店關門了，她說，已經兩點了，不過，上床前來喝杯酒或茶吧！每個人都用過晚餐了。雖然之前就

10 Seven Deadly Sins，也稱七大罪或七原罪，屬於人類惡行的分類，其次序為：傲慢、嫉妒、憤怒、怠惰、貪婪、暴食及色慾。

11 原編註：褐色顏料，最廣為人知的是用來作為畫家的墨水。

有所懷疑，但我到此刻才終於領悟到自己主演了一齣滑稽劇；更精確地說，是法國滑稽劇中老掉牙的劇情——我不小心住到一家maison de passe（情趣旅店）了。雖然它比幾條街外粗糙的小旅館高檔些，卻也稱不上豪華。塔尼婭夫人一副饒有興味的神情，她也了解我的情況，並解釋了一下遊戲規則。不過我不必擔心，她們偶爾還是會接待一些單純的旅客的。不遠處傳來愉快的談話聲，四名相當漂亮的女孩身穿晚禮服或和服，正圍坐在廚房的餐桌旁；廚房氣氛溫馨，角落放置著一座聖像，盤子上盛放著雞肉和馬鈴薯。我們正式握握手，羅馬尼亞女子的美貌在這天晚上再度令我動容。早先，我的足跡幾乎遍及外西凡尼亞和巴納特地區每個村落時，便已發現這個事實了。她們遞給我一張椅子和一杯葡萄酒，座位兩側的女孩雙雙切下一片雞胸肉，用叉子友善地遞給我。門口傳來關門的聲音，第五名女孩穿著木屐踢踢躂躂走下階梯，和我握握手，坐下來，甩了甩深色捲髮，在胸前畫了一個十字，然後開始大吃。空氣中瀰漫著工作結束後的輕鬆氛圍。

塔尼婭說著我的錯誤，還活靈活現地模仿了我們早先的對話，引來陣陣銀鈴般的笑聲。有位女孩笑得太厲害，我真擔心她會把頭埋進面前的雞肉和紅蘿蔔中。這些聲音比咖啡館裡那種詭異算計的聲音美好太多了，她們全都擁有單純的靈魂。塔尼婭向我一一介紹她們的來歷：一個來自布科維納、一個來自摩爾達維亞、一個來自外西凡尼亞；那個金髮藍眼的女孩則來自又名赫爾曼施塔特的錫比烏，那裡是中古世紀位於喀爾巴阡山脈山口的撒克遜軍事重鎮之一。關於當地德國民族和語言的由來，有段浪漫的傳說，據說，他們是吹笛手[12]從漢姆林拐誘而來的孩童的後裔（那些孩子在山邊被吞噬，然後神奇地出現在這個外型像葉片的國度）。第五名女孩莎芙塔年紀最小、個性狂野、容貌不凡，是其他四個女孩戲弄和寵愛的對象，而她顯然也樂在其中。塔尼婭告訴我，她之所以被戲弄是因為她的羅馬尼亞話經常犯下有趣的錯誤。她是來自多布羅加的加告茲人：一個有趣的少數民族，是曾經入侵的庫曼人的後裔，混有韃靼血統，在黑暗時期摧毀過多瑙河下游地區。根據拜占庭歷史，他們會從敵人的腦殼飲血。目前這些人使用土耳其語，但信奉基督教。我以敬畏的眼神瞅著她，就像一名鳥類學家發現到一隻奧克蘭群島的秋沙鴨。如此，再加上來自比薩拉比亞省的塔尼婭，她宣稱這個家是戰後羅馬尼亞的縮影。塔尼婭讚美這些女孩都是好孩子，而且態度認真（不過我環視餐桌旁的女孩們，內心並不覺得如此）；她一個月前臥病在床時，她們的表現就像天使一般。如果她能在更靠近市中心的地方找間房子就好了；最重要的是，離開這個可怕的地區！*Le quartier est terriblement mal famé*（這個地區聲名狼藉）！這一區名叫石雕十字架，因為這裡曾經有一個古老的石雕十字架，但在後來小鎮逐漸擴展時被埋沒了。塔尼婭繼續說，只要提到石雕十字架，你看別人嘴裡會說出什麼好話！她不以為然地閉上疲憊的眼

12 Pied Piper，是個源自德國的民間故事，最有名的版本收錄在格林兄弟的《德國傳說》中。故事發生在一二八四年，德國有個村落名叫漢姆林，鼠滿為患。某天來了個外地人自稱是捕鼠能手，並為村民除去鼠患，但村民卻違反承諾不付酬勞，於是數週後，吹笛人回來吹起笛子，拐走所有的孩子。結局則有多種版本，有說村民最後給了吹笛人應得的酬勞，甚至給得更多，他才把被困的孩子放出來。另有版本說兩個一啞一瞎的孩子最終回來了，可是其他孩子被帶到哪裡去卻始終無從知曉。據信故事源於一個真實的歷史事件，但究竟是哪個事件則眾說紛紜。有人認為那些孩子代表了當時到東歐殖民的年輕人，也有人認為那些孩童代表了一二一二年的兒童十字軍。

皮，並要摩爾達維亞的維奧麗卡再為我斟點葡萄酒。我有種身處幕後的喜悅，即隱身演員休息室的神奇感，還有一抹克洛狄烏斯[13]喬裝混入祭祀良善女神[14]盛宴的感覺：不過跟女祭司勾結得手的克洛狄烏斯，算是全身而退的阿克泰翁[15]。我一直很好奇在這種場所的後台，其真實情況如何。應該不會都像此刻這樣愉快吧？在這算是課外活動的休息放鬆中，沒有一絲職業的挑逗。我受到歡迎式的友善對待，以及拜我的誤打誤撞所賜，讓我得以享受到數個月來最有趣的笑話。這些女孩所談的大都是關於她們自己的話題，包括模仿當天客人一些自大或虛偽的嘴臉和言詞等等；不過大部分的客人都是「un veritabil domn」，也就是真正的紳士。軍人的評價一般都很高，但也並非絕對；綜觀而言，律師的得分最高。在這方面，她們之間頗有若干競爭意味，或許也有一些誇耀成分，旁觀起來還頗為有趣。

塔尼婭年輕時曾在夜總會駐唱，在自己經營的旅店也會哼哼唱唱。「別瞧我這鷹勾鼻，你們想不到吧，」她自嘲地用瘦骨嶙峋的食指碰碰自己的鼻樑，「我以前可是很受歡迎的，我很會搞笑。」戰前到處旅遊的她，跨越奇西瑙，足跡遍及烏克蘭各地，和俄國南部：塔甘羅格、阿克曼、基輔、聶伯城，以及克里米亞半島的雅爾達等等。在革命前輝煌的兩年間，更去過聖彼得堡、莫斯科和神祕怡人的亞爾旅遊勝地。這些經歷確實傲人。活躍的歲月過去了，她成為奧得薩一個重要社交組織的第二號人物，那裡金碧輝煌有若皇宮。來往其間的，有所有的烏克蘭穀物交易商，有來自希臘乃至全球的富賈，還有一群金光閃閃的一流顧客：龍騎兵軍官、輕騎兵、驃騎兵、騎士、皇軍，都是駐守在聖彼得堡的軍人。還有伯爵、男爵、王子，甚至總督大人。吉普賽音樂……伏特加……魚子醬……香檳。她把手中的編織物放在大腿上，舉起雙手，宛如烘托著沙皇時代所有逝去的榮光。還有那些女人！來自俄國各地的美女，真正的尤物，特別是從高加索和喬治亞來的。提比里斯，就是那個地方。我突然想到我在閱讀《卡拉馬助夫兄弟們》時，碰到過的一個單字「vengerka」（在俄語中，字面意思是匈牙利女子，但口語意思是阻街女郎或類似職業的女子）。那些俄國「遊戲」中，是否有許多匈牙利人？很多，塔尼婭說，到處都是，不過北部更多，尤其是在夜總會；那個單字到今天依然通用。她壓低了聲音說羅馬尼亞語一般稱這種女人叫「Curva」（妓女）。（多年後，一個有錢的羅馬尼亞友人剛從義大利駕車旅遊回來的時候，跟我說她常在彎曲的山路上看到「serie di curve」〔連續彎道〕的巨型招牌，那是羅馬尼亞語「成排妓女」的意思，看得她的羅馬尼亞司機笑不可遏，好幾次差點出車禍。）

在細數奧得薩的輝煌之際，塔尼婭提到那裡有三座歌劇院，於是我告訴她，有人邀我明天去

13 全名為Publius Clodius Pulcher（約西元前九三～五二年），羅馬共和國末年製造麻煩事端的政客。文中所指的故事為當時每逢十二月四日，羅馬長官會在家中舉辦一年一度只容許女性進入敬拜良善女神的儀式。西元前六五年，西塞羅因和普爾喀對於良善女神的相關迷團起了爭執，雖身為男性，卻在十二月四日那天打扮成女人，偷偷混入作為舉辦儀式會場的長官凱撒的家，後來被人發現，送官究辦，卻因賄賂陪審團而被釋放。

14 Roma Dea，古羅馬神話中的女神之一，於古羅馬得到廣泛的崇拜與傳播，並憑藉兩個相關的祭祀日而聞名於世。

15 Actaeon，希臘神話中的獵人。據奧維德的《變形記》記載，阿克泰翁偶然看到狩獵女神阿爾忒彌斯在基塞龍山沐浴，女神大為震怒，將他變為一頭雄鹿，並且被自己的五十隻獵狗殺死。文中是以假設性的相反說法來說明克洛狄烏斯是全身而退型的阿克泰翁。

聽歌劇。歌劇？她瞄了一眼我那泥巴凝結的綁腿、破舊的長褲和釘有鞋釘的靴子。你要穿什麼？我提及背包裡比較像樣的穿著：雖然不完美，但比身上這些衣服好多了。讓她們替你燙一燙，她說，因為她要出外採買東西。說到俄國，我問她：那些衣著奇特、音調很高、全都駕著馬車跑的俄國佬是怎麼回事？她開始大笑，然後用羅馬尼亞語將我們的對話翻譯給其他人聽，結果大夥兒皆爆出笑聲：俄國佬！閹割派！維奧麗卡用舌頭咂咂了兩聲，還以手指比出剪刀狀，在空中俐落地剪了兩下。塔尼婭解釋道：他們是一個遍布於比薩拉比亞省和俄國南部的教派，羅馬尼亞的總部設置在多瑙河三角洲的加拉茨。在結婚並育有一、兩名子女後（這點她不是很確定），好像男的就會自我去勢，因此導致沒有鬍鬚、聲音高亢、體型龐大等一般閹人式外貌。據我所知，他們的妻子也會接受類似的儀式。有人說那些女人會長出鬍鬚。（這個奇特的新聞（至少有關於男子去勢的部分），絕對是真的。我後來在加拉茨見到一整條街上都是這種人。他們在舊皇區普遍以馬車夫為業。在加拉茨，他們大都是勤勉的養蜂人。據說，他們的教義中有一條是信奉保羅沙皇[16]，亦即凱薩琳大帝[17]遇害的兒子，相信他有一天會重返人世，成為救世主。）

「他們脾氣很壞，」塔尼婭說，「老是在生氣。不過我並不意外。」她臉上浮現出一抹笑意。「當然，我們這裡很少看到他們……」

～

我床鋪對面的牆壁上星光閃閃，懸掛著男女明星的照片：葛麗泰·嘉寶、瑪琳·黛德麗[18]、萊斯利．霍華德[19]、羅納．考爾門[20]、賈利．古柏[21]、艾黛兒和佛雷．亞斯坦姊弟[22]，以及幾位中歐演藝界名人，包括麗琳．哈萊[23]、弗里奇．維利[24]、安妮．奧德拉[25]、布麗奇特．海爾姆[26]和康拉德．維德[27]等等。第二天早上，我在明亮的秋日陽光下審視著照片裡的人物，其中有一、兩位

16 Paul I（一七五四～一八〇一年），俄羅斯帝國皇帝，一七九六年至一八〇一年在位。
17 Catherine the Great（一七二九～一七九六年），是俄羅斯帝國史上在位時間最長，也可能是最知名的女皇。生於普魯士，經由政變廢黜並刺殺其夫彼得三世，即位為俄羅斯女皇。在其治下，俄羅斯經歷復興，達到其歷史頂峰，並成為歐洲列強之一。
18 Marlene Dietrich（一九〇一～一九九二年），德國演員兼歌手。
19 Leslie Howard（一八九三～一九四三年），英國舞台劇演員和電影演員。最著名的角色可能為《亂世佳人》中的艾胥利．威爾克斯。
20 全名Ronald Charles Colman（一八九一～一九八五年），英國演員。
21 Gary Cooper（一九〇一～一九六一年），美國知名演員，曾經榮獲兩次奧斯卡最佳男主角與一次金球獎最佳男主角，並在一九六一年獲得奧斯卡終生成就獎。
22 Fred Astaire（一八九八～一九七八年），美國電影演員、舞者、舞台劇演員、編舞家與歌手，在舞台與大銀幕上的演出生涯長達七十六年。Adele Astaire（一八九六～一九八一年），美國舞者、舞台劇演員和歌手。
23 Lilian Harvey（一七九九～一八三七年），德國女演員和歌手，長期駐紮在德國。
24 Willy Fritsch（一九〇一～一九七三年），德國劇院和電影演員。
25 Anny Ondra（一九〇三～一九八七年），捷克電影女演員。
26 Brigitte Helm（一九〇八～一九九六年），德國女演員。
27 Conrad Veidt（一八九三～一九四三年），出生於德國，後來移民美國的演員。最著名的角色之一是在《北非諜影》中飾演德國少校。

羅馬尼亞女星在巴黎闖出了名號：艾薇拉．鮑佩絲珂[28]、艾莉絲．柯琪雅[29]，即羅希福可公爵夫人；還有報紙上剪下來的政壇型男，包括在隔年出任外交部長的葛里哥．賈芬庫[30]。我的房間原本屬於一個名叫尼庫利納的長住客人，他這時正好返回家鄉普洛耶什蒂去參加姪女的洗禮，那地方座落於油田的奇特區域，隨處可見冒出火焰的鐵製鑽井架。窗戶下方，但見那位來自布科維納的女郎正撒著玉米粒餵雞，口中發出勸誘的呼喚。再往外，破舊的社區蔓延在一片陽光和檸檬色光澤中。對面兩個大型看板上，一個懸掛著多洛班提（Dorobanti）牌香菸廣告，另一個則是史特貝公侯（Prince Stirbey）酒莊的精選葡萄酒。我看著兩位家庭主婦雙手插腰，站在各自的門前大聲爭執，你來我往，互不相讓。在這裡，「魔鬼」和「龍」是同一個字，而她們的穢言穢語中，三句不離「龍的老母」。她們所展示的是一種非常道地的*mahalajoica*（街坊閒語），在羅馬尼亞各邊緣城市貧民窟所使用的尤為鄙俗，和此刻庇護我的屋簷下所聽到的溫言軟語，相去何其遠矣！

莎芙塔受命來拿我的衣服去燙。我從她們的對話中可以聽出她們準備用炭火替熨斗加溫，並商量著要如何熨燙「培屈卡」（Petrica）的外套和長褲，那是我新的羅馬尼亞名。她們在討論由誰負責操持熨斗時，頗有歧見。維奧麗卡抓著熨斗一端，用一句俗語：「Copilul cu mai multe moase ramana cu buricul netaiat」，提醒大夥兒人多反而礙事。後來塔尼婭翻譯給我聽：太多產婆負責接生，結果嬰兒的臍帶沒人剪。

旅途中的那段日子，每天睜開眼睛便覺得順心又刺激；身處奇特的環境，作為完全無法預知獨特事物的自豪主人——好比說今天就吞吐著清晨的那根菸，看著煙霧繚繞過房間——每個日子都展現出不同的面貌與疊層。不過，今日時候不早了，已經接近中午，只是對其他房客而言，卻正好是她們打著呵欠、慵懶地展開新的一天的美好時刻。畢竟還有好幾個鐘頭，才到需要她們施展身手的時候。維奧麗卡和那位撒克遜姑娘在一處陽光普照的平台上玩撲克牌，珠簾的陰影在她們身上飛舞，有如不斷灑落的五彩碎紙；那名布科維亞的女孩在縫衣服；摩爾達維亞的女孩則坐在樓梯上大聲閱讀一份有插圖的雜誌給莎芙塔聽，因為莎芙塔不但羅馬尼亞話說得很差，也不會讀寫。只見她專注地用拳頭撐著兩頰，韃靼血統的臉龐顯得格外突出。她們很快便停下手邊的事，拿起熨燙完美的衣物。「啊！」塔尼婭正好回來，手中購物籃裡塞得滿滿的。「讓我們瞧瞧你打扮得怎麼樣！」她經驗豐富地幫我把領帶拉正，一面誇讚我這樣子很出色；沒有人會注意我的鞋子的。她要我儘量趕回來吃晚餐，她們打算準備一道更豐富美味的義大利麵給我吃，是我上回讚不絕口的口味。在她們的鼓舞中，我士氣高昂地揮手告別，有如一家之主傲然踏入陽光明媚的貧民窟。

28 Elvira Popesco（一八九四～一九九三年），羅馬尼亞—法國舞台劇、電影女演員和戲劇總監。

29 Alice Cocea（一八九九～一九七〇年），羅馬尼亞出生的法國女演員和歌手。於一九二六年與羅希福可（Rochefoucauld）公爵結婚，但婚姻在一九三一年即告結束。

30 Grigore Gafencu（一八九二～一九五七年），羅馬尼亞政治家、外交官和記者。

天空萬里無雲，城市景象也為之變裝。比保加利亞更為先進，樹葉流金，放眼所及全染上了光燦迷人的色彩。一隊手持長矛的騎兵身穿雪白制服，頭盔、胸盔和繫有三角旗的長矛上飄揚著白色馬羽，跨坐在黑色良駒上，輕馳於勝利大道上。

郵局裡有幾封我的待領郵件，還有一個裝著金錢的神奇帆布信封。我拿著郵件前往一家酒館。情況可謂越來越美好。在久爾久時，我曾寫了兩封信給夏天時我在外西凡尼亞認識的友人，當時他們借住在隔壁鄰居保羅．泰勒基[31]的表親處。這句話聽起來相當複雜。其實這位親戚是個富有的匈牙利鄉村紳士，據我了解，此人在戰前是匈牙利的外交官，戰後外西凡尼亞併入羅馬尼亞，但他仍認定偏遠的外西凡尼亞為自己的家鄉；被迫獨立於外西凡尼亞匈牙利權貴後的他，決定接納疆界更迭的*fait accompli*（既定事實），並突破其他外西凡尼亞地主自我孤立和杯葛的心態，不顧鄰人反對，在布加勒斯特皇家法庭接受一項重要職務，成為新隸屬國家的一名政要。他的家人，無論是在此地或是在外西凡尼亞，都經常接待外交官和知名人士。其中兩位曾經叮囑我——我想主要是出於客氣吧——如果我前來布加勒斯特，需要借住的話，可以跟他們聯絡。如今兩位都來信表達歡迎之意，其中一位是約西亞．凡．蘭曹，要我一旦抵達就打電話給他。我打了，他要我馬上搬過去。這個安排太理想了。不過我決定延到明天早上才動身，以便在此間再享受二十四小時完全獨立的生活，這是我常常想要做也經常做得極為成功的事。再者，我也考慮到如果突然離開我目前的住處，未免顯得太無情了，畢竟人家對我很好。

我先是在鎮上閒晃，度過一個愉快的下午，然後前往昨晚光顧過的咖啡館，等待那位喜愛歌劇的記者友人。咖啡館的座上客大體跟昨晚差不多，只是衣飾打扮大為不同，反映出浮誇的拉丁作風，賞心悅目。整體而言，其實還不錯。儘管塔尼婭再三讚譽，我對自己的外貌還是有點擔心；不過當我的記者朋友一身筆挺的藍西裝搭配黃色緞質領帶匆匆現身時，立刻消除了我的疑慮。「Quand on est jeune, vous savez! D'ailleurs nous serons tous très bohème – comme il sied.」[32]在他的包廂裡似乎真的毫無問題，都是些記者和他們的妻子或女友，不過劇院其他觀眾的打扮就慎重多了。為何這一切總讓我深感奇特和困擾？嘈雜的聲音、相互揮手致意、隆重的穿著、彼此寒喧晤面、親切的交談和強烈的燈光，以及就我外行人的眼光看來，劇院令人眩目的奢華裝潢？管弦樂隊開始調音、低音提琴壓抑低吟、弓弦不帶感情地演奏、敲擊樂器試探性地觸擊、牧笛高亢揚起、鐃鈸壓低地敲擊和喘息、鼓聲迅速壓低地槌擊，然後全部融為一團低沉壓抑的朦朧音響。這是離開英國後，我首度踏進劇院。整個表演顯得出奇優異，時間在眾人入定似的神奇氣氛和若干焦慮下進行，而在我這位友人幽暗的包廂裡彼此傳遞一小瓶酒後，連焦慮感也緩緩消散了。

---

31 Paul Teleki（一八七九～一九四一年），來自外西凡尼亞一個貴族家庭。除了是匈牙利政治家，兩度出任總理外，也是著名的地理專家、大學教授、匈牙利科學院院士和匈牙利童軍總會偵察員。

32 原編註：「人只要年輕，你也知道，穿什麼都好！再說，我們這裡講求的是波希米亞作風，所以很合適。」

表演過後的慶功派對，剛開始時有些凝滯。演員們在熱烈的掌聲中抵達，女主角手裡還抱著一堆花束，接著就是沒完沒了的介紹和吻手禮；不過很快地，派對氣氛便轉為了輕鬆。我跟著記者和其他一打左右的友人，馬上開始大快朵頤，平衡地擺放在膝上的餐盤中有一份魚子醬，樣子就像馬鈴薯泥，片刻後，全融化為可口的一團。我們這群人當中有幾個女孩、一名穿著極為帥氣的年輕軍官、一位來訪的法國記者，還有其他一、兩位。那名記者問我住在哪裡，我回答薩沃依——麗池，他尊重地點頭表示讚許。記得我當時還在想，名稱取得好還是吃香的。邀我前來的記者必須離開回《晨報》去寫稿，就此不見人影。當派對氣氛逐漸變得沉寂，和我同處一隅的這群人決定移駕至某人的公寓。從那公寓的擺飾和一盞盞懸掛在龍蝦籠中的燈飾看來，公寓主人應該是位畫家。大家再度揚起興致，開始痛飲當時實無必要的白蘭地，並且又唱又跳。所有事物開始變得愉悅的模糊而混沌，龍蝦籠裡的燈飾也宛如沉浸在水裡的一輪輪太陽。包括一名興致高昂的紅髮女孩、那名軍官（他是某個人的副官，人很隨興、有趣，年齡比我略大一些）、那位精力旺盛的法國人和我在內的大夥兒，開始相互飆歌競舞。最後，兩首喧鬧的保加利亞歌曲以富有異國情調勝出。那位興致高昂的女孩即席發表了一支狂熱的獨舞，結果招來鄰居敲門抗議，大夥兒這才壓低嗓門，對藝術、文學和歷史等相關議題，展開一場冗長、急切、有趣、混亂，且我認為根本是反覆嘮叨的論戰，背景音樂也因為在留聲機喇叭裡塞了兩雙襪子而變得比較柔和。

接下來的片段記憶是一束晨光照射在半空的酒杯裡和狼藉的唱片上，令我油然而生一股沮喪和災難的空洞感；已經是早上了……不過，陽光也同樣停歇在兩隻從鋪著鄉間小毯的長沙發尾端冒出且穿著馬刺長靴的大腳上，顯示沙發上正歇息著一名騎士；再往上看，是兩隻交叉而放、光澤閃閃的黑色靴筒，膝蓋處裝飾有小型金色圓形花紋，接著是繡有葉形黑色金邊編織花紋的深藍色緊身長褲，扣著紅色吊帶，一件雪白襯衫，映入眼簾的是一個年輕軍官依然熟睡、髮型蓬亂的臉龐；另一張扶手椅上，則是那位法國記者蜷縮的身影。當似乎是住在這間公寓的紅髮女子捧著咖啡出現時，我才意會到昨晚熱情演出的要角全都留宿在此，感覺總算好些了。當那位年輕軍官皮耶梳洗後現身，我不免羨慕地瞅著他，重新整裝動作緩慢而痛苦：穿上裝飾有羊毛邊袖口和領口的藍色緊身高領上裝，兩手顫抖地奮力扣上領口扣環，然後梳理胸前輕騎兵的裝飾細繩，接著整理黑藍色毛皮大氅的衣袖，厚重的繩飾垂落在左肩，末了調整斜掛於身後的角度。

他在一個靠枕上擦了擦剪裁美好的長靴，然後藉著一把纖細光亮的短號金屬面充作鏡子照看了自己，聳了聳肩。「你覺得怎樣？」他用英語問我，語氣哀傷徐緩。「我這樣子像是一個軍官和紳士嗎？」我說很像。「但願如此。」他哀嘆地呢喃。他是半個蘇格蘭人；他告訴我，他母親曾是道格拉斯小姐。而令我驚訝的是，他的毛大氅口袋裡居然塞了一本凡人出版社（Everyman）的《匹克威克外傳》（*Pickwick Papers*）[33]。

走在陽光燦爛的勝利大道，回應別人的敬禮幾乎讓他不堪負荷。「真糟糕。」他呻吟著。我

33　狄更斯的代表作品之一，於一八三六年出版。全書透過天真善良、不諳世事的主人翁山謬・匹克威克與三位朋友外出旅行途中的一連串遭遇，生動地描寫當時英國的社會生活與風俗民情。

深有同感。不過避風港在望。他轉入皇宮的一個邊門，艱難地回應頭戴毛皮高帽的衛兵持槍敬禮後，總算安全了。透過欄杆，他回頭如釋重負地朝我苦笑一下，接著抬頭挺胸噠噠走上空曠的閱兵場……

回到薩沃依—麗池，塔尼婭知道我最需要的是什麼——一個襲自奧得薩或奇西瑙古老的有效祕方，主配方是兩顆打在玻璃杯裡的生雞蛋。她要我一口吞下。其他圍觀者咂著舌頭表示同情。在她們眼裡，我是個不經世事的傻瓜蛋，一出去就闖禍，把自己搞得慘兮兮地回來，因此對我呵護不已極表關切。她們對布加勒斯特的種種危險一再提出警告，沒事最好乖乖待在家裡，以免惹禍上身。相對地，要離開這個後宮似的庇護所和這陽光燦爛的早上，我也同樣依依不捨。坐在俄國佬馬車上的我，在垂放的車篷上方朝她們揮手道別，但見她們的粉臂就像海葵的觸手，在敞開的門口前不斷揮舞。

～

那位爽快且友善提供我住宿的友人約西亞．凡．蘭曹，住在一幢安靜舒適的公寓，緊鄰德國公使館，當時他正出任公使館秘書。他與一般外國人眼裡的德國貴族不同，家族淵源古老，和霍爾斯坦[34]一樣擁有悠久的傳承，在德國北部和丹麥歷史上頗富盛名，家族以出產眾多的政治家、軍人、朝廷大臣和外交官而聲勢顯赫。其中有位與約西亞同名同姓的，是一名法國元帥，在三十年戰爭[35]中曾和孔代親王[36]並肩作戰。這些事確是當年夏季旅經外西凡尼亞時，某位招待我的主人告訴我的，並在我的社會歷史情懷中留下合宜的印象，活像那情懷是藏在比較不足為奇的姓名底下。約西亞本人高大帥氣、文質彬彬、個性溫和，具有讓人即刻為之傾倒的魅力，還說得一口漂亮的英語和法語，使他所到之處皆廣受歡迎。他就像過去幾天的氣溫和天候，實在是項美好的轉變。假設有個陌生人在火車上和他相對而坐，唯一會讓對方察覺到地域感的，應該就是他那由歲月鐫刻出窩紋的下巴上，有道呈對角線的淺淺劍疤。我在外西凡尼亞時便曾納悶那道劍疤是怎麼來的，後來才知道那是他在海德堡就讀時，在薩克遜—普魯士學生軍團[37]所留下的；那軍團堪稱萊茵河畔的布靈頓俱樂部[38]。當約西亞大笑著告訴我時，我不禁臉紅，彷彿自己貿然掀起了那

34 Holstein，現在位於德國的一區，八一一年至一四七四年間由霍爾斯坦伯爵國統治，隨後一四七四年至一八六六年由霍爾斯坦公國統治，是神聖羅馬帝國的北方領土。

35 Thirty Years War（一六一八～一六四八年），是由神聖羅馬帝國內戰演變而成的全歐洲參與的一次大規模國際戰爭，牽扯到歐洲各國爭奪利益、樹立霸權與宗教糾紛等。此戰爭以波希米亞人民反抗奧地利霍布斯堡家族統治為肇始，最後以霍布斯堡家族戰敗並簽訂《西發里亞和約》而告結束。

36 法語全稱謂Prince de Condé，法國波旁王朝時期的貴族稱號。這一稱號僅為孔代家族所專有。此應指第四代孔代親王波旁路易斯二世（一六二一～一六八六年），外號為「大孔代」，是孔代家族最著名的代表人物，名列十七世紀時歐洲最傑出的統帥之一，並獲得「偉大」的殊榮。

37 Saxo-Borussia，海德堡大學裡的學生兵團。

38 Bullingdon Club，牛津大學獨家但非官方的全男學生餐飲俱樂部。引人注目的是其富有成員、盛大宴會、慷慨儀式和破壞性的行為。

最好快快遺忘的年少輕狂的一面。那個晚上，我在燈光柔和的客房就寢，一整排書許諾著令人企盼的遠景，床頭櫃上放置哈羅德．尼克爾森[39]的《那些人》（*Some People*）和《媾和》（*Peacemaking*）及一瓶礦泉水，確實發揮了撫慰的功能。一幅約西亞父親的畫像正和藹可親地俯視著我，他的身上穿著已從歷史上消失的梅克倫堡—什未林大公國[40]的大臣禮服。

歷經顛簸迂迴的旅程，來到一個陌生的都會，能借宿在單身外交官的公寓，實在大快人心（要是能借宿在考古學家的公寓也不錯），尤其公寓主人又這麼地友善好客。（「都請自行取用。」主人揮手指了指大盒香菸和陳列各種酒瓶的調理桌。「這些東西可以算是免費的。還有，拜託，幫我把那些雪茄抽掉，我簡直不知道該如何處理它們。另外，有任何需要的話，都可以告訴瑪麗亞一聲；任何事都可以，洗洗東西、弄弄午餐等等。如果無事可做，她反而會沮喪……」）整天無所事事，正是從事寫作和閱讀最理想的時機。長沙發上堆放著百科全書，房間溫暖舒適，可以眺望寧靜街道上的落葉。我決心盡可能了解有關羅馬尼亞的一切，而且考慮到此地時髦的社交圈，我將盡力大量吸收；賽頓—華生[41]所有有關羅馬尼亞歷史的著作，尼古拉．約爾加[42]和亞歷山卓．克塞諾波爾[43]的大量作品；還有兩名作風完全不同的作家的著作：瑪西．俾貝斯可公主[44]的《艾斯佛》（*Isvor*）、《凱瑟琳—芭瑞絲》（*Catherine-Paris*）、《綠鸚鵡》（*Le Perroquet Vert*），以及潘奈特．依斯屈提[45]的《安祖叔叔》（*Uncle Anghel*）、《巴拉干的薊草》（*Les Chardons du Baragan*）和《凱拉．凱拉妮娜》（*Kyra Kyralina*）。（對高貴的俾貝斯可公主和可憐鬼依斯屈提而言，這些不同書名的堆疊該是多麼刺耳而不受歡迎！這兩位作家，一位代表紙醉金迷的法國，最高級的法式作風的羅馬尼亞世界；另一個則是半自學起家，使用並不那麼精練的語言，貧困潦倒，是最卑微階層的代言人。至於這兩者之間的領域，就文學的觀點而言，尚未經探索。）在我閱讀期間，羅馬尼亞文（也許是最簡單的一種拉丁語，不過在羅馬尼亞文中神奇留存的語尾變格則是例外，這在其他源自拉丁語的語言中皆已不見）也開始解密。我艱難地利用字典和文法書閱讀愛明內斯庫[46]、亞歷山卓和歐克塔維安・葛嘉[47]的詩作，進而研讀卡門・希華[48]的法文詩，以及海蓮娜・華凱瑞斯珂[49]的《登博維察河狂想曲》（*Le Rhapsode de la Dambovita*）。一旦浸淫於每一樣與羅馬尼亞有關的事物，即令人不禁墜入其所施展之既矛盾又強烈的魅力中。

---

39 Harold Nicolson（一八八六～一九六八年），英國外交官、作家和政治人物。

40 Grand Duchy of Mecklenburg-Schwerin，十九世紀時北德意志邦聯的邦國之一，由居住於什未林的梅克倫堡家族統治，一八七一年合併至德意志帝國。

41 Seton-Watson（一八七九～一九五一年），英國的政治活躍分子和歷史學家。

42 Nicolae Iorga（一八七一～一九四〇年），羅馬尼亞歷史學家、政治家、文學評論家、詩人和劇作家。

43 Alexandro Xenopol（一八四七～一九二〇年），羅馬尼亞學者、經濟學家、哲學家、歷史學家、教授、社會學家和作家。

44 Princess Marthe Bibesco（一八八六～一九七三年），羅馬尼亞—法國作家，社交名流。

45 Panait Istrati（一八八四～一九三五年），羅馬尼亞工人階級作家，用法語和羅馬尼亞語撰寫，綽號為「巴爾幹的高爾基」。

46 全名Mihai Eminescu（一八五〇～一八八九年），羅馬尼亞浪漫主義詩人。

47 Octavian Goga（一八八一～一九三八年），羅馬尼亞政治家、詩人、劇作家、記者和翻譯家。

48 Carmen Sylva（一八四三～一九一六年），羅馬尼亞國王卡羅爾一世的妻子，但以在文學界出名更廣為人知。

49 Hélène Vacaresco（一八六四～一九四七年），羅馬尼亞—法國貴族作家。

這段遊手好閒的短暫歲月，最主要的樂趣之一是約西亞本人的陪伴：下班回來後，我們坐在火爐旁聊天，或夜晚參加宴會，再和其他人一起歸來，包括羅馬尼亞人、英國人和法國人等等，德國人反而比較少。有時，則是和同樣這群人一起聽音樂、喝威士忌及聊天。我們變成非常好的朋友。

當約西亞沉思不語時，俊秀的五官經常帶有一抹憂傷，不過只要大笑即消逝不見，但很快又會回到臉上。回想起來，我真希望當時能問他對於德國和未來有什麼看法，但與他共處期間，我實在難以啟齒。總之，詢問外交官這種問題一向棘手；不管他們私下有何種信念、保留或意見，在榮譽感的驅使下，即使是私人對話，也會端出他們所代表國家的官方觀點。所以，重要的是捕捉他們所沒有說出的部分，雖然不可能完全正確，但卻是個神奇的過程。他對於布加勒斯特所有知名的大人物都覺得很有趣，但是由於本性善良，往往語帶保留。和其他人一樣，他不但喜歡也很崇拜我們的現任公使（當時還不是到處普遍設置大使館的時代），我對此點深感喜悅。（不久，我便有幸拜會公使本人，也就是抵達當晚我所目睹的那輛懸掛皇家旗幟的勞斯萊斯的親切車主。）我也問他對於德國公使的看法，他猶豫了一下，沉吟地點點頭回答：「非常聰明。」旋即以另一種口氣開始談起他們的前任公使舒倫堡伯爵[50]，也是當初他被派駐布加勒斯特時的公使，隨後這位前任公使便轉赴莫斯科擔任大使迄今。他很崇拜舒倫堡伯爵，說他們是很要好的朋友，經常像我們這樣聊到深夜。約西亞很佩服他的博學多聞、學養豐富和處世風格，「完全是另一個層次」，以及他對歐洲、歷史、政治和外交的見多識廣。他在說這些時語帶哀傷，讓我覺得他在現任公使旗下較不快樂。我很希望當時我能詢問他，身為一個具有數年資歷的職業外交官（約西亞當時應該已經三十或三十幾歲了），對於德國一年前發生的巨變，他有什麼樣的感受。（我忘了舒倫堡伯爵家族的名號——例外的一次是大約一年後，我在希臘科孚島觀看一座十七世紀獻給曾在這座島上服役的威尼斯傭兵的紀念碑時，這名字曾經閃現眼前[51]——直到戰爭開打，他非凡的際遇浮現，我才又想了起來。）

在某個我們聊了好幾個鐘頭後的晚上，約西亞突然停頓了一下，藍色大眼睛緊盯著我，相當嚴肅地說：「我問你一個笨問題。你相不相信一句英國諺語說的：『無論對或錯，我永遠都支持我的國家』？」我沒有料到他會問我這個問題，於是直接回答說我想我是相信的吧。（不過我認為這答案應該要有個先決條件：只有在危殆之際或者國家存亡之秋等等。這個問題實在是太籠統了。）他沉吟地點點頭，然後轉到另一個話題上去。但這件事日後仍深嵌在我的腦海中，顯然當時有許多德國人像約西亞一樣，正面臨著內心的掙扎。像約西亞這種人，具有榮譽感、心性仁慈

50　原編註：腓特烈・韋納・凡・迪・舒倫堡伯爵（Friedrich Werner von der Schulenburg，一八七五～一九四四年），運用其外交技巧，試圖加強德國和蘇聯的和平關係。後因參與暗殺希特勒的「七月密謀」而遭處決。

51　此指約拿・馬薩斯・凡・迪・舒倫堡（Johann Matthias von der Schulenburg，一六六一～一七四七年），是上述舒倫堡伯爵的先祖。身為德國貴族和勃蘭登堡—普魯士將軍的他，十八世紀初曾在撒克遜和威尼斯軍隊服役，自軍職退役後，成為威尼斯當地的收藏家。

又有文明素養，對西方生活和思想傳統有歸屬感，對維也納會議[52]所秉持的風格和方式更有認同感；相對而言，德意志第三帝國的領導政權卻逐步邁向恐怖之境。我不知道他們是如何解決這種衝突的；而當我隔年回來時，約西亞已經調職了。這段期間，我們數度和一個名叫瑪塞爾·凱塔吉的沙俄貴族後裔女孩共度夜晚，那女孩對約西亞頗為傾心，後來在東歐最後一次決定性的權力轉移時，她卻自殺身亡。

戰爭結束後幾天，特別聯合空中偵察部隊的一個支隊，顛簸地穿越在德國漢堡的碎石瓦礫和灰燼間（那幕情景和氣息使我們一起陷入沉默，停頓片刻後才發出勝利的歡呼），此刻，我意識到自己正置身於德國霍爾斯坦邦北部的弗倫斯堡。根據地圖顯示，靠近伊策霍埃小鎮有個「蘭曹城堡」，第二天我便出發前往該地。抵達時天色已暗，事隔多年，我也納悶不曉得是否還能探知有關約西亞的任何消息。林木間矗立著一座體積龐大、高聳厚實的中世紀建築，彷彿不是住家，而是一座防禦堡壘。城堡主人葛拉夫·蘭曹是位滿頭華髮的老翁，正在燭光下和他的家人、僕役及許多因轟炸而逃離漢堡的難民一起吃晚餐。他只是約西亞的一名遠房堂表，聞言起身，走進院落。「親愛的約西亞？」他傷感地回答：「他在東歐某個地方吧。我們已經好久沒有他的消息了。*Ich glaube, die Russen ihn geschnappt haben...*」他隱約指了指東方。「我想，俄國人一定把他逮走了……」

事後方知，這本書所提到的所有人都已經踩在火藥上，而在不可見之處，引信已經點燃，在接下來十餘年間，相繼落入悲慘的結局。

相對於退隱在約西亞公寓的奢靡和閱讀的世界，一段相當世俗化的日子跟著逐步開展了。被人「包養」、寵溺、備受關注，總是令人感到愉悅，而那正是我目前的生活型態。我想這樣的好事會發生在我身上是基於三個理由：第一，出於羅馬尼亞人對境內陌生人一種深切而普遍的好客精神；第二，出於一顆仁慈的心，深知我阮囊羞澀，沒有機會回報他們，而即使回報也沒有太大意義；第三，出於對整件事的真正興味。我目前所置身的羅馬尼亞一角，存在一種強烈的波希米亞、反傳統、毫不矯飾的風氣，對*l'élégance*（優雅）和細節的要求不高，不過對其他事物卻有其特殊的要求。幸虧有這些因素，我很快便發現，根本沒有人在乎一個人邋遢與否；我渴望一雙新鞋的資產階級心態便也就此打消，雖然在夢中仍不免垂涎閃閃發光的新鞋。（我真希望當時我沒有打消買鞋的慾望。有人告訴我，當時只要一英鎊就可以買到一雙靴子。「不過，」那人也告訴我：「如果你去買靴子，要注意它會不會發出吱嘎的聲音。」「吱嘎聲？」「對。在某些圈子裡，鞋子發出吱嘎聲是很拉風的。那是智慧和財富的象徵。*Cu sau fara scartzait?* 鞋匠會問：『要不要發出吱嘎聲？有吱嘎聲的比較貴……』」）

52 Congress of Vienna，為一系列國際會議的開始，這些會議最終又構成了歐洲協調，試圖在歐洲建立一套和平的權力平衡體系，並成為了日後國際聯盟和聯合國的樣板。

如果一個人年輕的時候「被包養」（至少沉迷一時），是件愉悅而刺激的事，那麼我這陣子生活的相對粗糙，更令我雀躍十倍。我有如一個穿梭在戴克里先宮殿[53]和噴泉廣場、滿懷熱切的野蠻人，或是置身於安提阿的帕提亞人[54]，眼中充滿對奢華和淫逸的狂野渴求。經過最初的震撼後，我發覺這裡對倫理道德的立場也迥然不同。這個特殊的羅馬尼亞階層是我見過最文明、最精緻，就某方面而言也是最有特質的社會。這個優秀的沙俄貴族世界最奇特的部分，首先是雖然他們多半至少使用雙語，但使用的母語卻不是羅馬尼亞語，而是法語。即使粗鄙如我，也可以聽出他們所說的是最純正、優質而迷人的法語，並已經傳承了六至七個世代。我大致知道法語在戰前的俄國、波蘭和羅馬尼亞的某些階層具有根深柢固的地位，但是從我旁聽白俄人或波蘭人的對話來判斷，只有羅馬尼亞的這個階層純粹使用法語。

何以如此？在此必須簡單敘述羅馬尼亞歷史，才足以理解。最先出現的是幾乎沒有歷史記載的黑暗時期，羅馬尼亞是瓦拉幾亞和摩爾達維亞兩公國，由親王——或稱 voivode（總督）、hospodar（君主）——建構粗略的宮廷和行政組織，與保加利亞的君王和塞爾維亞的 Kraj（領主）一樣，都是小型、半野蠻的拜占庭複製品，由封建領主，亦即擁有土地的強大戰士所組成的寡頭政權統御其領地。雖然皇族名義上是通過正式選舉而產生，但一般都是由同一家族世襲。以瓦拉幾亞為例，儘管陰謀、謀殺、皇宮革命層出不窮，王位仍由巴薩拉布家族把持了三個世紀之久。包括眾多具有奇特綽號的親王，如老米爾恰[55]、惡人亞歷山大（Alexander the Bad）、殘酷的彼得[56]、穿刺公弗拉德[57]和狼王貝索[58]，都必須和土耳其的擴張相抗衡，也都獲得或大或小的勝利，特別是土耳其的穆拉德和巴耶塞特家族的幾位蘇丹。

其中又有兩位人物最是獨領風騷：摩爾達維亞的斯蒂芬大帝，以及瓦拉幾亞的「勇敢的米哈伊」。前者曾領導五十場戰役，甚至擊潰拜占庭的征服者穆罕默德[59]；後者有段期間不但統一了兩公國，甚至將境外所有羅馬尼亞人居住的地方全部畫入領域。只是在保加利亞、塞爾維亞、拜占庭相繼落入土耳其手中後，羅馬尼亞也被迫臣服；不過不是成為鄂圖曼土耳其的一部分，而是

53 Diocletian's Palace，大約建於二四四年至三一二年，是二八四年至三〇五年在位的羅馬帝國皇帝戴克里先退位後的居住地。宮殿位於現在的克羅埃西亞斯普利特市，是一座宏大壯麗的海濱堡壘和豪華巨型鄉間別墅。一九七九年，該遺址被列為世界文化遺產。

54 Parthian，帕提亞人發源於伊朗高原東北部，最著名為歷史上安息帝國的文化及政治中心。

55 Mircea the Old，即米爾恰一世（一三五五～一四一八年）。這外號的由來是因他自一三八六年至死亡之前，都是瓦拉幾亞王子。逝世後，史稱「老」，以區分他與他的孫子米爾恰二世（又稱小米爾恰）。自十九世紀起，羅馬尼亞的史學家也把他稱為「米爾恰大帝」（Mircea the Great）。

56 Peter the Cruel，即佩德羅一世（一三三四～一三六九年），卡斯蒂利亞王國國王，也是最後一位出自勃艮第家族主系的統治者。

57 Vlad the Impaler，即弗拉德三世，采佩什瓦拉幾亞大公。因「采佩什」在羅馬尼亞語中的意思是穿刺，因此被人稱作「穿刺公」，也是著名的吸血鬼傳說「德古拉伯爵」的原型人物。

58 Basil the Wolf（一五九五～一六六一年），雄心勃勃和進取的摩爾多維亞王子，主要功績是將法律書面化和引進印刷機。

59 Mohammed，即穆罕默德二世（一四三二～一四八一年），鄂圖曼土耳其帝國第七代君主和鄂圖曼帝國蘇丹，是史上最以尚武好戰著稱的蘇丹。

做了諸侯國，仍然由其東正教親王統治，只是要進貢給一個沒有統治權卻擁有宗主國權力的蘇丹。之後有段期間，兩個公國確實由本土封建領主，如勃蘭科溫和坎泰米爾家族分別領導，而漸漸地，向蘇丹外事宮廷行賄成為兩公國事務運作的樞紐，地位很快就被君士坦丁堡法納爾地區，亦即東正教會普世牧首區座落之處的希臘人所取代；牧首多半為希臘化的阿爾巴尼亞人後裔，兩個公國也經常落入拜占庭約翰六世[60]的康塔屈澤納家族手中。這林林總總，經過通婚和同化，變成早期獲得確認的羅馬尼亞。日後隨著選舉逐漸金權化，壓榨手段變得愈來愈殘酷，統治期間也越來越短（經常在競價結束後即政權輪替）。後來竄升的希臘權貴在情感和語言方面仍仰慕希臘，王位則在一打左右的家族中輪替，因此，希臘語在十八世紀成為布加勒斯特和雅西兩宮廷的正式語言。至於本土的封建貴族多多少少也已希臘化，甚至在希臘獨立革命中首先對土耳其人施以重擊者，便發生於摩爾達維亞，領導者是亞歷山大．伊普西蘭蒂斯親王[61]和其法納爾區的親屬和朋友。

十九世紀早期，在列強的干預下，這兩個公國不再由法納爾政權所統治，本土親王再度在選舉中獲得保障。包括吉嘉（已經綿延數世紀的羅馬尼亞人）、俾貝斯可、史特貝、斯圖爾扎各家族，任期比較長，統治也比較自由，希臘語逐漸被拋棄，無論私下用語，或本土封建領主和經過通婚，已經完全融合法納爾裔貴族間所使用的語言，全都變成了法語。他們擺脫古老邪惡的東方，視法國和法國自由主義為燈塔，每個細胞均浸淫於法國文明，兩公國開始從專制統治和暴虐手腕中脫身而出，廢除奴隸制度，擴大投票權的範圍，並籌備西方憲法和民主組織制度。兩公國在庫扎親王的主導下組成聯邦，並且切斷所有對土耳其外事宮廷的效忠義務，現代羅馬尼亞自此破繭而出；只不過相當矛盾的是由霍亨索倫家族選出的親王，亦即後來的卡羅爾一世所統領。從羅馬帝國時期開始，從來沒有一個政權的文化領導權是如此地完整，所有的領導菁英都說法語。羅馬尼亞西化的結果之一，是透過農業改革，封建領主的龐大領地終至裂解；另一個結果則是階級的分裂，除了在國會演講或指揮僕役外，權貴可謂完全使用另一種語言。

我對於這些軍閥和權貴出現在他們誠心興建的修道院壁畫上的造型，感到很神奇，甚至有點著迷。但見頭戴皇冠、蓄著鬍鬚的他們，捧著教堂本身的彩繪模型，王妃們扶持著模型的另一角，每人後面都跟著一串身穿錦緞、跪拜執禮的兒女們，以位階高低排列。更神奇的是，懸掛於其後代子孫家中的晚期畫像，有些是出自十九世紀早期漫遊公國境內的不知名當地畫家之手，展現出坐擁皇權的樞密院的高官尊爵，各個都擁有駭人的名號；大部分畫像都具有拜占庭背景，有些是斯拉夫人：克拉約瓦大總督、多姆尼查氏、地區行政司令、外交及內務大臣、貴族、執劍官和斟酒官等，全都穿著令人驚異的長袍，頭戴巨大的球狀頭飾或羽毛鑲鑽裝飾的毛皮高帽，頸墜

60 John VI（一七六七～一八二六年），葡萄牙、巴西和阿爾加維國王，拜占庭帝國皇帝。其餘生是在帝國首都的一間修道院中度過，成為多產的作家，除了政治活動的記錄外，也寫了不少抨擊伊斯蘭教和猶太教的神學著作，並且是靜修的支持者，參與了一些在各類宗教團體間斡旋的活動。

61 Alexander Yasilantis（一七九二～一八二八年），是法納爾希臘家庭著名的成員之一，拿破崙戰爭期間任俄羅斯帝國皇室騎兵的高級官員。

花彩繁複的項鍊，腰繫寶石披覆的匕首刀柄。他們蓄著貌似先知的鬍鬚，宛如自遠古波斯神話故事中浮現出來的君王；唯一顯示封建歐洲跡象的是一枚雕有皇冠的紋章，上面雕著瓦拉幾亞烏鴉啄著摩爾達維亞野牛的圖案，連姓名都迴盪著輝煌而遙遠的回音：秀班・康塔屈澤納、康士坦丁・巴薩拉巴、佛圖納・華凱瑞斯珂、亞歷山大・馬夫若柯達托、史卡拉・卡利馬奇、狄米屈・坎泰米爾、杜卡、雷可維查、斯圖爾扎、蘇左、卡拉加、馬夫洛耶尼、俾貝斯可、史特貝、羅賽提、羅斯諾瓦諾、摩如茲、巴爾許、克瑞左雷斯可[62]；奇異地迴響著。讀者此刻也許會認定我有過度投入階級情感之嫌。也許吧！雖然不是出於我的自願，只是更嚴重的或許還在後頭。

～

歷史學家一致對法納爾的希臘人採取攻訐的態度。他們承襲了「拜占庭」一詞所隱射沒有原則、行事迂迴、缺乏道德、貪婪和專制等罵名。不過，有跡象顯示，法納爾人的地位正逐漸受到重新評估。有人辯稱法納爾人的貪婪和腐敗，有部分原因是基於他們對東正教信仰的虔誠，以及分擔鄂圖曼土耳其帝國的外交事務；後期蘇丹不智地將大半外交事務交付在他們手中，因此除了個人的野心之外，他們也受到奉命行事的拖累，以及兼顧拓展基督教大業的憂思。如果沒有他們的彈性應對和妥協手腕，兩公國會完全落入鄂圖曼帝國的掌控：舊有的國家體制不是逐漸削弱，而是完全被消滅，正如其他東南歐國家的情況一樣。他們每一個家族幾乎都會出現一位賢王，多少彌補了其親族的劣行。在長期政權結束後，他們許多後代子孫都表現傑出，對羅馬尼亞生活的維護或改革有所貢獻。而且不管其缺點為何，在他們擁有優勢的十八世紀，有一件事是絕對卓越的：他們是東南歐唯一文明的民族。法納爾人本身是失落的拜占庭最後倖存的片羽，布加勒斯特和雅西的宮廷，則是土耳其帝國邁向滅亡最後微弱的、幾乎無法聽聞的微響。

他們的寡頭政治在狂熱的野蠻世界獨樹一幟，不但奠基於他們的財富，也奠基於他們對語言的知識，以及更為開闊的歐洲視野。從一開始，打從成為鄂圖曼帝國政府的重要通譯者起，他們便是文學和藝術的愛好者。第一部羅馬尼亞聖經是瓦拉幾亞的秀班．康塔屈澤納[63]教團所翻譯；而儘管本身爭議不斷，像亞歷山大．馬夫若柯達托[64]那種希臘起義運動領袖之一，也是拜倫和雪萊的朋友的風雲人物，唯有東歐的土壤方能孕育出來。他們在威尼斯、帕多瓦、維也納、巴黎、聖彼得堡研習，而主要基於他們的文化素養和國際視野的影響，西方理念才能貫穿羅馬尼亞。受到法國理念的影響，以及菁英分子之間完全使用法語，或許有點過頭，自然會產生某些令人遺憾的社會邊際效應，但也為剛剛摒棄窒息且孤立的中古世紀羅馬尼亞，注入大量西方世界的活水，

62 以上皆為羅馬尼亞的權貴顯要、重要人士或世家名號，之後文中若有提到特定人士，會有註解加以說明。

63 Sherban Cantacuzene（一六四〇～一六八八年），瓦拉幾亞的親王之一，曾計畫將鄂圖曼帝國驅趕出歐洲。在他的時代，玉米雖然尚未成為主食，他卻是將玉米引進瓦拉幾亞與今日羅馬尼亞領域的君主。最有名的事蹟是出版了羅馬尼亞版本的《聖經》。

64 Alexander Mavrocordato（一六三六～一七〇九年），希裔馬夫若柯達托家族成員之一。一六七三年時，擔任蘇丹梅罕德四世的通譯者。

有如遲來的文藝復興。

當時我對這方面的了解很少，甚至茫然不知，要到日後才領悟到這種種不同的影響力，逐步發展成一種融合了晚期拜占庭和普魯斯特筆下法國風的社會。源起於東方的布加勒斯特建築，其後融合了第二帝國和世紀末（fin-de-siècle）的色彩，並摻雜了若干二十世紀初的奢華風，但現代建築就只是沒有關聯的附錄而已。至於社會氛圍，無疑充斥著早期作風：在過去幾世代，透過一群嚴厲的英國保姆和家教教師，已經微幅調整了。然而權貴之間的法國影響力卻不動如山，這是百年來透過法國公立中學、巴黎大學，以及旅居巴黎，視其為替代首都所塑造的結果。這些在農業改革前擁有龐大莊園、冥頑不靈、在現代幾乎像是神話人物的封建領主，多數便住在法國，徹底融入其中，而且經常和走在時尚尖端、過著豪奢生活的同溫層人士通婚：比如孟德斯鳩和卡斯泰朗地區的生活方式，結合如卡通世界所描繪的喜歡尋歡作樂；更多的案例是如費鐸[65]或弗萊爾[66]和凱拉韋[67]合作的劇作：諾曼第成群的鹿犬、小鬍子、帽緣捲曲的高帽、單框眼鏡，從妝點著皇冠和冠冕的法貝熱[68]金質菸盒中取出香菸，慵懶地點燃，坐在諸如康士坦丁・居伊[69]和羅特列克[70]描繪精湛的馬車裡。他們的妻女的模樣在我腦海中，實際上想必也是如此地裝飾著埃勒[71]、波爾蒂尼[72]和雅克—埃米爾・布朗奇[73]畫筆下模特兒的羽毛衣飾，面容白皙，生活在瓏驤（Longchamp）包、大維富（Grand Véfour）或美心（Maxim's）等高級餐廳，卒鼠（Le Rat Mort）酒廊和大伯爵夜生活（la tournée des Grands Ducs）[74]之中，周遭充斥著諸如珮華[75]、美女歐泰若[76]、艾蜜莉・戴隆髭[77]、克蕾・狄・梅若德[78]、蓮恩・狄・普吉[79]等的不凡人士。

規模較小的同等生活方式，一樣風行於布加勒斯特；最顯著的遺跡之一，便是卡普薩餐廳

---

65 全名Georges Feydeau（一八六二～一九二一年），法國美好時代的劇作家，一生寫了六十多部戲，是荒唐劇場的先驅。

66 全名Robert de Flers（一八七二～一九二七年），法國劇作家、歌劇作者和記者。

67 全名Gaston Arman de Caillavet（一八六九～一九一五年），法國劇作家。一九〇一年至一九一五年間，和弗萊爾合作創作了許多作品。

68 Fabergé，一八四二年成立於俄羅斯聖彼得堡的珠寶公司，主要是為俄皇製作鑲嵌珠寶的彩蛋，是俄國皇室的御用珠寶品牌。

69 Constantin Guys（一八〇二～一八九二年），荷蘭出生的克里米亞戰爭記者、水彩畫家和英法兩國報紙的插畫師。

70 全名Henri de Toulouse-Lautrec（一八六四～一九〇一年），法國貴族、後印象派畫家、近代海報設計與石版畫藝術先驅，有「蒙馬特之魂」美稱。

71 全名Paul César Helleu（一八五九～一九二七年），法國油畫家、粉蠟筆畫家、版畫家和設計師，以美好時代眾多的女性肖像畫聞名。

72 全名Giovanni Boldini（一八四二～一九三一年），義大利派肖像畫家，但職涯大半在巴黎發揮。

73 Jacques-Émile Blanche（一八六一～一九四二年），法國畫家。

74 原編註：據稱是俄國大伯爵們經常光顧的時髦夜店。

75 La Païva（一八一九～一八八四年），可稱為十九世紀法國名妓中最具爭議性的一位。

76 全稱謂"La Belle"Otero（一八六八～一九六五年），西班牙女演員、舞者和名妓。

77 Émilienne d›Alençon（一八六九～一九四六年），法國舞者、女演員和妓女。

78 全名Cléopâtre-Diane de Mérode（一八七五～一九六六年），歐洲美好年代的法國芭蕾舞者，一八九六年的巴黎選美冠軍，以與比利時國王利奧波德二世之間的緋聞而廣為人知。

79 Liane de Pougy（一八六九～一九五〇年），被稱為巴黎最美麗和爭議性高的名妓之一，也是舞者。

（Cap a's）的厚絨布飾、黃銅裝潢和水晶吊燈。這些尚未完全消逝的年代的故事，我實在是百聽不厭。儘管這是史上我最不想要過的一個年代，但其所洋溢的活力、坦然的粗俗和金光閃閃的一面，卻掌握了歐洲長達數十年之久，有著令人沉醉的魅力。此外，除了英國之外，決鬥和其他歐洲的種種生活方式，在羅馬尼亞也扮演了一個重要角色，展現出一種病態；孕育自大仲馬[80]作品的神奇魅力雖然已遠不如從前，但至今依然存在。決鬥經常帶來致命的結果；決鬥的工具可以是手槍或雙刃直劍，奧地利和匈牙利則使用單刃彎劍——比鬥時只能揮舞，不能趁隙突然戳刺——聽起來比較不那麼凶險，卻委實瘋狂而奇特。

這些人，和日後那些追求玩樂的歐洲貴族，其差異在於，他們是反庸俗的：對學識具有一種挑剔性的熱情，沒有挾帶外在目的，對文學、繪畫、音樂、雕塑和思想活動秉持同樣理念，使其家宅成為文人聚會的場所。（羅馬尼亞還有一點和法國一樣，即相較於其他國家，總有少數女子透過其聰慧、機智、美貌或好客，在社會上扮演比較重要的角色。）尤其在寫作方面，更遠超出對文學的單純愛好，因而出現若干極為優秀的作品。對此，羅馬尼亞的大男人主義者或許會哀嘆，但是橫跨國界的探索，使他們擺脫民族主義愛國情操的巨輪，而致力於民族復興的詩人和文人都不免為這種情操所束縛。所幸，巴黎不是一個吝於讓所有人發光發熱的舞台，難怪馬塞爾．普魯斯特對巴黎的羅馬尼亞人如此執迷，刻意和他們結交。對我而言，他們輕鬆自如地提及馬塞爾的名字，令我感到既興奮又佩服；而他們隨口提到的安娜[81]，彷彿是某個人的堂親，結果竟是諾阿耶伯爵夫人；他們口中的「保羅」，如果不是迎娶海蓮娜．蘇左[82]的作家保羅．莫朗[83]，便是作家保羅・瓦勒里[84]；「尚」是指尚・考克多[85]，「里昂—保羅」則是詩人里昂—保羅・法格[86]。我有個文件櫃裡還散置著種種軌跡，可供日後追蹤。

我之所以花了很長篇幅探討這個議題，是因為眼前這一切和我旅遊多瑙河上游各個都會的所見所聞，實在相去太遠。在匈牙利，晚餐後的燭光閒話多半與射擊或馬匹有關，審慎評估倫敦靴匠和馬鞍師傅的優缺點，或對媒體現象、貴族平民通婚、長子四分之一繼承權[87]、*Hoffähigkeit*（出入宮廷的貴族身分認定）、費斯提第屈和佛絲登寶格兩家族的確實親等關係，以及艾什泰哈齊世家到底擁有多少土地等等發表意見。在布加勒斯特的話題固然也 *mutatis mutandis*（大同小異），卻不會就這些事情討論太久。不過我相信在匈牙利首都，之後的話題可就不會轉到聖桑[88]

---

80 全名Alexandre Dumas（一八〇二～一九七〇年），十九世紀法國浪漫主義文豪，著有世界文學名著《基度山恩仇記》等。

81 全稱謂 Anna, Comtesse Mathieu de Noailles（一八七六～一九三三年），羅馬尼亞—法國作家。

82 Hélène Soutzo（一八七九～一九七五年），羅馬尼亞公主，富貴兼具。

83 Paul Morand（一八八八～一九七六年），法國著名作家，被譽為現代文體開創者之一。

84 Paul Valéry（一八七一～一九四五年），法國作家及詩人。

85 Jean Cocteau（一八八九～一九六三年），法國詩人、小說家、劇作家、設計師、編劇、藝術家和導演。

86 Léon-Paul Fargue（一八七六～一九四七年），法國詩人及散文作家。

87 英國的長子繼承制，亦即長子享有絕對的繼承權，幼子以及女兒則沒有財產繼承權，他們只能選擇從軍或去修道院。

88 全名Charles Camille Saint-Saëns（一八三五～一九二一年），法國作曲家及鍵盤樂器演奏家。他的作品為法國樂壇與後世帶來深遠的影響，重要的作品有《動物狂歡節》、《骷髏之舞》、《參孫與大利拉》等。

或龔古爾兄弟[89]上，不會討論維利耶·德·利爾—阿達姆[90]和巴爾貝·多爾維利[91]兩人之間的相同論點，探究洛特雷阿蒙[92]和超現實主義的關係，或像阿貝·穆尼葉[93]跟一名客人提到他和于斯曼[94]聊過什麼，還有後來于斯曼在《路途中》（*En Route*）一書中遺漏了他。

~

布加勒斯特其實不像我初抵達時所想像的那麼大。不過才一個星期左右，我就覺得自己已經在這裡生活很久了。在這個星期當中，我認識的人大概比我這輩子所認識的人還要多。這是一段充滿娛樂、派對、盛大午宴和晚宴的時光，特殊之處在於這裡似乎永遠如是。總之，作為「被包養」過程的一部分或應該分擔的責任，我出席了大量這類的聚會，兩次被帶往位於布加勒斯特城郊，屬勃蘭科溫家族所有的莫戈什瓦亞宮，那是一座羅馬尼亞—拜占庭風格的皇宮，經瑪西·俾貝可[95]整修後，已恢復昔日榮光，成為足以襯托其傲人屋主的絕佳舞台。皇宮座落在一個寬闊、陰鬱的湖泊旁，高大的蘆葦沙沙作響，成群水鳥或棲息其間，或翱翔在反射著森林倒影的湖水上方。我覺得這是我所見過最美麗的地方，但因為後來我曾返回羅馬尼亞數次，已經記不得大部分聚會是當時或後來舉行的了；不過也幸虧我回去過幾次，才得以和一些人有深交的機會，其中一位還成為我的摯友。在這些友人的呵護下，我得以在距離適切之處，神奇地審視若干風雲人物的動態：外交部長蒂杜萊斯庫[96]，身材高大、東方面孔、氣派的風采，顯然是一流的喜劇天才；葛里哥·賈芬庫（Grigore Gafencu）是我所見過最帥氣的男人，有著無窮的魅力和勇氣，他的法國妻子努雪特（Nouchette）風趣迷人，隔年就繼任蒂杜萊斯庫成為外交部長。而我現在終於完全了解我在塔尼婭旅店借住的那家主人，何以會剪下蒂杜萊斯庫的照片釘在牆上了；安托萬・俾貝斯可親王[97]，一個冷漠自持、貌似德國人、狀甚威武、言詞譏諷的人物，在我看來甚至帶點邪惡氣質。他的妻子伊莉莎白・阿斯奎斯（Elizabeth Asquith）。他們年約十四歲的天才女兒普瑞希拉（Priscilla），知識淵博、目光如炬，大戰期間她設法從羅馬尼亞潛逃到貝魯特，和我成為很好的

89 Goncourt。哥哥愛德蒙・德・龔古爾（一八二二～一八九六年），弟弟儒勒・德・龔古爾（一八三〇～一八七〇年）。龔古爾兄弟這兩位作家對法國自然主義小說、社會史和藝術評論都有貢獻，兩人都終生未婚，永遠以單數龔古爾發表著作。

90 全名Auguste Villiers de l'Isle-Adam（一八三八～一八八九年），法國象徵主義作家、詩人與劇作家，作品經常具神祕與恐怖的元素，並有浪漫主義的風格，著有小說《未來夏娃》（*L'Ève future*）等書。「Android」（機器人）一詞即出自該小說。

91 全名Jules-Amédée Barbey d'Aurevilly（一八〇八～一八八九年），法國小說家和短篇小說家，專攻神祕故事，探索隱藏的動機，暗示邪惡，但不明確地關心任何超自然的事情。

92 全筆名Comte de Lautréamont（一八四六～一八七〇年），烏拉圭出生的法國詩人。雖然二十四歲就過世，只留下兩部作品，卻對現代文學，特別是對超現實主義者和情境主義者的影響極大。

93 Abbé Mugnier（一八五三～一九四四年），法國神父。

94 全名Charles-Marie-Georges Huysmans（一八四八～一九〇七年），法國小說家。

95 Marthe Bibesco（一八八六～一九七三年），著名的羅馬尼亞—法國作家，社交名流。

96 全名Nicolae Titulescu（一八八二～一九四一年），羅馬尼亞外交家。

97 Antoine, Prince Bibesco（一八七八～一九五一年），羅馬尼亞貴族、律師、外交官和作家。

朋友；還有當時已算是半個神話人物的瑪露卡・康塔屈澤納[98]，嫁給作曲家安奈斯可[99]；蘿絲・柯瓦如比亞斯・尼諾（Rose Covarrubias Nano），一位美麗悲情、有著一頭赤褐色頭髮的墨西哥人；保羅・扎內斯可（Paul Zanesco）是個聰明風趣、天分極高而非傳統的年輕外交官。令人遺憾的是，最後這兩位在幾年後相繼自殺身亡。保羅的妻子海蓮娜・尤里維奇（Hélène Yourievitch）日後定居英國；伊莉莎白和喬治・康塔屈澤納（Elizabeth and Georghe Cantacuzene）最近才結束快速橫跨波斯的長途旅遊歸來，喬治是羅馬尼亞最優秀的建築師，他們對此行的描述，讓我認真考慮在抵達君士坦丁堡後，是否應該改變原有行程；狄米屈・斯圖爾扎[100]的鼻子、下巴和眉頭緊蹙的神情，很像馬拉泰斯塔家族的人，這個口齒不清的毒舌派，談笑間毀人不倦，但其實非常仁慈。還有二戰期間俄國駐布加勒斯特的代表M・波克雷夫斯基—柯基爾（M. Poklevski-Koziell），日後在此地的革命時期曾參與殘酷的鎮壓；文質彬彬、戴副單片眼鏡的格雷古瓦（Grégoire），他的兄弟伊恩・杜卡[101]前一年才遭到鐵衛團暗殺。

我又要提到美貌的話題了，因為隨著我所提到的人名逐漸增加，我驚訝地發現記憶裡浮現的容貌都是震懾人心的：絕大部分都貌美如花或賞心悅目，也有戴著鷹隼般的面罩，或醜得有型的……在這類社交圈中，向來都有最受歡迎的外交夫妻檔。一年前是歐泰克洛克夫妻，其後有勒克萊爾將軍弟兄夫妻。現在可理解的是一對西班牙夫妻，沛里克和莉莉・普雷特。還有……

不過，當然，我不能繼續說了。不是因為人太多，直逼《閒談者》（Tatler）雜誌的名人錄；相反地，如果可以，我還真希望能夠不斷地細數下去。只是我努力謹守一項原則：「書中提到的人物要不是已經離開（羅馬尼亞），就是已經過世了。」[102] 在上述人名中，六位是屬於前者，九位屬於後者。在理當提及的名單中，有一、兩位正身處地獄邊緣，生死未卜；至於其他人，他們的友人也心知肚明，他們正深陷困境，窮途潦倒，因所處地理位置和戰後命令，被那些下達命令者所禁錮。如繼續探究這個複雜的主題，將會完全偏離這段敘述的目的。總之，這些情況在當時全都尚未發生：所有人都還活著，都還享有自由，都還手握酒杯。

在那群年輕人中有兩位特別突出，堪稱典範，分別是尼基．克利索維洛尼和康斯坦丁．蘇左，兩位都幸運逃了出來，一個在雅典（我幾天前才見過他）。二十年後再次團聚，令我震驚的不是他在這段期間改變了多少，而是他的毫無改變，尤其想到他們這些年所承受盛衰榮辱的可怕衝擊，更覺不可思議。這是令人振奮的：儘管驚濤駭浪，身體和心靈卻屹立不搖。尼基是半

98 Maruca Cantacuzino（一八七八～一九六九年），曾是瑪麗亞女王的侍女之一，第一任丈夫是曾任布加勒斯特市長的米哈爾親王，後再嫁安奈斯可。

99 George Enescu（一八八一～一九五五年），羅馬尼亞作曲家、指揮家、小提琴家和鋼琴家。

100 全名 Dimitrie Alexandru Sturdza（一八三三～一九一四年），十九世紀後期羅馬尼亞政治人物，一八八二年至一八八四年任羅馬尼亞科學院院長，四次出任羅馬尼亞首相。

101 全名 Ion Gheorghe Duca（一八七九～一九三三年），一八七九年至一九三三年任羅馬尼亞總理，一九三三年在壓制法西斯鐵衛團運動期間遭到暗殺。

102 原編註：在派翠克．弗莫寫作期間，羅馬尼亞正飽受殘酷共產政權的凌虐。如果提及那些仍在世的人名，或許會危及他們的生命。

個英國人，曾經在英國求學，他和康斯坦丁兩人最近從牛津一起過來了一趟，我開心地得知康斯坦丁的牛津居所並沒有採取高級愛德華作風[103]雇用門役，而是令眾人大為驚嘆地雇用了一名羅馬尼亞女傭。尼基身材高大、皮膚黝黑、聲音溫柔，康斯坦丁皮膚白皙、藍眼、個性外向，兩人雖型態不同，但在活力充沛、恣意揮灑人生上，儼然都是箇中翹楚。兩人都會駕駛飛機。我在此開心地報告，不是每個人都在農業改革中遭到完全摧毀。尼基經營一家家族銀行，康斯坦丁有一幢相當古老而迷人的住宅蘇左宮，我第一次探訪布加勒斯特時就曾參訪過，後來約西亞家人來訪，必須住在他的公寓時，我還在蘇左宮借住過一陣子。我住的那間房間擺設有帝國風格的家具[104]，整體大致呈圓形設計，是我唯一睡過的圓形房；不過若論到類似的，我倒是住過一個圓形帳篷、法屬喀麥隆的一間茅屋、一間改裝的啤酒花烘窯，還有巴黎路易斯安那飯店的一間客房。尼基·克利索維洛尼的大名第一次吸引我注意，是在一個深夜某個年輕人的狂野派對上，大家在猜字謎遊戲的一個單字。「J'y suis」（我很），他提示，但我們這隊儘管絞盡腦汁卻仍不得其解。「concupiscence!」（好色）他用非常搞笑而不雅的動作表演這個單字。還有一段早期記憶是在亞利桑那州的一場說明會上，眼見人群快速離開，尼基突然領導眾人即興以雙倍速度大跳薩爾巴舞[105]，使得講壇上的吉普賽人幾乎抓狂。銀行家本來便該如此。

我跟在布達佩斯時一樣，對自己接受那麼多友善的款待感到有點愧疚；按理說，我應該表現得更為愧疚才對。但住在別人家是一回事，如果是在夜總會夜夜笙歌呢？或者在高級餐廳卡普薩用餐，魚子醬滿天飛，還有一種名叫小體鱘、滋味無窮的多瑙河淡水魚呢？羅馬尼亞的食物令人驚嘆，是種非常有原創性、本土性又極致精華的料理，俄國、波蘭、土耳其、奧地利、匈牙利和法國都有其貢獻。幸運的是，所有東西的價格都等同於西歐的四分之一。在良心的啃噬下，我會狂亂地揮舞著手裡兩千列伊鈔票，但總是，謝天謝地，徒勞無功。這兩張鈔票終究淪落為表演用的道具。

錫納亞。這三個字揚起一陣困惑。我從裝設中央暖氣系統的別墅房間往外注視著走道，以及其他小型別墅的屋頂和樹梢，覺得自己就像秋天的蒼蠅一般懶散遲鈍，意氣消沉。遠處樹葉剪修齊整，另一端是座高爾夫球場，再過去就是翠綠的阿爾卑斯草原了，沿斜坡而上一片火紅的秋日山毛櫸，然後是層層疊疊的聖誕樹。這是座落於山中的桑寧戴爾教區。我的目光轉向室內，只是並沒有任何紓解的感覺：時髦的客廳沒有什麼書，只有《時尚》（Vogue）、《哈潑時尚》

103　一九〇一年至一九一〇年英皇愛德華七世在位時期，和甚少在公眾場合出現的維多利亞不同，他是潮流菁英的領袖，喜好旅遊，建立了一套受歐洲大陸藝術和潮流影響的時尚。

104　帝國風格是拿破崙帝國的官方藝術風格，因為一心想效仿古羅馬帝國的模式建立起統一的歐洲，所以基於此信念所產生的藝術風格，非常強調帝權象徵。

105　sârba，羅馬尼亞舞蹈，組合變化可以圍成圓圈、呈直線或兩人一對，歷史上不僅盛行於羅馬尼亞，也在塞爾維亞、烏克蘭、匈牙利、波蘭高地（戈爾爾）和阿什肯納齊猶太人間流行。

（Harper's Bazaar），以及擺放在兩隻雕塑羚羊間餐具櫃上的《聖美利舍的故事》（*The Story of San Michele*）、《雅申頓》（*Ashendon*）和一本法文版的《珍貴的禍根》（*Precious Bane*）；牆上懸掛著一幅維傑・勒布倫[106]的複製畫像，畫像中瑪麗・安東妮[107]皇后懷抱著皇太子。還有一幅弗拉戈納爾[108]的《鞦韆》（L'Escarpolette）；兩張檯燈照明的桌子傳來唧唧喳喳的談話聲。「Deux piques.」（「黑桃二」）「Passe.」（「讓過」）「Un drink?」（「來杯酒？」）「Oh, que vous êtes malin!」（「啊，你好壞喔！」）「Un petit high-gall.」（「給我一點威士忌加汽水」）「不叫。」「蘇格蘭威士忌？」「Tiens, partner?」（「喂，該你了？」）「Très faible-assez, assez!」（「太少了—夠了，夠了！」）「comme j'adore la campagne!」（「因為我喜歡香檳！」）「Et beaucoup de soda...encore!」（「而且汽水太多了……再來一杯！」）「Est-ce que vous bridgez chez Julie mardi?」（「你星期二會在茱麗那裡打橋牌嗎？」）……「Oh, merci, vous êtes un ange...! Trois trèfles...turni tome.」（「喔，謝謝，你真是個天使……！梅花三……交換了。」）幾個鐘頭後，身穿訂做西服的帥氣男士就會被一身黑禮服和珍珠的女士所取代，然後是一輪緩慢而美味的餐飲時間，作為決定勝負後的休息時刻，隨後才開始晚間正式節目。這些橋牌手有羅馬尼亞人、法國人和英國人，整個牌局溫和而悠閒……

遠側山岳屏障的山口處，也許正是一二四一年成吉思汗率眾呼嘯而過、前去宰制歐洲的隘口。此刻，我很能體會他們的心境。附近唯一值得參觀之處，是皇家佩雷斯城堡，從此地出發約十五分鐘路程，城垛雲集，一半搭配木材的銳角尖形塔樓，外觀有如位於喀爾巴阡山脈的巴爾莫勒爾城堡。隔天，我設法從和善的主人那裡借用那輛我們從布加勒斯特開來的大型帕卡德豪華轎車，由身穿淺灰制服和綁腿的司機駕駛，前往布拉索夫。我們行駛在一條羅曼蒂克的蜿蜒山路上，經過紅豔如火的森林，抵達一個建築於低窪山口深處的中古撒克遜小鎮，成了分隔外西凡尼亞和羅馬尼亞的藩籬。非常奇特的是，該城處處可見厚實的德國式拱門，即半圓拱頂架設在結實的柱子上，還可見到洋蔥頂閣樓，貼有牆面板的塔樓，商店招牌顯示的是*deutsche Schrift*（德國文字），鋪石路上交談的是德國方言；還有令我覺得奇特的是，此地竟讓我有種再度置身於此山東側的公國的感覺，也就是我優閒度過泰半夏季時光的外西凡尼亞。

這些德國人和童話中漢姆林的孩子有浪漫的關聯。但其實他們是萊茵蘭德人，其中有些是法蘭德斯人，十二世紀初在匈牙利諸王的號召下定居在此，並建立了七座喀爾巴阡山脈堡壘，以捍衛東部疆界，以此之故，外西凡尼亞的德文名稱「Siebenburger」中便有「七」的意涵在內。（十二世紀中葉，凶猛的條頓族[109]騎士隨之而來，不過數年後即遭斥退，移居往北部和東部，建立了

106 全名Élisabeth Vigée Le Brun（一七五五～一八四二年），法國女畫家。因給瑪麗·安東妮皇后繪畫肖像而出名。法國大革命後離開法國在歐洲各國作畫，一生作品約有六百幅肖像畫及兩百幅風景畫。

107 Marie Antoinette（一七五五～一七九三年），早年為奧地利女大公，後為法國王后。法國大革命爆發後，王室出逃未成，在路易十六遭處決九個月後，魂斷斷頭台。

108 全名Jean-Honoré Fragonard（一七三二～一八〇六年），法國洛可可時代最後一位重要代表畫家。

109 Teutonen，古代日耳曼人的一個分支，西元前四世紀時大致分布在易北河下游的沿海地帶，後來逐步與日耳曼其他部落融合。後世常以條頓人泛指日耳曼人及其後裔，甚至以此稱呼德國人。

普魯士軍事強權。）隨著喀爾文和路德新教開始往東傳播，在部分馬扎爾人[110]境內奠定永久的根基，這些小鎮遂成為新教的前哨站，迄今依然如此，可謂宗教改革最東部的羽翼。再往北走，在喀爾巴阡山脈往西彎行的彎環內，匈牙利諸王比撒克遜人更早安置了另一批奇特的移民，以捍衛外西凡尼亞東北疆域，他們就是塞凱伊人。這些人雖然在種族上屬於馬扎爾人，但其實老早便與匈牙利人分道揚鑣，孤立於漫漫的羅馬尼亞人海中，因此許多古老的部落習俗、語法架構與特性流傳了下來；相反的，這些在他們西方的偉大匈牙利民族內卻早已消失無蹤。這種特異性使得過去的人誤以為他們是阿提拉[111]所率領來犯的匈奴人後裔。就像先前所述及的撒克遜人一樣，這些邊疆人士也享有許多特權，免除了許多義務。他們由塞凱伊伯爵所統治，一如德國人由撒克遜伯爵所統治；不同的是，他們是直接受封於皇室，沒有自治權，只享有完全免稅權。這些族群不同於遠在西部的匈牙利人，是在層層統御之下——首先，是他們的伯爵，再來是外西凡尼亞的匈牙利諸親王，然後是匈牙利國王，最後是奧匈帝國的霍布斯堡王朝——從十三世紀到二十世紀主宰著外西凡尼亞（這些專斷的領導群，使得羅馬尼亞邊疆事務格外艱難，難以周全）。這些羅馬尼亞人的數量比其他民族總和還多，目前終於獲得統治權。但在漫長的歷史中，羅馬尼亞人對於外西凡尼亞的管理不但沒有發言權，也不具官方地位；在這裡和匈牙利自治邦境內，農奴制對匈牙利和羅馬尼亞農民所造成的負擔，甚至比喀爾巴阡山脈東側各公國的情況還要嚴峻。

這裡的小鎮都有三個名字：羅馬尼亞、匈牙利和德國名稱。就我周遭地勢陡峭的小鎮而言，羅馬尼亞語叫布拉索夫，匈牙利語叫布拉索，撒克遜人則小心翼翼地保有其原有的條頓名稱為喀琅施塔特。小鎮的名稱和建築不但是取自德國，連居民的語言和外貌也是襲自德國。一般人很難相信這些氣色紅潤、髮色淡金，一身緊身胸衣、背心加氈帽打扮的居民，已經和他們的遠祖整整七個世紀沒有任何關聯了。我穿梭在巷弄間，潛入酒吧和飯店，幾乎不敢相信我所目睹和聽聞的一切。數目龐大的美麗土耳其地毯和一塵不染的教堂，令人遙想昔日這個位居要津的山口小鎮，東方貨物源源不絕地轉往北歐和西歐的繁盛景象。而今市場後方最令人流連的是酒館和後街。在小鎮郊區一家酒館和兩名牧牛人親切交談，聆聽他們奇特的方言時，我是多麼希望此刻自己是徒步而來，正扔下行李、不疾不徐地和人交談，盡情探索、測試、凝望和竊聽，進行私下研究啊！這是我隻身旅行抵達一個新城鎮時，經常會做的第一件事！只是每當我轉過一個街角，或從酒館竄出，納悶下一步該如何之際，總會不經意地瞥見那輛大型豪華轎車停在時髦的黑鷹旅館前，身穿灰色制服的司機正守在方向盤後面打著呵欠。時間不早了。當司機從座位一躍而起，向我敬禮，把我安置在鋪設毛皮地毯的車內，然後悄然無聲地行駛在鋪石街道上時，我感覺自己真像個虛張聲勢的騙子。駛離小鎮，車行緩慢，在成串美妙的喇叭聲中，蜿蜒穿行於牛群中。那牧牛人

110 Magyar，匈牙利的主要民族。

111 Attila（四〇六～四三五年），古代歐亞大陸匈牙利人當中，最為人熟知的領袖和皇帝，史學家稱之為「上帝之鞭」，曾多次率領大軍入侵東羅馬帝國和西羅馬帝國，並對兩國構成極大的威脅；又曾率領軍隊兩次入侵巴爾幹半島，包圍君士坦丁堡；亦曾遠征至高盧（今法國）的奧爾良地區，最後終於在沙隆戰役被逼停止向西進軍。然而後來他卻攻向義大利，並於四五二年攻陷當時的西羅馬帝國首都拉文納，趕走了皇帝瓦倫丁尼安三世，使西羅馬帝國名存實亡。

是我一個鐘頭前才一起喝酒的酒伴。當車子駛近，他驚愕地圓睜著一雙藍眼睛。我不好意思地朝他揮揮手，感覺好像國王哈倫・拉希德[112]微服出巡的身分被揭穿了。

當我們再度從這條沒有坑洞的皇家道路穿行過璀璨的森林，山間逐漸為昏暗所籠罩，我點燃了約西亞臨別時贈送的珍貴雪茄。車燈的燈光飛騰在路旁樹葉所形成的舞台兩翼，引擎宛如永無歇止的嘆息般呢喃。很快地，就只剩下雪茄螢螢一圈火光，前端是謹慎保留的煙灰，後端則是隱隱含香的菸身，閃爍在瀰漫著哈瓦那松針和檀香的暮色中。希望自己這挾著雪茄、隨暮色逐漸變得蒼白的手，是以雍容而淡漠之姿垂放在摺疊的柔軟毛皮上；我則儼若一位達官顯要般巡察——一個年輕億萬富翁，閒閒散散、冷冷淡淡。或許，這便是懶懶思索撒克遜人和塞凱伊人起源之際，最適合的背景吧……待返回住處，一切一如往常，間歇的呢喃細語和冰塊的撞擊聲，依然編織著輕軟的搖籃曲：「Nous sommes en déroute, partner.」（「你輸了，牌友。」）「Tout est perdu fours l'honneur.」（「輸了牌，卻贏得了榮譽。」）「Deux coeurs.」（「紅心二」）

星期一終於獲得解放。我們隨同一艘小型船隊的船隻，載送所有裝備和人員駛入低地，穿越坎皮納和普洛耶什蒂之間的油田。像無數烽火台的鑽油塔綿延數公里，熾燃著繁華的浪潮。很快地，我們又回到布加勒斯特邪惡和歡樂的中心。

~

數天後，我「再度」被載往布加勒斯特數公里外一間位於斯納戈夫湖濱的鄉村俱樂部參加午宴。這種豪奢的生活實在讓我良心不安，因此我決定以步行方式走回住處。這一趟路長達數公里，先是穿越孤寂的森林，浸淫在千篇一律的秋紅中，然後沿著筆直的公路，經過伯尼亞薩機場，再順著基謝廖夫大道壯麗的林蔭大道，進入首府。這跟我兩星期前從南部前來此地的狼狽，簡直不可同日而語！接近布加勒斯特時有條美好的小路，兩旁林立著壯觀奢華的豪宅，風格衝突，有時令人發噱，寬敞的石柱門廊後，緊接著一片九〇年代常見枝葉覆蓋的篷道，以方便四馬馬車、兩輪馬車和四輪馬車通行。

～

我毅然決定在兩天後離開。時序已進入十一月第二個星期，由於我逆向往北多繞了一圈，君士坦丁堡仍然迢迢千里，而且越來越遠。原本在普羅夫迪夫時，君士坦丁堡似乎已在掌握之中。雖然我沒有不可變通的計畫，也沒有時間限制，但是在元旦前抵達君士坦丁堡的想法，已經在潛意識中悄然成形。那是一個頗為合適的里程碑，距今還有一個半月時間，所以絕對可行；只是就我優哉游哉的旅行速度而言，時間又顯得太短了。我猜想我已經比既定行程多繞行了數百公里之

112 Harun-al-Rashid（七六四～八〇九年），阿拉伯帝國阿拔斯王朝最著名的領主，因與法蘭克的查理曼大帝結盟而蜚聲西方，更因世界名著《一千零一夜》生動地渲染了他的許多奇聞軼事而為人所知。在他統治的二十三年間，國勢強盛、經濟繁榮、文化發達，首都巴格達成了阿拉伯帝國的政治、經濟、文化中心和文人學士的薈萃之地。在此作者是以哈倫．拉希德來比喻自己有如帝王一般。

遙，這趟羅馬尼亞之行，本質上就是一次偏離正軌的行徑，一如我從布拉提斯拉瓦到布拉格的即興之旅。

步行前往君士坦丁堡需橫跨巴拉干大草原，然後是多瑙河另一岸的多布羅加草原，那是一片平坦荒涼、人煙稀少的土地，不過後來我發現那裡實際上美得出奇。雨季時節，幾乎無法徒步而行，加上人煙罕至，想討一匹馬也不可行，跟我穿越匈牙利大草原的情況是不一樣的。所以，何不乾脆直接搭乘火車前往保加利亞濱臨黑海的瓦爾納？那裡距離羅馬尼亞邊境不遠，三等艙應該不會太貴，而且就徒步旅行而言，我還是有數百公里要走。我又不是一意孤行，拒絕搭乘短程便車的旅者；畢竟，我貪圖些什麼呢？我並不打算打破任何紀錄，也沒有跟人打賭。只是我很少搭便車，因此對自己徒步所涵蓋的龐大里程暗自得意而已。不過這段短程火車最多只能縮短兩百四十公里路程，相較於我蜿蜒而行合計的里程可謂九牛一毛。我私下渴望在旅行結束後，能客觀地在一張大型歐洲地圖上，用兩腳規統計我每天的旅行距離，看看自己確實走了多遠的路。愉快地做了這個重大決定之後，我準備把握剩餘的兩天盡情享受難得的奢華生活。

結果，運氣不錯。當天晚上就有一場人數不太多的美妙派對，由西班牙夫妻檔沛里克和莉莉・普雷特在他們的公使館舉辦為了歡迎阿圖爾・魯賓斯坦[113]。他們是好朋友，魯賓斯坦在布加勒斯特舉行音樂會時，經常住在普雷特家。晚餐後他彈奏了蕭邦的曲子，隨即以豪放的節奏演奏一連串跳舞和飲酒的套曲。我從來沒有見過像他那麼懂得自我享受的人，隨興跳舞，然後和人聊天，說話的速度很快又有趣，不時模仿別人，在一頭紅髮和蒼白迷人臉孔的輔助下，顯得維妙維肖。他的妙趣橫生和高昂興致，似乎具有感染他人的力量。這個值得記憶的光輝燦爛的晚上，遲至深夜才告一段落；而我記得的最後一件事，是相當急切地向茱麗．吉嘉和努雪特．賈芬庫詳細詮釋我的文學觀點。

第二天晚上，也就是我在當地的最後一夜，同樣盡興到很晚才結束。在布加勒斯特這段日子，尤其是此刻，讓我深深感覺這一切似乎是冥冥之中自有安排，是為了刻意寬容和滿足我在前往魯塞途中那個雨夜，借宿茅舍時突然湧現的愚蠢渴念，讓我得以擁有片刻全然相反於當時的奢華和璀璨。實在很難描述當我沐浴出來，在圓形房間柔和的光線下瞥見一床康斯坦丁．蘇左全套名貴行頭時那滿心的欣喜。借來的袖扣在借來的筆挺襯衫上閃閃發光，一位效率很高、眉毛漆黑、表情嚴酷無情的貼身男僕走了進來，想必是接替了牛津大學基督堂學院那名女佣。他幫我繫上輕薄背心後更輕巧的繫帶，隔壁房的康斯坦丁大聲叫他，我則套上完全合身的燕尾服。（那是我這輩子第三次穿這些玩意。）稍後，表情嚴謹的男僕兩手各持一朵康乃馨胸花進來，康斯坦丁則在客廳裡掙扎著試圖打開一瓶墨綠色酒瓶上的封口錫片，一時勝負難分。我們決定打扮成一模一樣、貴氣十足的紈褲子弟，兩人站在壁爐前做最後的修飾。

史特貝宮比我先前提過的那個豎立著火眼石獅的灰泥皇宮還要古老得多，也小得多；我猜

113 Artur Rubinstein（一八八七～一九八二年），美籍波蘭裔猶太人，著名的鋼琴演奏家，是二十世紀最傑出、也是藝術生命最長的鋼琴家之一，常被世人尊稱為「魯賓斯坦大師」。

想，這座皇宮應該是建於十九世紀早期，採英國攝政時期[114]的迷人風格：白木獨立柱支撐著長方形房間的天花板，應該是愛奧尼亞柱式[115]吧，還裝飾著許多淚滴形的光燦墜飾。我記得在舞者短暫清空的拼花地板上，有一道非常輕微的波紋，淡淡的彎曲變形，幾乎無法察覺，彷如珠寶盒的鑲嵌細工，受到歲月的扭曲而留下痕跡。這種別具魅力的瑕疵，也許是某次早經遺忘的地震所遺留下來的細小紋痕，顯現出一種內蘊的動能，也是之後我幾乎再也無緣目睹的，感覺同時蘊含了靜止和流動。康斯坦丁的溫暖姿態，我永遠都會記得清清楚楚。有人天生就具有這種本事！打從他挽著我的手臂、領著我，以友善輕鬆的態度開始周旋那刻起，整晚的記憶彷彿就停駐在某個鄉間，而不是一個都市。

～

我在美好的感覺中甦醒，就像前一天的景況，借來的名貴衣物到處散置，房間內飄散著咖啡的芳香，潮濕的樹葉在火堆裡燃燒的聲音，窗外電車悶然行駛的聲音，馬蹄聲、喇叭聲、吉普賽人的叫賣聲，最後是鉤環撞擊的聲音，然後唰地拉開窗簾，半晴半雨，夾帶雨水的日光傾洩而入，伴隨著康斯坦丁嚴肅男僕嘟噥的道早安。床邊擺放著賽頓．華生的羅馬尼亞歷史，昨晚看完第三遍的《鉻黃》（*Crome Yellow*），一堆地圖……想當然耳！伊安那名男僕正應我昨晚的要求，把我的皮夾克、馬褲、綁腿、那雙毫不妥協的靴子、開敞的背包、手杖、臨時憑證、鳥蛤的殼，一一仔細地排放好，彷彿某種怪異的制服，全是前來城堡膜拜後，一個取回紀念品以供證明的朝聖客的標準裝備。我聽得見康斯坦丁講電話的聲音，包括和一名機械師討論整修飛機的事，研議野豬狩獵計畫，敲定幾天後一個餐宴的日期，停頓一下下，隨即朗聲大笑。假期結束……午餐時，大雨沖刷地打在窗戶上。解決掉昨晚的殘羹剩菜後，康斯坦丁問我如果雨這樣下下去，明天真的要出發去保加利亞嗎，何不乾脆再多留一陣？

114 Regency，指一八一一年至一八二〇年間，在位的英王喬治三世因精神狀態不適於統治，遂任命長子威爾斯親王，即之後的喬治四世為代理人，自己作為攝政王的時期。文藝方面，彼時西方世界正處於新古典主義時期，但浪漫主義已方興未艾，成為珍．奧斯汀作品的創作背景。

115 Ionic，希臘古典建築的三種柱式之一，特點是比較纖細秀美，又稱為女性柱。柱身有二十四條凹槽，柱頭有一對向下的渦卷裝飾。

第七章

前往瓦爾納

經過三週「反基姆式」[1]的生活後，三等車廂內的木頭坐椅、模糊的燈光，再加上車廂外寂寥地飄落在平原上的雨幕，實在是令人沮喪的對比。火車每站都停，有時還會在偏僻小站空無一人的月台邊等待良久。上車的只有一些農夫，他們和車廂內所有的鄉下人一樣，都帶著一種不知所措的難民神情：婦女戴著彩色頭巾，腿上放著一個「安娜・卡列尼娜式」[2]的大包裹；男人的雙手如暫時閒置的樸鈍工具般，哀傷地垂放在兩膝間，腳上拖著如蛙鞋般寬大的鞋子。他們和我的感覺差不多，都不知道該做什麼。我玩弄著忽略多時的手杖，身旁座位盤踞著恍如蟾蜍同伴的旅行袋。我回想起布加勒斯特，想當初由於先前受到匈牙利人和保加利亞人偏見的影響，所以儘管深受吸引，我卻是抱持著忐忑不安的心情前往那裡的，結果，他們對我表現出的友善委實令人難忘！我幾乎不敢相信自己的腦海能在如此短暫的時間裡，塞進如此多的臉孔、房間和街道。我暗自神傷，不知是否還能再見到他們之中的任何一個人。窗戶外面的鄉野顯得非常偏僻，輪廓不明，也沒有地標。

許久之後，我們在斷斷續續的打盹中被搖醒並驅出車外。車站名稱讓我頗感驚訝，居然來到了多瑙河北岸的久爾久！我還以為我們會在更下游處穿越切爾納沃德大橋，直達黑海海岸，然後經過康斯坦察，前往曼加利亞或巴巴達格；不料火車竟往南走，回到了我原本的旅行路線。

我是渡輪上唯一的乘客。等橫渡過河、朝魯塞的燈光和熟悉的碼頭前進時，情況似乎逐漸好轉。我筆直趕往旅店，心裡盤算著要在那裡過上一夜，然後第二天去懸崖岸上吃一頓美食，順便和蘿莎暢談我這段期間所有的冒險故事。終於，一名我不認識、睡眼惺忪的女子啪嗒啪嗒地走下樓梯。喔，葛斯保雅．蘿莎去索菲亞了，下星期才會回來。我留了一張紙條給蘿莎的代班人，然後悶悶不樂地踱回車站，睡在長椅上，直到火車發動，才像夢遊者似地爬進車廂，重新回到徐緩、顛簸且寒冷的煉獄。我覺得很不舒服，懷疑是不是一連串熬夜和酗酒累積到此刻才終於爆發？天曉得我喝過多少不同的酒，再加上魯賓斯坦的宴會和史特貝的舞會，那是上一個世紀的事了嗎？不過感謝上帝，或許不公平，但我一向沒有宿醉的困擾，就像一個幸運的步兵，儘管友人在周遭死傷成堆，他卻毫髮無傷。再說，那兩個晚上也遠不如觀賞《波希米亞人》劇後那晚的狂放。不過在從一個主權國家進入另一個主權國家時，宿醉就像違禁品，即使沒有申報，照理也該先從行李中剔除吧？

許久，我在曙光中醒來，只見晨曦沿著藍色鋸齒狀山脈和布滿光禿白楊木的溪谷穿透而出，瀰漫在濕氣凝重的純淨空氣中的薄霧，綻射出一道道淺色的光束，照得樹葉上的露珠閃閃發亮。不久後，周遭就和我離開時的羅馬尼亞一樣，所有的樹木均呈現出一片火紅。我咀嚼著先前在久爾久省下來、扭曲地包在油膩紙張裡的米提提肉捲，一邊凝視前方遠比西側低矮、不成完整形狀但依然美麗的巴爾幹山脈。這是我第三次越過巴爾幹山脈，已經開始覺得自己擁有這片山脈了。

1　作者說的是上一章的奢華生活，引用的是寫過泰山故事的英國小說家吉卜林的另一部作品，在印度偵探小說《基姆》（*Kim*）中，主人翁 Kimball "Kim" O'Hara 是個貧無立錐之地的孤兒。

2　這裡說的是俄國作家托爾斯泰的作品《安娜．卡列尼娜》（Anna Karenina）中，主人翁帶的大包袱。

同時，這也是我第十次跨越多瑙河（不，如果把來回佩斯和布達之間的橋樑都計算在內的話，當然不止）：在多瑙河上游的烏姆就不只一次；在布拉提斯瓦拉來回一次；從捷克到匈牙利時，在埃斯泰爾戈姆跨越一次；在布達佩斯；然後從奧爾薩瓦到維丁的汽船上，以及這次來回魯塞和久爾久一次。多瑙河三角洲支流密布、蘆葦叢生和群鳥聚集的奇景，迄今仍沒沒無聞，位於多瑙艾辛根的美麗源頭也罕為人知；但是這條大河是歐洲大陸的真英雄，或可稱女英雄，我開始產生神奇的熟悉感，覺得自己對這片東歐地理的粗淺認識，就像是剛開始學習摸字的盲人，對布拉耶（Braille）點字法的複雜刻紋逐漸上手，彷彿可以用掌心感受到山脈的粗糙起伏和河流的蜿蜒曲折。

火車沿著巴爾幹半島山口搖晃前進。幾個鐘頭後，我已在瓦爾納的主要街道上漫步，然後凝視著面前珍珠色的浩瀚水域，邊緣妝點著褶襉飾邊，波紋隨著細浪延伸到無垠的邊際：黑海！

~

華燈初上，我在鎮上閒逛，盤算著應該上哪兒去找賈特喬。不料對街傳來一聲喊叫，緊接著一個熟悉的身影從馬路另一邊直衝過來，我倆就像俄瑞斯忒斯和皮拉德斯[3]般緊緊抓住對方。這肯定是個熟悉的身影，但也僅止於勉強認出。只見他以迷死人的角度斜戴著一頂帽子，正是德國大學生戴的那種平頂淺筒帽，邊緣環飾著黑白細帶，帽尖閃亮。看到我一臉驚訝，他開玩笑地裝出一臉愁容，抬了抬帽子，露出底下剃得精光的腦袋——他那一頭野性難馴的蓬亂黑髮竟然半根不剩——然後哈哈大笑。其實，剛剛抵達這裡時，我就注意到幾個同樣剃光頭髮、戴著帽子的傢伙，卻沒有料到他們是賈特喬商業學院的校友。話匣子一旦打開就停不住，於是我們相偕到一間咖啡館暢談彼此的冒險經歷。他說他沒有什麼新鮮事，在我離開後，他很快就回到瓦爾納。那我呢？這段時間做了些什麼？我告訴他背包失竊的事，以及蘿莎精采的插手幫忙。「我敢打賭他們一定揍了那傢伙一頓。」賈特喬說：「揍得好！」我繞過這個話題（現在就起爭執也未免過早了些），繼續敘述前往布加勒斯特的事。我在薩沃伊—麗池小住的事是一大成功，賈特喬聽得笑咧了嘴。我記得他的偏見，所以刻意輕描淡寫地帶過那些國際情誼，只為羅馬尼亞人申辯了幾句：他們絕不是保加利亞人認為的那種怪物。反過來，在羅馬尼亞時，我也同樣說保加利亞人的好話，就像《伊索寓言》裡那隻愛幫忙的老鼠一樣。可惜成效不彰。「那些野蠻人！」羅馬尼亞人嗤之以鼻地表示。「那群強盜！」賈特喬直言不諱。經過一串無意義的爭論後，我轉移話題，詢問我們在大特爾諾沃的熟人近況。他們之中有兩個人在這裡，但不包括那個熱中搜捕間諜的瓦希爾，賈特喬微笑地說。我們一起享用晚餐，然後在他郊區住處的行軍床上度過一晚。我何不乾脆住一陣，然後跟他回大特爾諾沃過聖誕節？「土耳其在等我呢！」我自命不凡地說著，指了指南向的海岸。

拜護照上標示著「學生」字樣所賜，讓我得以展開一段相當愉悅的生活，三餐全在賈特喬與

3 Orestes and Pylades，希臘神話中一起長大的摯友，皮拉德斯曾協助俄瑞斯忒斯完成復仇使命。

他友人經常光顧的一家餐廳解決，甚至還有我專屬的餐巾。由於正值降臨節[4]前的齋戒期，學生和餐廳老闆都相當重視，因此食物主要是菠菜類的蔬菜、羊齒生菜、高麗菜、白花椰菜，以及兩種我最愛的食物，即豆子與扁豆湯，可以搭配滋味絕佳的黑麵包和許許多多的紅酒。只要賈特喬有空，我們就在鎮上閒逛，探訪韃靼人和切爾克斯人早年過著原始生活的迷人地區。這些切爾克斯人在上個世紀中葉由土耳其人引入後，便在此落地生根。這個小鎮並無任何特色，只有高懸於海面上方的絕佳位置令人稱奇，外加樹林披覆、南北延伸的懸崖，正下方還有拍打在石礫與沙灘上的浪潮。

在城北的高大林木間，佇立著史丹克夫莊園，再過去是保加利亞皇室避暑的奧辛諾格拉德宮，一座半別墅半園林的宮邸，而順著同一海岸往北約三十二公里，位於邊境另一側的巴爾奇克有座浪漫的東方式宮殿，是羅馬尼亞瑪利亞王妃[5]不時會前來小住的地方。不曉得這兩個位於科堡的皇族表親，是否曾罔顧各自子民的偏見，搭乘汽艇渡海，共飲下午茶。

賈特喬和他的朋友們對於跟他們一樣來到瓦爾納讀書的女生頗為關切，她們也都戴著和男生類似的學生帽；戴在某些人頭上很可怕，但有些人戴起來很帥氣，頗有美國原住民阿帕契族的味道。而他們之間的浪漫關係，據我推測，都僅屬於精神層面，原因有二：這些女學生受到嚴密監護，行為舉止無時無刻不在親人虎視眈眈的監控下；其次便是巴爾幹地區普遍秉持的貞節觀念。在這類農村，一旦失去貞操，後果極可能是斷絕關係和流血，而這種偏見在知識分子間同樣存在，此種情況與其說是品德倫理的問題，不如說是部族認同的問題，而且大都承襲自占據此地達數世紀的伊斯蘭教徒向來將女子嚴密隔離的傳統。這種純屬領域性的生理成規，以及藉以斷定新娘貞節的粗糙驗證方式，必定導致無數不公的現象。賈特喬告訴我失去童貞的恐怖後果，不僅折磨女子本人，也折騰潛在的肇事者，唯恐受到其家族的報復。雖然此地一般皆視女子為罪魁禍首，但也可能因懷孕而押著男方舉行婚禮。即使沒有這些制裁措施，那些有心尋芳的男子，一旦想到自己短暫的歡娛將導致對方終生深陷困境，或許也會三思吧！在這種情況下，即使最純真的戀情，也必定要在最保密的狀態下進行，以避免危險的浮現；至於極少數不那麼單純的戀情，其所需要運用的策略和資源，絕不下於攻城掠地。即便如此，當一對愛侶終於克服種種危機，包括毒害看門犬、賄賂身邊護衛及說服保姆等等，部族終將否定的陰影也依舊籠罩，猶如一把橫梗於他們之間的利劍：這是一項詛咒，唯有藉助中世紀神學家離經叛道，卻保留經文不變，以維繫各方勢力均衡的手腕，才能加以化解。

談到這裡，為了提振賈特喬的心情，我告訴他「致命疾病」的羅馬尼亞語是怎麼說的。當初在阿拉德一位醫生的名牌上，我第一次注意到這個詞彙：*Boale Lumet i*（第一個字是雙音節，第

4 Advent，天主教教會的重要節期，是為了慶祝耶穌降臨前的準備期與等待期，亦可算是教會的新年。除了古代希伯來人等待救主到來之外，另也包括基督徒等待耶穌的降臨。

5 原編註：Queen Marie（一八七五～一九三八年），斐迪南一世的妻子，卡羅爾二世關係疏離的母親，是一次大戰後，羅馬尼亞利益的堅強維護者。羅馬尼亞和保加利亞兩國皇室，係透過薩克森—科堡—哥達（Saxe-Coburg-Gotha）德意志邦聯而具血緣關係，因此也和英國維多利亞女王有血緣關係，所以又有一稱是「愛丁堡的瑪利亞」。

二個*Loomeshti*的字面意思是「世界的病痛」，「世界」一詞在羅馬尼亞語中是*lume*），念起來相當抒情，其涵義卻令人顫慄。我們用緩慢、揚升、幾近夢幻的語氣念這個詞彙，彷彿念著咒語或驅魔禱詞。*Weltliche Krankheien...*（世界的病痛……）

我們就這類相關話題閒聊。據他所知，保加利亞的波格米勒教派[6]在有關非正統性行為方面，輾轉創造了最廣為盛行的英語用語。根據賈特喬的說法，與用語相關的性行為幾乎和西歐一樣盛行；或許稍微差些。在黎凡特地區，一旦探討責任歸屬，都與順從有關，一般不會過於嚴格，而且不論道德因素，只論是否維護男性特權，畢竟這是一個崇拜力量的世界；像英國那種殘忍的敵意，在這裡是不存在的。我們認為巴爾幹地區野蠻而殘暴，但對他們而言，只因從事非正統性行為便被關進監獄才是野蠻而殘暴的，除非同時還犯有等同異端的罪行。整個巴爾幹地區，同性戀所呈現的意象，相較於西方是尖銳而衝突的。同性戀所代表的意象，不是婉轉震顫的吹笛聲，而是高大魁梧的身影，通常手持短棍，聲音緩慢低沉，鬍鬚捲曲濃密，以灼熱、敏銳而思索的眼神審視著身旁的男伴。

言歸正傳，這種年輕人之間的柏拉圖式戀情，有兩種宣洩管道。一是所有南歐人均湧上街頭，在落日餘暉的漫步中，男男女女，除了家族之外，就像在教堂裡分坐中殿兩側，各踞街道一側反向而行，如此一來，心愛的人在一哩長的街道上，便有那麼幾秒鐘得以心靈悸動地遙望片刻。兩道川流的行人間，交纏著隱約的愛慕、相思的眼神、睫毛的眨動、面容的飢渴，並在無人注視時快速地交換手中的情書。這些緊緊摺疊的信箋於是成為宣洩情意的第二管道。賈特喬便是沉迷於這種筆友關係的其中一位，因為他視我為置身局外的男閨蜜，我才得以一窺兩者浮誇虛飾的熱情。嘆息、淚水、為愛情日漸消瘦、或暗示或明示的自殺威脅、無眠的夜晚、枕頭為淚水所浸濕（賈特喬的睡眠狀況極佳）等等，都是信件的一般用語。另外還有情詩、自然界的種種（諸如燕子、雲雀、寂寞的海鷗和夜鶯）、胸膛抵靠在荊棘上直到心臟被刺穿等等，全都派上用場。賈特喬真是該受譴責，竟牽扯在三段羅曼史之中；其中兩段只是用來琢磨文筆，對第三段的女主角伊凡卡才比較認真。傍晚散步時，賈特喬指給我看，是一位來自東北部城市舒門的漂亮女孩。賈特喬還帶我到她叔叔家正式享用咖啡與梅子酒，那天是她嬸嬸的命名日[7]，也是交換信件的絕佳時機。

奇怪的是，所有這些羅曼史很少會有任何結果，更遑論走入婚姻。婚姻可謂全憑嫁妝和家族安排來決定，當事人沒有多少發言權，而且鮮少牽涉到情感。這地區的所有國家都採取同一法則，而且似乎都運作得很好。這一切使得大量有關愛情的歌曲，都只屬於一種奇特的理論與抽象層次。在我看來，愛情甚至凌駕戰爭，成為最受歡迎的主題。這些情感編織在空中，就如同一部精巧的機器，編出的成品虛無縹緲，並不比空氣更具體。賈特喬承認確實如此。我倒是滿羨慕他

6 Bogomilism，十世紀時成立於保加利亞的教派，主要流行於馬其頓與波士尼亞地區，反對封建主義與東正教國教化。此教派持二元論主張，認為世界不是上帝創造，而是由一個邪惡魔鬼所創造的。

7 命名日是從中世紀起就有的一項傳統，指的是和本人同名的聖徒紀念日，主要在一些天主教、東正教國家慶祝。在希臘、克里特和賽普勒斯，人們往往共同慶祝命名日，而不是每個人的生日。

對這整件事的興奮之情，包括暗通書信、溫室的濫情、詭計與共謀，而這些，就某方面來說，是過程，也是結果。

種種跡象顯示，這些古老的規則已經開始鬆懈，並且動搖了我上述的理論。比如賈特喬便不顧雙方家庭反對，即便雙方都有成排對象等待遴選，卻仍在兩年後娶了伊凡卡，從此過著幸福快樂的生活；至少在戰爭的前一年，我從他那裡聽到的消息是這樣。

瓦爾納的很多事情都鐫刻在我的記憶中。其中一件，是在冬天第一道寒流來襲時被抬走的老者。那是在鎮上邊緣的一條巷尾，從某扇窗戶裡推出來一具長方形物體，當搬運工穩穩地扛在肩上時，我看清楚那是一副棺材。身著背心的教士和一干哀悼者湧入窄巷，往後靠在牆邊的我只見部分的哀悼者哀聲痛哭，主要是一些老婦。棺木在離我不到三十公分前面經過，蓋面敞開的棺材裡躺著身著黑色西裝與漆皮皮鞋的老者；後來我才知道那套衣物是特別購置的，老先生可能一輩子都沒有打扮得這麼光鮮亮麗過。他身體周圍塞著花朵，粗糙嶙峋的雙手用緞帶綁在一起，雙頰乾涸、眼眶凹陷，牙齒已經掉光的嘴巴微微開啟，頭顱看來比活人還小，彷彿因為死亡而皺縮，而且模樣和活人大不相同，頭顱隨著搬運工的步履在枕頭上不住搖晃。那一小群人拿著被風吹熄的長蠟燭繞過轉角，哀傷的吟誦與哀泣聲逐漸消失。殿後的是兩名小男孩，扛著對他們而言過重的棺材蓋，一路煞有其事地爭執著，各執一詞地主張搬運時棺材蓋應該哪一邊朝上。

大約過了十分鐘，又有一群較熱鬧的群眾沿著大街移動。路人停下腳步，脫下帽子，在胸前畫十字。幾名侍祭手持撐竿高舉的遊行用十字架，那上頭裝飾著無數輻射狀金銀輪輻，隨著侍祭的撐竿而微微晃動，金屬輪輻相互碰撞，發出錫箔紙般的顫動聲。隊伍中央是個緩緩前進、傾斜到近乎直立的小型棺木，棺木四周裝飾花朵，裡面躺著一位大約四歲的漂亮小女孩，身上穿著一件白色僵硬的宴會洋裝，仔細梳理的黑髮上繫著大型緞面白色蝴蝶結，頭上戴著白色花環。蒼白的臉龐就像展示在櫥窗裡的蠟像娃娃，唯一欠缺的只是粉紅的雙頰。這次他們是以亞美尼亞語吟唱詩歌，整個隊伍逐漸消失在一間亞美尼亞教堂內。（亞美尼亞神職人員所戴的帽子和東正教的筒狀帽不同之處只在於帽頂。後者的帽頂是平的，亞美尼亞神職人員的 *kati-mankia*〔帽頂〕則有槽紋的圓錐形。）

稍後，當我告訴賈特喬我生平第一次見到屍體時，他大為震驚。我活到十九歲，早該見過許多了啊？我向他解釋我見過的都是緊閉的棺木。多麼奇特的觀念，而我們過的又肯定是多麼不真實的生活啊！為此，我深受震撼。

英國領事和夫人，即柯拉斯夫妻住在高處，可以俯視廣闊的黑海。我在那裡有過幾次愉悅的進餐，也跟他們借過書，受到熱情的款待。幾天後，我在索菲亞借宿過的友人茱蒂絲・托靈頓前來本地停留一、兩天，我們沿著懸崖散步，在落葉飄飄、晴朗寒冷的天氣中，玩著類比和其他巧妙的猜謎遊戲。某個晚上或許是因為玩紙牌的關係，耽誤到很晚，喝完最後一杯威士忌蘇打後，我一如往常地從普雷爾菸品公司圓形錫盒裡抓了幾支柯拉斯夫婦慷慨供應的香菸，朝賈特喬家出發。

隨後發生一件非常奇特的事。真的很詭異，且懸疑未解，以至於到現在我還是不明白那究竟是怎麼回事，也很猶豫是否要寫下來。但是這種事委實很難忽略不記。話說我回到借住的賈特喬住處，當時已接近午夜。鑰匙不在平常放置的地方。賈特喬顯然忘記了。屋內的燈是亮著的，所以我叫了一、兩聲他的名字，又朝窗戶扔了幾顆小石子，可是都沒有得到回應：他一定開著燈睡著了。賈特喬的房間在二樓，於是我爬上排水管，打開窗戶，然後壓低身體進入屋內，盡可能安靜地墊著腳尖走路。不料卻赫然發現賈特喬並不是躺在床上，而是穿著整齊地坐在床邊，兩眼瞠視著我，眉宇間帶著戲劇性的惱意。我傻乎乎地開心問他鑰匙是怎麼回事，想不到賈特喬竟大聲吼道：「走開！我恨你！」他極其戲劇化的口氣讓我以為這是他精心設計的笑話，不禁邊大笑邊朝房間中央走去。卻見他直起身來，聲音拔得更高：「我恨你！」然後又更大聲：「你笑什麼？」我拍手鼓掌：「太精采了，賈特喬！」完全沒料到賈特喬竟突然抓起我床上跟其他物品放在一起的大型保加利亞雙刃刀，還拔掉刀鞘。站在燈下的他，持刀的手臂一揮，與身體呈九十度，刀尖朝上對著我。只見他眉毛上挑、雙眼圓瞪、兩唇緊閉、一臉肅然。我終於領悟這一切不是在開玩笑，連忙伸出兩手去扣住他的右手腕。情況僵持了好一會兒，他並沒有揮刀攻擊，不過卻抗拒我的推進，就這樣在推拒之間，我倆一起摔倒在地上，刀子喀嗒一聲脫手而出。我掙扎起身，趕快撿起刀子，一把將它從依然敞開的窗口扔進花園裡。在這突發的暴力中，地上那只有著厚重環型提把、用來取暖的 *mangali*（大型黃銅火盆）應聲而倒。我們什麼都沒說，連忙拿到什麼就是什麼地去撿拾散落的紅色煤炭，扔回重新扶正的火盆中。這時，樓梯間傳來嘈雜的腳步聲，兩位住在樓下的大特爾諾沃同學柯里爾和威尼亞曼衝進來追問什麼事這麼吵鬧。「火盆倒了。」我們說著，兩人都只專注在手邊的事上。「快過來幫忙。」當所有煤炭回歸火盆，其他人也離開後，我們一語不發地坐在自己的床上，賈特喬將濃眉深鎖的臉龐埋入掌中。經過一段長時間的沉默，我們困惑地注視對方。待雙方鎮靜下來，我問他到底怎麼回事。賈特喬說：「我不知道。我真的不知道。」停頓了一會兒，「請原諒我。」我們行禮如儀地握握手。「我絕不會傷害你的。請不要再問我了。」其實當時就算追問下去，似乎也沒有用，於是我們上床，漠然地互道晚安，然後熄燈。

但到底是怎麼回事？有一件事我十分肯定。就算我沒有衝過去奪刀，賈特喬也絕不會拿刀刺我。他並沒有攻擊，而且很快就鬆開了刀子。他和我一樣強壯，如果有心，絕對可以和我纏鬥一陣。問題明顯出在我的缺乏感應能力，以及威士忌作祟和嘲弄的取笑上，才會令他一時惱羞成怒。但是這一切的根本原因何在？我們先前沒有任何問題，再者我是在開心說再見後外出的，之前也沒有絲毫情感不睦，或為*studentkas*（女學生）爭執，或是任何其他摩擦。我是否對他所憎惡的羅馬尼亞描述得太多了？但我自認為已經很小心了。或者因為一逕誇耀我在布加勒斯特認識的聰明友人，讓他忍無可忍？但我確定自己在這方面十分有技巧，不至於會出錯。或者因為最近幾天，我似乎拋棄他和他的同伴，只跟地位崇高的領事圈英國友人走動的關係？應該不是。我也很確定不是我在他這裡逗留太久的問題，雖然我或許真的待得太久了。（我也突然開始揣想，去年一年下來，我是否給太多人帶來太多麻煩了？我是橫掃中歐的麻煩精嗎？一股深沉的陰鬱感油然而生，令我逃避地又趕緊回到手邊棘手的問題上。）或許因為我干擾到他，使他不能工作吧？不過這兩個晚上我並沒有干擾他啊！不管如何，賈特喬確實是比我還不可救藥的夢遊者，專門做些過分和愚蠢的行為；事實上，在這方面，我倆正是學校老師口中「只會狼狽為奸的人」。我凝視著天花板，總算獲得結論，我一定說了什麼不得體的話，比如在相互鬥嘴時失言，或者說時無心，事後卻導致誤解的話：一些不是出於惡意，卻唇槍舌戰的話，無法彌補、消彌或解釋，一旦發炎化膿，就像延遲引爆的炸彈般突然炸裂。而賈特喬的失控暴怒，可能就是其中之一，畢竟以前我也見過賈特喬對別人發作過……我是不是對自己太寬容了？突然，賈特喬問我是否睡著了，並且再次道歉。我說我知道一定是我的錯。「不，不，不是的！」「是，是，一定是的！」我們言詞傷感，不過總比什麼都不說好。之後兩人都佯裝入睡。

第二天早上情況好多了，但絕非煙消雲散。我倆都感到不自在，極力迴避對方的眼神。當我們蹲在火盆旁，將兩個烹煮土耳其咖啡的長柄鍋推入炭火裡時，我說：「賈特喬，我不太了解到底出了什麼事，但是我想我應該另外找間房。很抱歉給你帶來這麼多麻煩。」（我又在等待郵件了。）他抓住我的手臂，差點又把火盆打翻，大聲叫道：「噢，不！拜託，請你不要這麼做！這樣做我就太丟臉了！」他指的是有違巴爾幹地區殷勤好客的美譽。我懇切地邀請他白天時來咖啡館共進午餐，那家咖啡館位於懸崖頂端，是一間經我發現後，成為我日常寫作與閱讀的總部。我們不再談論此事，不過在離去前，他說了一句：「拜託，不要告訴其他人。」（好像我真的好意思開口！）我出門時去查看排水管，只見刀子就插在柴房直立的牆壁上。由於扔出時的力道過猛，刀身嵌入牆壁大約一吋。我把刀放回原位。

咖啡館的位置和當初我在魯塞城外與蘿莎共進午餐的地方雷同，只是眼前的多瑙河換成了黑海。這裡似乎沒有人會來。年老的 *kafedji*（老闆）說店裡有香腸，到時候他還會幫我們弄點馬鈴薯來炸。我在那裡度過一個悲慘的上午，試圖拆解前一晚的事，但是沒有成功。我凝視雨滴斑駁點的波浪，直到賈特喬騎著借來的腳踏車現身。我們囫圇吞下第一杯梅子酒，然後又倒了一杯，兩人的開場白幾乎完全一致，都尷尬地表示後悔。我：「我真的相當抱歉，不論我做了什麼，都不是有意的。」賈特喬：「我真的非常抱歉，我不是故意要那麼做。我一定是瘋了。我們不要再談這件事了。」接下來是一陣尷尬的停頓，頭頂上方懸著一個大大的問號。我忙著弄酒，談話也不再那麼僵硬。賈特喬問我問題，我回答他。很快地，我發覺從我到瓦爾納以來所有相關話題，幾乎都被我們聊光了。賈特喬安靜地聆聽，不時認真點頭。我擔心自己會重蹈覆轍，踩到他的地雷，就像是喜劇故事裡，一個明明吃過大虧的傢伙卻還是自討苦吃，老是犯同樣的錯誤。我要是知道地雷在哪裡就好了！我談了很多，但是用詞比平常謹慎。不過我多慮了。雖然心存警惕，我仍可以察覺到一股突然緩和的意向，氣氛也逐漸融洽。後來當我們登上懸崖瞭望時，已經是挽臂同行——這一幕也讓我突然聯想起舞會裡的康士坦丁——彷彿什麼事都沒發生過。這件事總算是過去了。

一切回歸正常。兩天後我問他到底是什麼原因，他抱歉說都怪他瘋狂的脾氣。但我知道不是這樣。我一定是說了什麼讓他誤解的話，而一旦澄清，我想他一定會感到難為情，因為這實在是件微不足道的小事。

這個怪異事件我已經解釋了太久。雖然在這類記敘文中，這種素材通常會遭到刪除，但我卻耿耿於懷，儘管無法做成定論——從那以後我經常想起這件事，而且總覺得有股謎團不得其解——而且一旦開始梳理，便無法以三言兩語帶過去，否則即無法正確呈現。最後，我沮喪地做出結論：這並非我第一次在無意間深深傷害到別人；可悲的是，這也不會是最後一次。我只希望能夠確實了解自己是如何對別人造成傷害的。

～

……在聖詹姆斯公園散步許久。從攝政大橋望去，英國海軍部就像俄羅斯童話故事書插畫裡的一座皇宮，泛著珍珠和象牙色澤，尖塔和圓頂飄浮在淡淡的薄霧之上，秋天的唯一徵兆是一棵懸鈴木綠葉上一抹寂寞的金黃，彷如惠斯勒[8]那綹銀髮。我正寧靜地注視著鵜鶘（牠們變得一身漆黑！），不料一位鼻子像爆發的維蘇威火山、頭戴粉紅和洋紅色布帽的友善流浪漢，問我他們能不能……

……尼泊爾的平均降雨量是喜馬拉雅山脈裡最豐沛的，每年降雨機率達百分之八十二，所以我很盼望回到西姆拉。國王和宮廷官員的服裝美麗如畫。當然我有興趣的是里托—阿爾卑斯岩系未變質沉積岩層的一個旁支，上層是易脆的片岩，以及侏儸紀片麻岩和角閃岩的斷層。真希望你也能看到……

這些是我父母的書信，經過輾轉投遞，想必在某段路途中耽擱良久，終於在今早提領。我母親的信一向以最快速度匆匆完成，通常很長，內容迷人有趣。我一邊看，一邊爆出大笑，咖啡店老闆好幾次一臉驚訝，直到終於看完（「凡事總有盡頭，就算克倫威爾路也不例外，所以……」）。像平時一般，隨信寄來厚厚一卷周刊，或報紙有趣好笑的剪報、連環漫畫、《時代》雜誌的填字遊戲等。我回覆他們的則是長篇旅程紀錄（剛開始寫這本書時，我還曾經把寫給他們的信借回來。不幸的是，那些信也像我的筆記本，誤入歧途，不知所終）。我父親比較少來信，他的信簡短許多，比較正式，文字和內容也比較拘謹。我父母早在十二年前就已經分居，而在離婚前，他每三年也只有六個月的假可以返回英國，因此就像許多僑居印度的英國子女一樣（以我的情況而言，我從未去過印度，雖然我母親和姊姊都出生在印度，而我父親幾乎一輩子都住在那裡），儘管雙方都有心努力維繫，我們仍算是半個陌生人。

8　全名 James McNeill Whistler（一八三四～一九〇三年），美國著名印象派畫家，從小隨父母到俄國，就學於帝國科學學院，一八五一年回美國就讀於西點軍校，開始表露美術長才。離開軍校後，一八五五年決定轉為畫家並移居歐洲，成為十九世紀美術史上最前衛的畫家之一。

我的童年是在母親刺激無比的陪伴下於倫敦度過，長我四歲的姊姊如果沒在印度的話，也會跟我們在一起：我大約五歲時住在櫻草花山公寓，晚間可以聽到動物園傳來的獅吼聲。那些公寓完全由雕塑家和畫家所盤據，我母親還說服亞瑟．拉克姆[9]在我們幼兒園的門上畫一幅彼得潘在肯辛頓公園的九曲湖搭乘一個鳥巢順流而下的插圖。隨後好些年，我們都住在皮卡迪利街[10]二一三號一間相當神奇的公寓，從我的床往圓環方向看去，可以斷斷續續見到一個高聳的螢光招牌，招牌上一只調酒器正將雞尾酒注入盛有一顆櫻桃的酒杯中：「甘醇雞尾酒的心臟，高登琴酒！」夏季時，我母親會在北安普敦郡一個最小、最荒僻的鄉鎮多德福邊緣租一間小屋，鄰近有小溪流經地形陡峭、狐狸出沒的雜樹林。我母親在此以筆名艾琳．泰芙沉浸於戲劇寫作，雖然她的作品從未受到幸運之神的青睞，但就我看來卻相當精湛，劇情刺激，念出聲時格外出色。她的作品多半跟印度有關，充滿了冒險和浪漫的情懷，還具備了知識的底蘊。

母親的家人具有愛爾蘭和英國血統，在印度已經傳承三代。外公當年以東印度公司海軍見習軍官的身分抵達當地時，由於正值叛變最緊張的時刻，所以靠岸登陸時，迎接他們的是叛變者在炮口前灰飛煙滅的慘烈景象。由於祖輩在印度東北的比哈爾邦和東部奧里薩邦擁有若干大型的板岩採石場，因此在印度時，他們的生活正如希基[11]和薩克萊[12]筆下般燦爛輝煌，有成群僕役和無數馬匹：儼然是個消失已久的極樂之邦。我母親和許多僑居印度的英國人不同，不但學得一口流利的北印度語和烏爾都語，而且能讀能寫，對於印度的了解遠甚於膚淺的表面知識。（後來我們一行人穿越英國中部某處濕漉的田野時，我母親和姊姊會突然用我聽不懂的語言交談，我則是拚命地用拉丁語大吼，試圖壓制她們。只可惜拉丁語畢竟沒有那麼晦澀難懂，對她們起不了什麼報復作用。）除了包羅萬象的廣泛閱讀外，她也熱中騎術，對於盛行於加爾各答和西姆拉的業餘戲劇生活更是鍾愛不已；這種種開啟了我母親日後對戲劇歷久不衰的熱情。（這一點，扭曲而悲哀——我指的正是幕後的部分——竟只讓我本能地產生抗拒而已。不過這種態度也許是不對的，因為戰時某次我在開羅遇到麻煩時，竟然拜我母親之賜逃過一劫。那次是一位做人相當不錯的老將軍正厲聲指責我，突然沉吟地鎖起眉頭。「一九一三年我在西姆拉看過一齣劇《山中女郎》（*The Maid of the Mountains*），那個主角是不是你母親？是啊？好小子，我一直沒有忘記！她表演得太精采了！我想她絕對不會記得我這個老頑固。不過見到她請代我問候一聲。」他一雙老眼瀰漫著淚光，早已忘了斥責我的事。我如釋重負，當然也極為感動。）我母親是後吉卜林

9 Arthur Rackham（一八六七～一九三九年），英國插畫家。從一八九〇年代開始至一戰前的插畫「黃金時代」代表畫家之一，作品常被各種賀卡採用，《肯辛頓公園裡的彼得潘》即是他的作品之一。

10 Piccadilly Circus為倫敦最有名的圓形廣場，興建於一八一九年，早期是英國零售商店所在地，今日為英國倫敦市中心購物街道的圓心點，有五條主要道路交錯於此。

11 全名William Hickey（一七四九～一八三〇年），英國律師，但以其廣泛的回憶錄而聞名，被讚譽為英國最出色的書籍之一，回憶錄中將十八世紀末倫敦、加爾各答、馬德拉斯和牙買加的生活中，形容得非常生動。

12 全名William Makepeace Thackeray（一八一一～一八六三年），與狄更斯齊名的維多利亞時代的英國小說家，最著名的作品是《浮華世界》，體現人類自私自利、追逐虛榮的一面。

派[13]行事作風的人，熱中閱讀、語言、競技和戲劇表演，並優游於喜馬拉雅杉之下，既受到我外婆的阻撓，也受到她的鼓舞。我外婆是個相當優秀的人物畫畫家，屬於伯恩—瓊斯[14]畫派，她留有一幅我母親當年的畫像：身著白色洋裝的美麗女孩，低垂著頭，正確地擺出一副馴服的模樣。而就我看來，披散著火紅的長髮，也確實精準地展現出前拉斐爾派[15]的畫風。

這種倫敦—北安普敦郡型態的生活，持續了我整個悲慘的學生時代，其中有一年左右最為刺激，因為我母親會突然對天空產生激情，包括長途驅車前往布羅米奇堡機場，然後任由姊姊和我焦急守候，瞠視她隨著摩斯雙翼飛機倏忽消失的身影，更糟糕的是她一人單飛。幸好這段期間逐漸消退，且沒有發生任何意外。不過遠比倫敦和鄉間生活更讓人興奮的是前往法國旅遊，以及前往瑞士伯恩高地滑雪，這是我們三人都頗為熱愛的一項活動。（我母親十八歲時便結婚，因此我們之間有許多可以分享的事物。）可是比這個、比法國、比她對此中文物了然於心且充滿激情的巴黎和倫敦博物館及畫廊，也比無窮無盡的戲劇更好的，是我母親朗讀的天分：包括無數莎士比亞的作品和詩文，和遍及英國文學浩瀚領域的無數書籍。有時，她一天可以朗讀好幾個鐘頭（因為我比姊姊小四歲，很多作品更是隨手可得，使得此事倍加神奇與難以忘懷，對那幾年留下極為深刻的印象）。她會帶著我們一起吟誦，在鋼琴伴奏下唱歌，外加梳妝打扮。好幾年後我才得知，其中最為特出的是所有趣味、刺激以及迷人的場景布置，其實花不了多少錢，完全憑仗即興發揮和舞台管理的天分：一種神奇、極為成功、極具想像力、充滿創意和強烈個人色彩的發揮。

令人意想不到的是，在母親表面閃閃發光、跳脫傳統的揮灑之下，其實潛藏著與生俱來、無可置疑、穩固而堅定的信念。雖然在自信滿滿、傲然前行之際，不免有衝撞到船脊的時候；有時潛伏的危機似乎也造成了方向的改變，為情況增添若干難以估算的變數，彷彿一艘承載太多寶藏的船隻，永遠無法掌握導航的藝術；有時在毫無預警之際，也會突然烏雲密布，苦惱和困惑撲面而來。這是她相對付出的代價，以襯托她平日慷慨、刺激、冒險、趣味、興奮等等獨具魅力的一面，尤其是對我連連製造麻煩的求學生涯所付出的寬容和仁慈；如果換作別的母親，恐怕早已被我逼到絕望之境。我想她生為女人卻固執己見，乘風破浪，使她在懊惱之際，內心多少對我寄予同情，只是在禮數的束縛下，她不能不擺出應有的姿態。這種多層面的性格，足以引發所有的反應，只除了絕不無聊。比如我手中這封冗長的家書，充斥著生動活潑的描述與荒謬的見解，使我一再發出爆笑，惹得咖啡店的保加利亞老闆一臉困惑。

如果說一位寫信者可以把一件事描述得活靈活現，使倫敦平凡的一日顯得驚心動魄，而另一名寫信者只會使得喜馬拉雅宮廷內的鑽石和羽飾都失去光澤，這個比喻並不公平，不過至少可以

13　全名Joseph Rudyard Kipling（一八六七～一九三九年），生於印度孟買，英國作家和詩人。主要著作有兒童故事《叢林奇譚》，即泰山的原型。

14　全名Edward Coley Burne-Jones（一八三三～一八九八年），英國藝術家和設計師。

15　Pre-Raphaelite，一八四八年開始的一個藝術團體，也是藝術運動，由三名年輕的英國畫家（約翰．艾佛雷特．米萊、但丁．加百利．羅塞蒂和威廉．霍爾曼．亨特）所發起，反對那些在米開朗基羅和拉斐爾的時代之後，在他們看來偏向機械論的風格主義，主張回歸到十五世紀義大利文藝復興與初期畫出大量細節、並運用強烈色彩的畫風。

指出兩封信在速度和溫度上的轉換一樣有趣，只是理由不同而已。我寫給我父親的信也和他的信一樣正經八百，缺乏光澤。他鮮少休假離開印度，若要要求正好和我的暑假重疊，機會更是有限，所以我們對彼此的了解很少。我五歲時第一次和他見面，從那以後到我們重疊的後半生，把所有共處的時間串連起來，我們在一起的時間也只不過半年。我們沒有機會一起做些什麼，而且每次分開，我想雙方私底下都暗自鬆了一口氣，因為彼此都努力得很辛苦。我還寧願我們是在我成長之後完全陌生的情況下相識，比如今天，如果我在義大利的山間見到他坐在一家旅館裡，一定會渴望能了解他。如此想來，不禁滿心惆悵。

我父親的身材非常高而瘦，長相高雅，具有學者風範，戴著厚片眼鏡，會按照我想像得到的那些場合來穿著打扮——即鮮少會相互留下深刻印象的場合——換句話說，從他的衣著打扮就可以看出他的興趣，就像紋章上的圖案一樣清晰明白。比如某年四月間，我們在義大利西北馬焦雷湖的巴韋諾，準備攀登後方的十字架山，當時我約莫八、九歲。他穿著厚重的靴子，連後頭的商標都仔細地塗上護革油，厚實的綠色長襪、黑白灰紋燈籠褲、同樣材質的老式諾福克獵裝，腰繫皮帶，口袋上裝飾著褶襇、繁複的皮質鈕扣，翻領鈕扣孔上還別上一條懷錶的皮索。口袋裡裝著眼鏡、羅盤、地圖、三明治、巧克力、蘋果、柳橙、筆記本、素描板、鉛筆、殺蟲瓶、當地植物和鳥類指南，以及斜掛在他頎長身側一個用寬邊佩帶繫著的亮漆標本採集箱，外加望遠鏡和摺疊式捕蝶網，一旁還斜倚著一支鐵頭登山杖。面對這全套配備，辛苦守候在一側的我，有如滿心不情願的小廝。其實這些都還好，我心想，我所害怕的是下面兩個配備。第一個是一只地質錘，錘頭上標示著難以察覺卻出現於所有政府財產上的寬箭頭，因為父親是印度政府的公務員。我父親最喜歡講的一個笑話就是，能擁有這類用以敲碎石塊工具的，就只有他、他的同事，以及達特穆爾[16]監獄的囚犯。我當然知道這只是笑話，但其他人知道嗎？當父親把地質錘插在獵裝皮帶上時，我一直祈禱錘身寬箭頭的標示不要暴露出來；無奈那標示始終閃閃發亮、招搖在外。我也曾佯裝殷勤地幫父親調整舒服，企圖把地質錘倒反過來，結果父親嚴峻深沉的聲音馬上從上方傳來：「派弟[17]，你想幹什麼？」我頓時失去勇氣，不敢動彈，只希望大廳內其他的英國人不會注意到，其他的義大利人也不知情，儘管我根本移不開視線，始終盯著……。第二件物品同樣恐怖：一頂寬大的半圓前沿帽，我原本以為去西藏旅遊才會用到。此帽狀似一個切開的皮毛南瓜，裝著帽頂和兩個毛皮耳罩，扣上耳罩時，會在頂端結上一個刺眼的蝴蝶結；若是扣在下巴下方，那就更加恐怖了。

我當時剛剛被一所私立小學開除（所以才會在春季學期當中前來義大利閒晃，跟在父親身旁，而父親也難得一次被迫應付這個問題。這是第二次，也是日後一再發生在我身上的求學災難之一），只是還無從擺脫私立小學的教化。和公立學校不同的是，私立小學企圖將原本近乎天才、來日可能綻放出光芒的兒童，轉變為一群毫無膽氣、令人難以忍受的小學究。（古老英國的

16 Dartmoor，此一歷史悠久的監獄位於普林斯頓，蓋在該地區沼澤地高聳的花崗岩牆壁為其特色。

17 Paddy，派翠克的暱稱。

陳腐社會制度便是在這些私立學校、而非公立學校編織而成。如果能掃除那些可惡的地方，那麼人性的解放，或許終能從意外潛伏的公立學校體系中獲得綻放的機會。）我們來到街上，戴好帽子，倫巴底[18]的陽光赫然閃耀在地質錘的寬箭頭標誌上。我拖拖拉拉地走在後面，悲慘地希望沒有人會發現那標誌與我們之間的關係，甚至渴望突然有道閃電能毀掉那標誌，直到一個溫柔陰沉的聲音譴責我還在偷懶。如今坐在瓦爾納回憶這段往事，我不禁失笑，因為我現在這身裝束，其實和父親當年十分相近。

我父親當時是印度地質調查處的處長，任職多年，負責整個印度地質的相關政策，平日只要得以從加爾各答和西姆拉抽身，足跡便遍及印度各地。所以，我小時候經常會對著一張褪色照片幻想，想像他嚴肅地戴著一頂印度遮陽帽，坐在一頭巨象的背上，身前是揮舞著刺棒的象夫，穿越在叢林和高山的景色間。一封封家書分別從班加羅爾、錫蘭、錫金和瓦濟里斯坦等地寄來……一個典型的達爾文型的自然學者，整個大自然界都吸引著他。我經常在學校吹噓說他曾經發現過雪花岩、一隻背上有八根毛的毛蟲，還有一種名叫鍶砷磷灰石的礦石，其他一起吹噓的同學都一臉困惑，無言以對，因為實在太過怪異了。為了我父親某項豐功偉業，皇家學會還授予他會員的資格。但不知為何，我們父子倆卻始終不投契。我想大概是我認為他太嚴厲、冷漠又吝嗇，還有出於自然科學家的本性，熱中於分門別類，對指導我也抱持著一種科學的熱誠。比如去爬山那天，我們在十字架山雪線下方發現到一株龍膽屬植物，他指導我如何分辨那是單子葉或雙子葉，卻一個字都沒提到那植物是什麼顏色。相對而言，我所熱中的是比較狂放的音樂、比較強烈的酒……我不敢揣度他是怎麼看待我的？一個遠在他鄉、永遠麻煩不斷、令人困惑又花費不貲的禍源？平心而論，對於我不時難辭其咎的胡作非為，他其實相當容忍；對於我目前的旅行難免會為他的計畫帶來干擾，也抱持著哲學的態度淡然接納。也許他覺得這些經歷可以開始化解我們彼此間淡漠的關係吧！這一點，果然不出他所料。

我們父子唯一的共通之處，便是對於精緻雙關語的愛好。時至今日，如果夠綿長又夠精巧，雙關語仍為我所愛。我父親還有一項出人意外、頗為厲害的天分，儼然和我上述所傳遞的印象背道而馳，那便是他說故事的本領。無論是在德文郡、瑞士或義大利，每逢他休假的夜晚，我們和旅館裡的其他孩子全受到他繁複而刺激的連續長篇故事所吸引，他會把所有孩子都編入角色中，每個人都有一個令人著迷的藝名，黑暗之中，大夥寂靜無聲、如醉如痴地坐在地板上。

我將兩封信分別放回貼滿郵票的信封裡。這兩封各領風騷、大異其趣的家書，與周遭的黑海和巴爾幹的風情顯得毫無關聯，遙不可及。

~

我最新的總部設在高踞黑海懸崖上方的一間咖啡館，這裡似乎只有我會來。整個咖啡館只不過是間樹林間的小茅屋和一扇寬大的窗戶。我經常透過窗戶凝望下方的黑海，但見這海在冬陽下

---

18 Lombard，倫巴底人為日爾曼人的一支，經過約四個世紀的民族大遷徙，最後到達並占據了今日義大利北部。

一片亮藍，在雲朵奔馳間又轉為鐵灰或深藍，於雨滴中顫抖，待怒浪來襲時則隨風攪動，一度薄霧席捲而來，眼前頓時化為一片白茫，將所有樹林和沿著懸崖邊緣突出的灌木轉化為鬼魅般的森林。我愉悅地緩緩複述著黑海的英文名、德文名、羅馬尼亞名和土耳其名：Schwarzes Meer、Marea Neagra、Kara Deniz，以及最低沉陰暗的保加利亞名：Cherno Moré。據說古希臘的航海人刻意顛倒其意，將它本意為「敵意之海」或「對陌生人不善之海」的原名Pontus Axeinos，更改為「歡迎之海」的Euxine，企圖安撫突然翻湧而起的黑風惡浪，正如希臘神話中也基於迷信而將三位「復仇女神」（the Furies，意為「憤怒」）易名為「慈善女神」（the Kindly Ones）。黑海海底躺著數千艘船難的殘骸。從我此刻置身之處，沿著懸崖植被往北看，可以見到多布羅加和康斯坦察，亦即古老的托米城，古羅馬詩人奧維德[19]因著述《愛的藝術》（*Ars armatoria*）一書，而遭羅馬帝國皇帝奧古斯都[20]流放之處。（要是奧維德在《哀傷集》〔*Tristia*〕一書中能多描繪些他所處的地理環境就好了！）繼續往北是多瑙河河口淺薄的寬闊荒漠，像是一根電纜線，盡頭磨損而散開的一條條引線，接著是比薩拉比亞省，然後是蘇俄。這些地方似乎都很近。奧得薩、克里米亞半島、亞速海——涵蓋克里米亞汗國[21]，整片的斯基泰帝國和辛梅里安人的黑暗大陸——新羅西斯克，以及儼然就在我餐桌對岸的科爾基斯[22]，即希臘神話人物傑森[23]搭乘阿爾戈號，遠從皮立翁山過來盜取金羊毛之地。如果我的食指可以像望遠鏡一樣橫跨數百公里的距離，便可掃射到高加索山脈，顛簸越過伊梅列季和明吉尼亞的河谷，進入喬治亞，再經過萊蒙托夫[24]筆下的提比里斯，接觸到亞拉拉特山的山峰，沾碰到山峰另一邊的裏海。厄爾布爾士山脈、亞塞拜然和波斯等等，突然間都顯得近在咫尺，輕易便可抵達。我的食指順勢往南方掃去，就會和特拉比松平行，亦即古老的朋土斯和帕夫拉戈尼亞帝國所在地，接著是小亞細亞海岸，土耳其北疆，然後最終定格在我南方和靠東一些、大約雁行兩百四十公里處的博斯普魯斯海峽，以及座落其岸邊那個我正打算前往、有著許多名稱的都市。波濤上飄浮著一股狂野和神奇的氛圍，宛如這片海岸仍是世界的盡頭和現實的終點，寂寞孤絕；而再過去，便是傳說、謠言和臆測的起點了。

「我大步踐踏不列顛，橫掃高盧，以及雪花飄飄的朋土斯海岸。」[25]是這些天始終縈繞腦際的詞句。另一個跟這個地區有關的文學聯想，足以和奧維德與普希金並駕齊驅者，是一座位於多瑙

19　全名Publius Ovidius Naso，筆名Ovid（西元前四三～一七或一八年），古羅馬詩人，代表作《變形記》、《愛的藝術》和《愛情三論》。

20　全稱謂Imperator Caesar Divi F. Augustus（西元前六三～一四年），羅馬帝國的開國君主。奧古斯都為神聖和至尊的意思，歷史學家通常以此頭銜稱之。

21　Krim Tartary，一四三〇年至一七八三年克里米亞韃靼人的國家，為金帳汗國衍生出的國家中國祚最長的一個。汗國不只是在克里米亞半島，而是延伸到北高加索與坦波夫及耶列茲一帶的欽察草原。建立者為拔都。

22　Colchis，為今喬治亞的一個地區，位於該國西部，也曾經是一個王國。

23　Jason，希臘神話中的人物，為奪回王位，在女巫美狄亞幫助下取得金羊毛，並與美狄亞結婚，但後又改娶新妻，美狄亞因而施咒報復，不惜犧牲兩人的一雙兒女，是希臘神話中的三大悲劇之一。

24　全名Mikhail Yuryevich Lermontov（一八一四～一八四一年），俄國作家及詩人，被視為普希金的後繼者。

25　原編註：此句引用自魯德亞德·吉卜林的《普克山的小精靈》（*Puck of Pook's Hill*），為一首想像的羅馬進行曲。

河交織出海口之間的孤單墳丘，標示為「馬捷帕[26]之墓」的古老墳頭。在布加勒斯特聽說這件事後，我便迅速拜讀了拜倫的詩《馬捷帕》[27]，此後每當我的思緒由河流延伸，橫跨烏克蘭乃至基輔的平原，眼前均不禁浮現席里柯[28]畫筆下的馬捷帕，那位彼得大帝所屬哥薩克騎兵，赤裸地綁在一匹野馬背上，任由馬匹披散著鬃毛，眼神狂野、鼻息噴吐，奔馳在暮色朦朧的草原。

不過，瓦爾納，尤其是從我住宿處往內陸延伸那山巒起伏、枝葉扶疏的田野，也曾因為一宗更大的災難而聲名遠播。一四四四年十一月，匈牙利和波蘭的年輕國王瓦迪斯瓦夫三世[29]、外西凡尼亞總督亞諾什・匈雅提[30]，與瓦拉幾亞大公「魔鬼弗拉德」（Vlad the Devil，即穿刺公弗拉德）組成聯軍，對抗鄂圖曼帝國的蘇丹穆拉德二世[31]：一項草率之舉，只因為弗拉德跟那位年輕的君王說了一句：「蘇丹出外狩獵的時候，身邊隨扈比你所有的軍隊還多。」結果這句話證明無誤。穆拉德二世和雅蓋隆的瓦迪斯瓦夫（他是立陶宛雅蓋隆王朝的成員，統御波蘭、匈牙利和波希米亞等地區）對峙，雙方在經過慘烈的戰爭後，基督教軍隊慘遭屠戮，騎士和士兵的屍體遍布荒野，其中包括兩名主教和這場戰爭的推手樞機主教希瑟瑞里[32]。先前雙方原已達成停火協議，但希瑟瑞里卻宣稱破壞和異教徒之間的承諾是無罪的，因此毀約開戰。戰後，重要的戰俘在繳付贖金後贖回，其他的則全遭土耳其人誅殺。這對整個基督教世界而言，是一次決堤的潰敗，也是西方企圖阻止土耳其人進犯的最終嘗試。此後，鄂圖曼土耳其人所向披靡，九年後，君士坦丁堡陷落。

當時那位年輕的君王身陷混戰，坐騎插滿箭矢。一位名叫西嘉・賀德的土耳其親兵——想來真是奇特，這些姓名竟能流傳迄今，就像日後第一位越過狄奧多西城牆[33]的土耳其親兵，其姓名也流傳青史——砍下了瓦迪斯瓦夫的頭顱。之後穆拉德將頭顱浸入一罈蜂蜜中，派人送往土耳其首府布爾薩，宣告其勝利；直到首府近郊，那頭顱才由罈中取出，在溪水中洗淨後，穿插在長竿上，高舉著穿行在夾道歡呼的群眾間。

---

26 全名Ivan Stepanovych Mazepa（一六八七～一七〇九年），烏克蘭哥薩克貴族，彼得大帝時代的烏克蘭酋長，在文學作品中被描繪成充滿傳奇的哥薩克英雄。

27 拜倫根據馬捷帕的傳奇，於一八一九年所發表的浪漫詩作。傳說中，烏克蘭民族英雄馬捷帕年輕時曾在波蘭國王約翰・卡吉米爾的宮廷中擔任侍衛，後來因和一位貴族夫人私通，被貴族發現後，遭剝光衣服綁在馬上，放逐於荒野。垂死之際在烏克蘭獲救，加入哥薩克騎兵隊，因其英勇善戰，最終成為英雄。

28 全名Théodore Géricault（一七九一～一八二四年），法國浪漫主義畫派的先驅，對浪漫主義畫派和現實主義畫派的發展有重要影響。

29 全稱謂Wladyslaw III Warneńczyk（一四二四～一四四四年），雅蓋隆王朝時期的波蘭國王和匈牙利國王。在匈牙利建立的政權帶來了與鄂圖曼帝國發生衝突的危險。一四四四年十一月十日，瓦迪斯瓦夫三世在保加利亞的瓦爾納，與蘇丹穆拉德二世率領的大軍發生激戰，史稱「瓦爾納戰役」，結果他在這場戰鬥中陣亡，因而得到「瓦爾納的瓦迪斯瓦」外號。

30 Hunyadi János（一三八七～一四五六年），外西凡尼亞總督、匈牙利王國大將軍和攝政，為人民心目中的英雄。

31 Murad II（一四〇四～一四五一年），鄂圖曼帝國蘇丹，在位期間將勢力擴張到巴爾幹半島，與當地的基督徒發生長期戰爭。

32 全名Giuliano Cesarinire（一三九八～一四四四年），教皇馬丁五世時代最活躍的主教之一。智慧和外交手腕使他成為巴塞爾議會首席執行官，然後在巴塞爾的巴勒斯坦調停運動中脫穎而出，成為反對安哥拉運動的主力之一。

33 Theodosius，建於五世紀，為保衛君士坦丁堡的城牆之一。

此時，窗外的藍已經不見陽光，雖濃淡不同，卻仍晶瑩閃爍。現在大約五點鐘，天色便開始轉暗，於是咖啡館老闆點燃一盞檯燈放到我桌上來。我可以從窗玻璃看到檯燈反射的微弱光影，以及我在燈光下的斑駁影像；透過影像，又看得到海岬、海水和天空逐漸褪色的藍影，彷彿同一張照片出現的雙重影像。在這片空靈而漸暗的藍中，從東北方向駛來一艘船，舷窗透出針尖大小的黃光，也許是俄國的貨船，從赫爾松、雅爾達或新羅西斯克航行而來。我唯一一無所知的黑海海岸，便是南方這段海岸線了，不過也很快便會有所發現，因為我已決定第二天啟程。

~

「這些，」賈特喬指著一條迂迴彎曲、勉強足以辨識的類似飼料槽的溝渠，「是戰爭時期留下的壕溝，當時他們擔心俄國的黑海艦隊也許會嘗試登陸。」只見壕溝內充斥著古老殘落的棘藤和蕨叢，在懸崖邊緣模糊地蔓延。那似乎是很久以前的事，就在我們出生後大約一年：十八年的塵埃和泥濘幾乎將其抹煞一空。外海的某處曾發生過波坦金號戰艦[34]叛變事件。今天是星期日，陽光燦爛，萬里無雲，但卻天寒徹骨。賈特喬和其他兩位來自大特爾諾沃、就是住在樓下的男孩柯里爾和威尼亞曼，陪我往南走了大約十六公里路。我們早在天亮前便像犯人般潛逃出小鎮。在寒冬的空氣中，身影上方甚至噴發霧氣，顯示黎明到來。我們剛剛才在山楂樹叢下吃了麵包和乾酪，喝了一瓶酒。對於威尼亞曼這個名字，我有些迷糊，後來才知道那是東正教版的「Benjamin」（B變成V，J變成I）：一個愛睏的胖胖好男孩，隨身帶著一把手槍，還令人驚訝地射中一隻兔子，一隻很大的野兔，此刻正被他倒提著後腿走，搖搖晃晃，耳朵不斷掃著地面。他們該調頭回去了。共進午餐後，我與賈特喬的一切都回復正常，甚至比以前更好。口角後，有時情況就是會如此。前一個晚上，我們全都在一間深深的酒窖裡混到半夜，藉著燭光，藏身在陰影龐大的酒桶間的狹窄通道。

不過返家途中，我們卻被捕了，因為挽著手臂一路高歌。結果那兩名警察比我們喝得更醉，我們只不過喝到自嗨而已。警察局長現身，發現我們只是坐在牢房長椅上安靜地哼著《羅蕾萊》（Die Lorelei）[35]，當下就把我們放出來了。獲釋後不久，威尼亞曼的一位警察朋友在我們離開當地時告訴我們，那兩位逮捕我們的警察，在我們被釋放後便被扔進那間空出的牢房了，讓我們聽了以後，情緒更加高亢。

是時候他們該折回了。我們一再互相擁抱，揮手道別，直到我注視著他們三人所戴的學生帽的紅色帽頂，以及那隻垂掛的野兔沿著沙丘逐漸變小。之後有不定期的書信來往，直到戰爭爆發，但我再也沒有見過賈特喬。

34　Potemkin，一艘俄國黑海艦隊的前無畏級戰艦，一九〇五年革命時期船員起義，被視為是一九一七年俄國革命的第一步。

35　根據德國詩人海涅的敘事詩《羅蕾萊》譜曲而成，為一首世代相傳的德國民歌。

第八章

舞在黑海畔

那是十二月的第一天。我頂著風，沿著歐陸邊緣徒步而行，發現許多景物已然改觀，與我先前跋涉北部山脈和多瑙河之間的情景大不相同。大步前進的我，跨越的哩程逐漸增加。往內陸望去，橫跨西北部的巴爾幹山脈比我曾經穿越過的都還要平緩（算來迄今我已經三度跨越巴爾幹山脈），但是在更遠處、在這明媚早晨的另一端，可以見到西部隆起的高峰正閃爍著冰晶的光澤，還有泛著藍色陰影的積雪線；往西南方望去，可以見到羅多彼山脈朦朧遙遠的隱隱螢光。（也許就在兩大山脈所形成的廣大漏斗尾端這邊，遷移的鸛鳥觸及黑海海岸，隨即轉向往非洲飛行。）只見所有往內陸延伸的層疊斜坡，和緩的丘陵和山谷，此刻都披覆著有如羽毛的青蔥小草，其間不時冒出若干稚嫩的植物，有如法蘭絨襯衫沾上了芥末和水芹，令人感到突兀而欣喜。雖然秋季終於接近尾聲，但巴爾幹半島寒冬的巨斧尚未揮下，這些覆蓋於潮濕黃褐色大地的淺翠或亮綠，散播著早春的迷思。山坡上不見人煙，不過偶爾還是可以瞥見棲息於內陸的村落煙囪飄浮著輕煙，稀薄、泛藍，有如未經吞吐的香菸煙雲。遠處篝火不時地冉冉升起一束煙霧，搖曳而上，飄散在寧靜寒冷的空氣中，彷彿從一個山脈傳遞訊息到另一個山脈的休倫族[1]。山坡上是一片陡峭犁田，潮濕、暗紅的犁溝鋪陳出一片勻稱的波紋，有些直達崖壁邊緣，溝紋間遍布青翠的草葉。矮樹叢裡散置著若干圍護著蜂群的巢箱，安靜地守候春天帚石楠的盛開。草原的斜坡上，成群的羊群迤邐而行，沿途嚙食，像是緩緩橫越保加利亞的冰河，只有清朗空氣中傳來的清脆鈴聲顯示牠們正在移動。有些田裡點綴著白色海鷗，寧靜地站在青草或犁溝間，正享受著行經內陸的短暫休憩。在這片開闊的田野，除了海鷗外，唯一現身的鳥類便是喜鵲，只是牠們往往在稍遠處不安地躁動，或站在田間、或沿著小徑撲翅飛行。崖邊小徑不時沉落至低凹的溪谷，其間小溪流經半月形的沙地或卵石，蜿蜒入海；溪谷曲折而上，綿延的山谷中經常遍布林木，只是此刻只剩若干光禿的樹枝和殘葉，主宰其間的是狀似白鑞、樹皮有如珍珠的胡桃樹，以及外形如紡錘、細枝如蛛網的白楊木。地面上鋪著厚厚的落葉，一陣西風吹來，葉片騰空翻飛，紛紛飄落水面。

在沙岸邊緣一個內彎處，有位男子坐在一戶歪斜的小木屋門階上，旁邊的草叢間停放著一艘小船。他平扁的臉孔上顴骨高聳，健朗地布滿皺紋，有如葉脈標本。我們一起抽著香菸，談論著天氣寒冷和陽光燦爛，在生硬的對話間報以微笑。這位獨自維生的韃靼老漁夫，是我一整天下來所見到的唯一一個人。周遭枯枝上黑壓壓一片，在好幾百隻冠頂烏鴉的負荷下沉沉下墜，參差凌亂，帶著威脅意味，嘎嘎叫聲瀰漫空中。一旦拍拍手掌，牠們便猛地由枝幹彈升而起，聒噪地振翅而飛，在頭頂盤旋，有如一團團扔出的煤炭；接著再不約而同地溯溪而上，先是成群飛翔在溪谷和山丘間，隨後又迴旋而歸，再度在光禿的雜樹林間掀起一陣動盪。或許是胡說的，但有人告訴我，這些由於數目龐大而給人一種威脅感的鳥類，已經活了一百年以上。如果是真的，那麼牠們有些可能大啖過克里米亞戰爭中倒下的軀體。我天馬行空地亂想，甚至有幾隻長壽的，曾經尾隨從莫斯科撤退的浪潮，往南飛越烏克蘭而來……

1　Huron，北美原住民。傳統上講懷安多特語，十五世紀開始與白人有了首次接觸。在懷安多特人遷至喬治亞灣前，原定居在現今的安大略湖北岸。

隨著哩數逐漸增加，四周景致更形空蕩。接著，隆起的林地遮蔽了內陸。林木茂密的陰暗斜坡，一直延伸到海的邊緣，小徑蜿蜒其中，高達半山坡，上上下下，不時可以撞見小片傾斜的林間空地上，長滿白紅兩色的銀蓮花，還有淺紫斑紋的白花。

在將近一年的時間裡，我眼前總充斥著內陸的平原和山岳，但此刻眼前的景致卻是一片陌生。我俯視著層疊林木和底部的海岸，植物和海水錯落有致，絕美到不可思議，有如置身幻境。空氣寒冷，飄散著草葉的芬芳。

姚金孃、月桂、野草莓，深綠色的葉片間散置著大而柔軟的漿果，像草莓一樣紅豔，枝藤往下蔓生，攀爬在荊棘常青的披針形葉片或有如馬尾藻一樣扁平的圓葉間；其間竄升出幾棵高大的樹木，是冬青樹嗎？斜坡上樹根糾結形成辮形圓拱，就像日本畫裡的景象，藍黑色的樹幹陰影濃鬱。樹幹、枝葉和層疊岩架植被，在逐漸擴展的河口往下延伸，終端最低處的根莖幾乎深植於海水中，歐洲大陸也沉落成一道道尖形的陸塊，或一片片矮叢密布的小灣，佇立在透明、淺綠的水裡，隨著距離岩岸越遠，海水也逐漸轉暗，從酒瓶綠到孔雀藍，一直遠退到天際線。在幾近平靜的水面上，波紋晃蕩而來，輕微得像是拂過絲面的氣息，只能在岩石和海水交接處掀起一條條白色波痕，又不足以干擾從岩岸激盪而出的半圓和四分之三圓勻稱的漣漪，迴旋著緩緩送回海面。空氣中只有微浪的嘆息聲，盤旋在海鷗的尖叫和在陽光中拍旋的羽翼間。海岬連接著海岬，一對對環抱著它們的祕密海灣，往西南方形成一線羽狀海岸，逐漸遠去後化為朦朧的細線，直至海天一線，再也難以區分。傍晚時分，陽光穿透林木，正好與海岸斜度平行，灑滿林間空地，為樹幹和葉片鍍上冬日的金色，一道道光束垂掛在枝葉間；穿梭林木斜射而出的輪狀光線，打碎了水面上的一圈圈陰影，綻放出一片片光影。枝幹下方飄浮著聖潔的光芒：有如置身赫斯珀里得斯[2]聖園的傍晚，全然地孤獨、寧靜和沉寂。在色雷斯[3]最東北的寒冷一隅，空氣間縈繞著安寧的狂喜氛圍，是否應允著：此刻守候在黑海、博斯普魯斯海峽和馬摩拉海更過去之處的愛琴海，那些希臘和遙遠諸島所守護的種種，一切可都安好？

～

那天稍早，我先是看到三隻鸕鶿飛越水面，後來又見到牠們在溪谷中游泳，長長的脖子，轉動的鳥喙，活像是潛水艇的潛望鏡。現在又有十幾隻零散地佇立在前方岩石上，翅膀半張，姿態鬆弛，展現出類似紋章的姿勢。我沿著一條下坡的支徑，順著岸邊前行，以便就近觀察。牠們一起拍動翅膀，在水面驟然齊集並振翅而起，在空中畫出銀白和淺紫的紋路。

步行約一點六公里後，我所挑選的小徑逐漸變得嶙峋難行。天色昏暗，所有山徑隱而不見，我有時蜿蜒穿行樹叢，有時攀爬岩石，間或雙管齊下。由於穿越岩石比較輕鬆些，因此我就從一

2 Hesperides，希臘神話中看守極西方赫拉金蘋果聖園的仙女，她們歌聲嘹亮，主要由三位姐妹組成，是提坦巨神阿特拉斯的女兒。阿特拉斯也居住在聖園附近，雙肩頂著蒼天。

3 色雷斯如今只是東歐歷史學和地理學上的概念，包括保加利亞南部（北色雷斯）、希臘北部（西色雷斯）和土耳其的歐洲部分（東色雷斯）。

塊岩面跳到另一塊，環繞水塘，跨越岩縫，攀上潮濕的岩面再走下不規則的堤道，希望能在岩石和草叢間找到缺口，再度轉往上坡。天很快就漆黑下來，但見滿天繁星閃爍，只是仍不足以照亮錯雜的巨石和水面。這時，我想到背包的一個口袋裡裝有火把，便在火炬的強烈光線下繼續在陡峭的岩石上前行，但也決定一旦情況變得更加嚴峻，便掉頭往回走。結果才下定決心後不久，就在一片陡峭的鱗狀岩面滑了一下，整個人順著一片有如穀倉屋頂的傾斜岩面往下滑去，接著猛地往下墜落，砰地一個震盪，跌進了一汪水塘，水深及腰。我爬出水面，跌坐在地，忍不住全身發抖，不但額頭刮破一個傷口，大拇指指甲斷裂，整個人還被突如其來的刺骨寒意所攫獲。因為火炬正躺在大約八公尺深的水底，透過海葵、海草和一群晃動的小魚，綻射出一道光的隧道，所以我知道水潭比我想像的還要深。背後矗立著一塊黑色巨岩，前方是同樣幽暗、狀似岩石的隆起物，往外直達海面，而且顯然延伸到我在天黑前所瞥見的那處海岬。我暈眩地想著如果剛剛揹著背包，穿著大衣和厚重靴子的我跟著火炬一起掉落深潭，結果會是如何。現在是否該卸下厚重的裝束，潛入水中去撿回溺水的火炬？我全身直打哆嗦，牙關不住地打顫；那根本不可行。那麼我應該在這裡等到天亮嗎？太陽才剛下山：這意味著我要在這酷寒夜裡且完全無用的星光下，原地呆坐上十二或十三個小時。幸虧我發現到登山杖漂浮在水潭比較淺的那一端，還可以撿回來。如果這麼湊巧，有人就正好在這荒僻的海岸呢？我決定大聲呼救。但是，叫什麼呢？即便我原本知道，現在也忘了保加利亞語的「救命」該怎麼說了。我所能想到的只是正式的招呼「晚安」。「Dobro vetcher!」我用保加利亞語叫了又叫，但是正如我所料，無人應答，只有岩面傳來的回聲：「安！」

我唯一能做的就是繼續往前走。我宛如希臘神話中的美少男海拉斯[4]，惆悵地注視著周遭失去的光明。水底五噚[5]處的熒熒魚群，正圍繞著沉落於水底的外來客，瘋狂地拉扯推擠著。我開始摸索而行，用手杖敲擊岩石，用感覺順著通往陸地的岩面前進：或拖行、或用四肢爬行、或攀爬在突出有滑溜墨角藻的岩面，因不知道岩石的另一面是什麼而提心吊膽；在深及腰部的水中涉水而行時，也唯恐地面會突然裂開；其間不時停駐在一塊岩石上，反覆傳送絕望的問安聲。我已經接近絕望。唯一的希望是除了探索的手指頭所能觸及到一切之外，什麼都不要多想。

星光沒有絲毫幫助，只是昏暗地顯示出朦朧的一團團陰影，細節部分反而更加隱晦難辨；相較下，如果天空飄著雲朵，或許還好些。歷經遙遙無期的爬行和摸索，前方原本黑暗的空中閃現出星座，顯示我正往海岬處逼近；在彷彿又過了一個永恆之後，我繞過了海岬。內陸方向星辰消失，顯然為陸塊所遮蔽。由於沒有其他線索可循，也看不出那陸塊是在內陸好幾公里外或近在咫尺，是懸崖峭壁或是平緩的山坡？總之就是一團看不出所以然的東西。我往前推進，不顧一切地寧可涉水而行；奇特的是，海水並不像黑夜那般寒冷，當開始再次攀上岩石，我的衣服變得像是

4 Hylas，希臘神話中的一個青年，大力神赫拉克勒斯的伴侶，長相俊美。後來赫拉克勒斯帶著海拉斯一起加入阿爾戈英雄的隊伍去奪取金羊毛，途中海拉斯到林中取水時，水中的精靈們因迷戀他的美貌，遂強行留下了他。

5 fathom，測量水深的單位，一噚約等同於一點八三公尺。

用冰塊和鉛板所做的盔甲，而且相隔不到幾分鐘，兩隻靴子的鞋帶竟互有默契地相繼斷裂，靴子立即變成了水桶，儼如拖行水底的船錨，在上下岩層時，更成為兩只嘎吱作響、舉步維艱的腳鐐。我意氣消沉、筋疲力竭、幾近絕望地躺在一塊玄武岩上喘息，眼前閃現報紙的簡短標題，報導黑海邊一名青年或學生的不幸事故，無陰謀他殺痕跡；直到一陣寒意襲來，警告我如果再不繼續走，即將曝屍於此。又經過一輪地獄般的掙扎，我垂下形同沒有穿鞋的腳往下探去，以為又會踏入水中，不料卻感覺到沙地的堅實和細石的摩擦，再往前踏一步，確定自己終於來到一個海灣的岸邊。繞過一座黑色的崖石，我見到離海邊不遠處有個不規則的方框透露出亮光，周遭奇特地環繞著許多同樣洩出光線的裂縫和孔隙。我就這樣拖著濕答答的靴子穿過碎石路面，拉開一扇拼湊出的門板，牙齒打顫地咕噥著那天所說的最後一句「晚安」，踏入門內。

火光中但見十餘張臉孔朝我看來，他們正盤腿坐在地上用餐，各個一臉驚駭，宛如有名敵方間諜驟然闖入他們的門檻，或是一個海怪、或一縷溺水的鬼魂乍然現身。

十分鐘後，我換上運動鞋、帆布褲、兩件襯衫和幾層運動衫，出乎意料竟都是乾的；外面套上一位牧羊人的羊皮斗篷，我的毛皮高帽也終於名正言順戴上，牢牢地蓋著兩耳。蜷縮著身子坐在一張矮凳上的我，面前是荊棘堆積熾燃的營火，高若篝火，肚子裡已灌進三、四杯粗釀梅子白蘭地，此刻正啜飲著第二杯用山間草藥泡製的茶湯，裡面放著約兩吋高的砂糖，只是我仍不斷打著哆嗦。他們當中一人已經幫我洗掉雙手、臉和腳上的血漬，並抹上引來一陣刺痛的梅子白蘭地；另一個人也從我的背包裡挖出一條毛巾。從猛然見到一個血跡斑斑、臉色慘白、骯髒泥濘、全身濕透的幽靈而回過神後，他們有如聖伯爾納定[6]修士般立即跳起身幫助我。好一會兒，我兩眼才能對焦，開始注意這群齊聚奇特凹室，在火光、陰影和煙霧中來回移動的人影。

他們是貌似粗野的一群人。其中六名身上穿著厚重土黃色或暗藍色的傳統粗布衣服，因縫縫補補、破破爛爛，已經看不出底色；腳上裹著鞋垢硬實、綁上繫帶、鞋尖有如獨木舟的生皮軟鞋，其中有雙似乎已經穿了幾十年了。寬鬆的紅色腰帶上插著小刀，頭上戴著和我一樣的帽子，破舊磨損，絨毛脫落殆盡。一位蓄著糾結白鬚的老人似乎是領導者。另外四人則穿著比較平常的衣物，同樣縫縫補補、破破爛爛，藍色針織上衣俱是破洞。纏結的頭髮上歪斜地戴著古老的水手帽，原本閃亮的前緣早已褪色。他們的穿著正代表他們的身分：牧羊人和水手。其中一名水手大約四十歲，只有一隻手，另一隻手的背面染有一個星狀刺青，其他同伴都比我大幾歲。

我們所在之處周遭非常神奇，乍看像是個燃著營火的低窪處，其實洞穴寬敞。上方是高挑的拱頂，穴深倒不是很深。外牆大部分是天然聳立的石塊，接縫裡填滿了鵝卵石和一種粗糙、不含灰泥的水泥碎石，外加樹枝和木板等等，甚至包括一塊敲平的錫板，上面雕有以西里爾字母書寫的文字「美孚真空」（Socony-Vacuum）。火焰照亮了洞穴頂端從岩石裡冒出的樹叢和一簇簇鐘乳石塊，也顯露出陰影中散置的器具，透露這個洞穴的雙重功能：一艘斜放的小舟，划槳、船舵、

6 義大利文全稱謂為Bernardino of Siena（一三八〇～一四四四年），義大利神父、方濟各會會士。雖出身貴族家庭，卻樂於前往各醫院侍候病人。他在十五世紀時重振了義大利的天主教信仰的事蹟，而被尊稱為「義大利的宗徒」。

捕魚燈、頂端的八支叉齒有如金屬髮梳的長桿魚叉、船錨、幾何圖案的捕魚籠、捕蝦籠、魚餌桶、軟木浮標、瓜瓢和魚網，還有一個小型的古老鐵砧，嵌扣在固定的樹樁上。

堆放在營火另一面的物品又迥然不同。木板架上放著乳酪籃，杖倚的曲柄上懸吊著一堆搖晃的圓球：液狀乳酪倒入羊皮袋，最底部有羊毛，滴滴答答地不斷滴下白色乳清。另一堆營火上熬煮著一大鍋乳清，那位白鬚老者不時傾身攪拌，撇取表面凝乳。至於這寬敞洞穴最盡頭的黑暗處，有一個用褪色的石頭和荊豆屬植物構築出來、高達胸部的圍籬，其後陰暗處突然傳來一陣粗啞嘲弄般的嘎笑聲，讓處於創傷後呆滯狀態的我猛然警醒過來。那老者回應我的詢問，從大鍋下方取出一根燃燒的火把，高舉著往後照去，在火焰形成的短暫橢圓光線中，揭露出叢叢捲曲的羊角、一束束山羊鬍，以及大約五十隻山羊糾結銜接的黑白條紋毛皮。火把的光亮點燃了一百個光輝閃爍的橢圓瞳孔，引發另一陣假聲般的嘲弄、犄角的撞擊和若干銅鈴厚重的聲響。煙霧和灰塵的薰染，為洞穴的坑凹和突起處鍍上一層墨綠的色澤。地面隨處突出的石塊形同不規則的桌子，或成為席地而坐者的靠背。五、六隻狗在洞穴裡踱來踱去或就地而眠。一隻大白狗吐著舌頭俯臥著，期待地交叉兩隻前爪，一雙長得很靠近、閃爍著惡意的眼睛不斷審視面前的情況，其中一隻眼睛周圍還有黑眼圈。地面砂石間密布厚厚一層踩踏過的羊骨和魚鱗，周遭洋溢著羊、魚、凝乳、乾酪、焦油、海水、汗水、以及燃燒木頭的氣味：這是波呂斐摩斯[7]和辛巴達[8]和諧共享的窩巢。

他們已經吃完晚餐，此時用一只錫盤盛放剩餘的扁豆遞給我，有位漁人更是在煎鍋裡倒了一點油，放入兩條魚，煎熟後又起魚尾，放進原本盛放扁豆的錫盤中。我原以為一定沒什麼胃口，但是那兩條魚味道鮮美，很快就解決了。這叫什麼魚？「Skoumbri.」（「希臘語的鯖魚」）一名漁人回答。「不，不是！」其他人馬上嚷著：「Shumria!」（「保加利亞語的鯖魚」）他們友善地互相嘲弄：這些牧羊人是保加利亞人，漁夫則為希臘人。其中一人向我道歉，說他們把梅子白蘭地和葡萄酒都喝完了。我突然想起一件事，馬上從背包裡取出賈特喬的臨別贈禮：兩瓶大特爾諾沃的茴香酒，一瓶安全地裝在納迪潔亞的木製酒壺裡，另一瓶神奇地毫無損傷。雖然開始時我還不時打冷顫，牙齒上下發抖，但隨著食物和酒填入腹中，便逐漸感覺舒適無比。大家輪流喝著酒壺裡的茴香酒，醞釀出海陸交融的氣氛，待第二瓶開飲，眼前一張張滿面風霜的臉孔都高唱著保加利亞歌曲，其中有些是我聽過的，還有一首是我所熟悉的。我注意到掛勾上掛著一樣東西，原以為是擠羊奶用的羊皮袋，結果是風笛；但風笛的主人，即那位白鬍老人說風笛已經破了。他拿起來一吹，吹管發出一聲巨大的呻吟，這垂死的笛聲引發了那隻戴單框眼鏡的白狗以哀泣聲相呼應，不過在挨了一記反手拍打後，迅速安靜下來。羊皮風袋的皺摺處有個裂口。我在大夥讚許的笑聲中，設法用膠布黏住裂縫。

風笛聲中，一名年輕的漁人開始模仿起土耳其肚皮舞，他說是在坦札里格瑞德學的。他學得很像，在爆笑聲中將兩手高舉在頭上，配合兩根交纏的食指分開的動作，著重在臀部和腹部格外

7 Polyphemus，希臘神話中吃人的獨眼巨人，住在西西里島一個巨大的洞穴，洞裡豢養大羊。

8 Sinbad，《一千零一夜》所載的一位著名的阿拉伯英雄和航海家，有著無數的驚異奇遇。

用力抽搐的模樣也學得入木三分。這支舞的喜劇效果，主要拜舞者狄米屈高大的身材和狀似海盜的外貌所賜。「他需要一條面紗。」一名牧羊人大叫著，然後用一條製作乾酪用的布巾蓋住狄米屈的鼻樑，包住他半張臉。只見他被煙燻紅的眼睛靈活滾動，頓時化為悍婦、女神和默劇中男扮女裝的寡婆[9]的結合。

在此同時，另一名水手柯斯塔也在陰影中準備上演一場更為精緻的表演。他將一段纜繩打結成一鬆弛的索環，套在兩腿膝蓋上方，然後撐開大腿，扭轉索環到一個小圈，再用這繩圈束縛住一根六十公分長的粗木棍，姿態就像古羅馬石弩的彈射桿。當他學著狄米屈，一樣扭動著步入火光中，身前的木棍跟著不斷旋轉，儼然成為普里阿普斯[10]的化身，逗得大夥兒歡聲雷動。他佯裝追求戴著面紗的狄米屈，突然張開大腿並繃緊繩環，讓木棍在搖晃中呈水平狀，然後規律地垂下；接著再度張開大腿，將木棍高舉，呈現出色情意味濃厚的姿態，然後不斷彈跳以維持同樣的角度，步伐姿態半像蚱蜢、半像個意欲強暴的掠奪者帕夏，甚至從一名牧羊人的刀鞘中抽出短刀，咬在牙齒間。風笛發出的嚎叫聲越來越大，旁觀的眾人也隨著節奏拍手助興。狄米屈不斷旋轉，姿態越發粗野而輕佻，柯斯塔則奮力維持木棍如翹翹板般不斷彈動，眉頭滿是汗珠。火焰將放大而扭曲的猥褻陰影妖邪地投射在岩洞的牆壁上。最後，在風笛逐漸沸騰的笛聲中，柯斯塔圍繞著不住扭動的舞伴，以半跪姿態敞著兩腿，不斷迴旋跳躍，隨著每一次的彈跳，讓木棍敲擊地面後再彈升為直角狀。最後，風笛在一聲拖長的嘶叫、粗啞和喘息中結束，餘音有如一頭屠牛的哀泣。舞者戲劇化地跌倒在地，一時笑得喘不過氣來。他的同伴狄米屈也矮下身子，一把扯下面紗，大步走到逐漸喘過氣來的柯斯塔身旁，扔下一句「你不需要這玩意兒了」之後，便毫不猶豫地扯下索環中鬆脫的木棍，隨手扔進燃燒的荊棘堆，激起了一陣火花，柯斯塔則佯裝痛苦地發出一聲震耳欲聾的哀號。這終了的即興之舉，更是掀翻整個屋子。大家再度輪流喝起茴香酒，洞穴中爆笑聲不斷，彼此大叫著乾杯。

稍後，在眾人的慫恿下，第四位漁人帕納伊從小船裡取出一個長形包裹，回到我們所坐之處，他解開包裹，手中多了一樣介乎魯特琴和曼陀林之間的樂器：鑲嵌的面板、光澤的碗背式琴身、象牙和黑檀製琴格，只是琴頸顯得特別修長。他將琴斜放在交叉的大腿上，調整弦栓，用一根雞毛權充弦撥，撥弄七條琴弦，頗有波斯繪畫中宮廷樂師撥奏樂器之姿：這粗俗的獸穴裡，流露出一種極不協調的精緻與優美。調好了音，洞穴裡頓時充斥著二分音符和四分音符綿長繁複的節奏，以及一連串不同調性跳脫的和弦；稍事停頓後，曲調轉為規律，速度緩慢，節拍沉重，節奏近乎蹣跚，卻不知不覺融入聽者的血脈裡，連樂手自己也傾身倚向琴弦或直視著前方，宛如沉浸在他自己的音樂所散發出來的魔咒裡。他高大、肌肉結實、飽受風霜、年近三十，有雙灰色的大眼睛。在彈奏幾個小節後，他和那名老者開始唱起歌來，有如低沉的輓曲，包含著許多感情豐沛的停頓與重複，有時故意沙啞、緊繃，充滿東方曲調的婉轉起伏。白鬚老者拿起一個葫蘆浮標

9 Widow Twankey，默劇《阿拉丁》中的女性角色，但都是由男演員反串。
10 Priapus，希臘神話中的生殖之神，以擁有一個永久勃起的巨大陰莖而聞名。

敲打，以強調樂曲的節拍；他用一隻手樁撐著浮標，再以背面有星星刺青的手掌拍擊葫蘆。

不久，狄米屈和柯斯塔再度起身，跳起一首繁複精緻的舞蹈，與先前即興創作、爽歪歪的猥褻舞蹈截然不同。他們並排而立，間隔一個手臂長，手臂直挺地搭在對方的肩膀上；兩人臉上沒有笑容，頭低垂在胸前，有如上吊者的模樣，舞步奔放，恣意而歡悅，先跳了一段輕快的水手舞，然後突然停頓。接著是一串輕微的動作，包括膝蓋彎彎直直、兩腳平放、腳跟併攏、腳尖開開合合等，繼而兩人右腳舉起，緩緩地往後擺，又往前擺，隨即左腳一躍，身體一個搖擺以維持平衡，同時右腳往後踢向地面。然後兩名舞者挺身向前，加速一、兩步，舉起右腿，煞住身體，像除草般緩緩平行地畫了一道弧形，垂下身體。兩人的雙手在身下拍了兩下，幾乎呈現跪姿，手再度放在對方的肩膀並往旁邊滑去，然後以流暢的動作和獨特的節奏再度往前滾動。他們舞步的柔軟、催眠般的掌控和協調、突兀的猛衝、輕鬆自然的回復原姿、同時鬆開手臂、步調一致的原地旋轉、再結合雙臂、一絲不苟的拆解刻板的動作；林林種種皆精緻而圓融，怎麼會與巴爾幹半島或農家的單純扯上關係呢？還有，不同於其他舞蹈在結尾時通常會逐漸減緩速度，然後歸於平靜，他們設計的結尾反而是再度迸發出精湛的激爆動作。這種突然展現的粗暴、活力和速度，又會以俯衝之姿猛地陷入緘默和靜止，就像在抽出鋼刀、濺出火花之際，又柔和地「叮」一聲，退回刀鞘。這獨特舞蹈的微妙和繁複之美，相較於最近幾個月我目睹的所有舞蹈，以及第一首即興之作率真粗俗的趣味，其令人驚豔之處，就好比在民俗作品中突然發現一首充滿形而上意味的長篇詩作，其間不但運用極度精緻的格律，而且詩文中充滿了奇想、比喻、諧音、內韻和深奧的影射之美。對我和對這群牧羊人而言，我想，都是一次嶄新的經驗。

舞蹈結束，狄米屈和我們一起坐在營火旁，聒噪地瓢飲著，神色自得。下一曲是柯斯塔的獨舞，舞步雖然和前一首類似，呈現的方式卻更為奇特。曲中展露同樣的延遲和從容，同樣垂著頭，斜戴著帽子，嘴裡叼著香菸。他瞇著眼睛凝視地面，雙手交叉置於背後，原地旋轉；旋即兩手伸至頭頂，猶如展翅的禿鷹，然後往上飛升，輪流掃掠過低垂的臉孔，隨著舞步緩慢複雜地變化，仔細搭配彈指作聲。下垂的凝目、專注的神情、兩腳準確的移位，身體突然旋轉，雙膝交替沉落，一腿伸出掃了四分之三圓弧，再隨著舞者起身徐緩旋轉的舞步，兩臂同時往外拋射如兩個半徑；逐漸增加步速，直到高速旋轉好幾秒後放緩速度，猶如抗拒所有的動能定律。這些舞步和變化，尤其是垂眸審視的姿態，彷彿在足踏魚鱗和羊骨之際，試圖證明某些遺失的切線和圓形的規律，或探究畢氏定理[11]所作的結論。隨著動作的逐漸沉澱，他有時會俯身用一隻手拍打地面，然後再度竄入空中；或在若干幾近靜止的莊重舞步後，躍升而起，接著從空中輕盈無比地穩穩落地，雙膝彎曲，腳踝交叉。而從這種蹲伏姿勢起身的同時，他環繞在自己香菸雲霧中的上身還會往前一撲，有如一闔而上的剪刀。這種突兀的特技和精準的爆發力，在刻意流暢而簡潔動作的相襯下，更能發揮雙倍效果。他掌控加速和急煞的連串動作，編織成一支完整而嚴肅的舞曲。其中

11 此指古希臘哲學家、數學家和音樂理論家畢達哥拉斯所提出平面幾何中一個基本而重要的定理，即直角三角形的兩條直角邊長的平方和，等於斜邊長的平方。

最引人注目的，是舞曲中所散發的悲劇和陰鬱氛圍，在炫耀之際旋即轉為壓抑，舞者也陷入內省與理性的淡漠中，自絕於洞穴裡的所有人之外，彷彿一人在另一個空間獨舞，藉由儀式性的設計包覆著謎團，不願任何人參透其中奧祕，或藉此默默驅除內心無法訴說的痛苦，呈現出一種絕對的孤寂感。當歌聲靜止，只餘刺耳的琴弦聲伴隨著他。

在我坐的石塊旁，有一張我用來進餐的厚實低矮圓桌。柯斯塔迴旋而過，倚身向前，突然間，桌子騰空而起，從我們前面飛閃而過；只見他以頭為樞軸，與身體呈垂直狀一連環繞了幾圈，桌邊牢牢地咬在他口中，牙齒嵌入木頭裡，接著桌子便像飛毯般旋繞在營火的煙霧中，畫出圈圈圓弧，速度快速，使得桌上的四只玻璃杯、皸裂的風笛和不住搖晃的牛角吹管、茴香酒瓶、刀子和湯匙、原本盛放扁豆的陶製平底鍋，以及只剩兩根鯖魚骨頭、頭尾垂落在外的錫盤，全都化為扭曲變形的線條，乃至一團模糊的陰影，然後隨著舞步減緩，又化為清晰的靜物，環繞洞穴不斷盤旋。當柯斯塔旋轉而下，貼近地面，營火的光芒便從上而下照射桌面；當他旋轉入陰影中，則只有桌底暴露於火光之下。他加快舞步，迴旋的圓圈縮小，原地旋轉的速度則慢慢加速，一時間，驚嘆的掌聲轟然而起，接著石穴內歡聲雷動。他往後挺著頸項，流轉中的五官血管和肌肉緊繃，兩臂往外延伸藉以保持平衡，有如蘇菲教派的托缽僧沉醉於旋轉舞[12]中，飛翔的桌子也幻化為直徑兩倍的大型圓盤，速度之快，應該會使得桌面靜物散落到地面暗處。想不到隨著速度緩緩減慢，桌子再度回復為桌子，在離地面一百五十公分的空中軌道運行，然後轉回原本發射地點，不疾不徐地降落地面，原本盛載的物品竟然全部絲毫無損！舞者的雙手從頭到尾都沒有接觸桌子，一旦放回原位，柯斯塔便拿起原先擱在石頭上的香菸，緩緩地旋轉到石室中央，從容不迫，毫無眩暈反應。他高舉左手，用無名指撣掉菸灰，再把香菸湊入口中，一個旋轉，沉下身子，回到最初莊嚴的舞步，又是一次反高潮的設計！回復原本一動也不動的舞姿，筆直有若箭矢，墊腳而立。只見他整個人鬆弛下來，垂著眼瞼，一面抽菸、一面踱回重新放置好的桌邊，舉起酒杯，沉吟地啜了一口茴香酒，對周遭的喧嘩無動於衷，淡然化為我們當中的一員。

此時，我多麼希望自己會說希臘話啊！他們用一連串我不了解的希臘語交談，我能聽懂的，只有偶爾一、兩個字，卻還是用粗淺的保加利亞語，急切地希望了解這些舞蹈的起源為何，其絕對怪異的獨特舞姿又根源何處。只是，或許連這些舞者也未必了解吧！帕納伊正忙著將已經完成催化功能的樂器重新包裹好，但它所傳遞的訊息仍在我們的血脈中不斷撥彈、中止、再度撥動；狄米屈已經頭枕在手臂上沉沉入睡；那名獨手老者抓著茴香酒瓶湊在眼前，有如一名海軍上將用望遠鏡瞭望一般，檢查還剩下多少酒；舞者柯斯塔一面抽著菸、一面輕鬆地面帶微笑，彷彿一名幾何學家已經證明了他試圖驗證的學理，垂下老舊水手帽的帽沿，擋住火光，帽沿下的笑容似乎在作結：*quod erat demonstrandum*（故得證）。

12　蘇菲教派是伊斯蘭教的神祕主義為追求精神層面提升的一種伊斯蘭教團，詮釋的方式有別於一般穆斯林，在生活方面相當嚴格。西方學界稱蘇菲主義為「大眾的伊斯蘭」。托缽僧屬教派中一支的修行者，仿照佛教出家隱居、雲遊四方，對突厥人有相當大的影響。本文中所指的「旋轉舞」，其實是蘇菲行者重要的修練方式，起源自十三世紀的蘇菲一代宗師魯米，相傳他在持續旋轉三十六小時之後成道，所以鍾愛他的追隨者，自此就以旋轉作為蘇菲的重要修練方式。

直到日後在希臘，我才稍微有所了解。根據若干學者的說法，第一支舞是起源於君士坦丁堡的屠宰區塔塔夫里，第二支出自佛里幾亞山區的野蠻部落特澤貝克，而且可能可遠溯自拜占庭時期。也有部分學者認為這些舞蹈可以遠溯到更早期的希臘，而其匠心獨具、魅惑並蘊含神話意味的舞步，則是兩首舞曲在不同時期演化醞釀而成。還有學者無視於那些舞蹈的奇特之處和複雜的完美性，對舞步中可能反映出的土耳其奴隸制度至表厭惡，只認可古希臘戰舞的真正傳承——那是比較直接和威武的一種團體舞，由帶頭的舞者展現令人炫目的靈活技巧，是抵抗和挑戰土耳其人聞名的山賊，在無拘無束的山區創造出流傳數世紀之久的舞蹈。（這些舞蹈是戰鬥精神的表徵，一如他們所穿戴的白色褶裙，前端捲起、裝飾有絨球的雕花粗皮鞋，以及所持的彎刀和長槍。）若說我方才目睹的兩支舞毫無戰鬥氣息，而且舞步並不簡單，這評論完全正確（這些舞蹈，以及其音樂和歌曲，即所謂「mas ta rebetiko」（我們的希臘音樂））。事實上，這些經過淬鍊的宿命論，以及憂鬱孤獨的結合，對個人苦難具有撫慰和療癒之效，在歌曲的陪襯下，形成一種結合音律和舞藝的強硬反制力量。只不過還有一項對其不利的汙名，就是經常跟難民窟、醉鬼充斥的地下室、煙霧瀰漫的巢穴和濱海區的酒吧等下層社會生活連結在一起；流連在那裡的人們經常慵散地抽著水煙，像花花公子般，手中總是把玩裝飾著流蘇、用以消磨時間的琥珀念珠。傳統上，這些人有其固定裝扮，只不過如今已多半被淘汰：尖頂皮鞋、寬鬆老爺褲繫著紅腰帶、上衣鬆垮地披掛肩頭、衣袖垂落，還有彎曲的八字鬍、覆蓋在前額的捲髮，外加後腦歪斜地戴著前沿帽。此外就是踏著輕鬆的步伐，一隻手背著，慵懶而隨意地撥弄著食指間環繞的念珠串，嘴角叼根香菸，臉上帶著一抹輕蔑的笑容，表情木然，姿態中有著刻意的從容，眼神隱晦，散發出一股危險的諷刺意味。

上述種種特徵所描繪的城市人物，乃是通常名之「痞子」的一種社會邊緣人，雖然時間已改變其十九世紀中葉的穿著，但是精神、態度和氣質卻依然不變。這些痞子會以低沉、沙啞、譏諷的語氣慢條斯理地說話，更糟糕的是滿口晦澀難解的黑話，摻雜著不妥的字眼和奇特的詛咒，是外人難以理解的。他們對涉及個人尊嚴之事很敏感，充滿敵意，疑心病重，沒有同理心（至少外表看起來是如此），但他們彼此間卻有一套強烈的榮譽和行為規範，當然，那套規範和官方法律規範毫無關係。他們的友誼關係無以動搖，一旦認定對方是朋友，便絕無背叛之虞。這些無產階級花花公子所依循的古老規範，伴隨著深沉的憂鬱意味，就像時尚圈的紈褲子弟一樣；而且就像這些紈褲子弟，他們所展現的其實是一種哲學的態度：獨立自主，輕視中產階級的價值觀，對所有狂野企圖均躍躍欲試，不願受雇於正職，尤其排斥雜貨商。不過難以理解的是，屠夫一職對他們卻別具魅力和豪氣；不屑從事煩悶的低賤工作；以從事走私或類似的非法活動為理想，甚至參與更進階的非法活動。但是，這些痞子絕不從事拉皮條的工作，也很少涉足真正惡性重大的行為。若其社交圈發生謀殺事件，多半是因為涉及羞辱或感情變調所引起，而不是因為從事犯罪行為。就憂鬱的本質而言，愛情的糾葛幾乎是*sine qua non*（不可或缺）的元素。即使在極樂的情況下，儀態也不能放鬆，不能損及眉宇微蹙的形象：玫瑰最能代表這種意涵，就像被冷落的香菸，或夾在耳後，或咬在齒間。這種反社會的思考方式，似乎跳脫了青少年階段；而同一群人如擺在西方，往往淪為填鴨的孩童，直到年齡成熟為止才勉強有個樣子。易言之，這些痞子追求的是剛毅的男子氣概，以及成人警醒的獨立意志。當他們掙脫眉頭緊蹙、漠不關心的外殼，卸下心防，不再戲謔挑釁時，通常都具備了自發性的古道熱腸性格，儘管有些惺惺作態，卻都是極度天真，具有透明般純真的本性。他們有很多化身，也有很多名稱代表不同的層次，像是反潮流者、惡棍、苦行僧、踱爺、膜拜者等，都是這類痞子的變種（順帶一提，「痞子」一詞如果是出於喜愛的譏諷語氣，也只意味「無賴」或「小流氓」而已）。雖然就這個話題繼續長篇大論，寫上好幾頁的渴望幾乎無法壓抑，不過在當時，我對這些可謂一無所知，對於現代希臘文也一竅不通，所以最好還是就此打住。

不過話說回來。我們是因為柯斯塔和狄米屈這兩支舞，而且是以一般跳法的特性呈現的關係，才延伸了其他話題。其實，哈塞匹克舞[13]和查貝基克舞[14]是源自雷貝提克舞[15]的兩種形式，只不過各自的叫法不同罷了。這類舞蹈的精湛舞者都是水手，尤其是航行於各島和黎凡特港口從事商業活動、不定期貨船和土耳其長舟上的水手。這些岸邊的水手和流連港口的痞子志趣相同，很容易便水乳交融。有些評論者斷定這些舞蹈是東方舞蹈，這或許是對的；但如果認為它非希臘舞蹈，卻是錯的。不管這些舞蹈的起源為何，或在哪裡跳，我所見過或聽過的舞者全是希臘人，尤其是希臘水手；而無論在君士坦丁堡、多瑙河三角洲、特拉比松、士麥納、貝魯特、亞歷山卓、其他黎凡特海港或愛琴海諸島，也沒有人認為那並不屬於希臘。至少在希臘比雷埃夫斯、塞薩洛尼基和帕特雷各地，這些舞蹈早已聞名，只不過屬於半地下性質。可惜從最近一場戰爭之後，這些舞蹈逐漸公開化，也過分濫用，因而失去了許多原創性和神祕意味；所幸還沒有全然消失。對我而言，無論當時或現在，這些舞蹈正是融合了希臘和東方的產品；這裡的東方指的是「拜占庭」，一個作為希臘世界中心和靈魂長達一千年以上的城市。有些人和我的看法相同，也有些人把雷貝提克舞出現的時間更往前提，有些則貶抑其起源於前一天。他們每個人的看法都有其正確性，只不過我個人對第三種說法的批判態度，深感不以為然。由於沒有絲毫肯定的證據可以證明哪個說法正確，並提出足以採信的理由，有鑑於此，我個人是相信拜占庭說法的。對我而言，這些舞蹈濃縮了拜占庭過去兩百年的歷史，從一個帝國到十字軍的掠奪和解體，到僥倖存活，再到依稀籠罩著災難陰影的未來，這些舞蹈的舞步似乎象徵所有機巧，反映出對繁複、精微、圓融、沮喪、復甦、蓄意挑釁、認命臣服，乃至對大敵壓境的感受、對所有友人的無情拋棄、對即將來襲的毀滅無從逃避，以及決定當最終時刻來臨時，傲然迎向毀滅等種種激情。此外，又增添了拜占庭晚期追求形而上的潮流，亦即隱修士[16]專注內省與自我的超脫心態。我是偏向這種看法的，

13 hasapiko，希臘著名的舞蹈，又有一稱為屠夫舞，會在音樂的後半段加上節奏較快的同類型音樂。
14 tzeibekiko，名稱源自安納托利亞的「札貝克」戰士，結構自由，不過在較為古老的時候，偶然舞者還會加演花哨功夫，如站在一杯酒、椅子或壁爐上，或拿起一張桌子，增添樂趣與幽默。
15 rebetiko，簡單地說，最早是用來指稱希臘人的城市流行歌曲，特別是貧窮地區，後結合舞蹈，發展為庶民舞風。
16 Hesychasts，是隱士祈禱者的一種傳統，流行於東方正教會與東儀天主教會中。遵守這個傳統的基督教修士，保持靜默的修練，被稱為隱修士。

但也不是說這些舞蹈蓄意模擬出拜占庭晚期的種種，畢竟那段時期的史料並不多，而且大多偏於對帝王、君主、皇家高官和行政官員的記載，只是對那段綿延久遠、歷經種種輝煌與悲愴的歷史而言，沒有人比希臘人承擔更多的重負。在希臘人的心底深處，一直緊緊纏繞著那段歷史的情懷。所以，儘管沒有什麼根據，也無法查證，但如果我的分析是正確的，那麼，希臘比雷埃夫斯任何半文盲、抽著水煙發呆的痞子、或窩居黑海海岸巖窟的希臘漁民（即困於邊境地帶的異邦人），在其旋轉、驟停和翱翔的舞步間所真正要詮釋的，其實並非是貧困、厄運或情傷的悲哀（至少不是歌詞表面所直接描述的那些），而是在據實地呈現一個小宇宙，詮釋一種更古老、更沉重的憂傷。

當然，在那些穴居者輪流飲盡茴香酒、準備休息的當下，這所有思緒都還不在我的腦海裡，即使有，也僅是些不成熟的感覺而已。他們安排我睡在靠船員那邊。柯斯塔和狄米屈體貼地在靠近營火處鋪了一層新鮮的樹葉，捲起一件外套給我充當枕頭，鋪上一層層毯子，又把老牧羊人的外套蓋在我身上。我像烏龜一樣瑟縮其間。「Kryo?」（希臘語）他們問我。「Studeno?」（保加利亞語）（「冷嗎？」）他們在旅行期間學過四、五個英文單字。「不冷。」我已逐漸遺忘早先的災難，只是偶爾打個冷顫；後來的印象已全然覆蓋了先前的記憶。我分辨出那些希臘人是一個叔伯帶著三個姪子，他們沒有絲毫戒備、冷漠或類似痞子之處，原本舞步間令人出神的憂鬱氣質，已隨著舞蹈和音樂的沉寂而悄然消散。四雙酷似的灰眼圓睜，眸光中閃爍著幽默、好奇、警覺和聰慧。我從他們早先的歡迎態度和握手的粗糙皮膚，可以感受到一抹格外的溫情。那種感覺就像納迪潔亞的祖父對我一樣，是希臘人對拜倫爵士的同胞持續的感念之情。我的感覺果然沒錯，狄米屈便是如此說道：「Lordos Vyron?」（「拜倫爵士？」）他攏起手指，比出讚許的手勢。柯斯塔則遮遮掩掩地不讓別人窺伺自己的動作，將兩根食指靠在一起：「Grtzia-Anglia（希臘—英國）！好！」然後敲擊著指尖，表現出敵意：「Grtzia（希臘）！Bulgaria（保加利亞）！Tk, tk（嚓，嚓）！」他咂著舌頭，頭一甩：不好。不過，我推測那群牧羊人應該不壞；他們是朋友。

從瓦爾納陰暗的天色開始這一整天，算是我整個旅程最漫長也最奇特的一天；我久久無法入眠。有太多可以想的了，尤其是未知的希臘和希臘人，正隨著我的腳步越來越接近。山洞內側的五十頭山羊偶爾傳來銅鈴叮噹聲，燃燒的木炭不時砰地墜落。在十二部和諧的鼾聲中，我隱約可以聽到幾呎外黑海的呢喃喘息。火光逐漸從牆壁和鐘乳石上退卻，營火中的木頭也沉落化為一抹紅光。透過岩洞外牆一個位於高處的裂口，可以瞥見四分之三的獵戶座，晶瑩光燦，有如傾斜成菱形的冰晶。將睡將醒之際，一聲輕微的撞擊聲吵醒了我，只見一個幽靈般的身影躡足而過，儼然認定每個人都正熟睡（啊，其實不然！）。原來，是那隻戴著單框眼鏡的狗；只見牠動作靈敏地將平底鍋裡剩下的扁豆一掃而空。

~

今年稍早曾在距離地面一百噚處往赤道方向展翅翱翔的鸛鳥群，現在從空中往下所能見到的，不過是一小片逐漸開闊而稀疏的空曠海岬。此刻，海岬再度將我推送到半空中，穿過層疊的海鷗，也遠離低窪曲折的山谷盡頭那由沙灘與岩石所形成的灣區。內陸山坡起伏，綿延到遠處的群山，觸目所及莽莽不見人煙。由於缺乏住家或庇護之處，我被迫往內陸行進，在一個小村落過夜（村落是叫下奇夫利克嗎？由於摺痕磨損，地圖的這部分因撕裂而模糊），並貯存了些麵包、乾酪、洋蔥和蒜頭。冬季使得乾燥的蒜頭浮漲，青翠的嫩芽穿透出有如紙片般的外殼。我嚼著乾糧，疾步行走在通往西南的彎曲小徑上。那個寬闊巖穴發揮療癒效果，使得海水對我造成的重創沒有留下任何傷痕。魁梧的老牧羊人把半加工的羊皮裁切成條狀，取代原本斷裂的鞋帶，多了這兩條柔韌皮帶的加持，我的靴子儼然更具萬夫莫敵的氣勢。牧羊人和漁人兩天前曾預言會下雪，我也默默期待著下雪天（「黑海海岸……」），但冰晶的水氣終究沒有凝為雪花，卻緩和為和煦的陽光、飄遊的積雲，以及間歇的小雨，溫柔得猶如慈悲的胸懷。溫和展開的大地景觀，山脊間低垂徘徊的閃光，風拂過海面撥弄的浪紋，在在都有種撫慰的力量。陽光和雨水交替，間或相偕而來，搭起彩虹，有些地方稱這種現象為「狐狸的婚禮」[17]，周遭景物偶爾會化為水氣。這種遺世孤立的冬季世界，總給人一種陶醉之感，令人精神獲得安寧，心靈得到平撫。如果我的頭是一枚小太陽，我的視線是輻射光，那光線必須旅行多少里程，才能穿透層層天空垂掛的薄紗，投射出如夢似幻、水光迷離的陰影？冬日的寧靜、冬眠的安詳已然來臨，種種意念和靈感也有如朝露悄然凝結。

第二天在長達數公里的嶙峋峭壁和岩石間，秋日林木的落葉隨著泡沫沖刷而下。突出的海岬間環繞著一個接一個龐大而荒涼的海灣。克荷加巴爾幹山脈往內陸逶迤而行，沿著水光瀲灩的天際，與遙遠的巴爾幹山脈銜接。到處可見山谷擴展為沼地，其中一汪沼澤點綴著蘆葦和莎草的簇簇草莖，就像地圖上沼地的傳統標記；一名穿著一身褐色的老先生坐在一艘平底小船上沉思，膝蓋上橫放著一管長槍。或許受到我接近的驚擾，一群水禽從水塘中飛起，當牠們飛到那老者上方時，他即刻舉起槍，猛地一道火舌竄出，片刻後一聲類似炸藥爆炸的聲音，使得空氣為之振動。有那麼一、兩秒鐘，那名槍手籠罩在煙霧間。待煙霧散開，水面卻沒有傳來水禽墜入的報償聲，老者又開始忙碌地處理起手中的武器。一見到我，他便划著小舟來到我旁邊，問我有沒有香菸，並說可以載我穿越捷徑渡過沼澤。我踏入那艘滲漏的平底船，他則繼續裝填彈藥。這可是一項複雜的工作，因為他所持的是一把前膛槍，且長長的槍管已經鏽蝕。他從一個古老的銅罐裡倒出約一磅的粉末，接著取出一把鉛彈，準備若干報紙和碎布充當填料，然後用一根通條將所有東西塞入槍膛中。鏽蝕的槍管則用細繩、生鏽的錫片和一條舊布巾束縛在槍托，活像綁著繃帶似的。「牠們來了！」捅了幾下後，他任由划槳掛在槳架上，舉起駭人的獵禽武器，瞄準飛回的鳥群。一聲震耳欲聾的槍聲，一道火箭似的火光，然後一切再度陷入一片迷霧，老先生也再度從煙霧中現身，對著逐漸遠去、重新整隊的鳥群揮舞拳頭，大吼一聲「Pezerengi」！（土耳其語的「皮條客」。）他的長槍看起來更加接近解體邊緣。當一切再度就緒，我們划抵對岸，深感慶幸的我連忙踏出小船。大約一刻鐘後，耳邊又傳來一聲引爆聲，我焦慮地往下望去：我的恩人還活著，然

17 日本以此稱雨水與陽光同時出現的天氣。

後又是一連串詛咒的聲音。

我沿著一條溪流的河床繞了個彎，幾乎撞上一頭正在飲水的野豬。有著暗灰色毛皮和兩枚彎曲褪色獠牙的牠，轉向我瞅了一眼，隨即快步穿過荊棘，鑽進一片樹林裡。我以前從來沒有見過野豬。跨越通往比亞拉的道路，我沿著滿覆灰塵的漫長小徑，在傍晚時分來到阿凡特拉這個毫無指望的村落。我繼續埋頭趕路，因為我聽說只要再兩個鐘頭就可以抵達下一個村落。太陽西沉，我想自己一定是走錯路了，不然我不會直到許久、許久在夜色中穿越連綿起伏的荒地後，才看到一、兩處閃爍的火光。那是一個名叫哈德吉可、狀至陰森的村落；幸虧只是外觀陰森森的。我在主要街道上問一個站在暗影中的人哪裡有客棧。這裡沒有客棧，他回答，音調奇特，同時抓住我的手肘，領我到一間陰暗的小屋，敲敲門，嘟嘟噥噥了一陣。「Rustum!」誰啊？「蘇雷曼。」我的嚮導回答。一盞火光亮起，我發現他們兩人是土耳其人。半個鐘頭後，我跟他們以及一群或蹲坐或盤腿的村民：杰姆、阿卜杜勒．哈米德、穆斯塔法、梅米特、哈桑．阿里和塞利姆，齊聚在搖搖晃晃的涼亭木板地面上，吃著麵包捲和油炸乾肉片；酒當然是沒有的。背後隱蔽處有個打赤腳、戴著黑色面紗的身影，輕快地來來去去：先是遞來一個烤爐，裡面已經裝滿燒紅的木炭，接著是一陣折斷與添加荊棘柴火的聲音，然後一個圓形矮桌端了過來，上面是一盤盤豐盛的食物，看得人眼花撩亂。我第一次品嚐小亞細亞特製的帕斯圖馬肉乾（pastourma）。（幾個月後，我在一家由來自土耳其科尼亞的難民老闆開的酒店裡問他，這種神奇的食物是怎麼做的。他兩眼閃閃發亮。「你先弄一頭駱駝或牛，但駱駝最好，」他簡略而急切地告訴我：「然後放進橄欖壓榨機，用力擠壓，直到榨乾所有水分。要一滴不剩！接著切成條狀，用鹽醃好，放在太陽下曝曬一、兩個月，最好是放在一棵樹的樹枝上風乾，不過當然要裝在籠子裡，否則會被烏鴉吃光光。」接著拿下來，埋在燉煮過的蒜頭和你在市場上所能找到最辣的辣椒所做的醬料中，再混入手邊找得到的任何東方香料調味。等這些再度風乾後，就會像木頭一樣硬了：這樣可以保存好幾年。吃的時候用鋒利的刀削成薄片，一般都直接生吃，偶爾也會煮來吃，不過那股氣味很刺鼻，不知情的人會被嚇到。喜歡的人認為那味道絕佳無比，但是對更多人而言卻是場噩夢，因為不但蒜頭的味道變成平常的兩次方或三次方那麼強，而且一旦衝出來，就像發射火焰槍一樣，射程和威力十分驚人；聞到的人會四散逃開，進餐者周圍會頓時空出一大圈，彷彿有人正揮舞著手中的爆裂物。）

在我逐漸熟悉那種帕斯圖馬肉乾的味道後，我對它的起源推論出若干薄弱卻不乏真實性的論點。土耳其飲食就像土耳其建築，是融合了西進途中所侵略和征服各族文明的產物：每樣東西正本溯源，幾乎都可歸結到波斯、阿拉伯和拜占庭。而這種肉乾或許是土耳其人攻占西方歷史之前所僅存的飲食。肉乾是游牧民族的食物，工序是最基本的技巧，緣起於烏拉山脈和阿爾泰大草原，駱駝成千上萬：不會腐敗，美味可口，又能提供營養與活力。至於第二個理論則不辯自明。和土耳其人有血緣關係的匈奴人，據說便是茹毛飲血的生食者，他們會把生肉束縛在坐騎的軀幹和馬鞍袋之間炮製。當晚間熱氣直冒、汗流浹背地卸下馬鞍袋時，這種炮製過的生肉氣味四溢；當賽爾柱人終於收住馬韁，開始享受掠奪到手的龐大資產時，這種滋味更是他們念念難忘的。也許就像他們現代的親族吉爾吉斯族和希羅多德[18]筆下的斯基泰人，他們是用母馬和母駱駝產製的發酵乳，搭配肉乾進食。這種強烈鹽漬和調味的做法，是緬懷昔日汗水刺鼻的即興湊合之作嗎？畢竟今日他們的馬匹只徜徉於草原上，駱駝也平靜地跟隨商隊旅行：在韌度和滋味方面，帕斯圖馬肉乾是重溫昔日賽爾阿爾普・阿爾斯蘭[19]和圖赫里勒・貝格[20]所屬烏古斯族人[21]對乾燥肉品的熱愛吧？其後的魯姆蘇丹國[22]一定充斥這種食品，而當他們繼續進攻擴展版圖時，尾隨而至的風必定曾將這恐怖的氣息散播到遠方，讓敵人們還沒有聽到鐵蹄和吶喊聲，便遠在弓箭射程之外，聞風喪膽，逃之夭夭。

閃爍的燭火照在一圈外貌溫和卻極為憂愁的面孔上。除了一、兩個之外，其他所有人都不介意之間夾雜一個異教徒，只是滿足地坐著進食，凝視我的眼神不帶感情，雖有些驚懼，卻毫不迴避。他們頭戴破爛的氈帽，外側纏繞著頭巾，唯一的例外是這次聚會的主人——白髮蒼蒼的朝覲者蘇雷曼。他們身上佩戴的寬幅紅腰帶和磨損的粗布服全都破舊襤褸，打滿補丁，接近裂解邊緣。而這些衣衫的主人有些也處於衰敗之境，要不一只鼻孔殘缺，要不一隻眼睛罹患青光眼，要不臉上滿是痘瘡或感染東方癬。一名老人天生一對招風耳，火光從後面透射，使得耳朵泛著紅光；他一逕坐著，全神貫注地凝視著永恆，雙手交叉緊抓著因為大家都脫下拖鞋所以顯露在外的大足趾，彷彿一旦撒手便會導致什麼致命的後果。這群人大概是全巴爾幹半島裡，奧圖曼土耳其帝國僅存最孤單、最凋敝的零星片斷了。

他們的保加利亞語幾乎和我一樣拙劣：英國對他們而言可謂遙不可及，就像薩摩亞群島或阿留申群島一樣模糊不清。我勉強聽出只有老朝覲者去過伊斯坦堡，不過那是很久很久、在巴爾幹戰爭之前的事了。他用小平底鍋煮咖啡，量很少，沸騰後分別遞給我們。

當我詢及阿塔圖克[23]，即凱末爾帕夏時，他們的交談變得熱烈起來。幾個年輕人隱約像是支持他的，但朝覲者則不以為然，在阿卜杜勒．哈米德[24]還是帝王和哈里發期間長大的他，再三揚

18 Herodotus（約西元前四八四～四二五年），古希臘作家，把旅行中的所聞所見著成《歷史》一書，成為西方文學史上第一部完整流傳下來的散文作品。

19 Alp Arslan（一〇二九～一〇七二年），塞爾柱帝國第二任蘇丹，任內屢次與埃及的法蒂瑪王朝、東羅馬帝國交戰取勝，使帝國得以擴張版圖。最具代表性的是一〇七一年在曼齊刻爾特以少勝多擊敗東羅馬帝國遠征軍，此役奠定了大塞爾柱王朝在安納托利亞的統治。土耳其後人敬佩他的軍事才能和非凡武藝，尊稱他為「阿爾普．阿爾斯蘭」，意為「英勇之獅」。

20 Togril Beg（九九〇～一〇六三年），一〇三七年至一〇六三年間在位，將大歐亞草原上的土庫曼戰士聯合起來，組成了一個將他們共同祖先追溯至塞爾柱的部族聯盟，帶領大軍征服了伊朗東部，並在征服波斯之後，建立了塞爾柱蘇丹國，於一〇五五年奪回首都巴格達，取得了軍隊的控制權，用以對抗拜占庭帝國及法蒂瑪王朝，擴張他的帝國，以期統一伊斯蘭世界。

21 Ghuzz，現代土庫曼人的祖先，起源可追溯到中世紀早期，乃生活在現今的蒙古和西伯利亞南部的貝加爾湖牧區游牧的部族聯盟。

22 Sultanate of Rum，安那托利亞塞爾柱帝國的延續政權，一〇七七年至一三〇七年間統治安那托利亞。

23 全稱謂 Mustafa Kemal Atatürk（一八八一～一九三八年），土耳其的軍官、改革家、作家和領導人，土耳其共和國第一任總統、總理及國民議會議長，被譽為現代土耳其的肇建者。

24 全稱謂 Abdul Hamid II（一八四二～一九一八年），有「血腥的蘇丹」稱號，一九〇九年遭青年土耳其黨人廢黜，並遭軟禁，直到去世。

頭咂舌。他們的爭論完全使用土耳其語。據我研判，朝覲者認為凱末爾比一個離經叛道的異教徒好不了多少。他們的話題轉向《可蘭經》翻譯為拉丁文、烈酒、蘇菲教派苦行僧的解體、使用方言祈禱、土耳其氈帽的禁止、女人免除配戴面紗等，這些都是撒旦的傑作。令我大感震驚的是，在準備就寢時，那位朝覲者領著我，其他人則分別手持毛毯、枕頭和水壺，一起來到一個穀倉式的建築，燈籠的火光顯示那裡竟是一座清真寺，或者該說是一座充當清真寺的小巧建築。他們在一塊地毯上鋪上我的寢具。我想，他們的住家一定是簡陋到無法謹守 *haremlik*（後宮）和 *salemlik*（禮拜堂）的傳統分際來招待客人。在短暫而安靜的祈禱後，這群外表駭然、衣衫襤褸卻毫無惡意的人，有如白楊樹一般，輕盈優雅地額手為禮，向我道晚安。我睡在一張褪色的海報下方，由其原始的色彩判斷，應該是一八九〇年代的產物；海報上是艘汽船，旗桿上飄揚著半月旗。另外一張則是麥加天房黑石[25]，周圍環繞著信眾，海報上裝飾著褪色的蔓藤花紋印刷，是宣傳麥加朝聖的廣告。我無論如何也想不透他們為何會容許一個異邦人汙染這麼神聖的地方。雨水趕在我入睡之前開始打在屋瓦上，到了凌晨時分，我被朝覲者爬上螺旋梯的聲音吵醒，那吱嘎的聲音連受驚的精靈[26]都嚇得跑。

~

往南走了幾公里的我，第一次瞥見薩拉卡察尼人[27]的身影，為之驚豔不已。先聞其聲，方見其人：在潮濕的空氣間不斷迴盪著顫抖變奏的音符。順著光禿的海角下沉，眼前出現幾個圓錐形的茅草屋，像暗色的蜂窩般群集於上端的是一片雜樹林的蒼翠斜坡，而在一頂頂蘆葦和柳條巧妙編築的棚屋頂端，但見紛飛的雨水中飄浮著縷縷輕煙。站在山坡上端，可以順著斜坡俯瞰聚落內部，但見一個由荊棘和茅草搭建、猶如大型防禦柵欄的羊圈。棚屋之間穿梭著黑暗的人影。聚落中央排列著數根挖空的樹幹，為獸群飲水的水槽，其間矗立著一座水井的叉形汲水架，以及一根長達三噚的汲水竿。許多馬、騾、驢散置其中，還有一、兩匹母馬，旁邊跟隨著奔跑的小馬，耳邊還傳來狗群的吠叫聲，但牠們的數目遠不及數以千計的綿羊和山羊，各個脖子上都拴著鐵鈴或銅鈴，移動時不斷譜出不同的曲調，迴盪在濕漉漉的景致間。山羊又比綿羊多，有些是灰色條紋，有些接近白色，長毛茸茸、犄角彎曲，不過最多的還是紫棕色或黑色。我筆直走向這種種騷動的核心所在。只見牧羊人個個身材魁梧，外貌不羈，眼睛和頭髮的色彩變化多端，就像他們豢養的家畜一樣。有些有著灰色或藍色眼睛，若干年輕人頭髮蓬亂，髮色已經為陽光所漂白，頭上

25 Kaaba Stone是位於聖城麥加的禁寺內，一座立方體的建築物，東南角稱為「黑石角」，鑲有一塊黑色的隕石，即一般所稱的「黑石」。麥加天房是神靈的世界與世俗世界的交會點，從天空墜落的黑石便體現了天地的連結。前往麥加朝覲者，在朝覲尾聲時會前往麥加天房進行辭朝的活動，也就是巡遊麥加天房。

26《可蘭經》中記載，精靈存在於宇宙之中，是有質而無形、理智發達的創造物，有男女性別之分和好壞善惡之別，今世與人類同時並存，後世也會與人類一起接受審判。

27 Sarakatsani，居住在希臘的一個族群，以傳統的遷移性放牧為生，是希臘的原住民。在毗鄰的保加利亞、阿爾巴尼亞南部和馬其頓共和國也有少量分布。

歪斜地戴著黑色圓盤矮帽。不過，此刻他們的臉孔都埋在黑色粗布斗篷的尖頂兜帽中，衣襬長達腳面，材質像硬紙板一樣僵硬，上面淌著雨水，執於手中如長矛般的牧杖扣在雕刻精細的扣環上。此刻他們的神情和目光都含帶著戒備和警覺，衣著和腰帶的材質也像斗篷一樣堅不可摧。而且，一身黑！若干女子正忙碌地用雕花紡紗桿紡紗，有些身旁還帶著嬰兒，都束縛於背囊裡，安置在木製搖籃中；還有些女子啪嗒作響，忙碌地穿梭在陰暗的棚屋間。她們的頭髮編結盤梳，衣著上裝飾著鋸齒狀交織的黑白辮紋，有如撲克牌的女皇那樣神奇得時髦。

這裡到處是馬、羊、凝乳和煤煙的味道，每樣東西都是以樹枝、荊棘、茅草和木材絞扭而成；用以固定、編結、纏繞和綑綁的都是皮索；有銅製和鐵製的大鍋，木製的水桶和酒桶；毛皮剝除並外翻後，將砍斷的頸部和腿部紮緊，用作擠壓用的容器，而眼前都滴著奶水和乳清。周遭鬧哄哄的，一片繁忙，讓我有置身諾亞方舟之感。一名友善的牧人從皮囊倒了一杯熱騰騰、滿是泡沫的牛奶給我，我一時深有所感：這些頭戴黑色兜帽、身披長斗篷的男子，一身黑白鋸齒紋飾的女子，圓錐形的棚屋，以及穿梭在魯米利亞雨水與樹林間叮噹作響的羊群，不啻是我所見過最神祕的一個群體。他們之間瀰漫著一股傳說的氣息，此情此景，尤其當陽光穿透綿綿雲朵、撒下十數道淺色光軸之際，更增添一抹神奇色彩。在幽雅清靜、鈴聲迴響的空氣裡，彷彿連雨滴都凝滯了，形成無數緩慢散落的精微亮片。不久後，彩虹即將現身。

「卡拉卡欽人！」一名保加利亞老人肩上扛著犁具，回答我的問話。我大老遠就已經看到了他。他語氣一頓，又補充一句：「希臘人。」我的確聽到一名全身黑的高大牧者用希臘語急切地和另一名牧者交談，兩人手中都揮舞著長矛般的牧杖，在一群如同死水般寧靜吃草、或隨著坡度起伏迴旋翻捲的羊群間漫步閒蕩。將他們遠遠拋在後的同時，聚落也退縮為一群小巧玲瓏、如夢似幻、炊煙裊裊的圓錐，錯落在水氣瀲豔的另一端，此時羊群騷動晃蕩的鈴聲依稀迴盪在我耳際。

在隨後的數十哩路途，回想著這些族人，依然令我極其興奮。薩拉卡察尼人是個令人著迷的族群——「卡拉卡欽人」是保加利亞語的稱呼——他們在種族和語言上皆屬於希臘，是巴爾幹地區唯一純粹從事游牧的民族，足跡遍及希臘北部。第二次巴爾幹戰爭後，邊界的劃分撕裂了鄂圖曼帝國所有廢墟，迫使這群人和希臘其他同類部落相互割捨。有些當局辯稱這些游牧民族是最早定居於希臘的直屬後裔，只是他們從未定居於一地：夏季生活在高山；秋季時，龐大的篷車和獸群會遷居到比較低的綠地放牧；一旦春季來臨，便又再度回到高山。這個營區是他們典型的冬季居處：遍地青草、水源豐沛的低地草原區，遠離道路、村莊和他們所厭惡的權力當局，也遠離羅多彼山脈的大雪和夏季時經常出沒其間的狼群。

（在未來數十年間，我經常可以見到這一族的人。當時我並不知道，但後來我還在他們的棚屋寄住了三個月。那是三月間韋尼澤洛斯黨人發動革命戰爭時，我被迫離開了同行推進的希臘騎兵團，騎馬攀越到他們位於馬其頓地區的一處高山居所小住。我實在很想繼續擴大討論薩拉卡察尼人，但因為已經在別處討論過很多了，所以還是繼續往下講吧。）[28]

28 原編註：請參閱《羅梅莉》（*Roumeli*）一書第三至六十三頁。

在那天剩餘的時光，我只見到幾個孤單的牧羊人領著小小的羊群，相較於薩拉卡察尼人，顯得極為溫馴；還有一輛小型土耳其拖車，顛簸地行駛在難以辨識的小徑上，拖車平板如托盤，四周裝著低矮的欄杆，讓一匹老馬拖著。一名土耳其人盤腿坐在前面，後方同樣盤腿而坐、面戴*charchaff*（厚重頭巾）與*fereje*（披肩）、宛如一尊尊黑色雞尾酒調酒器的，是他的四個妻子。

我朝內陸繞行了一陣，再度回到海邊時已是傍晚時分。起伏的海岬空蕩蕩的，從海岬高處往下望，看到了十一隻海豚在海灣中跳躍嬉戲，同時從海水中躍起，畫出半圓弧度，然後又沉入水裡，在清澈的水中清晰可見；牠們沿著海床疾行，像奔行的灰狗，然後再度浮現，透過不斷往外擴展的漣漪，騰空跳躍，狂野而興奮。從海岬頂端可以清楚聽到牠們砰然墜落、劃開海水的聲音。我著迷地欣賞了半個鐘頭，直到海豚驟然躍起，一起轉向東方，擺動著身軀往地平線游去，彷彿要一路游向高加索山脈為止。山巒的起伏開始趨緩，當天色逐漸變暗，透過暮色的搖晃間，可見一簇攏聚突出於外海的火光，狀似一座小島，接近以後，才發覺有道狹窄的堤道銜接陸地，兩側是寬闊的海灣。海岸驟然轉向西南，深入內陸數浬，從海岬方向往東北望去，每隔幾秒鐘又可見到埃米內燈塔旋轉的光束，忽暗忽明地眨動著，迂迴前進的我，竟然沒有經過那裡。

薄暮中，我走在火光閃爍的小鎮墨森布里亞[29]，感受那種籠罩在碎石小徑間奇特、哀傷而迷離的氛圍。這個小鎮僅纖細地與大陸銜接在一起，周遭儼然完全被黑海所包圍。乍看之下，當地教堂，即小型拜占庭教會的數目顯得比住家還要多；我已經逐漸可以辨識這類建築的穹頂，以及石造建築間褪色紅磚和石板所圍築的束帶層，其中有些已經半毀損，嵌埋著成堆瓦礫，阻塞著野草和刺藤，所有的一切都已關閉、死寂且毫無生氣。這個地方從西元前幾世紀起便是希臘的一個居留地，在拜占庭時期曾經一度繁華，後遭恐怖的克魯姆帝王所征服，只是又被拜占庭帝國奪回。巴列奧略王朝[30]和康塔屈澤納王朝統治期間，教堂數量激增，而在君士坦丁堡陷落前不久，終於淪入土耳其人手中。直到本世紀初期，當地居民還都純粹是希臘人。後經幕後操作，希臘人數目減少，巴爾幹戰爭後，這個小型前哨基地劃歸保加利亞所有，透過移民和交換方式，使得人數更加減少。總之，還是有些希臘人留了下來，儘管氣氛低迷，卻仍不願離開他們居住了兩千五百年的家園；就像薩拉卡察尼人和避居洞穴的漁民一樣，也許，正默默期待有政治疆域告終的一日吧！不過，在蜿蜒的街道上和咖啡館裡，我所聽到的都是希臘語，而不是保加利亞語；同樣地，在少數停泊的漁船和漁網紅褐色浮標間，交談的也是希臘語。這是個兩棲式的生活環境。街道的盡頭海水拍岸，天際線之間錯落著船殼和桅杆，若干老式住宅上層凸出的木造建築，甚至還運用了船舶界的工技，在巷弄間相對而立，宛如一艘艘首尾相連拋錨的大型帆船。如此無聲無

29 Mesembria，即內塞伯爾，是保加利亞的一座歷史古城，原本建築在一個透過細長的人工地峽與大陸連接的半島上，過去曾是島嶼。

30 Palaeologue，一二六一年至一四五三年，拜占庭帝國最後一個王朝。

息、朦朦朧朧地帶著水氣，在夕陽的微暗中，與逐漸燃起的火光相對應，使得整個小鎮有種座落於海底的感覺。每個街道、小店、房間裡都可以聽到海水的嘆息聲，彷彿置身於貝殼內。就不同層面而言，「一枚空殼」也許正是這裡的寫照。

在接下來兩個晚上和一個白天，我都棲息於此間外凸的一處上層樓房裡：主人家是一對上了年紀的希臘夫妻，兒孫們都已經搬離，由他們負責照應我的食宿。房間裝潢儼如古老船舶的艉樓，令人印象深刻。內部到處釘製著嵌板，屋頂也是菱形紋的鑲板，起居室後端高起的部分，則像極了納迪潔亞在普羅夫迪夫的房子，環繞著沙發床椅。透過類似艉樓的窗台和無數小窗戶，極目所見，俱是黑海。在接下來那天，我幾乎整天坐在屋內塗塗寫寫，將我沿著黑海海岸的所見所聞一一記錄下來。無論當時或現在，我都覺得很難用文字描述沿著杳無人煙的海岸旅行的魅力，以及置身其間所感受到的那種寧靜隔絕和撫慰的氛圍。這個漂浮在海裡的小鎮，在在可見腐敗、扭曲、水浸、鏽蝕，逐步走向毀壞的痕跡，卻又蕩漾著水漾的魔力，而這正是我試圖表達的面向。我沿著地峽另一邊布滿莎草的海岸散步後，寫了一整疊信。（很難想像這疊信竟會依循不同管道，送往中歐各個目的地；更遑論倫敦和加爾各答。）當我寫完信，窗外平靜的海面退往地平線，天空中點綴著大片卷積雲，也就是俗稱的魚鱗天，但望之不似捕獲的龐大魚群，卻像是王公貴族超大型帳篷兜攬的篷頂，每一個扣環全沾染著絕妙的淡紫色光澤。高積雲下方尾隨著三條小船，由一艘縱帆船揚著帆引導在前，載著漁獲前往鄰近的安夏洛或布爾加斯，我甚至看得到甲板上水手俯身處理漁獲時閃爍的光影；漁船四周到處迴旋著雲朵般嘶叫的海鷗，就像晃動的水晶球，球中央的小船頓時籠罩在漫天飛舞的雪花間。

上床休息前，我們圍坐在火盆旁，我嘗試背誦我所熟記的荷馬詩作，獻給我的男女主人；還有幾段莎孚[31]的詩文。我的作為就像一名希臘人在英國彭贊斯的農舍裡，用難以理解的口音，向一對老漁夫夫妻嘟噥著中古世紀的英國文學《高文爵士與綠騎士》（*Sir Gawain and the Green Knight*）的片段。不過即便如此，這些詩句在他們耳裡似乎具有某種魅力，令他們由衷感到欣喜，而不像康瓦爾郡的英國聽眾，很可能只會窘迫地感到無聊而已。我又端出佛利耶的希臘民謠，就是納迪潔亞的祖父送我的那本珍藏，效果更佳；其中幾首他們知道，女主人基麗雅・艾勒尼——一位機敏的老婦人，有著一雙藍色的大眼睛，身穿一襲黑衣和精緻的黑圍巾——甚至會不時用顫抖的聲音哼唱幾句。一旦我摸索出那些母音和雙母音的現代發音法，以及所有粗氣音需要送氣，還有不同的重音記號只是提示一個字的重音墜落處後，我便開始朗聲閱讀；剛開始雖然還會停頓，但很快就變得相當流暢。我也逐漸會斷句，而且儘管用詞十分口語化，也不時可以摸索出若干歌詞的本意。舊報紙比較容易領略其中意義，雖然難免有錯失或謬誤之處，但是透過我在架子上找到的一本老舊祈禱書，便幾乎可以掌握文義了。這一切讓我對接下來的幾個月充滿期盼，因為一旦抵達君士坦丁堡，我便打算私下進軍希臘。可令我煩惱的是，我們的對話仍侷限在我結結巴巴、幾乎詞不達意的保加利亞語上。

31 Sappho（西元前六三〇～五七〇年），希臘女詩人。

我們就希臘神祕性的一番對談，引來不少長吁短嘆。他們從來沒有去過希臘，而現在（不像我）已經永遠沒有這個可能了。他們似乎很高興有客人來訪。我身為英國人，似乎也成為受到仁慈款待的因素之一。總之，在我第二天動身前往布爾加斯之前，本想付他們一點費用，但是他們倆都驚嚇地倒退一步，彷彿我手中的錢幣是滾燙的。我睡在沙發床上，躺在閃爍的聖像吊燈下。燈面有一個聖母的銀質聖像（我開始會注意到這類事情），還有一個聖君士坦丁[32]和海倫[33]共同舉著真十字架的聖像。此外，一個玻璃櫃還交織陳列有兩個褪色的婚禮花環，是從上世紀後期婚禮之日起仔細保留至今的。我整晚都可以聽見海水拍岸的聲音，當我醒來，海水反射的銀波不斷蕩漾在整個天花板的木造菱形花紋間，海鳥不時佇足窗台，來回踱步，再重新飛起。

~

「說真格的，你到底吃了些什麼，好小子？」肯德爾先生伸出歡迎的手，穿過房間，然後半途猛然停下腳步。我從墨森布里亞前來，尚未覺察此間的社會禁忌，便將土耳其人給我的最後幾片帕斯圖馬肉乾切成小片，在一株角豆樹下大啖起來，一邊俯視低窪的沼澤區、鹽灘和遠處布爾加斯外海的防波堤及起重機。此刻，置身英國領事館，從窗口即可見到規模更大的船舶和我生平所見最長的防波堤。

在過去一年內，我屢次發覺自己是個不合規範，甚至讓人困擾的人物，就像文明世界的一家瓷器行，突然闖進了一頭毛髮蓬亂、全身沾滿旅行汗漬的野牛。這回，由於先前在蘇菲亞時曾麻煩托靈頓夫妻寫信幫我引見，因此我還特意整理儀容後，才前來會晤肯德爾先生。我先寄住在一家破舊的商業旅館。我在背袋中努力翻找，但很快就發現無濟於事：在跌入水塘後，我的上裝和長褲便宛如一團舊繩索，看起來還不如我身上穿的破爛綁腿和馬褲，以及釘有鞋釘的靴子，所以我盡可能抹去身上的灰塵和硬掉的泥塊，召喚一名提著鑲嵌銅飾擦鞋箱的小男孩，盡力幫我的靴子擦拭出少見的光澤，然後就著水龍頭沾點水梳好頭髮，套上皮背心，繫好領帶。當我大步前往領事館時，雖然覺得自己不失粗野，但總算是差強人意。不料忙了半天，卻還是功虧一簣。

當然，這其實並不重要。只見肯德爾先生身穿老式花呢上裝，一條皮質懷錶錶帶從鈕扣孔垂掛於上裝口袋裡，下搭灰色長褲，打上一條我私心以為該是軍團斜紋的領帶[34]。他有著愉悅的紅潤臉龐、健壯的身材、修剪齊整的鬍子，以及髮際線提早後移的黃棕色頭髮。在我看來，他整個人非常適應巴爾幹作風——搭配門上裝飾著獅子和獨角獸象徵，以及牆壁相框裡喬治五世和瑪莉

32 全稱謂Flavius Valerius Aurelius Constantinus（二七四～三三七年），常被稱為君士坦丁一世、君士坦丁大帝或聖君士坦丁，是第一位皈依基督教的羅馬帝國皇帝。君士坦丁在內戰中擊敗馬克森提烏斯和李錫尼，鞏固了皇位，統治時期還成功發動對法蘭克人、阿拉曼人、西哥特人和薩爾馬提亞人的戰役，成功奪回在前一個世紀喪失的達基亞地區。他在拜占庭建立新皇宮，並將之命名為新羅馬，但人們為尊君士坦丁之名，將此地稱作君士坦丁堡，並在此後一千年間，成為拜占庭帝國的首都，因此君士坦丁也被認為是拜占庭帝國的創立者。

33 英語稱謂為Saint Helen，君士坦提烏斯一世的妻子。最有名的事蹟當然是在西元二七四年誕下君士坦丁一世，以及在基督宗教傳說中找到了真十字架，即耶穌受難的十字架，因而在天主教及正教會中都被視作聖人。

34 斜紋領帶是英國軍團和與殖民地軍團類似制服的領帶花紋式樣。

皇后所投射出的嚴肅目光——也就是說，整體給人一種無庸置疑的英國氣勢，令我惶恐自己一身寒酸是否會丟英國人的臉。但是肯德爾先生友善的玩笑口吻，更重要的是晶亮藍眸中清澈和藹的神情，讓這些顧慮立即一掃而空。

他吸了吸鼻子。「我知道了！帕斯圖馬肉乾！這是我所聞過最奇特的味道。」稍後，肯德爾先生在起居室遞給我一杯酒，並自詡為英雄，從不加冰塊。

這種種情景，以及當晚我便遷出旅館，入住他女兒西西麗的育兒房，在在可以說明東尼・肯德爾和他的妻子蜜拉的慈善心腸。這代表至少在未來二十四個小時，家裡多了一隻臭鼬。蜜拉聲音輕柔，個性沉靜，樂善好施的風采，絲毫不下於東尼的熱情洋溢與神采煥發。某天她父親曾經來訪，是位退役的保加利亞將軍，也是高大威嚴的老紳士，蓄著白色八字鬍，眼神挾帶著掃掠巴爾幹山口沙場所孕育出來的銳利。

這段在布爾加斯的歲月，以及在此之前的一段日子，是我此趟旅行記載得比較多的一部分，見諸我時斷時續的日記，而那些日記是在我遺失了二十五年，亦即著手本書許久之後才發現的。也因此，我再也無須憑藉記憶將遺失的時間碎片串聯起來，反而有每天隨手記下的點點滴滴可循，只是內容過於粗糙簡短，無法以日記的原樣呈現。不過至少從此刻起到旅行結束，以及這本書的完成，我大致都可知道白天裡發生了什麼事，晚上睡在哪裡，而不至於像拼湊一幅或破損或模糊的不完整拼圖。就某方面而言，這麼豐富的紀錄反而有點尷尬：如果全部運用在書中，難免會失焦，也會偏離上述的主調；而諸如這趟在布爾加斯的逗留，又會誘使我過度發揮，增加不必要的長度。

在東尼和蜜拉屋簷下生活的期間，是整個旅程中最為愉悅的時光之一，因此過度發揮的誘惑力更為強勁。我從筆記中可以看到自己沿著黑海海岸漫步，深感喜悅的同時，也伴隨著一抹逐漸增添的寂寞，因為白日逐漸縮短，時序來到了十二月，而巴爾幹的冬天經常為我帶來一股憂鬱；我會突然陷入已遭我遺忘的那種席捲而來的鄉愁中，回想起來，還以為自己早就對鄉愁免疫。不過當下此刻，寂寞或鄉愁並沒有干擾到我；在這多元文化的小港，肯德爾一家有無數友人，而居住此地的人種可謂涵蓋了巴爾幹半島大部代表性的種族。然而，就另一層意義而言，儘管……

〔終〕

〔原書編按〕

「一段年輕的旅行」（A Youthful Journey）本文結束於句子的一半。雖然作者派弟幾天後抵達君士坦丁堡，但是除了他本人的「Green Diary」（綠色日記）外，從未就這段旅行留下任何紀錄：而日記中的紀錄，他本人承認，「有點尷尬」。

奇特的是，即使在日記中，他也沒有記載任何這古都所遺留與拜占庭帝國相關的燦爛遺跡（甚至隻字未提聖索菲亞大教堂或君士坦丁堡城牆[35]），也幾乎沒有談及鄂圖曼帝國的光輝。雖提到了和一名美貌希臘女子的短暫友誼、若干領事館宴會，以及當地社交圈的各種聚會，但是所有記載都是粗略的。最奇怪的是，他後來不曾再和於索菲亞結識的惠特摩爾教授接觸；彼時，惠特摩爾正從事探勘索菲亞大教堂馬賽克壁畫的工作，對日漸嚮往拜占庭的派弟而言，應可提供無可比擬的洞見。

也許結束了這段旅行，給了他一種旅人終於抵達目的地後的徬徨負擔，以及對自己未來的不安。畢竟他一直有著不定期情緒低潮的困擾。他當時有考慮要寫一本書，或從事新聞工作，或甚至再度投身軍旅嗎？向他詢及這些問題時，他表示都不記得了。又或許，目睹偉大城市拜占庭的荒廢，以及無所不在的土耳其人（雖然今日情況猶勝以往），令他感到失望至極。日後他曾寫到每次離開伊斯坦堡，總覺得心情為之放鬆。

不過他殘存的片斷日記紀錄，大體而言還是愉悅的。下面便是其中幾則。

一九三五年一月一日，君士坦丁堡

旅行後疲憊之至，除夕夜又狂歡作樂，睡到晚上六點，然後，醒來，以為還是凌晨，睡超過十二個鐘頭，因此翻身再睡，直到一月二日早上。就這樣，一九三五年的元旦，對我而言是一片空白。

一月二日

……美麗的一天，陽光照射在金角灣，鎮上充斥著一百種聲音……在一間亞美尼亞小餐館用午餐，餐館老闆用法語跟我講述土耳其人迫害的故事，讓我毛骨悚然，然後再度沿著港區散步；這裡的貓咪數量驚人！和瑪麗亞約會到深夜，一起在一家小餐廳喝啤酒。她真的很美，美得如夢似幻，我們坐著聊天，其樂無比。親愛的瑪麗亞！送她回家，然後在土耳其的月光下漫步回家，斯坦堡及其尖塔狀甚美好……

35　walls of Theodosius，一道圍繞並保護君士坦丁堡的石牆，自羅馬帝國君士坦丁大帝建都以來便已存在，後來經歷無數的加建和修補，是現存的古代要塞體系，也是世上最複雜及最精密的要塞體系之一。

一月三日

打電話給狄傑拉特帕夏，泰雷基伯爵在布達佩斯曾介紹我們認識，他當時曾邀請我去拜訪他，因此我在加拉塔橋下搭船前往……帕夏是個既傑出又有活力、蓄著兩道短硬八字鬍的傢伙，非常像英國鄉間紳士，說得一口好法語（他年輕時好像殺過一些亞美尼亞人）。我們聊到亞美尼亞、巴爾幹和圍牆……

一月六日

坐車前往地毯博物館，回到海邊的家，然後一起在菲舍爾家喝啤酒。我想我們會成為好朋友。天南地北，無所不聊。君士坦丁堡是營造浪漫氣氛的絕佳背景，晚上和瑪麗亞先是口角，後來轉為爭吵，結果在憤怒中上床睡覺。

一月九日

前往斯坦堡市集，神奇之至，見到幾千塊的地毯、刀劍和阿拉伯彎刀等。我買了一個煙管，煙嘴是琥珀製的……

一月十一日

在床上躺到很晚，然後起身，和美國大使館的鮑布·科伊一起用午餐……我們坐在陽台，俯視博斯普魯斯海峽；全然寧靜，只有小舟來往其間，兜售貨物……

從一月十二日至二十三日，派弟的日記完全空白，原因不明。待他重新回復記錄，已是搭乘火車離開君士坦丁堡，前往希臘塞薩洛尼基時，而且準備搭船前往希臘正教的修道院國度阿索斯山。從那時起，他的日記終於首度呈現完整記載的狀態。

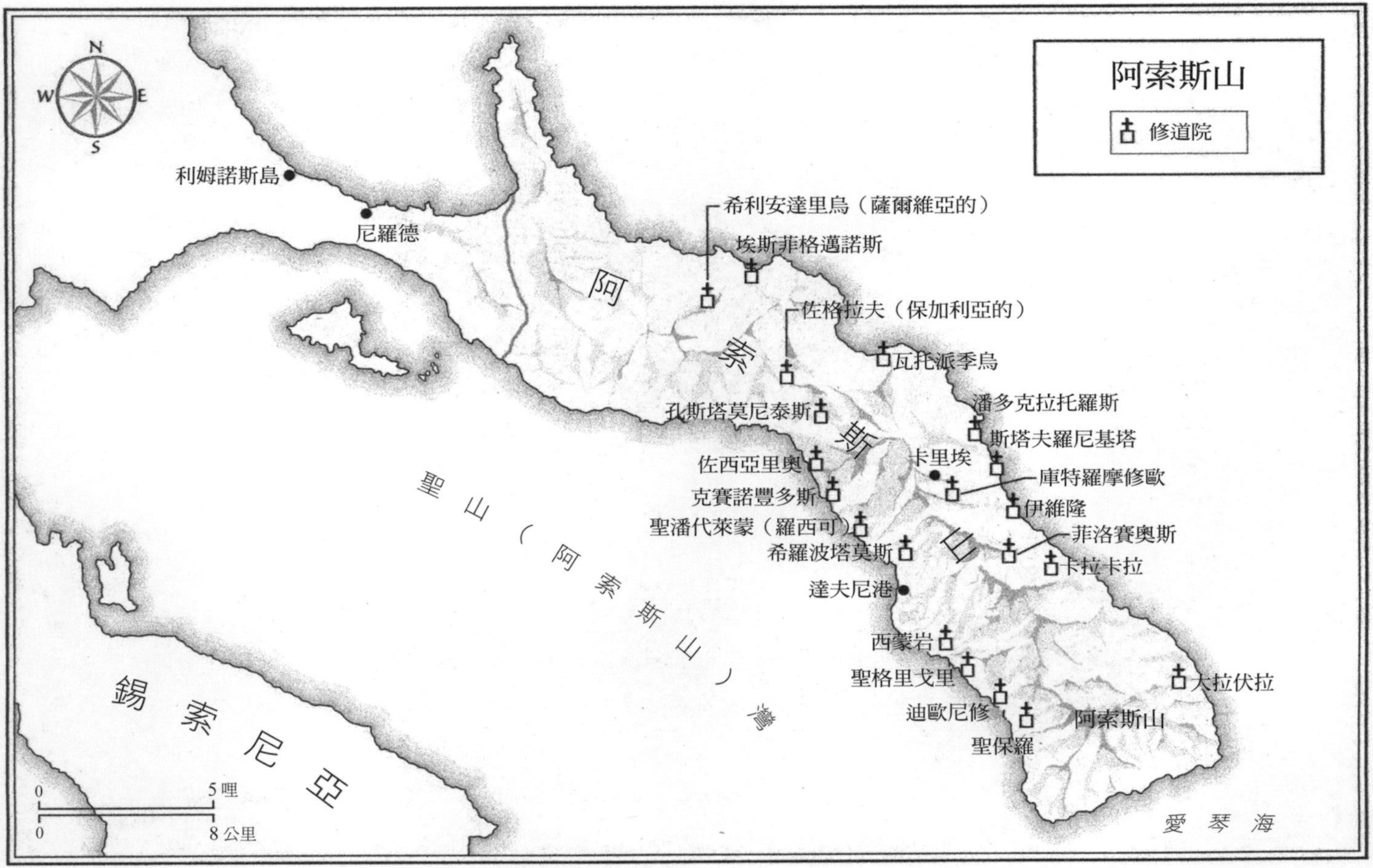
阿索斯山
修道院
N
W
E
S
利姆諾斯島
尼羅德
希利安達里烏（薩爾維亞的）
埃斯菲格邁諾斯
阿索斯山
佐格拉夫（保加利亞的）
瓦托派季烏
孔斯塔莫尼泰斯
潘多克拉托羅斯
斯塔夫羅尼基塔
卡里埃
佐西亞里奧
克賽諾豐多斯
庫特羅摩修歐
伊維隆
聖潘代萊蒙（羅西可）
希羅波塔莫斯
菲洛賽奧斯
卡拉卡拉
聖山（阿索斯山）灣
達夫尼港
西蒙岩
聖格里戈里
大拉伏拉
迪歐尼修
阿索斯山
聖保羅
錫索尼亞
0
5 哩
0
8 公里
愛琴海

阿索斯山

一九三五年一月二十四日～一九三五年二月十八日

（摘錄自派翠克·弗莫在那時期所寫的「綠色日記」）

一月二十四日

昨晚離開塞薩洛尼基；帕土羅和艾爾費斯頓跟我一起到登船口。我們在港口大門旁買了麵包、義大利香腸和起司。很高興他們陪我一起來，因為已經是日落時分，在這種時刻獨自踏上旅程是很孤單的。這船出乎意料地又小又髒，而那些用非常草率的方式搬運上船的貨物都是超載的。船裡也是一團混亂，大量的煤碳堆排在通道上，農民成群地裹著毛毯，四處亂躺，氣氛消沉。我們站在走道上抽菸，邊聊邊等到宣布開船的鐘聲響起，他們才下船。然而，距離原定開船時間已經晚了兩個小時，他們差點就跟我一起被載走，若是如此，帕土羅就麻煩了，因為他這一、兩天就要加入部隊運輸船，從賽得港啟程前往香港。

船終於要離開時，天色已經相當昏暗，帕仔和艾爾費斯頓在最後一刻才跑過舷梯，我們在黑暗中對著彼此叫喊，一直到聽不見聲音為止。希望有天能再見到他們。

我原本坐三等艙，一位船上長官眼見塞薩洛尼基的燈光逐漸遠離後，便好心地告訴我可以改去二等艙。三等艙裡除了甲板，沒有地方可以落座。像牛群般擠在一起、試圖驅逐寒意的旅客，吃睡都在那裡。承蒙邀天之幸，我很開心自己不必如此。

喝完咖啡又用過船上供應的餐點後，我花了幾個小時邊抽菸邊閱讀拜倫的詩集《唐璜》（*Don Juan*），那是昨天我在一間小書店用非常低廉的價格買的。我認為此詩集筆風華麗，但並非所有詩都如此。最後，我躺在鋪有襯墊的長椅上，蓋著軍用大衣，睡了幾個小時。我的心情澎湃興奮，正如每個展開新冒險的人都會有的反應。

第二天，我在破曉後醒來，跑到上層甲板。這是景致頗為壯麗輝煌的一天，天空和海水一片淺藍，波浪與雲朵層層疊疊；離右舷過去不到八百公尺，是山巒起伏、斜坡上覆蓋著松林的卡珊德拉半島。我不斷嘗試在腦海中重塑古代希臘在此地的場景──差異應該不大，只除了我們所搭乘的是長形漿帆船，有著彩帆和划槳而已。我繞著甲板踱步，想起昔日各帝國的戰船一定曾縱橫於這些海域；又聯想起有關希臘神話人物珀修斯、傑森、奧德修斯的故事，以及橫行於愛琴海的暴君；米斯特拉茲的海盜，還有其後駛往色雷斯或帕夫拉戈尼亞、滿載羅馬軍團的戰船；以及停靠拜占庭、滿載貨物的東羅馬帝國商船。然後馬可．波羅[1]時期，熱那亞和威尼斯的三桅帆船開始出現，航往黎凡特最遠的角落，還有那些掠奪他們的摩爾人和阿拉伯海盜，以及鄂圖曼帝國的船隻，自蘇丹的宮廷大門一路經商到今日。我納悶這期間究竟改變了多少，然而有一件事是確定的：這片覆蓋著松樹的山岳和金色的海灘，仍然是當年馬其頓腓力二世和亞歷山大大帝，頭戴盔帽、身穿盔甲、佇立海邊所瞭望的景象。

我們的船舶短暫停留在卡珊德拉半島西岸的一個小村莊。那是一座小島：房子又小又白，看起來像是小孩的玩具。漁民紛紛駕船而出，載著幾袋麵粉，技巧地放置在船中央。他們各個高大精瘦，打著赤腳。所有穀物都必須購買，因為希臘哈爾基季基州幾個舌頭狀的半島土地皆嶙峋貧

1 Marco Polo（一二五四～一三二四年），威尼斯共和國商人、旅行家及探險家。

瘠，不可能從事耕種。半島周圍景觀壯麗，陡峭而多岩石，崩落的滑坡和鋸齒狀的峭壁直入海中，到處可見洞穴、島嶼和拱形岩石；兩隻老鷹緩緩翱翔而下，尾隨的影子映照在峭壁上。這裡的海水翻騰，一艘漁船來回地在海面上下劇烈顛簸著。

繞過海岬，我突然看到此趟朝聖之旅的目的地——阿索斯山，一座幽靈般的巨大白色山岩，蒼白有如鬼魅，正如藍色晴空中模糊的月亮。此刻下層斜坡整個隱而不見，匿身在一層白雲之後。它的希臘名字是「Άγιον Όρος」（聖山），從偏斜的潮浪中看過去，的確不像屬於這個俗世。嚴峻又疏離，比我想像中更加雄偉。身為修道院錯落的細長半島上最高的尖峰，頗有雲深不知處之妙。

我們沿著隆戈斯、錫索尼亞半島的東邊航行，半島上全是岩石，並不適合居住，僅僅偶爾可瞥見一簇茅屋，位於由峭壁庇護的小灣。時值傍晚，太陽沉至地平線。我們似乎遠離塵囂，太陽西下之際，空氣中有種柔和平靜的感覺。我們駛向狹長峽灣最接近內陸的部分，然後轉向前往達夫尼港，進入聖山。我會永遠記得這個傍晚。雲層已經飄離阿索斯半島的荒涼陡坡，但是由於距離太遠，我們仍無法辨識出聖山境內任何一座修道院的外貌。

兩小時後

天色已昏暗，我從後甲板觀賞落日，阿索斯山白皚山頂的餘暉紅光逐漸黯淡，覆雪的峰頂在逐漸深濃的天色中，宛如一朵飄浮的雲朵。

七隻海豚加入船的航行，領先游在老舊的船首斜桅下方。牠們是最美麗的生物，輕盈、活潑、敏捷，有時俐落地從水面躍出，再以極度的優雅沉入水裡。我看著速度驚人的牠們在綠色海水中自由穿梭，成為難以忘懷的畫面。水手們說海豚會為我們帶來好運。我希望這種說法是真的，同時想起了阿里翁[2]的傳說。

天色相當陰暗，天空卻繁星閃爍。我唯一認得的星座是大熊星座，在保加利亞時就曾留意過它，此刻方位似乎完全轉變，怪異地呈現尾端倒立之姿。

我的《唐璜》已經進行到他在愛情海遇到船難，繼而在君士坦丁堡被賣作奴隸的那段。再過一、兩個小時，我們便可抵達達夫尼。

一月二十五日，希羅波塔莫斯修道院

我靠著客艙的桌子，不安穩地入睡，有種永遠到不了達夫尼的絕望感。半夜一點，服務員搖醒我，告知我到了，於是我把東西收齊，付完咖啡的錢，沿著船邊小梯爬進登陸小船，船在海浪上上下搖晃。夜色漆黑，氣候寒冷，在燈籠的微弱光線中，划船載我上岸的蓄鬍老漁夫看來更是幾近凍僵。達夫尼是一個小漁村，很像英國德文郡的漁村，有著低矮的石頭建築、厚實的牆壁和通往房子的大型戶外樓梯和台階。我是唯一在這裡下船的人，因此必須叫醒客棧老闆。他把我安排在一個沒有陳設的面海小房間，並在就寢前給我一些麵包、起司和紅酒。一回到房間，我倒頭

2 編註：希臘神話中，詩人阿里翁（Arion）遭海盜丟入海中，幸遭海豚解救，才免除了溺斃之危。

便像根木頭般昏睡。

今天早上我在床上躺了許久。窗外的景色美妙無比，但見一艘艘小漁船向著海洋駛去，幾個漁夫坐在低矮的海堤上抽菸。海面是燦爛的藍，四面的山勢險峻地傾斜而下，約莫四十間屋子聚集在面海的山壁間。朝左望去，海岸不斷延伸，岩石間點綴著修道院，就像老鷹棲息的巢穴；遠處則勉強可見錫索尼亞半島的藍色海岸。

我前往碼頭，來到沐浴在陽光下的小警局，因為昨晚有位警察拿走了我的護照。一名警員記下我的名字，告訴我離開前領回護照即可。通往希羅波塔莫斯的道路，沿著海岸在山腰間攀行。整路面鋪設著石板，面海有排低矮厚實的牆壁，茂盛纖細的樹木綠蔭青蔥，行走其間頗為舒適。整個氛圍有著相當濃厚的異國風采，那些我叫不出名字的樹木，葉子平滑油亮；內陸陡峭的斜坡為樹林覆蓋，道路繞過許多峽谷和水灣；其後，道路轉往內陸，經過一座弧度高挑的拱橋，橋下溪流沿著山邊奔流半哩之遙，有如白羽般流瀉而下。大地乾燥而寂靜，蜥蜴在溫暖的石頭上曬太陽，樹根盤結的軟木橡樹下，庇護著宜人的遮蔭。上山半途中，我在一個石頭圍築的溫泉邊坐下來，俯視帆船駛出達芬尼海灣。此刻，達芬尼已然遠去成為小小的一團。一位牽著兩頭馱著重擔的驢子的修士，與我擦身而過；他留著落腮鬍，頭戴圓錐黑帽，頭髮在帽子下方紮成一束。這兩匹驢子當然是閹割過的，因為到目前為止，聖山只有修士，這裡不只不准許有婦女，包括所有的雌性動物也都盡可能排除在外；幾個世紀以來，這裡不曾有過雌性的馬、綿羊、山羊、貓狗等，一名牧童手持橫笛看守在岩石間覓食的羊群，自然全是公綿羊和公山羊。

再往上走半個小時，以其門前奔騰的洪流命名的希羅波塔莫斯修道院，那高大宏偉、沐浴在陽光下的圍牆赫然在目，只見上方樓層外突，樑柱成行，煙囪高聳，教堂圓頂閃閃發光。

我進入修道院時，一位留著灰鬍子的高䠷修士正和助祭在庭院裡說話，一見到我就走過來和我握手，用希臘文攀談幾句，然後帶我到一間看守人的小屋，堅持讓我把背包放下來；在此同時有一群修士走進來，圍著火堆坐下。他們似乎對我頗感興趣，透過一個阿爾巴尼亞修士和我對談。那名修士會說俄語，並且能將我的保加利亞語翻譯成希臘文。一名修士將裝著土耳其咖啡的黃銅長柄銅鍋放在柴火上，煮好後，倒入一個無把小圓杯中遞給我。

他們取出眼鏡，饒富興味地檢視著主教的介紹信。其後一人拿起我的背包，領我走過鋪有石板的庭院，爬上幾段階梯，來到陽光明媚的廂房，顯然是保留給客人的住處。

一位看起來聰明敏銳、鑲著金牙、黑鬚糾結、有點不太像修士的弟兄，用完美的法文告訴我，我的信已經送去給院長，等一下他會親自過來。不久，院長果真前來，是位白髮白鬚、望之凜然、風度美好的長者。我們坐下來，他非常和藹地詢問一切有關我的事情。一位弟兄端來餐盤，上面有一匙量的水果乾、土耳其咖啡和一杯水果酒，這是東南歐各地公認的歡迎儀式。我們三人相談甚歡，聽到我沿途一路書寫日記，他很感興趣，並取來一本有插畫的書，是他書寫有關阿索斯山的作品。我大感興趣，而令我又驚又喜的是，他竟然當場就把書送給我。我再三由衷道謝，但也只能用希臘文重複說「謝謝」。他在扉頁上寫下幾個字，然後拿出來賓登記簿請我簽名。登記簿裡有幾個英文姓名，寫在我之前的是一位瑞典王儲。

那位會說法文的修士和我坐在深長的窗台邊，眺望愛琴海，我們聊了許久。他告訴我他曾在巴黎學音樂許多年，後來因為貧困而放棄。他是個非常好的人，似乎奉命照顧我。我們一起吃由一位長相奇特的年輕修士送來的晚餐，他蓄著一大絡烏黑鬍鬚，黑色彎眉下有雙悲傷的深色大眼睛與淡橄欖色光滑的皮膚，真是個不尋常之人。我們的餐點很簡單：豆子、炸馬鈴薯、麵包和紅酒，但是味道很好。

那位毛髮奇黑的修士已經將我的行李拿到保留給客人的單人房。房間明亮宜人，刷白的牆壁，舒適的大床上鋪著乾淨床單，還有一張沙發、餐桌和椅子；他方才已經添了些柴火在刷藍的火爐中，桌上點亮的油燈使得房間看起來非常溫馨。因為牆壁厚度的關係，窗戶很深，往下看會看到迴廊裡的一個深井，偶爾會有身著黑袍的修士，袍襬飛揚地走在石板路上。

晚餐後和會說法文的修士坐在火爐邊聊了很久，隨後又坐在燈火下書寫，此刻時間已經很晚。我在阿索斯山的第一天相當精采，這些好客修士的友善與親切，讓我深感驚訝。他們似乎真的很高興有人來訪，也竭盡所能地讓來客有賓至如歸之感。

一月二十六日，庫特羅摩修歐修道院

昨晚看《唐璜》看到很晚，又睡得相當好，所以早上睡到自然醒時已經接近十點。黑鬍子修士很快出現，道過早安後，便將我的咖啡和麵包放在桌上。我刮好鬍子的同時，會說法文的喬爾吉歐斯神父正好過來，我們一邊聊天，一邊抽菸，最後決定當天前往卡里埃，向修道院參事會報備，以申請拜訪各修道院的官方許可函。

午餐後，兩位修士向我道別並祝福我。我自己一人蜿蜒穿梭在孤單的石徑間，兩旁是陰鬱的冬青和金合歡樹，景致很像《聖經》的橄欖山木刻插圖。道路一直攀升而上，經過很多小溪和巨石。隨著地勢逐漸升高，樹木換成了冷杉，枝頭上仍有冰雪的痕跡。太陽在希羅波塔莫斯修道院的屋頂和油彩牆壁上閃爍著，飛躍在下方不遠處層疊的葡萄園和落羽杉上。突然一位騎著騾子的修士趕上了我，將我的背包和大衣掛在他的木製鞍頭上。他還數度下鞍，請我坐他的位子，並對於我的婉拒感到相當抱歉。這些修士的確是無私無我的真實典範。

攀爬了約一小時，我們抵達這細長半島的頂端，兩邊都是藍色的愛琴海。正下方就是小鎮卡里埃，它是神聖半島政府的政治中心。來到石板街上時，令我大感驚訝的是到處都是人，卻不盡然是修士，我不禁對這些人感到好奇。由於女性被排除在外，這些人沒有人是在這裡出生的，也不會有人帶妻子來這裡，然而從各方面看來，他們卻又像是定居於此的居民。他們會到希臘本土去，帶著兒子來這裡嗎？或者只有獨身主義者和厭惡女性的人才會來這裡工作，只因對邪惡的世界感到厭倦？對我而言，這真是個謎。

我爬上晃動的木階找到了警局。一名警官友善地向我問好，不但拿了張椅子請我坐，遞香菸給我，還幫忙填寫表格，送往修道院議會。這裡每個人似乎都深受阿索斯山的親善精神影響，在完全非物質主義的氛圍裡，人性內在的良善有了發揮的機會。時間在這裡是靜止的，整座聖山宛如某個年代久遠的遺跡，男性們生活在昔日和平與友善的愜意氣氛中。

警員帶我沿著鋪石巷道走到議事堂，一名武裝警官讓我們進入。他蓄著濃密的落腮鬍，身穿飄逸的襯衫，下搭黑色天鵝絨褶裙，頭戴飾有流蘇和阿索斯銀色徽章的帽子，白色長襪和絨球鞋看起來非常耀眼。所有的修道院官員都穿著類似的服飾。

我被引領進入議事廳，一位顯然位分很高的長者坐在書桌後。他摘下眼鏡看著我，與我握手，親切地請我坐下。他將我的文件交給一位年輕修士，其中包括一封君士坦丁堡主教字體優美、帥氣的介紹信。我們用法文聊了一下，一位*kavass*（警官）例行性地幫我送來咖啡、葡萄酒和果醬。這個房間很有趣，顯然是間正式的會議廳。三面牆環繞著座椅，每個座位上方都有一個棕色名牌，印著各個修道院名稱，這裡便是聖山修道院團體代表每週開三次會的地點。作為最古老的修道院，大蘿拉修道院的席位在正中間，其他的則按照時間先後謹慎排列。至於第四面牆有座高台，上面擺放著狀甚莊嚴的寶座，以及一支頂端有銀飾的高大黑檀旗桿，是種主席權杖。

長老們開始一個個進來，到房間盡頭的聖像前，在胸口畫三次十字架之後入座（他們畫十字的方式不同於天主教，是從右到左）。每一位長老都任由白色鬍子和頭髮恣意生長，不容修剪。讓人驚訝的是，他們臉上都洋溢著純然清雅高潔的神情，代表生活的單純和快樂。大家環繞而坐，一起聊天，在縱深的座椅、周遭的背景，以及窗外陡降的山坡與大海的襯托下，形成一幅美好的圖畫。

我的朋友大聲朗讀主教的信，當聽到主教在信中以「σπουδαίος」[3]形容我時，眾人都哈哈大笑。院長讀得有聲有色，結尾是響亮的：「Η δέ τού Θεοῦ χάρις, καὶ τὸ ἄπειρον ἔλεος εἴη μετά τῆς ὁσιότητος ὑμῶν.」[4]

文件齊備後，他們和我握手致意並祝福我一路平安。

我先前往當地的小郵局，而隨著天色漸暗，我想起了喬爾吉歐神父建議我到庫特羅摩修歐修道院過夜，沒想到就看到修道院圍牆在山丘下不遠處。

庫特羅摩修歐是比較小的修道院，不像某些修道院那麼富有，但是修士們接待我的態度同樣非常親切。他們領我到一間客房，室內設備豪華，與室外石廊樸素通道的寒冷形成強烈的對比。這裡是一處古蹟，興盛期間，土耳其仍統治馬其頓，君士坦丁堡還是她的文化中心。長窗前懸掛著厚實的窗簾，環繞的牆壁擺放著寬矮的座椅，並鋪上垂地布罩、厚實的椅墊和鮮亮的織錦，呈現出豐富的異國風采。

他們迅速點燃爐火，在長沙發椅上鋪好床鋪，並擺放餐桌，備妥晚餐。不過我幾乎無法入口，因為全是蔬菜，而且浸在油裡；無奈之餘，我只好吃了很多麵包、糖和柳橙。由於不想冒犯這些修士，我把大部分的廚餘包在紙裡，偷偷丟棄。

房間內舒適溫暖，我坐在開放的火爐前書寫。在太陽西下的時刻，獨自坐在逐漸陰暗的房間裡，注視著頭戴黑色圓筒帽和頭巾的修士們前往教堂晚禱，心中不禁襲來一股沮喪的情緒。稍後，耳邊傳來深沉的單旋律聖歌和東正教奇特的輪唱讚美詩，最後一抹日光逐漸隱沒於圓形頂閣

---

3 原編註：這個字結合了「重要」和「博學」的意思。

4 原編註：「願神的恩典和無限的慈悲與你的聖靈同在。」

和教堂的紅白磚牆之後，我突然感到非常憂傷。天色很快陷入全黑，只剩群山昏暗的輪廓。每逢這種時候，我總是會想起英國，倫敦和皮卡迪利街上的汽車喇叭聲，或（睽違已久）珍藏於記憶中柔美的英國田野。

一月二十七日，伊維隆修道院

昨天我很早就離開庫特羅摩修歐修道院，沿著下坡走。小徑蜿蜒，沿著一條湍急的河流，河水撲擊著巨石，激起白色泡沫。半島的這一帶整個覆蓋著長青樹，實在很難相信現在只是一月；在冬青樹和夾竹桃之間，還夾雜著許多橄欖樹、山楊、扁柏和雪松，較高處的斜坡上則幾乎全是樅樹。

繞過轉角，我看到一位有趣的灰髮男子坐在古老的石井邊，身旁有幾個褐色大紙包。他用法文向我問安，遞給我一根香菸，然後開始聊起自己的事。他來自卡瓦拉，已經在聖山住了四年，平日致力於製作聖山的地圖和複製木頭上的聖像，接著展示一些作品給我看，非常不錯。

轉個彎，大海映入眼簾，伊維隆大型修道院的高牆赫然浮現在林木樹梢。那些牆壁高聳入天，隔成類似長方形突出的稜堡，完全無窗，聳然而上，再突然延伸出懸空的陽台；波浪型的屋頂，以及設計粗糙，塗著紅、藍、綠等亮麗色澤的石灰牆，整體給人一種寬度直逼高度的感覺。

陽光普照的石板大庭院裡，幾名修士半睡半醒地坐在長椅上，撫弄著鬍鬚。一位沒什麼鬍鬚的年輕助祭招呼我，領我到接待室，室內牆上掛著許多已經褪色的國王畫像：希臘喬治國王[5]和康斯坦丁國王[6]、彼得大帝[7]、沙皇尼古拉二世[8]、愛德華七世[9]，以及幾位穿著護甲頭盔、上面裝飾俄國雙頭鷹國徽的羅曼諾夫王朝大公[10]。

喝完咖啡並稍事休息後，我被帶往一間充滿陽光和有著刷白牆面的客房，窗前有張鋪著深黃軟墊的窗台椅，窗孔深達三十公分。窗外是樹林覆蓋的山坡，此間稱之為「髑髏地」[11]。下方的

---

5 全名Georgios A'Vasileus ton Ellinon，完整的稱謂是喬治一世（一八四五～一九一三年），出身於德國奧爾登堡—什勒斯維希—霍爾斯坦公爵家族。先因父親是丹麥公主的女婿而被選為丹麥王儲，他則成為丹麥王子，後來希臘國王奧托一世被廢黜，他於次年被選為新的希臘國王，稱為希臘國王喬治一世，是希臘什勒斯維希—霍爾斯坦—宗德堡—格呂克斯堡王朝的第一位君主，並透過與俄羅斯皇室的聯姻，在希臘確立該王朝的統治，是希臘近代史上在位時間最長的君主。

6 全名Konstantinos A'Vasileús ton Ellínon（一八六八～一九二三年），一九一三至一九一七年，以及一九二〇至一九二二年兩度在位。

7 全名Peter Alexeyevich（一六七二～一七二五年），一六八二至一七二五年俄羅斯帝國羅曼諾夫王朝的沙皇，以及一七二一至一七二五年的俄國皇帝。在位期間力行改革，使俄羅斯現代化，因定都聖彼得堡，人稱彼得大帝。

8 全名Nikolai II Aleksandrovich（一八六八～一九一八年），俄羅斯帝國末代沙皇和芬蘭大公。在位時間是一八九四至一九一七年。

9 全名Albert Edward VII（一八四一～一九一〇年），英國國王及印度皇帝。出生當年即被封為威爾斯親王，一直到六十歲登基，是作為威爾斯親王時間最長的國王。

10 House of Romanov是一六一三至一九一七年統治俄羅斯的王朝。

11 Golgotha，也經常音譯為各各他山，是羅馬統治以色列時期耶路撒冷城郊之山。據《新約聖經》的四福音書記載，耶穌基督曾被釘在十字架上，而這十字架就是在各各他山上，後世因而以此山和十字架作為耶穌基督被害受難的標誌。

山楊木之間，是修士們整理井然的果園，以及修剪成劍型、樹葉油亮、掛滿黃澄澄果實的橘子樹。穿越群山與樹梢，其中最高的枝椏可伸展至窗戶下方，並且看得到閃閃發光、框成了三角形的愛琴海。整個景致細節豐富，讓人想到義大利早期藝術家背景豐盈的畫作。

整個下午，我都躺在陽光充足的窗台上閱讀《唐璜》；稍晚聽到木棒的敲擊聲，是一名修士遊走於修道院間，召喚眾人前往小教堂，於是我也跟了過去。

教堂是典型的拜占庭式風格，有著做工繁複的金色祭壇屏幕，滿是壁畫的牆面上，所有人物的頭上都有鍍金光環，在褪色的油彩和灰泥間閃閃發光。燭光在幽暗中伴隨金質和銀質聖像閃爍著，修士們一進入教堂，就拜倒在聖像前，在胸前畫十字並親吻。值此晚禱時刻，我斜倚在雕花座椅椅背上，置身在各個彎起手肘、搭在扶手上那些鬍鬚或黑或白且盡皆披覆頭紗的修士之間。平板的聖歌籠罩著整座教堂，回音隆隆，曲調神祕，間綴著薰香爐的鏗鏘聲，藍色煙霧繚繞於逐漸黯淡的彩色日光中。這裡所有教堂都瀰漫著這種古老焚香、燃油與陳年蜜蠟的氣息。數百盞聖壇銅燈在大家頭頂上方幾乎難以辨識的拱頂間搖晃，另外還有巨型精緻的大燭台。對我來說，這裡很快就會讓人心生一種不可思議的神祕感，外加東正教禮拜儀式的些微邪惡與不安感。

晚禱後，一位老修士帶我去參觀圖書館，裡頭有不計其數的古老拜占庭手抄本，羊皮紙上豐富地呈現著鍍金與多彩的魔鬼、聖人、處女和殉道者的寓言故事，生動無比。還有以黃金裝訂、並以紅寶石和鑽石扣飾的聖詩和《聖經》，乃某個拜占庭君王、封聖的皇后或半傳奇性的總督所餽贈的禮物。同樣華麗無比的還有祭衣，有著鑲滿寶石的金質布料和鑲嵌珍珠的聖帶；此外還有一箱箱蓋子上皆鑲製著紫水晶和綠寶石的聖杯和聖器。

我在房裡和拜倫一同度過傍晚時光。在希臘這麼做，可謂適得其所[12]。約莫晚餐時刻，助祭招呼我去用餐；我們在樓下廚房吃飯。一起進餐的還有兩位說法文的希臘商人、幾名修士，以及一位保加利亞人。我們分享了烹煮得過老的禽肉和許多紅酒，氣氛非常愉悅；那些修士人很好，特別是一位名叫蘇方尼阿的神父。不久後我們唱起歌來。他們的希臘農村曲唱得相當好。

之後轉移陣地到我房間，大夥兒把椅子拉到爐火旁，打開另一罈酒。我們唱歌、抽菸、喝酒、在燈光下環視同伴的臉孔，度過一個非常愉快的夜晚。我暗中思忖，這些臉孔真可謂仁慈敦厚，充滿兩項優秀特質：σωφροσύνη和σπουδαιότης[13]，融合了甜蜜的理性和合宜的嚴肅。

一月二十八日，斯塔夫羅尼基塔修道院

昨天提早吃完午餐後，我便離開伊維隆。小徑緊沿海岸伸展，有時越過高大的岩石，有時踩在海邊的卵石和沙灘上，有時蜿蜒挺入內陸，行走在林樹之間。這裡很像德文郡一連串的峽谷，不同的只是遍布恣意生長的冬青樹，中間偶有隱修士寄居的低矮石屋佇立在山邊突岩上，周遭圍

12 拜倫乃希臘的民族英雄，在《唐璜》第二章追述希臘光輝的歷史時，曾表示「哀其不幸，怒其不爭」。而且一得悉希臘人開始行動，他當即放下尚未寫完的《唐璜》的最後一章，變賣祖傳的莊園，啟程遠征。

13 原編註：智慧與謹慎。

繞著色澤暗沉的扁柏。

這裡的海岸相當荒涼，有著嶙峋的岩石和洞穴，散布著海灣和小島，破浪壯觀無比。我行經一棟蓋在海中岩石上的塔樓，那是一個隱修士的住所；我著實從未見過比這更孤寂的地方。

有時候，樹木繁茂的海灣是葡萄園所形成的劇場，逐層而下，直達半圓形的沙灘。

終於，斯塔夫羅尼基塔修道院進入視線。其外觀粗野，帶有中世紀封建色彩，高踞於突出海面的懸崖頂端，厚實的圍牆高聳而上，稜牆上沒有窗戶，上端則有小型窗口和突出的陽台。圍牆上方可以瞥見造型粗糙、城堞形狀的教堂鐘樓。

一艘帆船擱置在岩石間，還有些捕魚的兄弟將長袍塞在膝蓋處，正忙著收網與停泊。這是襲自歐洲黑暗時期的一幕，顯示時間在這裡已然靜止。

我沿著由鵝卵石鋪成的路徑，輾轉穿過陰暗的拱門，進入一個鋪著石板、高低不平的庭院，由於四面迴廊牆面隆起，令人宛如置身井中。來到門口，一位不修邊幅、而且令我驚訝地，是會說少許法語的修士，領我走上迂迴的石階和石板通道，進入修道院最高處一間牆面刷白的房間；往外俯視，是一片令人暈眩的空曠，滿布觸目心驚的嶙峋岩石，以及遙遙望去顯得緩慢而慵懶的白色泡沫。海岸往北延伸，經過一連串崎嶇的海岬和小灣，可以見到一座位於小型半島上的潘多克拉托羅斯修道院。

我的晚餐是浸在油裡、半生不熟的鹹魚，本來不知道自己該如何下嚥，結果由於太餓，還是勉強吞入腹中。

那位不修邊幅、負責照顧我的修士是個不錯的小子，只不過外貌實在像個土匪。

日落之後，海風圍繞著修道院牆壁發出呼嘯聲，海浪狂暴地拍打著下方岩石，這種感覺很奇妙：有種徹底遺世獨立的感受，日常俗世彷彿成為前生的某些迴響。

燈光調暗後，我在床上躺了許久，聆聽外面的風聲和浪濤聲。

一月二十九日，潘多克拉托羅斯修道院

從斯塔夫羅尼基塔修道院到潘多克拉托羅斯修道院的道路，岩石遍布，荒涼蕭瑟，途中經過長滿金雀花和荊棘的樹叢，濃密之處幾乎難以貫穿。小徑往下，突然出現一條急流，擋住了去路，唯一的前進方式就是一股作氣，靈巧地從一顆顆石頭飛踏而過，毫不停歇地直達底端。

從斯塔夫羅尼基塔修道院出發，不過一個半小時便可抵達潘多克拉托羅斯修道院，而且正如前者，後者亦矗立在岩石陸岬之上，像座堡壘，唯一的通道是一條蜿蜒的石板路，穿過一座座損壞的橋樑和木製的藤架。

一位修士看了我的文件後，帶我上樓來到一間充滿陽光、可俯瞰海洋的迷人客房，並且送來咖啡、葡萄酒和土耳其軟糖，而不是一般的果醬。周遭鄉間景色怡人，因為時候還早，我便到樹木蓊鬱的山谷閒逛，在樹下抽菸，感覺非常愉快。內陸山腰處座落著一處俄羅斯的以利亞先知教區[14]，

14 Russian skete of Prophiti Ilia，是東正教徒與周遭教會和平相處，並與位於莫斯科的主修道院維持緊密聯繫的社區型小教區。

教堂綠色尖形的莫斯科式圓頂，相較於希臘修道院矮胖的拜占庭式穹頂，呈現出截然不同的風貌。

這是一處宜人的山谷，寬闊低淺、遍布卵石的河流裡散置著巨大岩石，橄欖樹和白楊樹的樹蔭遮頂。我在逐漸昏暗中漫步返回時，還嚇到了幾隻繫著鈴鐺的修道院馬匹，惹得牠們驚惶逃竄，叮叮噹噹的鈴聲越過了山坡。

修道院厚實大門前一片不平整的石板空地上，豎立著一座磚瓦覆蓋的庇護所，下方是參差的岩石，距離波濤不過四十五公尺，算是某種停柩入口，裡面放置椅面很深的木頭座椅，面向大海。幾名修士安靜地坐在裡面，有的在撥弄串珠。我加入他們，一起注視藍色愛琴海上落日的紅光、拍擊岩岸的碎浪泡沫、南方斯塔夫羅尼基塔修道院的城垛塔樓、遠處的薩索斯島和伊姆羅茲島，以及更遠處的薩莫色雷斯島。面向陸地，則是馬其頓地勢起伏的海岸山脈。一種奇妙的寧靜籠罩大地，我們不發一語坐在那裡，直到看門者呼喚我們即將落鎖為止。他們總是在日落時分關門，直到黎明才會開啟。

小庭院裡，兩棵柳橙樹高達第二層拱門，修道院庭院四周皆環繞有拱門裝飾的通道，有時拱門還會高達五層。

我在一名 *epitropes*[15] 的房間和其他修士坐了一會兒，啜飲咖啡，並和一位會些許法文的修士聊天。之後我回到房間，房裡的火爐和檯燈都已點燃。晚餐後，我在爐火前和拜倫度過一個愉快的夜晚。我翻閱《恰爾德．哈羅爾德遊記》（*Childe Harold's Pilgrimage*），看到一節詩，正好足以描繪我站在修道院門前凝望日落的感覺，相信他一百年前一定也有過同樣的經歷。

虔敬隱士們祝福滿溢的生活，
如同狀似孤立的阿索斯修道院，
傍晚時分居高臨下，俯首而視，
海波如此湛藍，天空如此安詳，
此時此刻駐足此地的人兒，
會一再流連在這神聖的國度；
然後從那令人癡迷的景色中緩緩抽離，
惋惜的嘆息無法擁有眼前這一切，
繼而痛恨自己幾乎已然遺忘的世界。[16]

一月三十一日，瓦托派季烏修道院

昨天真是糟糕，沒有一件事是順利的。當我收拾行囊，向潘多克拉托羅斯修道院的弟兄道別時，掃興地下起了毛毛雨，大夥兒擔心地叫嚷道：「明天，明天！」但是我愚蠢地沒有放在心上，逕自動身踏上俯瞰著海洋的上坡路段。路面很快便惡化成為一條窄徑，草叢濃密、樹枝突

15 原編註：派翠克・弗莫說明：以修道院院長身分管理修道院的僧侶（類似祭司）。

16 原編註：這一節詩擷自《恰爾德・哈羅爾德遊記》第二章二十七節，乃是出於想像之作。拜倫爵士從來沒有去過阿索斯山。

出，更是令人舉步維艱。

小路隨著一條河道在滿是林木的斜坡往上而行，一小段平路過後，便開始急速下降，速度快到讓人幾乎難以維持平衡，必須抓住樹叢才足以遏止下衝力道。情況越來越糟，最後我只得坐著滑下一段泥濘彎曲的路徑，最後在崩坍於海邊的土石流中停了下來。我掙扎而下，開始在潮水拍擊的岩石間跳躍而行，有時還要手腳並用地在崖壁上攀爬。這時，我意識到自己一定在某處轉錯了彎，但我只能沮喪地繼續前進，希望能找到折返原路的峭壁。結果在岩石間攀爬良久，直到突然轉彎，我才發現此舉完全沒有希望。前面是一大塊往外伸出的巨石，其高無比，周遭海水奔騰，看來勢必非掉頭不可了。就在這時，我看到一塊比較平緩的黑色岩壁，於是嘗試攀爬，但被雨水浸透的岩石卻一再讓我打滑，我兩手死命抓著雜草和樹叢的枝葉。儘管如此，這條路仍行不通，因為隨著岩壁垂直上升，我看不到任何縫隙、裂痕或可以立足之處。返回底端時，我還在一塊潮濕的石頭上滑了一下，結果往下溜滑了大約十八公尺，一路跌跌撞撞，手腕也割傷了，傷口頗深，最後跌落一呎深的海水裡，潮水湧進，我一腿踩在海水中，水深及腰。

我包紮好流血的手腕，四肢無處不痛，我又沿著原路越過岩石，更加悲慘的是不但得再次攀爬崖壁小徑，背袋的皮帶還斷了，整個人像豬一樣揮汗如雨。好不容易我終於找到先前走錯路的地方，重新回到正途，感覺也比較樂觀了；如此快樂地行進約兩、三公里，來到一塊空地，上面滿滿堆放著劈好的木頭。我沿著空地唯一的出路，下坡走了一陣子，想不到小徑越來越陡峭，也越來越崎嶇，有時蔓延的樹枝擋道，延伸幾公尺遠，匍匐的藤蔓雖然只有鞋帶般粗細，卻像電線一樣強韌。往下再走了一段距離後，我感覺不對勁，似乎又走錯路了，因為路上藤蔓密布，想必已經多年未有人跡。

在身心俱疲的情況下，加上天色已經逐漸昏暗，我遂決定返回潘多克拉托羅斯修道院。結果往回走了約九十公尺，竟來到一條死路！我思忖自己一定又轉錯了彎，便轉身試圖在灌木叢中尋找小徑，卻不見任何跡象：下坡，是通往突出懸掛的山崖，底下是灰暗的驚滔駭浪；上坡，是通往無法穿越的樹叢。這時，身體的割傷和瘀青腫脹，內心的疲憊和困惑，全都聚集而來，令我幾乎崩潰。我放下濕透的背包，在小路上下奔跑，尋找出路，但所有希望逐漸瓦解，雨水和昏暗的天色更讓我的內心充滿恐懼的絕望，極度飢餓的感覺也侵襲而來，想想打從在修道院吃過午餐後，我幾乎就沒有再進食。在雨水和昏暗中迷失於茂密叢林，其悽慘實難以想像。我拔出匕首，慶幸刀刃頗為鋒利，開始披荊斬棘，往上坡而行，企圖覓得小徑，但是掙扎了幾公尺後，已然難以穿越，臉上和兩手都傷痕累累，我只得無奈地折回放置背包之處。我還記得在每個可能是出口的樹上砍上一刀，在幽暗中標示出泛白的切口，以避免重複搜尋。結果，這條小徑無論是往右或往左的斜坡，似乎都屬同一片雜樹林。可恨！

此刻，勇氣似乎已全部從我體內抽離。一想到要在那裡過夜，困在雨中，沒有食物，一陣驚恐頓時襲來。在那之前，我還保留著些微的幽默感，告訴自己日後回想起這件事一定會捧腹大笑；這種事只會出現在報刊上，不可能發生在任何人身上。但飢餓和疲憊所導致的恐慌終於掌控住我，我沉坐在背包上，開始呼救，每六秒鐘拖長聲音高呼「哈囉」。呼救聲在山間迴響，然而回應的只有強勁的雨聲和下方的海浪聲。

我放棄了，畢竟一年間都沒有人來過這裡；我呆坐了一陣，了無生機。末了，我使出最後一招，開始簡短而誠摯的禱告，並慚愧自己不配為人，因為只有在真正遇到困難的這種時刻，我才會禱告。但這是上帝的山，我覺得祂多少應該負點責任。

有一處雜樹林我還沒有試探過，因為那裡看來就沒有什麼希望，但現在我決定嘗試一下，包括用刀劈開藤蔓，從若干傾倒的紫杉木下方貼地匍匐爬過去；我大約花了半分鐘就通過了。從另一邊站起身後，我開始往前走，發現不再有樹木、荊棘和我作對，接著我點燃火柴，在黑暗中用手護住劈啪作響的火焰，高高舉起，赫然發現（那種如釋重負的狂喜令人幾乎難以承受）一條小徑在我面前沿著山坡蜿蜒而上。我即刻拿起背包，往上坡跑去，並扯著喉嚨大叫大唱，放縱地宣洩內心的情緒。如果我手邊有手槍，一定會對空行*feu de joie*（鳴槍禮），射光所有子彈。我狂吼著，用匕首猛烈戳刺著草叢和樹木。如果當時有人見到我，一定會以為我是個危險的瘋子。

再次經過堆著木柴的空地，我沿著小路而行，直到下方出現修道院神聖的燈光，在岩石頂端不斷地閃爍。

我直奔而下，卻發現大門已經上鎖，在捶打和呼喊了幾分鐘後，不得不放棄嘗試，因為這些牆壁有好幾公尺厚，而風聲、雨聲和浪潮聲嘈雜無比，這樣做是沒有用的。

然後我發現在山丘下面一點，有些窗戶透出光線，便前去敲門。一位蓄著黑鬍子的矮小樵夫打開門，聽了我的遭遇後即邀我進去，讓我坐在火爐邊的凳子上，拿出一杯葡萄酒和一杯土耳其咖啡，又和他的三位同伴幫我脫掉垂落的綁腿、濕透的靴子和長襪，並在火爐前幫我揉搓雙腳，因為我的腳僵硬冰冷，幾乎無法動彈。濕漉漉的衣物一件件掛了起來，我也慢慢回復了溫暖乾燥，不久後便坐在熾烈燃燒的爐火前，大啖樵夫幫我準備的食物，品茗美好的熱茶。他們真是一群最棒的希臘人！

他們一人坐在一塊木頭旁磨利斧頭，一人抽著菸，那位蓄鬍者則不停沖煮著茶或咖啡，將一柄小型的棕色金屬罐放在發著紅光的炭渣間，炭渣堆高至金屬罐邊緣，然後不住攪拌、加糖、品嚐，就像在大鍋前調製靈藥的巫師。蓄著長鬚的第四位個頭很高，從牆上取下巴拉瑪琴開始彈奏。那是一種魯特琴，有著小而深的碗狀音箱，琴柄很長，鑲有三或四根金屬弦，琴身有時會上色，尾端垂掛著一、兩條流蘇。儘管並非使用琴弓演奏，但是和保加利亞傳統的加都卡琴或古斯爾琴相差不大，只是音箱較深，琴柄也長得多。他所彈奏的曲調帶有東方韻味，音階大約跨越五個音符，曲風憂鬱、單調、持續，但自有其魅力。這是搭配庫切克舞[17]的音樂。

另外兩位樵夫加入這如哀鳴般的奇特吟唱，一起鼓掌拍手，搖頭晃腦，猶如對著滿月狂嘯的狼犬。

我們度過一個歡樂的夜晚，交替飲用著希臘紅酒、土耳其咖啡和甜茶，直到大夥兒都筋疲力盡，在燃燒的爐火前猛眨眼睛。儘管我強烈抗議，那位蓄鬍的樵夫仍堅持把床位讓給我，讓我躺

17　一種滑稽的土耳其肚皮舞。

在襯墊長椅上，幫我蓋上毯子，他自己則窩在火爐邊。煙囪裡，一隻蟋蟀唧唧鳴叫了一夜。

二月一日

今早開齋，我簡單吃了些麵包和茶，穿上溫暖乾燥的裝備，這才發現昨晚下了一夜雪，整個山坡是厚厚一片白皚。一位樵夫已經將我昨晚的不幸遭遇告知修士，並以我臉部和兩手的慘狀為證，所以修士們送來一匹馬，上面還附著木製馬鞍：是一匹溫馴且有耐性的良駒。

蓄鬍的樵夫陪伴我爬上山坡，以確保我走對路。分手時，我誠摯地向他致謝。由於在巴爾幹地區，好客是一項真誠衷心的傳統，因此我知道拿錢給他是一種侮辱，就把他非常喜愛的保加利亞匕首送給他。他十分開心，只是很遺憾這樣我就失去了如此美麗的武器。

在噠噠的馬蹄聲中，石板路一直往內陸延伸，這時我才體會到自己昨天真是偏離正道甚遠，根本就是在進行一場一開始就注定會輸的戰爭。白雪覆蓋了馬蹄，更讓我體認到待在森林過夜的絕望。想到這兒，不禁一陣顫慄。

撥開枝葉前進是件痛苦的事，枝葉因覆蓋積雪而下垂，雪水因而鑽進我的脖子、袖口及任何可能的縫隙中。再往上走，積雪更深，逼得我不得不下鞍，在馬匹旁吃力地緩步行進。這時偏又再度下起雪來，周遭一切均籠罩在漩渦狀的白靄中，以至於我像是過了好幾個世紀才來到一個十字路口，看見兩個男人正在照料一匹馬。我用希臘文和他們交談，但很快便黔驢技窮；改用保加利亞語後，情況才好轉許多，他們告訴我，他們是來自德平爾希薩爾的馬其頓人。我問他們如何前往瓦托派季烏修道院，這才發現自己已經走過頭五公里了；那條埋沒在白雪和灌木叢中的叉路我有看到，卻以為那條路就像我昨天盲目誤闖的小徑，會往下通往海邊。這裡沒有任何路標，除非知道路，否則一定會迷路。

他們表示他們也正要去瓦托派季烏，如果我可以等十分鐘，讓他們去牽另一匹馬，他們馬上就回來。我在雪中繞著圓圈等他們，大約二十分鐘後，我認為這樣不妥，就用手杖在雪地上寫了幾個字：「СТУДЕНО ТУКА. ОТИВАМ ЗА ВАТОПЕД!」（這裡太冷，先去瓦托派季烏！）然後我開始循原路折返，大約半個鐘頭後終於找到那條支徑，然後是不斷的下坡路。雪終於停了，陽光穿透雲層，呈現出寬闊的藍色海灣，海水拍打著岩岸，掀起白浪。繞過彎路，瓦托派季烏修道院的高牆、突出的陽台和眾多圓頂及塔樓，在翠綠的無花果樹和冬青樹的襯托下，昂然在望。山坡上方，還遺留著昔日某修道院的迴廊遺跡。

瓦托派季烏本身是個完整的村莊，鋪著石板的庭院不斷迴響著馬、騾和驢子的蹄聲，從我書寫的窗口，可以聽見漁夫拖拉漁網的喊叫聲，以及樵夫斧頭落下的聲響。處處迴廊圍繞的庭院層層疊疊，眾多的樑柱、拱門、樓梯和外突的樓層，營造出修道院小鎮的景象。

門廊下方懸掛著念珠的房間裡，一位矮小忙碌的灰鬚修士負責審理我的文件，對主教的推薦函以及給亞德里安祭司的私函頗為動容。他先帶我到食堂，端出咖啡、葡萄酒和甜糕，然後招待我一份絕佳的午餐，讓吃到我到阿索斯山以來的第一頓肉食。這裡是最富裕的修道院，而且以竭力款待客人為己任。所有的修道院都可以發現這種精神，只是這裡有更好的資源任其發揮。

我得知那位忙碌的矮小修士是阿爾巴尼亞人，這點引起了我的興趣。對我而言，阿爾巴尼亞是個充滿浪漫之境，尤其在我認識諾普喬男爵[18]其人其事之後。我脫下滿是雪水的濕透配備，頗有個性的廚師幫我掛起來晾乾。矮小的修士告訴我，他已經把我的信件拿給亞德里安祭司，並要我跟他一起過去。

我來到修道院一區，地面鋪滿厚重華貴的地毯，門口掛有華麗的門簾，踏入內室，一位老者端坐在飾有雙頭鷹與拜占庭皇冠標誌的土耳其小型地毯上。他的外型光鮮，蓄著飄逸的長鬚，舉手投足儼然是教會的貴族，而非一般窮酸的教士。我受到溫暖的招呼，他優雅地揮手，指向一張扶手椅：「請坐。」我們行禮如儀地一起享用咖啡、葡萄酒和*mezze*（小菜），對只學了一個星期希臘語的我而言，算是相談甚歡。他問候我們的一些共同友人，對我的浪遊頗感興趣。最後，他將我交託給另一位令人肅然起敬的修士，是這裡的圖書館館長，由他領我到一處塔樓，那裡保存有瓦托派季烏所珍藏的千年文物。

那些手稿是無價之寶，包括古老的修道院地圖和地形圖，出於西元十世紀前的手筆，是某位神祕的女皇或總督所贈；金色和黑色圖文的拜占庭聖詠集，每個首字母都是藝術精品；還有蘇丹們的優美筆跡，以及一只珍貴聖杯，受贈於科穆寧王朝的王室[19]。

在度過愉快的半小時後，往房間走去時，廚師招手要我去他的食堂喝杯茶。那綠色的茶不是茶葉，而是由盛放在篩子裡的莓果泡製而成。有著滿腮濃密鬍子的廚師，頭戴一頂小白帽，眼神閃閃發亮。吸引我注意後，他做了一件我從未見過的事：他蹲在地上，捧起一隻黑色的大公貓，用力撫摸貓背，不斷地跟牠說話，然後他把貓放在地上，舉起雙臂，圍成一個圓圈。那黑貓蹲伏一會兒，接著矯健地躍起約九十公分高，穿過圓圈落回地面。我簡直不敢相信自己的眼睛。他又重複表演了幾遍讓我觀賞，還逗弄那黑貓翻筋斗。我不知道他是如何教會那隻貓，而貓顯然也樂在其中。

整個傍晚我都窩在溫暖的小房間裡寫作，直到晚餐時間，廚師召喚我去食堂。一共有八個人一起用餐，包括四位修士、廚師、一名陌生人、我，和一位見習修士。用餐氣氛愉悅，因為紅酒香醇，大夥兒笑聲不斷。為了娛樂大眾，我使出渾身解數，模仿在清真寺尖塔召喚禱告的呼聲，然後模仿穆斯林的禱告，如淨身儀式、俯地跪拜等。回想起來，我當時一定有些醉意，但是我的演出相當成功。他們用土耳其語鼓掌叫好：「Eyi, eyi! Teshekur ederim! Chok güzel, Bey effendi!」20（就像保加利亞一樣，馬其頓很多人都會說土耳其語，這點不足為奇，正如諾曼人占領英倫數世紀之後，許多英國人都會說法語一樣。尤其是一九一九至一九二二年希土戰爭之後，那些從小亞

18　原編註：Baron Franz Nopcsa（一八七七～一九三三年），匈牙利古生物學家，對早期阿爾巴尼亞的研究非常傑出。一九一二年積極參與脫離土耳其的民族解放運動，一次世界大戰時擔任一支阿爾巴尼亞自衛隊的領導。他的許多科學理論都相當出色而創新。後來因負債累累，而將其化石收藏品賣給倫敦自然歷史博物館。一九三三年和情人一起自殺。

19　Comneni，東羅馬帝國歷史上的一個重要王朝，該王朝是東羅馬帝國在巴西爾二世時代達到極盛之後的一個緩慢衰落階段。有趣的是，該王朝的統治並不是連續的，中間被打斷過一次，統治的時間分別是一〇五七至一〇五九年和一〇八一至一一八五年。

20　原編註：「哎，哎，謝謝你！很棒，先生！」

細亞逃出的難民，更是以土耳其語為母語。舉例來說，在座一位較晚進來的士麥納人便是如此。他有段相當神奇的遭遇，他說他在達達尼爾海峽亞洲這一側的岸上遭到阿塔圖克的軍隊掃射，連忙往海中游去，向停泊在附近的英國和法國船艦求援。他先游到法國人處，大聲拜託他們拉他上船，可是法國人只是用左輪手槍指著他，要他離開；他只好提振起最後一口氣（他描繪得活靈活現），游到一艘英國驅逐艦處，英國船員歡迎他上船，給他食物、威士忌和很多英國菸草，並安排將他安全地遣返歸國。我不知道這其中有多少是真話（他唯一會的英文是一連串髒話），但這是個不錯的故事。他對英國讚譽有加，對我的表演亦不斷嘖嘖稱奇，還高舉一手，捏起手指（這是希臘表示激賞的手勢），口中嚷著：「Θαυμάσια! ὡραία!」[21]

晚餐後，禮拜堂有場簡短的晚禱儀式，參與的群眾包括晚餐桌上的八個人：禮拜堂真的很小，只點著一根尖細的蠟燭，由阿爾巴尼亞修士持在手中，照亮每日祈禱書。我們勉強可以瞥見壁畫上戰士和長者頭頂的光圈、聖像的光澤，以及保護得極其周延的祭壇屏風。儀式很快結束，大夥兒紛紛在胸前畫十字，碰觸地面，親吻聖像問安。我們互道晚安：「Καληνύκτα σας」，接著便各持蠟燭返回自己房間。我在堆得高高的柴火前書寫至深夜。

二月二日

才剛醒來，一位年輕修士就為我送來一份豐盛的早餐，有茶、葡萄酒、麵包、起司和γλυκόν[22]。享用完畢，我起床更衣，整個早上都埋頭寫作，直到午餐時間。用餐時，多了兩位阿爾巴尼亞人，是那位矮小修士基里亞科斯的同胞，看來為人不錯，身材高大，體格良好，神情坦率，有雙頗為熱切的雙眼，上唇蓄著黑色濃鬚。其中一位會說些許法文，兩人在卡里埃共同經營一間酒館。這些阿爾巴尼亞人讓我印象相當深刻，我期望有天能在他們自己的國土上與他們見面。

很快地我就和兩位修士結為好友。以法蓮和查克里都是相當優秀的小伙子：一位個子很高，留著大鬍子，長得很像拉斯普丁[23]；另一位身型較小，皮膚白皙，鬍子稀疏。大約四點時，他們邀我去大教堂做彌撒。陽光照耀著庭院，我們可以看到修士正在鐘樓敲鐘，鐘聲悅耳動聽。

教堂裡一片昏暗，只朦朦朧朧地閃爍著金色聖像、華麗布料、大理石和馬賽克的光澤。祭壇帷幕金光閃閃，頭頂上懸掛無數鍛鑄小燈，有如熱帶爬藤。我所倚坐的靠背長椅距離祭司團不遠。一群莊嚴神聖的人置身陰影之中，頭戴圓筒形帽子，上面罩著輕薄的黑紗，其中亞德里安端坐在最高的位置。助祭以法蓮似乎是儀式中最忙碌的人，他穿著一件金藍兩色的美麗祭袍，聖帶環繞身體兩次，一次繞過右手臂下方，再繞回左肩，垂到地面上。他看起來頗為神氣，金髮蓬亂，搖晃著一個大型黃銅香爐，另一手握著一個銀色教堂模型之類的東西，白色的蕾絲布巾垂掛在前臂。我還不了解這些眾人手持蠟燭來來去去、搖晃的香爐、凱旋式的步入聖壇，以及連續、

21　原編註：「太棒了！帥！」
22　原編註：*Glyco*：傳統的希臘水果蜜餞。
23　全名Grigori Yefimovich Rasputin（一八六九～一九一六年），帝俄時代尼古拉二世時的神祕主義者，深受皇后寵信。因醜聞百出，引起公憤，遭人合謀刺殺。

激動的拜占庭單旋律聖歌等儀式。修士們大部分時候都將兩臂撐在座位扶手上，似乎在打瞌睡。

儀式完成，所有的修士聚集在主要聖像前，逐一親吻後離開教堂，聖像上是一張張鑲在銀框裡的彩繪臉孔。一名修士問我是否想去看看他們的珍藏，然後領著我往祭壇後面走去，展示出最美好的鍍金封面《聖經》、聖餐杯、聖器、聖像，還有裝在銀箱中一位聖者的手指。有位農夫跟隨我們一起參觀；每當展示一樣物品，他便跪在地上，在大理石地面磕頭。最後，兩件最珍貴的寶物呈現在我們眼前：真正的十字架和聖母的腰帶[24]，由約翰．坎塔庫澤努斯（即前文曾經出現過的約翰六世）帝王所贈與，上面點綴著寶石和貴重金屬飾釘。身旁那位農夫不斷親吻膜拜，似乎可以一直這樣沒完沒了，直到地老天荒。

之後，我和以法蓮、查克里兩人在修道院的庭園散步，灌溉良好的宜人果園裡滿是橄欖樹和無花果樹，流連其間，令人心曠神怡。我們欣賞愛情海的日落，然後在薄暮中走回查克里的寢室，圍爐而坐，烹煮土耳其咖啡，直到晚餐時分。

用過晚餐，我們在禮拜堂進行日常簡短晚禱，之後我寫了點東西，在爐火前把睡衣烤暖，上床閱讀拜倫的作品《阿拜多斯的新娘》（*The Bride of Abydos*）和《萊拉的故事》（*Lara*），良久、良久。

二月三日

昨天我在爐火前辛勤工作一整天，只在午餐時稍作休息，還有下午參與禮拜。彌撒後，我和以法蓮、查克里再次前往庭園散步。查克里主持了下午的禮拜儀式。他的聲音動人，一身閃閃發光的祭袍，華貴莊嚴，與那些臉孔蒼白、鬍鬚似雪、手指細長猶如骨架且頻頻打盹的祭司團長老，形成鮮明的對比。

後來我們來到依法蓮的房間，坐在爐火前喝茶，烘烤麵包和小香腸。這一切都極其有趣又饒富溫馨。晚餐時，有兩位來自提比里斯的高加索人，其中一位會說一些德語，因此整晚氣氛熱烈。他們長相神奇，膚色黝黑，黑髮捲曲，帶著一股狂野的神情。

和他們分開並去參與晚禱後，我便回房繼續寫作到深夜。

～

今日，我終於離開了瓦托派季烏。和基里亞科斯神父、依法蓮、查克里兩位弟兄的道別，深深打動了我。瓦托派季烏修道院的鐘聲響在後頭，我們爬上山谷。那兩位高加索人與我同時離開，他們騎著馬，我則將外套和背包掛在他們的馬鞍上，在旁步行。我和會說德語的那位聊天，他再將我的話轉述給另一位，那一位說俄語，我說保加利亞語。一路上沒有見到什麼人，只遇到一位托缽修士請求施捨。在聖山這很常見，只見他的長袍破破爛爛，原本硬挺的圓筒帽業已成了不成形的布丁。

24　此處指的是耶穌受難的十字架，以及聖母升天後留作見證的腰帶。

我們走的路完全不同於之前我從伊維隆到瓦托派季烏修道院，途經斯塔夫羅尼基塔和潘多克拉托羅斯兩修道院的濱海路線；相反地，這條道路深入內陸數公里，登上半島的中央山脊，接近真正的分水嶺。上面的空氣新鮮，朔風野大，行走其間，在石頭上跳躍，感覺非常愉快，所以我毫不羨慕我那兩位高踞在舊扶手椅似的馬鞍座上的高加索朋友。果然，大約走到半途時，一位高加索人便出了事，他的馬絆到一顆鬆動的石頭，結果翻了個筋斗，把馬背上的人摔了出去，那位朋友飽受驚嚇，臉頰被一顆尖銳的石頭割傷。他是兩位朋友當中膚色較黑的，跟我說他之所以不像一般中年男子那麼健朗，是由於他曾在兩個大城市度過一段醉生夢死的歲月。他問我不同國家的女人在房間內的優點，我支吾以對，不予置評。彷彿是為了填補我的沉默不語，他開始叨絮自己年少輕狂時種種極為有趣的軼事，並對那段歲月感到抱歉。「wir Grusinier sind so von Natur!」（「但是我們喬治亞人天生就是這樣！」）當我們遙望著卡里埃的尖塔和圓頂時，他連忙摘下帽子，不斷在胸前畫十字，口中喃喃地禱告。

很快我們便抵達那個禁慾的小都會，行走在狹窄彎曲的街道上，自行找到一間小教堂，那裡剛剛做完彌撒。我的兩位朋友對宗教的虔誠委實令人大感驚奇，只見他們不停地磕頭和親吻聖像。他們請到一位修士帶我們前往祭壇屏風後方，那屏風是一整片雕花門牆，東正教教堂一貫用以隔開聖壇。屏風後方有一座特別的聖母聖像，他們在聖像前禮敬良久。獨自呆立在一旁的我，覺得自己根本是不懷好意的可恨異教徒。不過我又能怎麼辦呢？他們請求服伺的修士施捨一些聖母像前油燈裡的燃油，讓他們帶回家鄉分送給生病的朋友和親戚，所以修士將兩小塊棉花球浸在油裡，然後小心翼翼地包好，塞進他們的錢包裡。

我決定下坡重返伊維隆修道院過夜，再出發前往拉伏拉。我的兩位友人也要去伊維隆，所以我們就一起出發，而這個決定讓他們必須把馬留在卡里埃，和我一起步行。這條路傾斜多岩石，蜿蜒曲折又上上下下，他們一開始便氣喘吁吁、喃喃抱怨、滿身大汗，我知道這趟對他們而言一定不好受；他們的身體狀況不佳，大概就是拜那黑皮膚老兄所說的「醉生夢死」的生活所賜。最後，我們花了雙倍時間，在疲憊不堪、渾身臭汗的狼狽狀態下抵達了伊維隆；而我除了自己的背包外，還幫他們擔負了大部分裝備。不過，他倆都是討喜的人：而和俄國人在一起時，無論什麼事你都會原諒，我也不知道為什麼。

就像晚餐時他們開懷痛飲，喧鬧不休，卻還是很有趣。大夥兒高唱斯拉夫歌曲。此刻，在我寫日記的同一個房間內，他們睡得像死豬般鼾聲震天，正如歌曲所描述的「праведным сном」[25]，俄國人真是神奇。蘇方尼阿神父非常高興再見到我，我們整晚都在談論拜倫。看到拜倫的回憶在希臘受到如此珍視，委實令人感動。他們在學校都要學習有關「λόρδος Βύρων」的事蹟，並驕傲地宣稱他是「μεγαλος φιλέλλην」[26]。

25 原編註：「問心無愧的坦然入睡。」
26 原編註：「拜倫爵士」……「熱愛希臘的人」。

二月四日，卡拉卡拉修道院

儘管昨晚喝多了，我這兩位高加索友人竟然比我早起。當我穿好衣服下去喝咖啡時，發現他們已經和蘇方尼阿神父及其他幾名修士在聊天。他們大聲地跟我打招呼：「啊，早安，麥～可先生！」這是他們會說的幾句英文（這類言語很無聊；他們的用語包括「好的」和「你好嗎」，而後者的發音又不像問句）。我們歡樂進餐，而且是極好的一餐，有通心麵、番茄醬和炸肉餅，以及像白開水一樣供應不絕、每餐必有的希臘紅酒。平心而論，蘇方尼阿神父是那種最好的人，而這裡的其他修士也和我更熟了，大家成為非常要好的朋友。午餐後，其中一名修士馬德斯提斯帶我們到他的寢室，展示他用木頭製成的一艘精巧的帆船，上面有桅桿、船帆、槍砲，應有盡有，甚至有排列在甲板或攀爬於船索的小小船員。那的確是件藝術品，花了他整整一年的時間。他的寢室很小，每樣東西均一塵不染，床墊和羊皮地毯捲收在角落，雕刻桌上放著完成一半的聖母像，木屑整齊地刷成一堆。性情愉悅的他害羞靦腆，專注於工作，是位單純遵從教義的基督徒。這種人在阿索斯山比比皆是，在其他地方卻很罕見。他在這間斗室已生活了十五年。

不久，我離開修道院，順著岩岸南行。這是一個美麗的日子，天空和大海呈現出一片不可思議的藍。利姆諾斯島和薩索斯島的岩峰在太陽下閃閃發光，上頭是阿索斯山龐大的白色山影，遠處是馬其頓山脊。路徑繞著許多荒涼棄置的海灣和峽谷，長青樹繁茂滋長，幾乎延伸到海邊，沿途樹蔭纏繞，日光凌亂地灑落在鋪著石板的階梯小徑上。我遇到一群在陽光下抽菸的漁夫，背後是一片寬闊俯臥的茅屋，他們揚聲告訴我方向，我隨即沿著一條石徑，經過遠在山坡上方的菲洛賽奧斯修道院。

走了一會兒，一座附有城垛的荒廢堡壘突出於海面（這在阿索斯很常見），小路也在此分岔。我沿著上坡，朝內陸方向的卡拉卡拉修道院前行，遠處依稀可見修道院開有狹長窗孔的高牆，以及不規則的粗糙塔樓。一路彎曲而上的途中，我和一個吹著口哨的男孩擦身而過，後面跟著數隻馱負木柴的驢子。這是一條鋪設大型石板的那種常見道路，大約每隔九十公分便有一條狹長的石塊橫跨路面，讓攀爬的人畜有依附之處；此外，在接近修道院的十字交叉藤架下方，兩邊路面即往中間傾斜成溝狀，以便排除雨水和融雪。門房修士睡眼惺忪地眨著眼，坐在門前一張寬面石椅上，後方修道院大門上方飾有聖像，東正教徒在經過大門時都會恭敬地脫下帽子，在胸前畫十字。

他們給了我最好的房間，高踞修道院上方的迴廊，可以俯瞰古老的石板庭院、擁有多座圓頂的教堂，還可越過眾多屋頂，鳥瞰岩石密布、林木扶疏的山坡。放下行李後，我便去山區散步，陽光依舊明媚，待在室內實在是種罪惡。很快我來到一間小修道院，圓頂上方的雙十字架和底下的斜槓皆是典型的莫斯科標誌，所以我知道那是間俄羅斯修道院。

我一進入修道院庭院，馬上受到一位矮小俄羅斯修士的殷勤招呼，並以俄語告訴我，我正好趕上喝杯茶（由於俄語和保加利亞語很接近，我大致都能聽懂）。他是個有趣的人，駝背，身材非常矮小，僧袍棄置一旁，從他的斧頭可以看出，顯然他剛剛正在劈柴；只見他的長褲塞在厚重的長靴裡，身穿俄羅斯式緊身背心，左開襟，鈕扣一路扣至左耳下方，腰間繫著繩帶，下側像裙子般開展。他的高帽塌陷，雙眼晶亮，滿腮棕色亂鬚，猶如格林童話木刻插畫裡的地精。他將一根木柴橫倒放下權充座位，還很快為我拿來一杯茶和若干麵包，然後聊起自己的身世。他是在一九〇四年，亦即亞瑟港[27]會戰[28]的同一年來到這間小修道院的；對他而言，外在世界應該還是鯨骨襯裙、高領和圓頂禮帽的世界吧！另一位高大的白髮修士加入我們，話題轉向史達林[29]。這位新來者以柔和的聲音低聲評論一句：「Сталин дьявол сатана!」[30]俄羅斯人總讓我覺得神祕，但是我喜歡和他們作伴；他們總是這麼具有紳士風範，即使農夫也不例外，而且思維如此奇特，如此有幽默感！

我幾乎是跑著趕回卡拉卡拉修道院，因為太陽開始西沉，得趕在大門上鎖前回去。我在他們關門之際正好趕到，令我回想起在學校追趕上課鐘的日子。

晚餐時，院長過來看我。他是一個性情愉悅的老人家，我們辛苦地展開對話，因為他一句英語也不會，而我的希臘語只有三個禮拜程度。之後，一位曾在美國待過的希臘籍僕役過來，自薦可以帶我參觀聖山，並且「像兄弟一般保護我」。他的舉止狡黠，油腔滑調，一聽我說我跟他一樣是個窮人，他的「兄弟之情」頓時開始變得冷淡，不久後更是不見人影。

爐火幾乎熄滅。海風圍繞著修道院呼嘯，我甚至聽得見森林裡的樹木不斷嘎吱呻吟。

二月五日，大拉伏拉修道院

今早起床前，院長便已出現在我的寢室，並吩咐讓我享用一頓豐盛早餐。等我穿著妥當，院長更直接將我介紹給圖書館員，讓他帶我登上石梯來到圖書館，展示該院所珍藏的美好福音手抄本。其中一本每個起首字母都是一小幅畫，以蛇身纏繞而成。他還展開一幅繪有聖餐禮儀的羊皮卷軸，長達數碼，皆是出於同一位修士之手。

在我把東西都收進背包後，便要求去向院長道別。一名修士領著我到聖堂參事會房間，只見院長端坐寶座，周圍全是司祭，每個人都莊嚴地輕撫著鬍鬚。院長祝我旅途愉快，期待很快能再見到我；其他人也跟著祝我好運，讓我覺得有點尷尬。

從卡拉卡拉到大拉伕拉修道院，是半島上最長的旅程之一。其間怪石嶙峋，沒有任何修道院，頭頂上方則是大雪覆蓋的阿索斯山，在陽光照耀下一直閃閃發光。道路在峭壁與海岬間上上下下，一再沉入海灣、溝壑、枝葉茂密的山谷，以及山澗沖刷而下的陰暗峽谷，有些峽谷幽深狹窄，令人懷疑陽光是否曾經照耀過那裡。我整天在大太陽下行走，一路只和兩個人擦身而過，一位是樵夫和他滿載的驢子，另一位是騎著匹小馬、正要前往伊維隆修道院的修士。我向他們詢問

27 Port Arthur，即今之旅順港，亞瑟港是俄國占領期間的俄名。

28 原編註：亞瑟港會戰（一九〇四年），中國史上的旅順會戰，被視為日俄戰爭的開端。當時日本軍艦對停泊於滿州旅順港的俄羅斯太平洋艦隊展開攻擊。

29 全名 Joseph Vissarionovich Stalin（一八七八～一九五三年），蘇聯前最高領導人，執政近三十年，對二十世紀蘇聯和世界影響深遠。

30 原編註：「史達林是最邪惡的魔鬼！」

時間，得到的答案卻讓人難以理解，因為聖山仍然採用在其他地方早已廢棄的古老拜占庭時間。修士告訴我九點，而當時已是下午，顯然，太陽算是在十二點下山。不過無妨，幾天後我便習慣了這種算法。

我在路上巧遇一匹裝有馬鞍的馬，獨自默默嚼食著低矮灌木的樹葉；那馬兒一看見我便往小徑快步奔馳而去，還不停回頭瞅我。我四處張望，不見半個人影，也不知道為什麼那匹馬會在那裡。只不過在接下來幾公里路中，儘管我努力想要讓牠停下腳步走回來，但牠就是跑在我前面幾呎之處；而當我試圖去抓住牠的轡頭時，牠又會緊張地往前奔去。最後，我比牠聰明地在一條下坡彎路抄捷徑，一直以為我在後面的牠，一抬頭，赫然見到我在前方，便趕緊調頭往來路竄去，後腿蹬了一下，速度有增無減。

拜半島上禁止宰殺野生動物所賜，鳥兒得以在山上自由飛翔，發出清脆悅耳的鳥鳴。我看見頂頭有隻鷲鷹正在朦朧陽光中翱翔，還有一隻大老鷹展開雙翅，繞著阿索斯山山頂盤旋。幾艘漁船撐起白帆，在閃爍的海浪間追逐，逐漸遠去。

小徑彷彿沒有盡頭，路況也逐漸惡化，成為血紅色土質石塊，外覆鮮綠色青苔，籠罩在杜鵑和冬青平滑樹葉的濃蔭下。接近日落時分，大拉伕拉修道院的灰牆終於在樹梢出現，只見它座落在奇岩異石、浪花圍繞的海灣上。它是阿索斯山最古老、也是最主要的修道院，走近一看，那斑駁而神聖的牆壁、歪斜的磚瓦和剝落的壁畫，儼然正訴說著基督教的啟蒙：一處棲息在白色峭壁和狂暴海洋之間的聖地，恍如老鷹的巢穴。

一位神父迎出來，熱心地取走我的背包和外套，不一會兒，我便坐在寢室的爐火前了。我繞著庭院散步，修士們也趁日落前出來透透氣。他們將頭髮盤梳在圓盤高帽下，雙手藏在飄垂的袖中，經過我旁邊時，會嚴肅地向我點頭問安。由於座落於杳無人煙的半島頂端，外加唯一的通道是最崎嶇難行的山徑，大拉伏拉修道院有股全然的荒僻感，比起其他建築物，更是洋溢著一種古老的倖存氛圍。

晚餐由一位年輕的弟兄送過來，他說由於下雪，這裡的路很難走，還有遭到狼襲的危險：他一連說了好幾次「λύκοι」（狼），還兩眼圓瞪，露出牙床，雙手做出撲襲的動作；當我表示理解時，他顯得相當開心。他費盡心思，就為了要讓我住得舒適，離開前又在火爐裡堆放了許多木柴，還問我是否需要什麼。每次見到修士對訪客的關切，總是令我非常感動。

我的希臘語逐漸流利，這是額外的喜悅。今天已經寫了很多，經過一番長途跋涉後，我幾乎睜不開眼睛，所以要上床睡覺了。

二月六日，大拉伏拉修道院

今早起得很晚。詢問院方可否參觀圖書館，他們要我等個幾小時，因為圖書館員去卡里埃幾天，預計今天早上會回來。這是舒爽的一天。一位修士告訴我，附近有一個羅馬尼亞修道院或是修道院社區，距離大拉伏拉只有四十五分鐘路程，於是我徒步穿過樹木茂盛的山腰，很快就抵達了那個修道院。一位門房以希臘語「Καλημέρα σας κύριε」（「早安，先生」）向我打招呼。當我用「Bună dimineața, Domnule」（「早安，先生」）回應他時，他頗感意外，也很高興，並馬上切換為羅馬尼亞語，叨絮地和我聊了起來。他帶我上樓，介紹幾位教友給我認識。他們對我能說點羅馬尼亞語感到很興奮，並鉅細靡遺地詢問我在羅馬尼亞浪遊的情形。其中兩位來自外西凡尼亞我熟悉的地區，也就是巴納特區，還有一位來自特梅斯瓦[31]，另一位來自德羅貝塔—塞維林堡，他們都向我打聽羅馬尼亞的情況。在戰前離開的他們，已經許多年沒有返國，只記得摩爾達維亞和瓦拉幾亞兩公國新近合併為羅馬尼亞王國。他們如果得知今日羅馬尼亞領土的急遽擴張，包括外西凡尼亞的巴納特區、布科維納、比薩拉比亞和多布羅加，一定會大感驚訝。這些羅馬尼亞人極為友善好客，具有伶俐的羅馬尼亞臉孔和敏銳的眼神，與我前幾天見到的俄羅斯人大不相同，可謂極具魅力。

我向他們打聽一位來自盧哥日的年輕修士，那是我在奧爾紹瓦附近認識的雜貨商兒子跟我提過的一位朋友，但似乎沒有人聽說過他。能再度使用羅馬尼亞語交談很有趣。我喜歡羅馬尼亞語，也希望對這語言有更深的了解，雖然我很快便會窮於應付，但是還能勉強撐上一陣。

我幾乎是一路跑回大拉伕拉修道院的，因為是下坡，而且跳著岩石前進極其有趣，非常刺激。抵達時已經很晚，正好趕上晚禱，於是決定放棄今天要離開大拉伕拉的意圖。他們的歌聲優美，演唱者雙肘撐在扶手上，在座位間有節奏地搖晃著身體，拍子掌握得恰到好處。怎麼能夠唱得如此精準，委實神奇，因為其旋律出奇繁雜而不規則，如果不是有時會整齊劃一的齊聲合唱，大家會以為他們在即興創作。他們祈禱書上的標記非常奇特，看起來很像阿拉伯文，彎彎曲曲地標示在經文上，完全不像其他任何樂譜。曲調不斷回到深沉單一的主旋律，或升或降，精巧繁複，展現神奇的半音階，以及無伴奏的純淨人聲。這種祈禱曲在儀式剛開始時，會營造出有效而不安的氛圍。這時，我對儀式已經逐漸熟悉，知道何時大型燭台會從隱匿處降下以點燃或熄滅，何時主持儀式的神父會用香薰染會眾，何時修士們會離開座位，開始冗長的俯身禮拜、親吻聖像、在胸前重複畫十字，直到步出教堂。

大拉伏拉的圖書館正如同修道院本身，是聖山裡規模最大、最古老的一座。它單獨位於一棟小型建築中，裡面充滿有趣的手抄本，其中一本和「西奈抄本」[32]同樣撰寫於四世紀，是阿索斯山主要的珍藏。圖書館還收藏有不計其數的金質和織錦祭袍；滿滿數箱的總主教權杖，上端裝飾有十字架和兩隻纏繞的蛇；成排的修道院院長法冠，鑲嵌寶石，金光閃閃，形狀類似皇冠，或《聖經》插畫中的大祭司帽。展示這些寶物給我的修士是個頗有趣的人，有雙明亮閃爍的眼睛，會說幾句英語。在展示一幅手抄本圖畫的同時，驕傲地拿張名片給我看，那是英倫植物園「邱園」園長亞瑟．希爾爵士的名片。

保羅弟兄陪伴我們四處參觀，結束時還邀請我喝茶。他出生於特拉比松，曾經是位醫生，在

---

31 原編註：今日之蒂米什瓦拉（Timi oara）。

32 Codex Sinaiticus，一系列以通用希臘語寫作的《聖經》抄本，於四世紀以安色爾字體寫成，是現今年代最早的《新約聖經》抄本，在《新約》研究中有重要的地位。

阿塔圖克掌權時逃離土耳其。他強烈抨擊青年土耳其黨[33]及其對亞美尼亞人的所作所為，對希臘人也不假辭色。他文質彬彬，非常具有東方氣質，有著橄欖色的皮膚、鷹勾鼻和柔和的雙眼，長鬚有如絲綢，背駝得很厲害。不過，他似乎從世事中抽離，全神貫注於日記的龐然鉅作，每天寫三十到四十頁，已經連續寫了五年。他指著那一排又一排、整齊一致的書冊，業經仔細編號與編目，頁數高達五位數。他告訴我，他會把這些日記留給修道院，裡面雖是他個人生命的微小紀錄，卻也是一個時代的回顧。他最堅定的理想便是所有的基督徒同屬於單一教會，而作品中很大一部分就是奉獻於他的理想。他的聲音極其輕柔，彷彿遺忘了我的存在，自言自語地優遊於他的紙頁之中。他的牆壁上掛滿古老聖像和手抄經文的複製品與修道院的印刷品，線條細膩準確。令我相當驚異的是，在我離開時，他竟送給我一長串的玻璃念珠。我將永遠記得那個棲身在一間俯瞰愛琴海岩岸、奇特而凌亂房間中的修士。

整個傍晚我坐在修道院大門外的小遮棚裡，觀賞夕陽墜落於海浪之上的美景，呼吸山間和大海的氣息。那位負責照料我的年輕修士為我端來一盤帽貝作為晚餐，讓我大感驚喜，顯然這是他們的日常食材。帽貝的滋味不似人間日常食品，因為修士就站在我身旁聊天，為顧及他的顏面，我只好困難地吞嚥著。他是個非常和善體貼的人，我不想冒犯他。接下來整個晚上，我都在爐火前與拜倫一起度過，然後是就寢時間。我的房門外即是走廊，可以俯瞰庭院、禮拜堂，以及延伸的迴廊、圍牆和露台，其間散落著紫杉與扁柏。我到處逛了一下，抽了根菸，才去睡覺。

二月七日

早上我是被一位朋友叫醒的，亦即我在伊維隆一起豪飲的友人之一。他為人風趣、憤世嫉俗、說著一口流利的法語：他問我從上次分手後去了哪些地方，一得知我當天要出發前往聖保羅修道院，便邀請我和他一起搭船前往，因為他正好要去達夫尼港。他是個有趣的小伙子，我倆在一起時經常笑聲不斷。整裝完畢後，我們便一起出發朝下坡走去，前往他位於海盜瞭望台旁的住處。他的小屋座落在一個小海港的岩岸間，在熾燃的爐火、扶手椅和一台留聲機的相伴下，我們享用了一頓舒適而文明的午餐；豐盛的餐點全由一位替他打理一切的僕人所準備。僕人名叫維塔斯，本身從事某種雜貨買賣，為各修道院供應小麥和其他補給品。

我們搭乘的船是艘小型木船，由鬍鬚滿腮的船長掌帆。小船一旦駛出海灣，便像一片樹葉般在推動水車的激流中顛簸著。

沿途景色令人驚豔，大片荒涼的奇岩怪石，潮浪衝擊其間激起白色浪沫。這些嶙峋險峻、紅灰相間的懸崖，比半島上其他地方都還要陡峭。當我們繞過海岬，最令人驚奇的隱士寄寓畫面映

---

33 原編註：青年土耳其黨（Young Turks）是由一群激進的愛國陸軍軍官所組成的軍人集團，一九〇八年取得土耳其政權後，積極制定現代化政策。他們隨同德國加入第一次世界大戰，是惡名昭彰的亞美尼亞種族大屠殺的罪魁禍首。該黨領袖於一九一八年流亡海外。

入眼簾，一個個座落在危險的岩石突出處，望之如同鳥巢。這是我所見過最荒涼、最遙遠，也最令人憂傷的住處，我不了解為什麼有人會選擇在這種地方度過一生。這些地方甚至沒有路徑可以抵達，唯有固定在崖壁上，類似梯子的橫木和椿釘足供來往；食物則大約是一週左右，放在籃子裡利用繩索運送。只見一間比一間更為神奇的小屋棲息岩端，有些高踞山峰，俯視著陡峭猙獰的深淵峽谷。

繞著海岬進入錫索尼亞灣時，我決定前往迪歐尼修、而非艾吉歐帕夫羅修道院過夜。小船駛近，航向內陸，我在船即將駛離時跳上了小碼頭。通往迪奧尼修的小徑位於修道院後方，路程蜿蜒約幾分鐘；因為該修道院是蓋在凸出峭壁的堡壘式建築，龐然的牆壁無窗，上方則設有黑暗時期往外突出的城垛和城齒凹凸的塔樓。

穿過一個隧道式拱道後的我，進入庭院，隨即錯愕地發現巨大的鐵門居然已經上鎖。我從矮牆上方望去，見到小船繞過海岬，已然遠去，只得開始敲打大門兼大聲叫喊，直到一位戴著黑色罩巾、蓄著鬍鬚的身影出現在窗戶隙縫，然後隱身退去。或許需要與院長商討的關係，許久之後，一道光線才從門底下的縫隙透出，經過一陣令人難以置信的門閂噹啷撞擊和移動聲後，一個小小長方型木門終於往後拉開，一名提著燈籠的修士注視著我。那道木門縫恰恰夠我穿身而入，接著所有門閂、門鎖再度關閉；修士晃動的燈在牆上投射出神奇的陰影，我踏上層層階梯，進入一間燈火明亮的房間，幾名修士端坐於此。

他們親切地歡迎我，請我坐下，享用咖啡、水果蜜餞和葡萄酒。之後，他們告訴我，因為我是外國人的關係，他們才會破例在日落後開啟大門。我遞上介紹信，他們隨即交給在座一位會說羅馬尼亞語的修士；那位修士天性樂觀，鬍鬚濃密，長相有如塔克修士[34]，硬是有本事讓整桌子人不斷發出宏亮的笑聲。他確定每件事情都打點妥當，晚餐後又小聊片刻，便告辭離去，讓我去忙自己的。從我的窗戶可以俯瞰月光閃爍的愛情海，新月微弱纖細，包圍在焦躁不安的群星間。

二月八日，西蒙岩修道院

從迪歐尼修修道院出來所走的路，像雲霄飛車似地上上下下，越過無遮蔽的岩石路岬，在往下到綠葉遮蔭的峽谷，是我在聖山所見最崎嶇不平和陡峭的路。這段海岸面對午後太陽，仙人掌和仙人掌果為它平添了熱帶的氛圍。

我遇到一群人圍著小火堆蹲坐在岩石上，在正午的太陽下猶如蜥蜴般發亮。互相問候之後，他們挪了個空間給我。實在是相當怪異的一群人，其中兩位比較年長而安靜，顴骨下方長出又直又硬的黑鬍子；另外兩位年輕人較為健談，炫耀著他們的襤褸衣物，告訴我他們是共產主義者，並說希臘所有的窮人都是。其中一位用輕鬆低沉的嗓音毫不費力地唱了幾首希臘歌曲，悅耳動聽。很好的一群人，但他們的貧窮卻讓人沮喪。一會兒，我碰見一位來自斯特魯米察的馬其頓人，他似乎不太確定自己到底是希臘人還是保加利亞人。他的保加利亞語帶有濃厚的馬其頓腔，

34 Friar Tuck，羅賓漢故事中的虛構人物。

這是我第一次注意到這件事。這位蓄鬍的憂鬱年輕人，每走一步路都發出氣喘吁吁的呼嚕聲，完全不像我在里拉、羅多彼或是巴爾幹山脈所遇見的那些保加利亞強壯的爬山者，以致一下子就遠遠落在我後面了。

下坡時，我可以一眼越過屋頂看到聖格里戈里修道院的庭院，得見那些因透視法而縮小的修士們，來來回回地走動著；我和其中幾位聊了一下，他們給了我一杯茶，並且對於我那天還要繼續前行感到訝異。讓我相當尷尬的是，有一位修士固執地握住我的手，並且溫柔地按壓。我不想沒禮貌似地把他的手甩開，但為了讓自己脫身，只好假裝在圓石路上滑倒，一站好就趕緊把雙手深深插入口袋裡。雖然在一個永遠禁慾的社區裡，這種情況實屬必然，但這卻是我第一次、也是最淺微的意識到在阿索斯山，這異常行為確實存在。

看到西蒙岩修道院的第一個感覺就是壯觀。它像是直接從底下的山頂長出來似的，高聳地盤踞在山上，磚塊和岩石如美人魚與她的尾巴一樣交融，讓人完全看不出分界處；望之完全不像真實存在的它，以莊嚴揮灑之姿從岩石聳立向上，直入讓人暈眩的高度，而那一排排圍繞著修道院上層的陽台，由從牆上彷彿樹枝般插出來的斜角柱支撐，建立在粗糙的堡壘和直落而下的空白牆壁之上。羅勃·拜倫[35]曾拿它和拉薩的布達拉宮做對照，還真是對極了。

這條遠路爬來令人疲累不堪，陡峭的小徑遍布碎石，不斷曲折繞著山坡上去，直到抵達銜接厚實的低拱道之處，路才開展進入不平整的石板庭院。因為我到的時候晚禱還沒結束，所以即便汗流浹背、筋疲力竭，晚禱又只剩最後幾分鐘，我還是進去了。許多弟兄看起來都十分貧窮，身軀因年歲而彎曲如弓，道袍破舊不堪，黑色圓頂帽更是塌陷到完全看不出原來硬挺的模樣。

天色隨著日落漸漸暗淡下去，我站在木頭陽台凝視大海，天空、海洋、海角的錫索尼亞和卡珊德拉半島，逐漸消失融入柔和的藍色水彩顏料裡。這種帶有憂鬱感的阿索斯山傍晚，是由難以想像的寧靜和安詳所形成的。

往下俯瞰，會讓人嚇到心臟彷彿就要奪腔而出。從這裡直下到尖銳巉岩與大圓石，長達數百呎；底下的樹也是一樣遠，一條因為在岩石間沖刷形成白浪的溪流，或許是距離拖延了視覺之故，看起來移動緩慢。我很可能從另一個地域往下看過它，一邊想到了羅塞蒂有關「蒼穹的洪水像一座橋樑……在那邊，地球像隻煩躁的蚊子在轉動」的詩——就是那種感覺。

猶記得一年前的白日時分，我正站在囚禁理查一世[36]的杜倫施坦地牢遺跡，看著瓦豪起伏的群山，遠遠的下方多瑙河的藍色水流，以及在遠處堪可辨識的格特韋格修道院尖塔。那彷彿是很

---

35 Robert Byron（一九〇五～一九四一年），堪稱奇特的英國旅遊作家，也是藝術評論家和歷史學家。著有《車站》（*The Station*）和《前進阿姆河之鄉》（*The Road to Oxiana*），二次世界大戰時死於海上。

36 全稱謂 Richard Coeur de Lio（一一五七～一一九九年），中世紀英格蘭王國的國王，因勇猛善戰而有「獅心王」稱號。理查一世身為天主教教徒，曾加入教廷發起的十字軍聖戰，為第三次十字軍遠征的將領，於阿蘇夫會戰中擊敗穆斯林軍隊。文中所指的牢獄生涯，乃是在此戰役末期，理查因內亂發生而急於回國，但歸途危機四伏，一一九二年秋，他假扮成商人以利回國，卻在維也納附近被識破，成為利奧波德五世的俘虜，囚禁在杜倫施坦。次年初，利奧波德五世把他解送給神聖羅馬帝國皇帝亨利六世。亨利六世又將理查囚禁了近兩年，直到一一九四年理查宣誓稱臣並承認繳納十五萬馬克的巨額贖金之後，才予以釋放。

久以前的事情了。

屈服於一股突如其來孩子氣衝動的我，從背包裡拿出一張紙，折成一支鏢，丟出陽台，它很快地便以螺旋狀墜落，插入樹頂。但第二支就先是緩慢飄浮，然後開始以繞大圓圈的方式緩降，在微風中輕輕顫抖，有時像是停留在半空中。看著它在空無中從容不迫地下降、下降、再下降，直到最後隨著距離的拉長而變小，終至消失在樹葉之中，感覺十分美妙。

因為修士們都很早就寢，現在整個修道院處於沉睡的寂靜當中。在距離黎明還早時，鎚子敲打著櫟木，取代鐘聲把他們從床上叫醒，在教堂裡顫抖地站立一至兩個小時，而那時的我還熟睡著。有時在半睡半醒之間，我會聽到信號聲，覺察到接近的動靜，然而隔天醒來，卻又無從確定那些是否只是夢境。

二月十日，聖潘代萊蒙修道院

我睡到很晚，在稀有且奇妙的半清醒狀態，沐浴在日光下躺了很久。

越過峭壁的蜿蜒路徑走起來相當愉悅，橄欖樹為此路遮蔭，而在橄欖樹之間，偶有聽從牧羊人笛聲的成群羊隻在啃食青草。一個小時後，達夫尼港的屋頂出現在下方；往更遠處看，則是隨著距離一個比一個小的希羅波塔莫斯修道院和聖潘代萊蒙修道院。

陽光下，死寂的小村莊達夫尼好像沉沉睡著，唯有在浪潮拍打卵石時才會打破這一片寧靜。在為數不多的人口裡，僅見的幾位都壓低帽緣熟睡著。我找到前往維塔斯住處的路。那是一間刷白的房間，有著兩扇面向大海的窗子，和大拉伏拉修道院一樣；沒穿上衣的維塔斯正邊抽菸、邊看一份專寫諷刺文的希臘周刊。看到我，他似乎很開心。我躺在空床鋪上，整個下午兩人就這樣聊聊天、看看報，快到傍晚時，我們走到小碼頭去看夕陽，然後去小酒館，卻在那裡碰上警長和海關官員——*la fleur de la société de Daphni*（達夫尼公司的花），是維塔斯嘲諷的形容——佐以一杯又一杯的葡萄酒，還有起司和橄欖。我們都很開心，尤其是維塔斯和我。等維塔斯的僕人來通告晚餐已經準備好時，我倆已經微醺。與維塔斯和達夫尼港一位優秀的年輕人共進晚餐，讓人十分開懷。晚餐時笑聲不斷，雖然暢飲了某種讓我想起托考伊當地葡萄酒的馬其頓酒，但我都沒有失態。最後，我們還一起唱起歌來。

維塔斯和我聊了很多，一直聊到深夜：他真的是個很愛挖苦的人，什麼事情都要譏諷一番。他說宗教在阿索斯山是一齣滑稽劇：「elle n'a aucun rapport avec le Bon Dieu!」[37]我完全不能認同。一聽到我早上要出發去聖潘代萊蒙修道院，就對我說起相較於在俄羅斯帝國時期的富裕，這修道院現在可說是一窮二白——當時夜夜笙歌，有香檳和魚子醬，他說——而對此我有相當大的保留。他提及貝索爾神父，高加索統治者的兒子；這人的事我是聽到了不少，他說這樣一個人竟然會成為修士，讓他驚訝不已。他告訴我，貝索爾神父會說流利的英語、希臘語、德語和法語，還有他非常聰明。「Mais,」（但是）他下了結論：「il devient mystique, ce type-là, et quand un Russe

37 原編註：「那與美好的上帝毫無關係。」

est ainsi, je vous assure, c'est trop pour moi!」[38]

我們睡到很晚才起床。然後維塔斯、我和他的同伴一起在小酒館後面，棕色枯葉格子棚架下的開放空間享用午餐。之後，我們把椅子擺到碼頭低矮寬闊的防波堤旁，那裡和幾位村莊友人邊喝土耳其咖啡、邊抽菸聊天，然而常常會陷入一陣沉默，除了海浪之外的唯一聲音，是某個正在他的指間撥弄著*komboloi*希臘琥珀念珠所發出的喀喀聲。

在只有二十或二十五個居民可供選擇，且大部分看起來不是怪怪的、就是傻瓜或笨蛋，大家每天所見都是熟面孔、講相同的話，還屢屢被同樣的事物干擾的情況下，我的印象是達夫尼港的居民都無聊到快絕種了。作為一個聰明的傢伙，我實在不知道維塔斯是如何年復一年和這樣的同伴相處。

我的路徑一度是循著我在阿索斯山第一天時所走的那段路，就是半路會朝希羅波塔莫斯延伸出去的那條。路從那裡開始，隨著每一個步伐，路變得更荒涼和憂鬱。穿過林間的風聲以及岩石間的溪流，似乎都在哀傷地低語著，空氣中盡是腳底踩碎的長青樹樹葉所散發出來的馨香味，根本就是我常用來想像橄欖山和客西馬尼園[39]的景象。風中傳來聖潘代萊蒙修道院叮叮噹噹的鐘聲，我一下子就越過樹端，看到海邊那蔓延開來的牆、綠色的莫斯科式圓頂和閃亮的俄羅斯十字架。

我很快就見到大多長得高䠷的修士們，而且不像其他修道院的修士，他們穿的是藍色的僧袍，戴著黑色帽子、蓬亂頭髮底下的斯拉夫民族臉孔白皙，顯露出他們的天真和單純。許多修士有著微微斜視的眼睛和高高的顴骨，容易讓人誤把他們與西伯利亞聯想在一起；有些人的鬍子跟那些馬其頓人一樣蓬亂。他們點頭鞠躬招呼我，有個人引導我到 *arhondaris*（賓客總管）那裡，所有的陌生人都由他照料。他的長相結合了率直、哀傷和溫和幽默。他帶我到刷白的房間，並且送來上面浮著檸檬片的俄羅斯茶。

喝完茶，他帶我穿過庭院去見那位我已聽聞許久的貝索爾神父。在爬上一段又一段的木頭階梯之後，我們終於來到他的房門外。由於修道院的漆黑與日光變暗的關係，讓人起先幾乎看不見貝索爾神父；但是當他溫和地用英文歡迎我時，我的心馬上因喜悅而狂跳起來。在聽過那些認為要將流亡者從美國遣送回去的愚蠢雜音之後，這真是個慰藉。他超凡的溫柔聲音所說的字字句句皆是樂音。

我們到海邊散步。維塔斯形容他是位神祕主義者時，我不太明白，可是如今透過修士的鬍鬚，仍可看見那蒼白的大額頭、鼻樑高挺的優美鼻形，以及彷如雕像般敏感的容貌，確實充滿憂傷與神祕；而他真正讓人驚訝的是他的年輕朝氣，彷彿是我的出現將他帶離了沉思的幽暗森林，

38 原編註：「但是，那傢伙變成一個神祕主義者，然而當一個俄羅斯人可以做到像這樣，我跟你保證，對我來說就太過頭了。」

39 以上兩地皆在耶路撒冷附近，耶穌生前與門徒經常聚首之處。

像是還未被這世上的悲痛所觸動，柔軟的臉上不見一絲皺紋。

和白俄羅斯人一樣，貝索爾神父的英語非常完美，德語和法語亦然。我們談到西歐，以及我們都認識的朋友，即迷人的惠特摩爾教授與馬克．奧格維格蘭特[40]，幾年前他曾和羅勃．拜倫[41]與大衛．泰伯特．萊斯[42]來過這邊，當時他們正在準備那本有關於聖山的書。他的陪伴讓我很開心，因為持續與鄉下人相處了一段時間之後，我渴望在除了說我來自倫敦、倫敦人口有多少、回答有關我的父親、母親、姊姊的問題，還得接受大家為我沒有兄弟感到遺憾，以及我是否有從軍之外，能有更幽微的人性交流。

那是一個令人陶醉的夜晚。回到修道院後，我們再次在我的房間喝茶，然後前往已經結束晚禱的禮拜堂。修士們正圍繞著一堆燃燒的蠟燭，以斯拉夫人低沉的聲音唱歌。在這群緩慢移動的出神同伴中，不難注意到我那兩位帶著刻意的虔誠正在親吻聖像的高加索朋友。結束之後，我與代理院長（院長本人臥病在床）會面，然後與貝索爾神父道晚安後，快步穿過石板庭院，去享用美好的晚餐，有羅宋湯、水煮蛋（我猜蛋是來自本土）、柳橙和顏色非常深的紅酒。

現下已晚，我的窗戶正好就在潮來潮往的海浪之上，浪潮的柔和低語將會持續一整夜。幾分鐘前，走道上傳來一陣吵雜聲；一位年老的駝背老修士拖著沉重的及膝長靴，呼喊神祕的譴責，訴說著看不見的力量，並且朝空中揮舞沉重的手杖，睒縫的藍眸彷彿燃燒著火焰，鬍鬚底下的嘴念念有詞。幾位修士出現，像孩子般輕柔微笑，說服他回到自己的小房間。

二月十一日，我二十歲生日，聖潘代萊蒙修道院

一早，我在我二十年來的生命重量裡醒來，猜想著有多少人正在家鄉祝福我快樂回鄉，以及想像這些善意祝福能否從空中傳達給我。已經和我成為好友的賓客總管為我送來茶、果醬和麵包。因為我是唯一的客人，他似乎對我特別關照。

穿好衣服後，我正要去找貝索爾神父，就在門檻碰見他也正要來找我，所以我們就坐在房裡聊天，之後再出發去參觀教堂。那裡的聖像和壁畫都是新的，儘管不是讓人不愉快，卻也不是那麼有趣。教堂上半部都是新的，牆上有些模板的印刷卻糟透了，幸好不是很明顯。兩層樓的圖書館相當大，有著讓人感覺舒服的長方形房間，裡頭盡是滿滿裝在昂貴盒子裡的書本。然而，手抄本卻都很乏味，只有畫著精美插圖的那本年度每日一信條的書是例外，裡面的基督誕生圖裡，動物關注與崇拜的眼神畫得相當棒，另外一幅圖畫的是耶穌赤身在約旦河受洗，魔鬼、或說是一些

40　原編註：Mark Ogilvie-Grant（一九〇六～一九六九年），植物學家與唯美主義者。在一九二〇年代的倫敦，是「明亮年輕人」（bright young things）之一。之後他居住在希臘多年。「明亮年輕人」是小報媒體為一九二〇年代倫敦一群波希米亞的年輕貴族和社會名流所取的綽號。

41　原編註：參見三七三頁譯註35。

42　原編註：David Talbot Rice（一九〇三～一九七二年），卓越的拜占庭藝術歷史學家，他的作品被公認為箇中權威，與羅勃・拜倫共同著有巨作《西方繪畫的誕生》（*The Birth of Western Painting*，一九三〇）。

水精在水裡擺出阻撓的姿勢。聲音溫柔的圖書館員充滿感情地談起惠特摩爾教授，並且同意我把貝索爾神父拿給我的羅勃．拜倫的《車站》帶回寢室。然後我向貝索爾神父告退，他回去他的房間，我回我的。看著他拖著沉重的長靴走回去，那種年輕少壯，感覺就像是一個留著飄垂鬍子與頭髮、頭戴高帽、身穿長袍的男學生。

接下來的上午時光，我都在讀《車站》。這真是本好書（扉頁上寫著：「給貝索爾神父，祝萬事如意。柯林．大衛森[43]贈。威斯康辛州倫敦市柯榮街64號[44]」），看得我笑個不停，是教堂裡發出回音的唯一歡笑聲。有趣的是，當我讀到哈拉藍比神父的描述時，他正把我的午餐擺放到我眼前。華倫泰神父描述貝索爾神父那部分真是傑作，完全掌握了阿索斯山的典型象徵和精神。

我還記得喬爾吉歐神父和希羅波塔莫斯修道院院長。院長待我極好，並送我他的書，所以，我拿好在潘多克拉托羅斯遇到的樵夫送的手杖後，便踏上了崎嶇的岩石與碎石路徑，前往距離羅西可[45]不到一小時遠的希羅波塔莫斯修道院。狂風肆虐，上坡成了苦苦的掙扎。阿爾巴尼亞籍的門房很高興再次見到我，他知道我的保加利亞語比希臘語好，所以用俄羅斯語向我打招呼；他領著我到裡面，先給我一杯葡萄酒和咖啡，這不是正式歡迎的那種，而是兩人的私下小飲。我問他是否記得「拜倫先生」，他搖頭，但一聽出馬克．奧格維格蘭特[46]——「ὁ Μάρκος!」——的名字，就開始滔滔不絕說著他是多麼好的年輕人，穿著多麼得體。我向他問起喬爾吉歐神父，他於是帶我過去。沿著走廊傳來的聲音，讓我聽得出來他正在練習；激動的法語、眉飛色舞的雙眼和閃爍的金牙齒，在在展露出他對我的熱切歡迎之意。這個沒有裝飾的房間很小，派得上用途的每張桌子、椅子上都堆滿散亂的樂譜，床鋪則是從早上他一躍而起去做彌撒後就沒有整理過，排在窗戶邊的橘子也都已經熟透。

他說他從看我送給他的《滑稽故事集》（*Contes drolatiques*）中得到莫大的歡樂，還說如果他能找到一架鋼琴，就會離開修道院。我不禁揣想，透過我的中間引介，會不會巴爾札克[47]已經在他的心中留下不適當的慾望。他看起來似乎有些淒涼，坐在床上，雙手托著蓄鬍的下巴，回憶著在巴黎時的美好時光：「Comme j'ai gaspillé des sous, hé-hé !」[48]他沮喪地遞給我幾顆橘子，然後我們去見院長。上次我到此拜訪時，院長待我很好，還送我他親自簽名的書。他原本正與來自

---

43 原編註：關於Colin Davidson，派翠克．弗莫寫道：「一位我在幾年後才認識的客氣又有趣的人。在此一年半前，我便在震耳欲聾、煙霧瀰漫、黑漆漆的俱樂部裡碰過羅勃．拜倫。那間俱樂部是鳥巢（Nest）？瘋人屋（Nuthouse）？還是冒煙的喬（Smokey Jo's）？總之，那裡每個人都是醉醺醺的。」

44 64 Curzon Street, London WI，這裡的倫敦，指的是美國威斯康辛州的倫敦。

45 原編註：Russiko，聖潘代萊蒙修道院另一個通俗的名字。有種暗喻是俄羅斯人的修道院之意。

46 原編註：派翠克．弗莫在附註裡寫道：「我帶著他送我的帆布袋展開這趟旅行，距今算來是前年的事了；而這就是他陪著拜倫和大衛．泰伯特．萊斯，一起到《車站》裡描述的阿索斯山壯遊時所帶的袋子。後來那帆布袋在一間青年旅舍（一九三四年一月於慕尼黑）被偷走。」

47 全名Honoré de Balzac（一七九九～一八五〇年），十九世紀法國著名作家，是法國現實主義文學成就最高者之一。他創作的《人間喜劇》共九十一部小說，寫了兩千四百多個人物，是人類文學史上罕見的文學豐碑，被稱為法國社會的「百科全書」。

48 原編註：「我那時是多麼浪費錢啊，呵呵！」

本土的修道院院長們開會，但是看到我顯得很高興，在用過*glyco*（軟糖）、咖啡和葡萄酒後，他詢問我最近的活動、拜訪過哪些修道院，以及我的感想。他和喬爾吉歐神父懇求我今晚留宿修道院，但是這樣似乎對聖潘代萊蒙修道院有些不好意思，所以我盡可能表達對他們的歉意。當我要起身向院長告別時，喬爾吉歐神父低聲說：「Baisez la main, baisez la main!」[49]我就彎腰在伊夫多奇歐斯院長的手上做出誇張的動作。這位老人家對於一個異教徒做出明顯知道是基督教禮儀的動作感到十分喜悅，並且祈禱賜福我一路平安。喬爾吉歐神父陪我走了一小段，他的修道院僧袍被強風鼓吹成氣球狀，他按住頭上的帽子向我道別，並請我要寫信給他，我答應他一定照做。

拜風力之助，我幾乎是整路用跑的。我把樵夫的手杖當成墨丘利蛇杖[50]般舉在頭頂上揮動，感覺自己比赫密士[51]還要敏捷。快走在石頭、溪流、岩石裂縫和山谷間，橄欖樹的灰白樹葉像是我的頭髮，在身邊飄揚。當我再回到羅西可時，天色已近微黑，但我還是找到了通往迴廊和貝索爾神父房間的路。他就坐在幽暗中鑽研一本神學巨著，看起來就像是尋找魔法石的中世紀巫師。我坐下來後，他移走油燈的玻璃燈罩，劃開火柴燃點碎布燈芯，柔和的金色光芒驅散了朦朧，隨即又因綠色檔板的遮蔽而使光芒變暗。我們邊說話，他邊準備杯子、茶托和俄式茶壺，很快地聊起俄羅斯茶，還轉頭環顧一下這有張木板床、桌上堆滿散亂大本字典的簡單房間。他的生活好像滿值得羨慕的，讓我想起畫像上那斗室裡的聖耶柔米[52]。我們談論起修道士與隱修士的生活，我說因為在大型共同生活團體裡都會有衝突、忌妒和爭吵，所以隱修士當然是較合人意的。他似乎同意我的看法，說他認為男子修道院的生活，是單獨隱修士的墊腳石，因為馬上做到那樣會是莫大的挑戰。然後他的話題就轉到聖耶柔米、希波的奧古斯丁[53]和隱修者聖西默盎「石柱人」[54]。

隨著談話繼續進行下去，我開始覺得有些沮喪，因為我發覺那些我喜愛的所有虛幻、任性和自我的東西，在和我說話的這個人眼中都是不存在的。我因而十分強烈地希望，自己在他面前能夠呈現出最好的一面，以致在說了刺傷人的話，或是說話的口氣不當時，都深感懊惱。他有一種很特殊的個人魅力，在這裡有他為伴是在幸運上再添祝福。最後，我還是得跟他道晚安，因為他必須去院長室念他的晚禱，我則是要去教堂。

---

49 原編註：「親他的手，親他的手！」

50 Mercurius，羅馬神話中為眾神傳遞訊息的使者，也就是希臘神話中的赫密士。他的形象一般是頭戴一頂插有雙翅的帽子，腳穿飛行鞋，手握魔杖，行走如飛。他是宙斯和邁亞的兒子，是醫藥、旅行者、商人和小偷的保護神。西方藥店經常用他纏繞兩條蛇的手杖作為標誌。

51 Hermes，即羅馬神話中的墨丘利。

52 St Jerome（約三四〇～四二〇年），古代西方教會領導群倫的《聖經》學者。在皈依苦修理念後，前往敘利亞的荒漠地區苦行，晚年時更定居於耶穌的出生地伯利恆，徹底過著苦修隱居的生活。

53 全稱謂 Aurelius Augustinus of Hippo（三五四～四三〇年），羅馬帝國末期北非的柏柏爾人，早期西方基督教的神學家和哲學家，曾任天主教會在阿爾及利亞城市希波的主教，故羅馬天主教會官方稱其為「希波的奧斯定」，俗譯奧古斯丁。死後被天主教會封為聖人和教會聖師，也被東正教會等奉為聖人，並稱為恩寵博士，但其部分神學理論並不被東方基督教認同，反而被視為是若干異端理論的重要源頭。他的死也被西方史學界視為歐洲在精神層面上中世紀的開始。

54 St Simeon Stylites（約三九〇～四五九年），敘利亞苦行聖人，曾在今敘利亞附近的一個支柱頂部的小平台上生活了三十七年。

今天是俄羅斯復活節[55]的守夜祈禱日，用以慶讚巴西流[56]、貴格利[57]與聖金口若望[58]這三位大主教。我在開始進行整晚八小時儀式以宣告聖日來臨時，走進教堂。貝索爾神父在離開前，引領我坐到柱子前一個如同王座的獨立小隔間裡。教堂幾乎全然漆黑，只有擺在聖像前那如同螢火蟲般閃爍著亮光的蠟燭和油燈，不下千次地將聖像的影子映照在包覆著金和銀的祭壇屏幕和聖畫上。在各自座位上的修士們恍如昏暗的影子，整間教堂沉浸在沉默之中，只有偶爾進來的弟兄的靴子摩擦地板、在聖母前鞠躬行禮的聲音打破這寧靜；一位像鬼魂般移動的修士，雙手呈杯狀地捧著細蠟燭，輕快地掠過教堂四周，關照他所負責的銀掛燈。

靜默持續著，直到終於有位披著聖帶的教士手上搖晃著香爐從聖所出來。他轉向背對大家，環繞整座教堂，嚴肅地向基督、聖母與聖嬰和施洗者聖約翰的聖像焚香敬拜，然後再一一對其他的聖者這麼做。安靜中只聽見叮噹、叮噹、叮噹聲。在朦朧的中殿裡，能看得到的只有燃燒著的香爐光芒，以及從它散發出來的藍色閃光煙霧；接著，他用香薰每一位修士，每一位修士都在自己的座位上嚴肅鞠躬，而我是最後一個。當他回到會幕裡面，教堂再度進入一片寂靜，可是又很快被神祕的柔和吟唱聲打破。那吟唱的音色是如此不可思議地和諧一致，使我的脈搏整個跟著悸動起來。詠唱聲逐漸加大，幾位穿戴著黑袍、黑紗的修士從兩邊排成縱列進入聖壇所，圍著一個上懸燈籠的多面向讀經台，成群站立，以一種對我而言相當陌生的神祕宏亮音量，將他們的合聲和諧地交融在一起。所有的國界都消失了，這怎麼樣都不像熟悉的保加利亞、羅馬尼亞或是希臘儀式，而注視著這些不可測知、面無表情的農夫臉孔，對我而言就是為雪所困的俄羅斯大草原的情緒濃縮，使我想起那多圓頂的克里姆林宮、位在松樹林中的西伯利亞村莊和狼嚎搖籃曲。

教堂隨著點燃的細蠟燭而逐漸亮了起來，為數甚多的金製刺繡品和扭轉的圓柱，在這溫和的光線中顯得不是那麼豔麗與俗氣。另一位穿著聖袍的教士從會幕裡走出來，聖歌隊形成一個半圓形，雖然歌聲會變換，或上升、或下降，卻都維持著它的虛幻感。一個儀式接著一個儀式，三位聖人像被放置在蓋著紗的三角桌上，儀式從教堂的一側再轉移到另一側。在此同時，外面的風一直在咆哮，有時就像是雷聲的回音般，從頭頂的十字架鐵線穿透下來。歌聲轉變成連禱文，因此驚人的三部合音減弱成極其哀傷與細緻的：「主啊，請憐憫我們，主啊！」

要不是被肩膀上的一個碰觸搖醒，我還不知道自己在半昏睡的情況下會靠在那邊幾個鐘頭，而一轉頭，我看到的是手執蠟燭的貝索爾神父。他建議我去睡覺，因為時候已晚，而且他說連禱文會再持續好幾個小時，並且明天有個大彌撒我可以參加。我不太情願地和他步下教堂台階，遠

---

55 Prazdnik，屬東正教節日，大致的時間是在春分第三個滿月後的第一個星期日，約四月中下旬左右。

56 全稱謂之一為Saint Basil the Great（約三三〇～三七九年），該撒利亞主教，四世紀教會領袖。

57 全稱謂Gregory of Nyssa（約三三五～三九五年），因與該撒利亞的巴西流、拿先素斯的貴格利都出生於加帕多家，故又稱加帕多家教父。

58 John Chrysostom（三四七～四〇七年），即約翰一世，是東正教會君士坦丁堡大主教，為重要的基督徒早期教父。以其出色的演講與雄辯能力、對當政者與教會內部濫用職權的譴責，以及嚴格的苦行聞名於世。後世人稱其為「金口」，以讚譽其口才。

處的歌聲逐漸模糊，隨後即被風聲取代。我在連接庭院的樓梯上端和他分開，下方教堂的圓頂在夜裡發出微光，一棵棕櫚樹的樹枝在強風中急速狂亂地揮動著。突然間，毫無理由地，我感覺自己被可說是毛骨悚然的感覺扎了一下，趕緊拔腿盡快穿過石板路，一直到進了房間才停下來。

精采絕倫的一天，我無法想像能夠得到比這更好的生日禮物了。正好一年前，那時的我在與特勞特曼斯多夫伯爵和伯爵夫人共進晚餐，一起度過夜晚後，睡在上奧地利的一座*schloss*（城堡）裡。

二月十二日，聖潘代萊蒙修道院

由於昨夜太晚睡，以至無法及時起床去參加為三位聖人而做的彌撒。在彌撒結束一小時後，心不在焉的哈拉藍比神父送來我的茶、麵包和果醬。我朝窗外看去，發現持續吹了一整夜的強風帶來降雪，整個海堤盡是白茫茫一片，外面窗台上也積雪頗高。不平的鉛灰色海面上，還有呈螺旋漩渦飄降而下的白色雪花，望之令人沮喪。今天是不可能離開羅西可了。

我把大衣的鈕扣扣到下巴底下，開始穿越雪深達十五公分的庭院。降雪為我的頭和肩膀覆上一層雪白。我原本希望能趕上彌撒的最後末尾，然而看到的卻是從教堂走出來一小列的人，他們帶著的蠟燭在一走出教堂時就立刻熄滅了，於是我跟著他們穿過正對面的鐘樓那扇巨大的門，卻尷尬地發現自己進到了修士們的食堂。但見裡面上百位的修士圍著餐桌而坐，讓我倉皇地退回自己的房間，哈拉藍比正在房裡擺上我的午餐。他幫我脫下沾滿雪花的大衣，口裡重複用他的語言說：「cher」（雪）。他是個很棒的人，是除了貝索爾神父以外，唯一會在進房前先敲門的修士，而且不會轟炸式地一直詢問我的家人、我的父親有多少錢，還有倫敦有多大等問題。我們互相尊重彼此的隱私，而從閃在他小眼睛裡的明亮眼神看得出來，雖然很多話沒講，我們卻是相當了解彼此的；與多嘴的希臘人大不相同。

午餐後不久，貝索爾神父過來，我們坐下來聊天，哈拉藍比砌了壺茶過來。大部分的時間都花在研究我的地圖上，規劃我在希臘的旅遊路線。我已經決定去參觀卡蘭巴卡附近的梅特歐拉修道院，貝索爾神父建議我也可以去德爾菲附近的俄西俄斯羅卡斯修道院看看，還有雅典旁邊的達夫尼修道院[59]。我們一同重溫我走過的路線，他對這似乎很感興趣，並且討論一些其他國家，比較他們的居民，我們在很多事情的看法幾乎都是相同的，就這樣還算愉快地度過好幾個鐘頭。他要走時，我還感到遺憾。後來我去迴廊裡的禮拜堂，那裡正吟唱著簡單的晚禱，我要自己深深品味這俄羅斯的吟唱，因為今後再無法如此時常聽到了。世事往往如此。

晚餐很棒，有新鮮的水煮蛋和始終美味無比的羅宋湯，不油膩的湯是個讓人開心的改變。哈拉藍比擺盤的技巧高超，讓食物看起來開味可口，配備的餐巾沒有任何汙漬，用的餐具也銳利到

59　原編註：位在色薩利的梅特歐拉修道院（浮在空中的修道院）建築在天然的岩石尖頂上，時間可追溯至十四世紀。重要的兩個拜占庭教堂——俄西俄斯羅卡斯修道院和達夫尼修道院，以十一世紀的馬賽克鑲嵌畫聞名，其中達夫尼修道院更以畫在其穹頂的巨幅基督普世君王像，位居首要。

讓人不用被迫去刮搔凝結在嘴裡的黏稠物，更別提那以藝術美感排列的甜橙。雪似乎越下越大，簡直是整片包覆地落在玻璃窗上。積雪受到室內溫度影響開始融化，在哈拉藍比點上蠟燭並拉上窗簾前，在玻璃上所形成的上百條小水流，就像是遊樂園裡的變形鏡一般，使得外面的荒涼世界變了形。我很早就上床，但是在最後沉睡前，還是讀完了整本的《威尼斯總督法利埃羅》（*Marino Faliero, Doge of Venice*）。我越來越喜愛拜倫；無法理解為何我們那古怪的國家不認為他很重要，這點真是讓全歐洲的人都滿訝異的。

二月十三日，希羅波塔莫斯修道院

早晨醒來，雪已經停了，陽光試圖穿透濃密的雲層，海水一片灰暗。冰雪開始融化，雪水四處竄流，形成一道道冰冷的溪流。我到外面散了一下步，隨即躲回溫暖的房間。哈拉藍比已經幫我的杯子斟滿了水，問候說希望我昨晚睡得很安穩，我連忙向他保證我睡得很好。整個早上我都在做事，為了取暖，乾脆把桌椅拉到爐火邊。我的心情惡劣，部分是因為天氣，部分原因則是想到即將離開羅西可；在阿索斯山的所有修道院中，我住得最開心的就是這裡。只希望在不久的將來能再度前來拜訪。最後一次享用羅宋湯時，不免心懷感傷。

不過那天下午的時光還是相當愉悅的。貝索爾神父來我這裡喝茶，我們坐了許久，談論維吉爾[60]、賀拉斯和卡圖魯斯[61]，我還把厄爾澤維家族[62]出版的賀拉斯的小開珍藏本拿給他看，那是他的同胞勒法爾特男爵一年前在慕尼黑給我的。他談起他在修道院遇見過的英國人，有些是我認識的，包括：惠特摩爾教授、羅勃・拜倫、馬克・奧格維格蘭特、大衛・泰伯特・萊斯、貝爾福[63]和史都華-海上校。他建議我到雅典時去找史都華-海，他是個非常有趣的人，只不過被聖山列為拒絕往來戶，因為他曾和聖格里戈里修道院的修士起過衝突。我答應屆時一定帶上他的問候。我打包好所有行李，向他和哈拉藍比神父道別，哈拉藍比對我的離去似乎頗為不捨。和貝索爾神父道別也讓我倍感難過，我覺得自己和他已成為莫逆之交。我答應他旅程上如果遇到他的朋友，一定會代他致意。

從羅西可到希羅波塔莫斯修道院的岩石小徑路況很糟，融雪淤積在下坡地段，上坡地段則是深及腳踝的積雪。這種路面經常凝結成容易脆裂又泥濘的冰面，我這輩子還沒有像今天這樣咒罵連連過，因為地面明明很堅固，但是腳剛踏上便傳來木頭斷裂的聲音，接著兩腳立時墜入雪堆中，有時深達膝蓋，而我那雙靴子歷經兩週來有如羚羊般在岩石上跳躍，早已不堪使用，此刻更像海綿般吸足雪水，整個浸泡濕透。我就這樣狼狽不堪地抵達了希羅波塔莫斯修道院。

---

60 全名Publius Vergilius Maro（西元前七〇～一九年），奧古斯都時代的古羅馬詩人，作品有《牧歌集》、《農事詩》和史詩《埃涅阿斯紀》。

61 全名Gaius Valerius Catullus（西元前八四～五四年），古羅馬詩人。

62 Elzevir，十七及十八世紀荷蘭著名出版商，以出版小開珍藏本著稱。

63 全名及稱謂為Arthur James Balfour（一八四八～一九三〇年），第一代貝爾福伯爵，英國保守黨政治家，曾任首相，後任外交大臣。

希羅波塔莫斯修道院給人的印象，就像一個大型蔓延的農舍。由於就座落在海邊，距離海岸僅不到兩公尺，不像許多修道院有岩石的烘托，所以外觀顯得平凡無奇。此外，屋簷低垂，也沒有其他修道院陽台層層疊疊的氣勢。一個小型驢車商隊背負著柴火，噹啷作聲地在院內繞行，幾隻其貌不揚的家禽，忽動忽靜地在濕漉的卵石間啄食。面帶愁容、蓄著黑鬚的賓客總管，領著我經過一條我所見過最長也最陰鬱的通道，來到我的房間。從窗戶俯視，海浪就在下方幾公尺處不住拍打；沿著牆面環繞著土耳其式襯墊窗座，還有常見的白色圓柱灰泥壁爐，以及不斷滲風、無法密合的門扉。窗戶上方懸掛著君士坦丁堡普世牧首約阿希姆三世[64]的畫像：精神矍鑠的老人家，蓄著參差的鬍髭，胸前掛滿授帶、十字架和狀似水果蛋塔的總主教徽章，黑色僧袍亦點綴著星星與勳章。

晚禱時我過去露面，教堂內光線明亮，白色牆面上掛滿了聖像，有許多都非常漂亮，特別是掛在教堂南側耳堂[65]的一幅畫，畫中兩名聖戰士身穿古典戰士的胸甲、腹甲和護脛套，紅金色的盔甲和頭上光環色澤豐潤甜美。另外還有羅勃．拜倫《車站》一書中讚不絕口的兩幅馬賽克，在情感和技巧的處理上確實極為出色。至於晚禱，在體驗過羅西可修道院的儀式後，只覺得這兒的儀式平凡而單調：一般的兩聲輪唱，由一名助祭掌握整個程序，他手持聖詠集，穿過中殿，放在土耳其或阿拉伯鑲嵌圖案設計的高桌上，快速唱過每節詩文，另一名修士則緩慢而精巧地對應，在修士結束之前，助祭又開始吟唱下一節祈禱文，有種奇特的和諧效果。

此間賓客總管似乎將工作視為痛苦的磨難。每個小小的服務，在哈拉藍比神父做來既快速又優雅，他則始終帶著殉難者似的神情，讓我格外不自在。看我穿著大衣兀自瑟瑟發抖，他一臉悲傷地問我是否需要爐火，我勉強表示如果能有爐火當然十分感謝，他這才去準備，一副「寧願頭破血流也絕不主動示弱」的態勢[66]。

晚餐後，我在爐火邊忙著寫東西，兩名祭司突然前來看我，我連忙跳起身招呼他們落坐。這似乎是一種正式拜會，我們寒暄良久，當話題聊完，不免陷入冗長而尷尬的沉默。為了活絡氣氛，我取出繪畫和寫作，企圖撩起他們對地圖和旅行路線的興趣，可惜所有努力都徒勞無功，只得無奈地坐下，任由沉默籠罩一切。為了打破沉默，我不時還會冒出一句「嘿喲！」或「ἡ ζωὴ καλὴ εἶναι」（「生命是美好的」），試圖拼湊出一則專門運用在這種時候的英文慣用語。但這招還是失敗了，於是我佯裝陷入沉思，出神地凝視火焰，內心只覺困窘不已。不知過了多久，一名祭司終於嘆了口氣，用希臘語說了句：「λοιπό!」（「好吧！」）然後兩位灰髭老者窸窣地站起身，向我道晚安，讓我繼續原先被打斷的工作。希臘語的「λοιπό!」一字很好用，相當於英語的「well」，法語的「eh, bien」，德語的「also」，以及保加利語的「haidi」。

他們離開後，我便專注於書寫，對離開羅西可修道院依稀感到抑鬱，也很想念貝索爾神父。

64 全名稱謂 Joachim III the Magnificent（一八三四～一九一二年），當代最重要的牧首之一。

65 教堂多呈十字形，東西走向的中殿和南北走向的耳堂相交叉。

66 his head bloody but unbowed，典出英國詩人威廉．歐內斯特．亨利最著名的詩〈勇者無懼〉中的一句。

我想，也許是心情沮喪之故，才會讓我今晚陷於偏執，無法正視那些完全正常而理性的人們吧！

二月十四日，佐西亞里奧修道院

今天的午餐簡直是糟糕透頂，難以下嚥的蔬菜浸在油水裡，就像聖像前照明所用浸在燃油中的燭芯；後來我把蔬菜倒入狂浪裡，僅以麵包、紅酒和白乳酪果腹。賓客總管似乎是個不錯的傢伙，只是昨晚的憂鬱不幸讓我誤解為粗魯無禮。我決定早點動身，以免那兩名祭司再度來訪，困在房間裡相互折騰，所以一瞥見從通道走過來的祭司，便匆匆跟他們道了聲再見。

儘管陽光融化積雪，讓道路變成了小河，從克賽諾豐多斯修道院到佐西亞里奧修道院的路還是悠閒愉快的。這兩座修道院相隔不到一小時路程，一路走來簡單輕鬆。很快地，佐西亞里奧修道院便映入眼簾。但不知怎的，林立的扁柏與紫杉、略為傾斜的石板路、小徑對面覆蓋瓦片的停柩亭，以及穿過橘樹林前往深幽大門的小徑，在在讓我想起義大利場景。修道院大門是座寬闊深長的隧道，門房的房間就在厚牆內往上幾個台階的地方。個兒矮小的他為人親切，貌似牧羊神，一看見我，就遞給我葡萄酒，然後領著我走過坡度極為傾斜的庭院，來到一段兩旁有圍牆環繞的洗白階梯，連接上一段木製扶手的台階來到露台，得以俯瞰整個庭院、禮拜堂、豎立著不規則狀煙囪的屋頂，以及修道院較低層的部分。賓客總管正在太陽底下劈柴，長袍束縛在膝部，捲著衣袖，露出健壯毛茸的前臂。只見他滿腮柔細的銀鬚，兩眼深邃，皺紋滿面，宛如早期的苦行僧。朝我綻出笑容的他領著我到我的房間，那是間坐北朝南的白色大房，面對海面，下午的陽光傾洩而入。房間裡有一個我此行首見的開敞式壁爐，在溫柔展現出歡迎的禮數後，賓客總管點燃熊熊爐火，並堆滿厚實的柴火，很快地，原本冰冷的房間頓時溫暖如吐司。

萬里無雲的藍天，陽光依然明媚，照映在寧靜的愛情海，並反射於皚皚白雪之上。我坐在沿著城垛建築的石椅上，素描鑲嵌著鉛框的教堂屋頂、下方不規則的鋪瓦屋頂，以及豎立在屋頂上的細長白色煙囪。佐西西里奧所展現的魔力，就我而言是眾多修道院中最迷人的魅力之一：高踞於山坡，下方屋頂層出疊見，盡收眼底；面海方向，高大的扁柏躍然突出於城牆上；修士、農夫與運貨的牲口，點點身影錯落於教堂陰影覆蓋的陡峭庭院中，令人聯想到亞瑟王傳奇[67]裡的寧靜小鎮。

最令我驚異的是，教堂的晚禱竟是那種穿著普通襯衫的氛圍，似乎沒有一位修士對儀式嚴肅以待。負責儀式、下巴光潔的見習修士像黑猩猩般衝著同伴露齒而笑；兩位祭司一直附耳低語；使用一只造型奇特、叮噹作響、沒有鏈帶的手持香爐來回幫會眾薰香的神父，更宛如夏日傍晚出來為玫瑰澆水的退休老闆。而彷彿刻意要為這個下午畫下完滿的句點，一隻金翅雀輕快地從窗口飛入，之後的整個晚禱期間，牠就在教堂裡飛來飛去，有時飛上教堂中央有著一幅壁畫的穹頂：全能的基督正賜福人類，右手大拇指和無名指碰觸在一起；有時棲息在一群聖人和殉教者對面，

67 全名Arthur Pendragon，英格蘭傳說中的國王，也是凱爾特英雄譜中最受歡迎的圓桌武士首領，是一位近乎神話般的傳奇人物。

只見成排光環鱗次櫛比，色澤隨著距離而漸次變暗。眾人的視線隨著金翅雀在屋頂盤旋，在啁啾聲中指指點點，吸引彼此的注意力。儀式終於結束，會眾蜂湧而出，一位弟兄手持土耳其羽扇來回巡視，揮扇熄滅所有燭火。

海上的日落相當美麗，渾圓的太陽淨化為輪廓清晰的橘色天體，宛如倫敦冬日懸掛在九曲湖上的橘色圓球。我坐在窗台邊思念家鄉，直到夜幕低垂，房內開放式的壁爐裡火花雀躍。獨坐的我正滿足地凝視著火焰深處而沉吟時，一位矮小的可怕男子走了進來，坐在我旁邊喋喋不休，話題很快從那些典型的轟炸式問話，改為敘述他自己的故事。他從口袋裡取出一個裝滿葡萄酒的藥瓶，咕嚕喝下一大口，滿足地嘆口氣，然後把瓶子遞給我。最後，受挫於我的興趣缺缺，他又逕自離開，放我自由。其實我當時想做的，就是獨自快樂地坐在昏暗中。我認為生命中最美好的禮物之一就是孤獨。

夜色已深，距離我米飯配沙丁魚的晚餐時間已久，我坐在輝煌的爐火前，品嚐著紅酒，覺得自己像是中世紀旅人，獨自坐在寢室裡享用一瓶葡萄酒或蜂蜜酒，猶如《修道院與壁爐》（*The Cloister and the Hearth*）[68]一書中的丹尼斯。

此刻，外頭的月亮和星星正明亮地照射在白雪覆蓋的屋頂，在漆黑的海面上方形成一道銀白色軌跡。不曉得此時此刻其他人都在家裡做些什麼。

二月十五日，孔斯塔莫尼泰斯修道院

賓客總管把我的被褥鋪在環繞房間的土耳其長沙發上，我調暗燈光，在搖曳的火光裡躺了許久，聆聽潮濕的柴火發出嘶嘶聲，注視著木柴冒出的汁液。末了，睡意襲來，醒來時已是早晨。我享受一、兩個小時日光浴，朝南的窗台就和我的臉頰一般高。外頭的世界陽光璀璨，極為誘人，愛琴海波光粼粼反射著日光，越過下方屋頂、煙囪頂蓋、鉛銀穹頂和柏樹林，半島海岸蜿蜒而去，消失在迷濛的遠方。

朝下坡路走，通過修道院拱門下方，經過兩棵橘子樹，結實纍纍的金黃色果實襯托在宛如閃閃發亮的綠色劍刃的尖形樹葉間，我很快來到海邊，小徑上滿布鵝卵石，碎浪形成的白沫就在幾呎之外。隨後來到山腰，層層耕地呈梯田狀，上面種植橄欖樹林，我見到一名阿爾巴尼亞人沉默不語地坐在一塊岩石上，凝視著大海，眉宇間帶著普羅米修斯[69]的憂傷。他將哀傷的雙眼轉向我，對於我的問路，僅默默地用手杖指了指上坡，只見他所指的方向有片田野，上面有兩位滿身

68 一八六一年出版，英國作家查爾斯・瑞德（Charles Reade）所寫的一部歷史小說。背景設定在十五世紀，說的是一個年輕謄稿員和插畫家的旅行故事。

69 Prometheus，希臘神話中泰坦神族的神祇之一，名字的意思是「先見之明」。他與智慧女神雅典娜共同創造了人類，並教會了人類很多知識，卻因為幫人類從奧林帕斯偷取了火而觸怒宙斯，宙斯將他鎖在高加索山的懸崖上，每天派一隻鷹去吃他的肝，又讓他的肝每天重新長出，使他日日承受被惡鷹啄食肝臟的痛苦，然而普羅米修斯始終堅毅不屈。

髒汙的燒炭工人正忙著照顧燃燒中的火葬柴堆。那條路坡度平穩而和緩，沿路都有遮蔭，而我所前往的卻是地形崎嶇、人煙罕至的地區，我懷疑是否走錯方向，或錯過了正確的路。我決定不再盲目前行，寧可等待有人路經此處時再次詢問。我滾雪球自娛，就那樣注視著雪球越滾越大，直到擊中一棵樹而碎開；或將手杖尾端的雪塊捏硬成球，再用手杖在軟雪中旋轉吸附，形成一個有如鸚鵡螺化石的龐大雪團。就在忙於製造雪團時，有人繞過小徑前來，讓我心中無來由地浮現一股罪惡感，所以在得知正確的路徑後，連忙快速離開，卻感覺他的雙眼緊盯著我的背，彷彿發現我製造的是炸彈而不是雪球。

不久，我便抵達了位於山凹處的孔斯塔莫尼泰斯修道院。這是一處貌似荒涼、疏於照顧的地方。在庭院等了許久，終於有位步履蹣跚的白髮老人前來帶我去找賓客總管。賓客總管留著濃密的鬍鬚，雙頰紅潤，待人友善，撥給我住的舒適小房間裡兩旁是寬闊的長椅，中間只有不到一百五十公分的空間；這裡的火爐也是開放式，裡面很快就堆滿熊熊燃燒的柴火。我的靴子不斷滴下融雪，在火爐前的磚面形成幾片油膩的水潭。

他們引介一位會說法語的修士給我。年輕溫柔的保羅神父蓄著黑色鬚髮，有雙憂鬱的眼眸，人很聰明，除了法語說得極好，還會一點德語。聊了幾分鐘後，他便問我是否相信奇蹟，我不置可否，他隨即針對這個問題展開長篇大論，也談到他所屬修道院就修士們在謙卑和貧窮兩方面的堅持。這時，庭院裡傳來撞鐘聲，他馬上引導我前去晚禱的地方，並且領著我認識一幅幅聖像，告訴我聖像的歷史。來到一幅土耳其人曾企圖燒毀的聖斯德望[70]老舊聖像前時，他特別指了指那聖像，作為先前對我訓誨了一個小時的見證。在禮拜進行到一個段落，修士們紛紛離開座位，開始一連串的畫十和跪拜儀式，重複俯身，雙手觸地。我自然維持不動，恐怕無意中有所冒犯，不料一名老修士突然走向我，眼中帶著怒火，低聲咕噥：「ἔξω! ἔξω!」[71]要我跟他們同樣跪拜。保羅神父及時出現，告訴他我是異教徒，所以不懂這種事。

此間嚴苛的生活似乎已顯現在大部分的修士身上，只見他們佝僂地蜷縮在座椅間，形銷骨立，長袍老舊破損，凹陷的雙眼裡帶著一抹難以描繪的悲慘和冷漠。很難見到比他們更為衰老而消沉的一群人。

晚禱後，保羅神父領我到食堂——他只大我幾歲，稱呼他為神「父」有點古怪——所有修士都坐在食堂底端的一張張長型擱板桌旁。修道院院長神色莊嚴，蓄著落腮鬍，身旁放著一支黑色權杖，嚴肅地和我互相躬身為禮，然後由保羅神父領我入座。在漫長的感恩禱告後，我們落座，所有的修士仍帶著頭罩，開始食用半生不熟、浸在黃油裡的蔬菜和沙丁魚，像石頭一樣堅硬的麵包，以及擺放在一側金屬壺裡的葡萄酒。整個進餐時間都沒有人開口說話，只有一位弟兄以歌詠的方式朗讀《聖經》，修士們不時放下叉子，在胸前畫十。最後，那位弟兄跪下親吻院長的手，院長給了他一片儀式用的麵包。接著大夥兒起身做飯後感恩禱告，在院長的領導下離開食堂。但

70 St Stephen，因大膽揭發猶太人必須對耶穌的死亡負責，成為基督教會首位殉道者。

71 原編註：「出來！出來！」

見院長將權杖持在臂彎裡，有如棍棒束[72]。

那個晚上，修道院所有的修士大概都集中在我的房裡，圍坐在長沙發上，彼此努力聊天。賓客總管非常好心，沒有考慮食堂伙食對我已經足夠，逕自端來一大盤堆高的炸馬鈴薯，也將葡萄酒取來宴客。在葡萄酒的助興下，我們逐漸開懷喧鬧。儘管有著苦行的外觀，他們仍是一群善良的人，是一群好漢與弟兄。

二月十六日，佐格拉夫修道院

今早起得很遲，因為昨晚客人直到夜深了才離開。賓客總管為我送來茶、葡萄酒和一塊厚片土耳其軟糖。他真是一位親切的老人，還央求我再待一天，可是我只覺焦躁不安，所以向他告罪。他似乎真心覺得遺憾。我在換衣服時，保羅神父再度現身，談論奇蹟和苦行，以及基督身上創傷的涵義。我確定他會像聖方濟[73]一樣親吻痲瘋病人的膿瘡，以示其謙卑。這時，薩拉弗神父走進來，笑意盈盈地瞅著我的午餐盤；他是位中廣身材的修士，皮帶扣環上雕刻著代表三位一體的精美紋飾，他的出現立即帶來一股歡快的氣氛。因為平常通往佐格拉夫保加利亞修道院的道路被大雪封住，我必須順著一條漫長陡峭的山谷而下，先前往海邊的樅木林，再彎回內陸。一群為數不少的修士陪同我走到大門，爭取最後的時刻不停叮囑。

由於陽光無法穿透樹林融解冰雪，以致峽谷的積雪很深。很快地，小徑攀上斜坡，穿越樹林，出現在山丘頂端。陽光之下，令人感覺美好，我穿著大衣躺在地上，沐浴在陽光下。這片草坡一路潛入海浪裡，坡面是層層疊疊由石頭圍築而成的橄欖樹梯田，銀灰色的橄欖葉鑲繞著閃耀的愛情海。遠處斜坡下，一位牧羊人正坐著對叮噹作響的羊群吹奏笛子。海邊上，佐格拉夫修道院聳然而立，方形頂層建築旁邊是一座狀似砲塔的圓形高塔。微風穿過樹林，清新舒暢，帶著摧殘樹葉的濃郁氣息。這應該就是忒奧克里托斯[74]筆下所描繪的景致了。

斜坡底端簇集著漁夫的小屋，在這些可以防範海盜的小型堡壘旁邊，總是聚集著這類住家。突然傳來一陣蹄踏聲，只見一名牧人驅趕著幾頭負載木材的騾子，趕往守候中的舢舨船。除此之外，整個村莊似乎都在沉睡當中。我沿著一條明顯的小徑，往上穿梭在橄欖樹林間。左手邊是有著層層紋理的巨大岩石，當小路蜿蜒深入山谷，出現了一個屋頂覆蓋著地衣的磨坊、吱嘎作響的轉輪和四濺的白色泡沫，再往上則是靜止的清澈水池。森林裡叢林密布，遍植橄欖樹、紫杉、夾竹桃、金雀花、月桂冠、杜鵑花和冬青樹。一隻黑鳥預告著逐漸逼近的春天，也讓我湧起一股鄉愁。

---

72 fasces，一種周圍綁著一束笞棒的刑具。棒子有粗細之分，用於古羅馬時代，執政官巡視全國各地時，地方官員可把未下決斷的案子交由執政官決定；如果不到死罪，就依據罪行輕重挑選粗細不同的束棒來笞打罪犯。

73 St Francis（一一八二～一二二六年），原為義大利富商之子，後投身慈善志業，是動物、商人、天主教教會運動及自然環境等的守護聖人，也是方濟各會（又稱「小兄弟會」）的創辦者。現任羅馬教宗的聖號「方濟各」就是為了紀念這位聖人。

74 Theocritus（約西元前三一〇～二五〇年），古希臘著名詩人和學者，是西方田園詩派的創始人。

儘管距離遙遠，但佐格拉夫修道院的規模卻已經讓我驚異。它的外觀有點像奧地利的城堡，又像風格不明的狩獵山莊，龐大而原始。不過修道院內部的狀況較好，教堂前矗立著兩株高大的紫杉。我略通保加利亞語，腳夫似乎很高興，把我當寶物般帶去見賓客總管。在陽光明媚的廚房裡，賓客總管用咖啡、葡萄酒和糖果款待我，並滔滔不絕以馬其頓口音的保加利亞語跟我對話，可惜我聽不太懂。窗外景觀良好，可看到山谷另一邊高度相當、樹葉茂盛的山頂，以及上頭一幢藍白相間、凌亂蔓延的平房隱修院。再往後，山岩與丘陵一路起伏，其上點綴著一簇簇樹形高大彎曲的松樹。

前往院址的沿路盡是高大的白扁柏，上頭掛著小小閉鎖的毬果。隱修院乍看之下彷彿已遭棄置，只有一隻黃棕色小貓被我吵醒，狐疑地瞠目而視。走道遠端傳來聲響，我探頭往門內望去，看到一位身形矮小、毛髮粗糙的修士，穿束著鞋匠用圍裙，膝上放著一隻修補到一半的鞋子，還有一位體型高大的修士坐在陽光煦煦的窗台邊，正將湯匙平衡地放在茶杯邊緣。他們請我入內，得知我的國籍後，即對英國人讚不絕口。他們告訴我一個故事，說法國人和希臘人曾企圖闖入修道院，焚燬斐迪南一世[75]的肖像，幸虧一名英國人及時介入，終獲秉公處理。他們端了杯茶給我，得知我不久前才去過保加利亞後，又追問有關保加利亞的一切。他們似乎與世隔絕，完全不曉得去年五月格奧爾基耶夫[76]政變事件，我便將我僅知的訊息告訴他們。

回到修道院時正逢晚禱時間，所以我過去參加，聆聽祈禱吟唱。吟唱方式與希臘修道院相去不遠，只是希臘人吟唱的時候很少同時出現兩個以上的聲音；而這裡則是全體合唱，旋律單一，音調低沉。主持儀式的修士面容俊美，五官明顯，黑眸深邃，顴骨高聳，嘴型堅毅，還有著短硬的鐵灰色鬍髭，聲音低沉有力。這邊大部分的修士都是馬其頓人：憂鬱好戰的民族。我大部分時間都抬頭凝視壁畫；那些壁畫雖然不是很古老，卻生動得讓人歎為觀止。其中最好的是描繪一群殉道者的壁畫，他們仰視天堂，無數光環傾斜在他們頭頂上方；他們站在高塔頂端，鮮豔緋紅的火焰正舌捲塔樓四周，而在下方添柴助燃的，是身著法衣、頭戴冠冕的卑鄙教皇。還有一幅是一個異教徒君王正對虔誠的信徒施以虐刑，身穿白袍的年輕人站在君王面前理論，但背景卻是死亡輪、絞刑台和沸騰的大油鍋在等待著他。年輕人的一名同夥已被拉至絞刑架，頸子上套著繩環，一名異教徒手持彎刀，朝另一名同夥展開佯攻，還有兩名同夥甚至已遭處決，頭顱滾落至鮮血淋淋的軀幹幾呎之外，但頭頂籠罩著光環，兩手恐怖地*rigor mortis*（屍僵）以表達抗議之情。

最令人毛骨悚然的通常是拱廊下方外牆上的壁畫，呈現的是遭到神譴的眾生墜入地獄後的景象，有審判大廳錯綜複雜的階梯和滑道，深不見底的坑洞裡面，守候著成群紅黑兩色的小惡魔，它們有著分叉的舌頭、豬和狼的頭顱、蛇的尾巴和老鷹的腳爪，手持三叉戟和撥火棒將惡人堆放在火焰中，或扔入獅子、熊和狗群裡。其中有幅景象是野獸團團吞食一個支解的屍體，牙齒間殘

75 原編註：Czar Ferdinand（一八六一～一九四八年），乃保加利亞重新回復卻為期短暫的開朝君王。第一次世界大戰保加利亞戰敗後，亦即作者所撰日記的十六餘年之前，他退位給他兒子鮑里斯三世（Boris Ⅲ）。

76 原編註：基蒙・格奧爾基耶夫（Kimon Giorgieff，一八八二～一九六九年），一支右翼軍團領袖。一九三四年五月發動不流血政變，推翻保加利亞聯合政府。八個月後，鮑里斯三世發動一場反政變，迫使格奧爾基耶夫去職。

留著罪人被撕裂的頭、手或腿部，有些肢體則已半吞入喉。那些惡魔神情間的歡樂和狡黠，顯示它們對這項工作的熱中，樂於將火把插進墮落者的肚臍，或極盡羞辱之能事，或從上方以排泄物澆淋。硫磺雲層上方，端坐著身穿聖袍登基為王的全能者基督，祂面無表情，高舉一手鄭重賜福眾人，腳邊簇擁著大批被救贖者，面容得意，身穿閃爍的嶄新長袍，頭上環繞著光環。我帶著一種病態的熱中，審視這些賜福與神譴的場景。

離開教堂時，一位先前和我交談過幾句話的修士詢問我是否會說法語或德語，在我表示肯定後，他便帶我去見一位外貌令人肅然起敬的修士。他雙眼明亮，滿腮雪白的鬍鬚，氣質不似修道院的人。他先以法語和我說話，隨後轉換為更自在的德語。他的德語真的說得相當完美。我邀請他到我的住處用茶，他向我吐露一個極為奇特的故事。原來他曾在保加利亞的加布羅沃擁有一間大型織布工廠，隨著年歲和財富逐漸增長，足跡也遍及全歐洲，對各國首府就像對索菲亞一樣熟悉。幾年前他在蒙地卡羅，沐浴時差點溺斃，他認為是上帝的介入讓他得以存活，因此在太太過世並安頓好孩子後，決定將餘生投入修道院的生活。不過加入佐格拉夫修道院一事，他卻是遭遇到極大的困難，因為希臘人並不歡迎外國人進入聖山（同樣的故事也發生在俄國人身上），但最後他總算如願以償。從那時起，他一直心滿意足地以修士自居。他讓我看一張幾年前的照片，他身著正式晚宴服，顯得非常世故，胸前掛滿獎牌和勳章，還有一枚勳章懸掛在他的套頭緞帶上，是鮑里斯國王在他離開索菲亞時所贈予。他曾擔任公務，負責若干外交職務，在加布羅沃還曾擔任過德國領事。儘管一身修士裝束，但外表富足，對自己的命運稱心如意。他在黑色道袍下穿著一件繡工精緻的無袖緊身衣，有著十字架圖案，下襬裝飾著一顆骷髏頭和交叉的骨頭[77]。這位先生是位極為迷人的同伴，雖然年近八十，卻充滿活力，十分健談。我們兩人對保加利亞的陳年舊事越聊越起勁，他帶我到修道院一間大型接待廳，牆上掛著在保加利亞咖啡廳和酒館裡常見的鮑里斯沙皇和約安娜皇后的相片。還有一幅法國人亟欲銷毀的斐迪南肖像，蓄著尊貴的鬍髯，頭戴羽毛氈帽，狀甚莊嚴。維尼亞敏神父（他的世俗名字是卡拉西歐瑟夫）說了格奧爾基耶夫被解除首相一職，改由前任國防大臣潘喬．茲拉特夫將軍接任保加利亞短命內閣的變動給我聽。一個內閣出現兩名活躍的將軍和一名上校，顯見軍人專政力量的增強。

用晚餐前，他為我帶來幾本過期的《保加利亞》（la Bulgarie）刊物，以及（極其神祕的）奶油，這是我第一次在阿索斯山看到。還有若干保加利亞的卡斯卡瓦奶酪，是修道院那些油膩的白乳酪所遠遠不及的。他離去時，仍不斷叨念著英國人對保加利亞的友善，並引詹姆士．包爾切里爾[78]與巴克斯頓男爵[79]為例。他實在是位令人愉悅、而且極其仁慈的老人家。

77 有些人把耶穌的受難、死亡和復活，視為抵銷亞當的罪，而骷髏頭和交叉骨即代表亞當。

78 全名James David Bourchier（一八五〇～一九二〇年），愛爾蘭記者和政治活動家，但以記者身分活躍於索菲亞，並於巴爾幹戰爭結束後，擔任巴爾幹各國的中間人。

79 全名Noel Edel Noel-Buxton（一八六九～一九四八年），英國自由黨和後來的勞工政治家。一次世界大戰期間曾與兄弟查爾斯．羅登．巴克斯頓赴巴爾幹進行政治訪問，目的是確保保加利亞的中立性，回國後，出版了一本描述該地區及其近期歷史的《戰爭與巴爾幹》。

晚餐後，我閱讀保加利亞政府更迭的新聞。他們是活力充沛的民族，卻和匈牙利一樣，因為戰爭而遠比其他國家遭受更多苦難。

二月十七日，希利安達里烏修道院

今天是*prazdnik*（聖人的慶日），修士們昨晚徹夜未眠地進行*agrypnia*（慶日）前的守夜。早餐後，我下樓參加彌撒的尾聲，出來時，友人維尼亞敏神父建議我中午到食堂用餐，因為飲食不錯，而且儀式有趣。午餐時，我們前往院長那桌（院長名叫亞歷山大，引見時，我親吻他的手致意）。維尼亞敏神父坐在院長旁邊，我坐在神父旁邊。我倍感榮幸，因為這是一張半圓形的桌子，入座者只有居中的院長和八位高階修士，即*staret*（長老）。其他修士分別坐在三排擱板桌。食堂挑高雅致，上方是洗白的拱頂，呈現一道道圓弧。修士們列隊從教堂方向走來，香爐噹啷作響。領頭的修士手捧聖像，兩側兩位見習修士手持蠟燭，上面還特地罩上彩色燈籠以擋風，侍祭殿後。感恩禱告後，昨晚那位主持彌撒、聲音好聽的修士攀上高高的講道壇，在我們用餐時間俯視而下，朗讀經文。隨後，他親吻院長的手，領受麵包。這時，所有人也在桌旁列隊站好，一位修士端著盛放白麵包的淺盤前來，讓每人領受一小片；另一位修士手持小香爐跟隨其後，讓每位修士將手中麵包在神聖化的薰香中薰染片刻，再吞下肚。（最後這個儀式對我而言委實神祕難解。）然後我們安靜地列隊而出，手握黑色權杖的院長領頭而行。

午餐後不久，我再度啟程。維尼亞敏神父領我到門口，臨行前還特意表示：「Gute Reise,

und gehen Sie mit Gott. Wenn sie Zeit haben, wäre ich Ihnen sehr dankbar für eine Briefkarte manchmal. Kommen Sie bald wieder zurück, und wir werden noch einmal von Bulgarien reden. Alles Gute!」[80]

當我出發時，不免為這裡的少數外國修道院感到沮喪。由於原本屬於保加利亞的馬其頓領土慘遭充公[81]，佐格拉夫修道院的情況顯得格外窘困。以往修道院的修士人數更多，還有一座成功的醫院，這些維尼亞敏神父都曾讓我看過。希臘人在處理聖山的外國修道院一事上，似乎非常嚴苛；然而，相較於羅西可修道院，佐格拉夫還算比較幸運，因為它背後還有充分的國家補助，使其得以繼續運轉。鮑里斯國王對這些事情特別仁慈，他本人對修道院非常關心，常常餽贈禮物。我想，除了英國王室之外，他應該是現存最受愛戴的君主了。

佐格拉夫和希利安達里烏修道院之間的地貌改變很大。終年長青的山谷已然消失，取而代之的是石南覆蓋的高地，以及遮蔽其上的樅木和橡樹，腳下的岩石也已變為沙地和碎石。整個情景令我想起蘇格蘭。這是美好的一天，萬里無雲，鳥鳴聲充滿樂觀氣息，許諾著春天的來臨。一隻羽毛鮮豔的松鴉在我接近時放聲尖叫，成群的斑尾林鴿突然從一棵巨大的冬青樹迴旋竄飛而出。

---

80 原編註：「祝你旅途平安，願上帝與你同在。如果有時間，偶爾寫張明信片給我，我會很感激。希望你很快能回來，我們再一起聊聊保加利亞。祝你一切順利！」

81 十九世紀時，希臘、保加利亞、塞爾維亞復國運動相繼展開，民族主義高漲，馬其頓也成為三國的必爭之地。一九一三年，三國在共同針對鄂圖曼帝國的第一次巴爾幹戰爭中獲勝，鄂圖曼將馬其頓割予三國，但三國之間又因馬其頓具體分割方案而爆發第二次巴爾幹戰爭，最終希臘、塞爾維亞擊敗保加利亞，三國因而瓜分了馬其頓。

上空一隻老鷹盤桓，晃動的身影投射在一片光禿的沙地上。

這條路徑幾乎一路都沿著水道而行，有時走起來很辛苦。受到近日強風和大雪的影響，數不清的樹叢和小樹遭到摧殘或連根拔起，這意味著我經常得從底下匍匐而行，或者手腳並用地攀爬過堆積如山的枝葉，而當枝條上綴滿有刺的灌木和堅韌如鐵絲般的蔓藤時，這就不是件簡單的事了。洋溢著神聖氛圍的教區很快便遠去，周遭再度迴響著粗魯無禮的褻瀆話語。我汗水淋漓、全身疼痛，終於爬到一個比較高的地點，凌駕周遭鄉野，而下方沐浴在正午陽光下的，正是塞爾維亞的希利安達里烏修道院。羽毛似的樹梢上方，浮現出覆蓋著地衣的屋頂上褪色的屋瓦，一面圍牆上豎立著城垛狀的高塔，俯視整個庭院的是四座拜占庭式、鑲鉛圓頂的教堂，以及三棵幾乎和塔樓一樣高聳的扁柏。層層疊疊的山坡一直延伸到谷底，宛如寬廣的階梯，不遠處，藍色海洋晶瑩閃爍。水邊的樹林間，可以看到一座破舊不堪的塔樓。離岸幾公尺的海上，波浪懶洋洋地拍撫著一座白色岩石的小島。地平線上薄霧朦朧，隱去白雪皚皚的薩索斯島下半截，使其飄浮空中，宛如來自另一世界。

希利安達里烏修道院庭院的一切皆宛如在沉睡當中，經風蝕而柔化的牆壁沐浴在陽光下，只有一隻貓悄悄穿過雜草點綴的卵石路面。在這萬籟俱寂的庭院，時間彷彿靜止了。我坐在長椅上，對著陽光閉上雙眼，讓光線從閉合的睫毛間穿透而入，折射成多彩的光輪。接著，有人輕拍一下我的肩膀，出現的是塞爾維亞賓客總管戴馬辛神父。他個頭矮小，近乎侏儒，鬍髭造型奇特，面容充滿好客與善意；拿起我的背包和手杖後，便領著我登上兩段寬廣的樓梯，進入一間陽光充足的房間，房內有扇凸窗，可以俯瞰庭院。當他前去準備咖啡時，我瀏覽著牆上的畫像和照片——塞爾維亞的彼得王[82]、四個月大即過世的亞歷山大、瑪莉皇后與她的三個兒子、歐布雷諾維奇和卡拉喬傑維奇[83]皇族的複製照片，以及身著高領禮服、繫著威靈頓領巾的米洛斯王子[84]。而其中最有趣的是無數知名巴爾幹民兵和軍閥的版畫，各個頭戴小型平頂筒狀帽，身穿繡花背心，腰帶上插著黃銅鑲環手槍及彎刀，不過面容都很溫和，眼神充滿深思意味，鬍鬚下垂。還有一張是蒙特內哥羅人在同伴拍手助興之際大跳劍舞的照片，以及一幅在科索沃戰役[85]中和異教徒對抗的血腥版畫，頭巾被擊落地面，血淋淋的頭顱在地上滾動，勝利的斯拉夫人高踞馬背，趾高氣揚地昂首闊步。沒有人想到，其實那場戰爭他們是落敗的一方。

---

82 原編註：卡拉奧爾基維奇·彼得一世（Peter I Karageorgevitch of Serbia，一八四四～一九二一年），塞爾維亞普受愛戴的軍人君主，一九一八年宣布成為塞爾維亞、克羅埃西亞和斯洛維尼亞（日後的南斯拉夫）國王。新寡的瑪麗皇后的三個兒子之中，最年長的為彼得二世，即南斯拉夫最後的國王。

83 Obrenovitch和Karageorgevitch，塞爾維亞公國和近代塞爾維亞王國的王室，分別在一八一五年至一八四二年、一八五八年至一九〇三年之間統治塞爾維亞這個如今已成歷史的國家。

84 原編註：米洛斯·奧布雷諾維奇王子（Prince Milosh Obrenovitch，一七八〇～一八六〇年），普遍視為是現代塞爾維亞的創建者，是他將塞爾維亞從鄂圖曼土耳其的手中解放出來。

85 原編註：The Battle of Kosovo，發生於一三八九年，為一場塞爾維亞聯軍與鄂圖曼土耳其帝國之間的戰爭，事實上雙方軍隊均因此役而遭到弭平。塞爾維亞的民間傳說仍流傳有關該役的陰暗英勇事蹟。此役開啟了鄂圖曼帝國在巴爾幹半島統治的歷史。

另外有件事也滿有趣，那就是匈雅提伯爵，即最後一任奧布雷諾維奇國王的姻親姪甥，就住在外西凡尼亞，和卡拉喬傑維奇家族侄親的森雅．潔諾維奇的住家只相隔幾公尺，屬於很優質的住宅區。我現在才想到這件事，而湊巧的是，雙方我都認識。

下午餘下的時間，我就在建築物間到處閒逛，直到晚禱接近尾聲才前去露個面，然後到修道院上方的樹林去散步。我爬上陡峭斜坡，來到松林間的一塊空地，在小樹和樹叢纏結的枝葉間，找到了俯瞰修道院的絕佳角度，得以觀賞城垛式牆垣往上延展的力道、陽台與屋頂不規則的線條，以及教堂另一邊庭院的鵝卵石地面。這是個令人愉悅的傍晚，我在樹林間閒逛良久，直到覺得應該打道回府了，才沿著乾涸的小溪漫步而歸。門房正在等我，見到我不禁搖晃著手指責備我，目光炯炯有神。

這修道院的高塔是半島上最高的塔樓之一，不過並沒有像其他修道院一樣用來充當圖書館或庫房。塔樓門檻的地方只剩生鏽的鉸鏈，顯示以前曾有門在那裡轉動。高塔內幽暗神祕，搖晃的木頭階梯通往頂端壁凹處，一隻蝙蝠在我接近時吱吱作聲地飛出窗戶。我在覆蓋著屋瓦的高塔頂部發現到一個突出的活動天窗，我坐在窗口往外打量著庭院，見到修士像兔子般紛紛放出籠，享受傍晚的陽光。白扁柏長長的樹影在鋪石路面上伸展，牆壁則薰染著美麗的金黃色澤。光線很快便消失，從我所處的制高點越過樹梢，可以見到海面的光澤逐漸黯淡，薩索斯島閃閃發光的山頂也逐漸變得晦暗。當夜晚降臨，我哀傷地漫步而下，隨著離開聖山的時間日漸逼近，我的心情也轉為沉鬱。

戴馬辛神父為我烹調了美味的一餐，除了油魚肉和馬鈴薯外，還有可口的湯；他泰然自若地端出晚餐，欣喜地看著我享用。就在準備端上咖啡之際，突然傳來一聲像是狗在抓門的聲音，接著窗戶開始晃動。戴馬辛神父和我困惑地互看一眼，就在此時，四周響起一陣悶雷般的聲響，腳下的地板也開始顫動，某處傳來瓷器破碎的聲音，當一切安定下來，我們才體會到剛剛是地震。戴馬辛神父放下咖啡，朝我心照不宣地挑眉眨眼，咧嘴而笑，彷彿那是他特意安排來嚇我的玩笑。這地震是兩個月來我第二次遭遇到，上次發生的時候，我正和肯特小姐在君士坦丁堡喝茶。

我整晚都在爐火旁重新閱讀《唐璜》的部分文章，仍然覺得這本書很優。

二月十八日，埃斯菲格邁諾斯修道院

今天我比平常起得更早，喝完戴馬辛神父為我準備的兩杯茶，便立刻穿上柔軟的保加利亞莫卡辛軟皮鞋[86]，這是個陽光普照的好日子，我準備運用上午的時間爬上山坡。我在背包底部翻找上次生日時母親送我的《什羅普郡少年》（*A Shropshire Lad*）時，竟意外發現一個裝滿「絞盤海軍切片牌」（Capstan Navy Cut）菸草的信封袋，這就像是挖到了寶。我立即取出最好的一管煙斗（我已經將近一個月沒抽菸了）來填滿菸草，再點燃煙斗。相信上帝聞到薰香時的愉悅，也遠不及我當時的舒爽。在抽了一個月的香菸之後，抽煙斗所帶來的狂喜實在是言語所無法表達的。

86 原編註：一種室外穿的柔軟船型鞋，鞋尖處飾有絨球。今日希臘國家儀隊守衛的鞋款依然如是。

我找到了前一天所發現的可以俯視修道院和它後方海面的那塊空地後，整個早上我就這麼墊著大衣，躺在一株歐洲赤松底下閱讀《什羅普郡少年》，直到沉沉睡去。最後是修道院的鐘聲喚醒了我，我趕緊一路跑回去，果然發現戴馬辛神父正緊張地照看我的午餐，設法幫我保溫。我的莫卡辛軟皮鞋在修士間引起一陣騷動，希臘語稱為*τσαρούχι*。他們咧嘴而笑，了然地搖著頭。我整理好行李，向戴馬辛神父道別，他叫我明年一定要再回來；門房幫我畫了一張前往埃斯菲格邁諾斯修道院的路線圖，並且再三叮囑。「你走到十字架的時候要向右轉，」他說：「最重要的是，不要往海邊那座塔的方向走。」路途上幾乎每隔四十五公尺就有一個神龕，上面豎著十字架，因此很難確定要在哪個十字架轉彎，直到瞥見海邊的防護塔，我才肯定往反方向走。沿途經過一個耕作的河谷，耕田的修士們把長袍束在腰間，長髮綁成辮子或者挽成髮髻。其後，一位正在砍柴的馬其頓人為我指路，我經過幾扇旋轉柵門，穿過幾片田野，再朝下坡前行，終於來到位於一座小海灣的埃斯菲格邁諾斯修道院。走在通往修道院的橋上時，不知何處傳來一聲喊叫聲：「你是英國人嗎？」我環顧四周，見到一位相貌莊嚴、鬍子捲曲的修士正含笑看著我。「你是哪裡人？」他繼續用濃厚的美國腔問我。「我知道美國、英國、日本、加拿大、法國；噢，很多國家！」

他帶我前往賓客總管那裡，我也最後一次在聖山享用葡萄酒、咖啡和糖果的招待。在此新結交的旅伴維利薩瑞歐斯神父拿出一些《泰晤士報》的剪報，那是皇家植物園邱園的主任亞瑟·希爾爵士去年寄給他的。亞瑟爵士特別選了一些具有代表性的報導，包括幾張德比賽馬大會[87]的相片，此舉使得維利薩瑞歐斯神父大為振奮，甚至回信建議合購賭馬彩券；從亞瑟爵士的回信判斷，他對於一名聖山的修士竟會提出這種建議頗感驚訝，並坦言自己從不賭博。不過維利薩瑞歐斯神父仍然躍躍欲試，他吩咐我下一次開始下注時，馬上從英國寫信給他，並且承認自己在俗世時是個很厲害的賭徒，而亞瑟爵士的照片似乎喚醒了他那邪惡的一面。不過，維利薩瑞歐斯神父仍然是位很有趣的友伴，臉龐充滿善意，皺紋間的雙眼閃爍著幽默。廚師伊格納遜斯神父是他的好友，雖然和他一樣個性愉悅，卻是完全不同的典型：伊格納遜斯神父比較重視苦修，謹言慎行，棕色的長鬍鬚間有張最為仁慈的臉孔。他們兩人費盡心思照顧我的福利，給我位於好幾層樓高最好的房間，就在海的上方，海浪甚至直接拍打上底部的牆面。伊格納遜斯神父在裝飾著白色支柱的大型壁爐裡生好了火，幫我多拿了一些床上用品，又在床邊放上一瓶新鮮的飲用水。他是位模範修士，服務別人時真心感到喜悅，只要能力所及，可謂有求必應。進餐時，伊格納遜斯神父坐在我旁邊，針對生命所發表的有趣而犀利的言詞，真是逗樂了我。

他帶我去晚禱時，先繞回他的房間去穿戴頭紗和長袍。我懷抱著連自己都感到驚訝的情感，最後一次聆聽莊嚴的禱告文，觀看並期待著自己已熟悉的每一道儀式，雙眼凝視著光環閃爍的壁畫；只見上頭復活的基督懸浮在地面上方繁星密布的天空，雙腿交錯，彷彿踏出嚴肅神聖舞曲的

87 德比（Derby）一詞來自英文，指英國德比郡，此地盛產名馬。一七八〇年德比伯爵創立了英國大賽馬會，每年六月的第一個星期三在倫敦附近的愛普森舉行。大賽馬會這天稱為「德比日」。由於很多賽馬都是出自德比郡，因而在比賽中往往會出現德比馬相互競爭的場面，這種比賽遂被稱為「德比大戰」。

第一步。侍祭正手持香爐幫眾人薰香，也為我擺盪兩次香爐，眾人頷首致謝，我則呼吸著薰香，有種前所未有的感受；之前總覺得惱恨的堅硬座位，此刻卻感到奇特的舒適：這種種感覺的主要因素是我即將離開這裡，而我從未想過自己會這麼難過。

伊格納遜斯神父、維利薩瑞歐斯神父和我倚在廚房門對面的木欄杆上欣賞日落，注視著修道院、教堂（白色的灰泥牆面有著典型的雙層拜占庭式紅磚稜條）、鐘樓和結滿春果的檸檬樹，逐漸隱沒在夜幕中。傍晚時分有種阿索斯式全然的靜謐和憂傷，我們沉默不語轉身入內，回到白色大廚房。維利薩瑞歐斯神父從一個深色櫥櫃取出葡萄酒，排遣大夥兒低迷的情緒。修道院的廚房在外觀上多屬中世紀形式，圓拱屋頂，占地寬廣；一個個大型火爐上方，架設著已然燻黑、既深且廣的圓拱形煙囪；牆上懸掛著各種烹製茶飲和咖啡、不同尺寸的黃銅鍋具，還有陶瓷鍋具和餐盤，個個質地厚實，繪有鮮豔的色彩。牆上通常還會懸掛一、兩張聖像，有時會擺放幾只約九十公分深的白色大型雙耳水瓶，存放甘甜的清水，或蓋上蓋子，存放食油。這裡的廚房總是光線充足，讓人滿心歡喜。我在那裡度過許多愉快的時光，不健康地狂飲葡萄酒，和修士們聊天，而廚師則卸除黑袍、捲起衣袖，忙碌於永無止境的沖煮咖啡的工作，在燃燒的炭火間不斷推放著燻黑的小平底鍋。

晚餐後，維利薩瑞歐斯神父來我房間拜訪，袍襬一揮坐了下來，一改先前老於世故的姿態。他譴責天主教與共濟會，繼而譴責所有罪人，說他們現在也許過得很痛快，但是死了以後呢？「上帝會對付他們，把他們糾正過來的，對吧？」然後他開始談論聖徒、奇蹟和巡迴朝聖的聖像，還有許多神奇的故事。由於他的口音很奇特，我並無法完全領略他的意思。不過有段話我一直記在心裡：「他的女人，那女人讓他成為三個男孩。」

他聽說我明天將出發前往大陸，便幫我畫了一張路線圖，還說他會和伊格納遜斯神父商量，幫我打包一些午餐。此外，他又寫了一張便條給那裡的客棧老闆，告訴他我將前往史塔特托斯莊園[88]，請他盡可能協助我。

他離開後，我寫了一會兒東西，然後抽著僅剩的菸草，傾聽窗戶下海水的聲音，海潮湧來，沖擊成碎浪，然後往外吸著退去，引起卵石一陣撞擊摩擦。我審視著自己舒爽的房間、乾淨的床單、整整齊齊的每樣東西，以及熾燃的爐火和堆疊的木柴，對於即將離開這安靜愉悅的生活，感到相當遺憾。當我回到英國，這個月的一切將會成為我難以置信的回憶。我在想，不知何時才能再次回到這裡？

88 原編註：彼得・史塔特托斯（Peter Stathatos）曾邀請派翠克・弗莫前往他位於沃維湖附近的模迪莊園。

～終曲～

致謝

這是派翠克・弗莫（派弟）的朋友奧莉維亞・史都華（Olivia Stewart）重新點燃他對其一貫稱之為「第三卷」的興趣，我們第一份由衷的感謝要奉獻給她。她不僅打出了第一稿，還將其數位化，並且鼓勵派弟開啟他已經放棄了這麼久的這件事。

特別感謝約翰・墨瑞檔案館的大衛・麥克萊博士（Dr. David McClay）和蘇格蘭國家圖書館董事會所有的協助，包括授權重現《綠色日記》阿索斯山段落；以及約翰和維吉妮亞・墨瑞（John and Virginia Murray）的熱情款待。

魯迪・費舍爾（Rudi Fischer）和威廉・布萊克[1]都幫忙審核了羅馬尼亞的段落。彼得・麥克里奇教授（Professor Peter Mackridge）在希臘語、湯瑪士・基爾林格（Thomas Kielinger）在德語及蘇菲・卡洛琳・狄・馬吉瑞亞（Sophie-Caroline de Margerie）在法語的協助上，全都無價。我們還要感謝愛德華・古爾維奇（Edvard Gurvich）和保加利亞文化研究所；以及霍華德・戴維斯（Howard Davies）靈敏細膩的文字編輯。

1 William Blacker（一七七七～一八五五年），英國陸軍軍官、愛爾蘭財政部長兼作家。

國家圖書館出版品預行編目資料

崎嶇之路：從鐵門峽到希臘阿索斯山，橫跨歐洲的最終旅程／派翠克・弗莫（Patrick Leigh Fermor）著；胡洲賢譯. -- 初版. -- 臺北市：馬可孛羅文化出版：家庭傳媒城邦分公司發行，2019.02
面；　公分. --（當代名家旅行文學：MM1143）
譯自：The Broken Road: From the Iron Gates to Mount Athos
ISBN 978-957-8759-54-1（平裝）
1.徒步旅行　2.歐洲
740.9　　107023327

【當代名家旅行文學】MM1143

崎嶇之路：從鐵門峽到希臘阿索斯山，橫跨歐洲的最終旅程

The Broken Road: From the Iron Gates to Mount Athos

作　　者❖派翠克・弗莫（Patrick Leigh Fermor）
譯　　者❖胡洲賢
封面設計❖兒日設計
內頁排版❖張彩梅
總 策 畫❖詹宏志
總 編 輯❖郭寶秀
責任編輯❖力宏勳
特約編輯❖劉芸蓁
行銷企劃❖力宏勳

發 行 人❖凃玉雲
出　　版❖馬可孛羅文化
10483台北市中山區民生東路二段141號5樓
電話：(886)2-25007696
發　　行❖英屬蓋曼群島商家庭傳媒股份有限公司城邦分公司
10483台北市中山區民生東路二段141號11樓
客服服務專線：(886)2-25007718；25007719
24小時傳真專線：(886)2-25001990；25001991
服務時間：週一至週五9:00～12:00；13:00～17:00
劃撥帳號：19863813 戶名：書虫股份有限公司
讀者服務信箱：service@readingclub.com.tw
香港發行所❖城邦（香港）出版集團有限公司
香港灣仔駱克道193號東超商業中心1樓
電話：(852)25086231　傳真：(852)25789337
E-mail：hkcite@biznetvigator.com
馬新發行所❖城邦（馬新）出版集團【Cite (M) Sdn. Bhd.(458372U)】
41, Jalan Radin Anum, Bandar Baru Seri Petaling,
57000 Kuala Lumpur, Malaysia
電話：(603)90578822　傳真：(603)90576622
E-mail：services@cite.com.my
輸出印刷❖中原造像股份有限公司
初版一刷❖2019年2月
定　　價❖499元

The Broken Road: From the Iron Gates to Mount Athos by Patrick Leigh Fermor
Map drawn by Rodney Paul

ISBN：978-957-8759-54-1（平裝）

城邦讀書花園
www.cite.com.tw